La dérive des continents

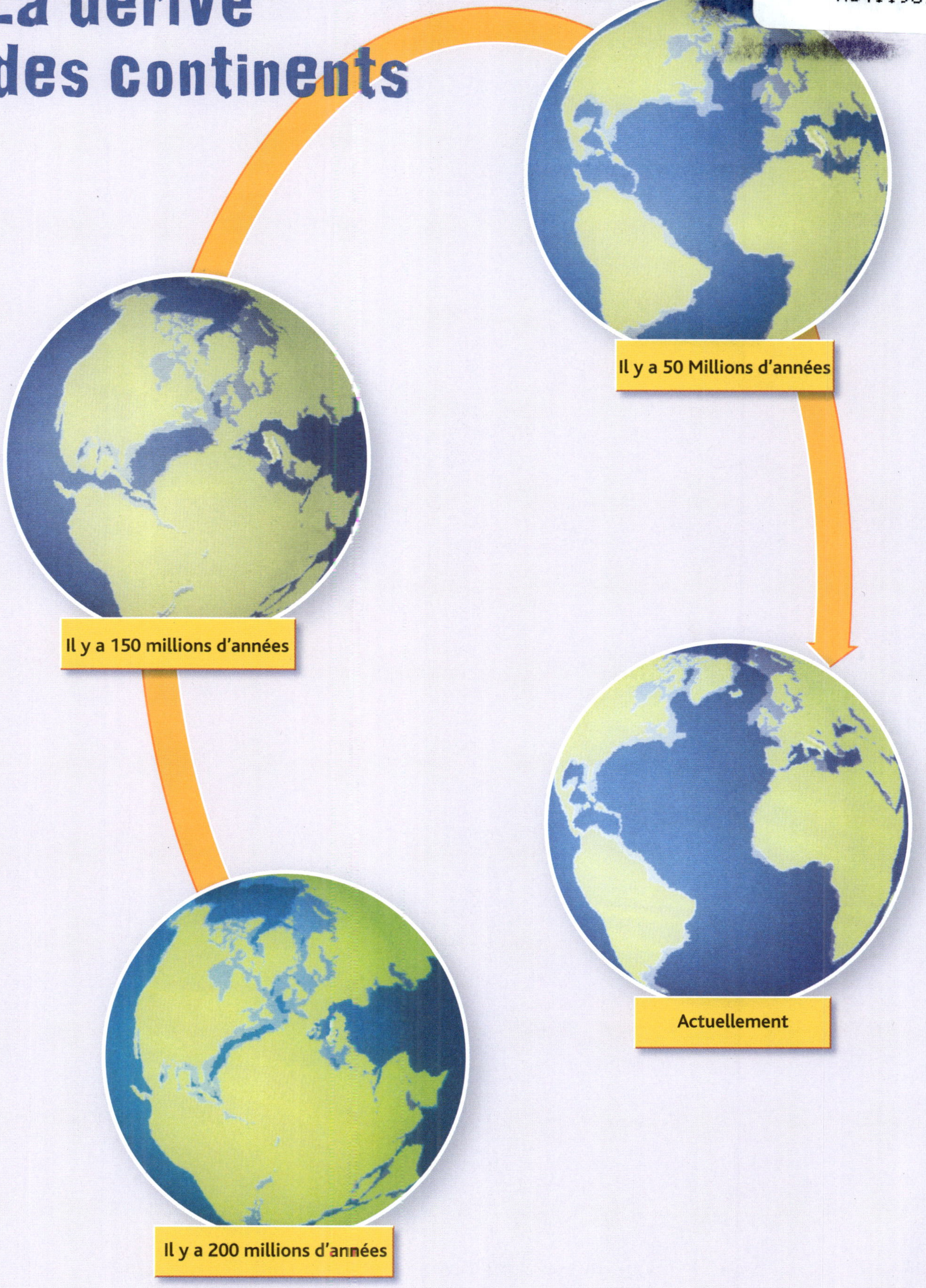

SVT

Sciences de la vie et de la Terre

PROGRAMME 2007

4^{e}

Sous la direction de
Dominique Rojat
Jean-Marc Pérol

par
David Boutigny
professeur à Fontenay-sous-Bois

François Coutarel
professeur à Limoges

Bernard Espigat
professeur à Limoges

Éric Le Bris
professeur à Bois-Colombes

Pierre-François Roche
professeur à Chalus

Laurence Sutter
professeur à Saint-Mard

Les auteurs et les éditions Nathan tiennent à remercier l'ensemble des professeurs qui ont contribué à améliorer la qualité de ce manuel par leurs remarques pertinentes et leurs nombreuses relectures critiques et attentives, tout particulièrement : **Stéphanie Bertrand**, professeur au collège Georges Brassens à Persan, **Xavier Morin** professeur au collège des Petits ponts à Clamart et **Perrine Douhéret**, professeur au collège de Mézieux et de Moins.

Nous tenons aussi à remercier :

Mme Delattre, principale du collège Léon Blum à Limoges et **Mr. Grizaut**, principal du collège Georges Brassens à Saint-Mard pour nous avoir accueillis dans leur établissement ainisi que : **Thomas Staudacher**, Observatoire du Piton de la Fournaise ; **L'E.C.O.L.E. de la mer** / Aquarium de La Rochelle ; **Pierrick Maury** et **Sylvain Maurel** (Sordalab) ; **Laure Gobert** (ORGANON France) ; **Jean-Claude Willinger** (Jeulin) ; **Fabienne Blanchet** (CESPHARM, Ordre national des pharmaciens) et **Mme Vaillant** (Scheung S.A.).

Nathan

À la découverte

Les pages d'ouverture

Le thème de la partie en perspective avec les programmes des années précédentes.

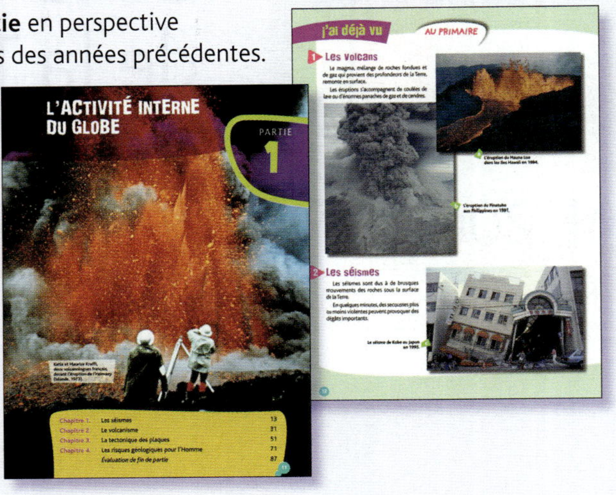

Le thème du chapitre.

Une introduction au chapitre.

La problématique du chapitre.

Les doubles pages « Découvrir - Expliquer »

L'introduction au thème de la double page.

Le problème à résoudre.

Les questions pour étudier chacun des documents.

Une piste pour conclure le travail.

Les compétences mises en œuvre dans la double page : s'informer I ; raisonner Ra ; réaliser Re ; communiquer C .

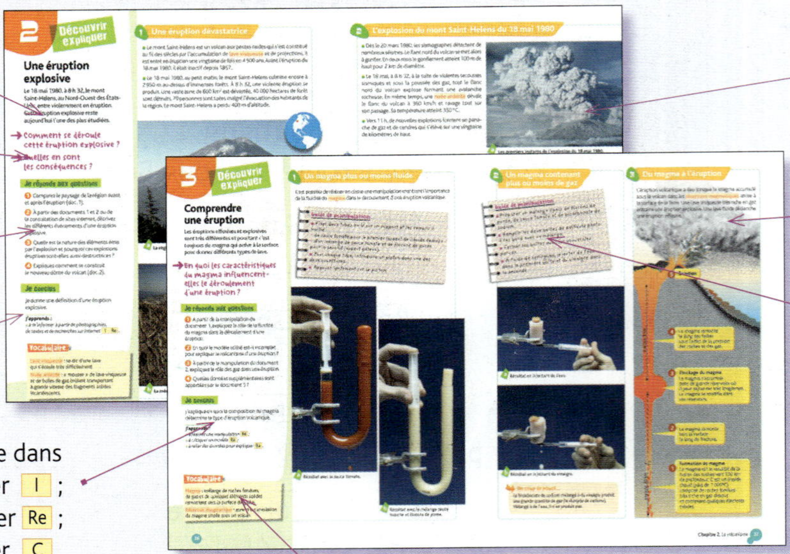

Des documents d'observation.

Des schémas explicatifs.

Des guides simples pour réussir les manipulations.

Les mots nouveaux définis.

La double page « Bilan »

Le bilan de ce que l'on a découvert et expliqué dans chaque double page d'activité.

Les idées fortes du chapitre.

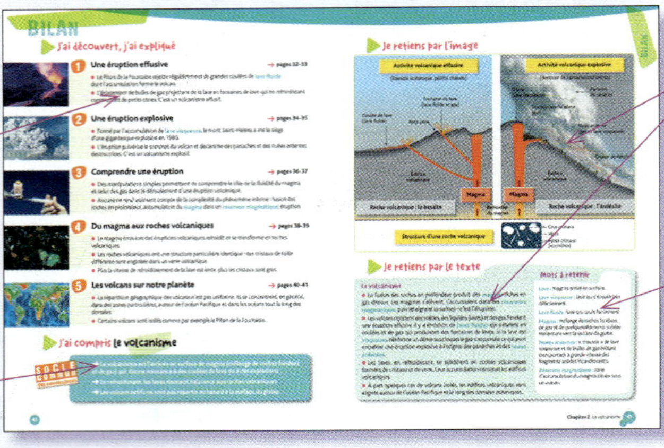

Ce qu'il faut retenir :
- sous forme de schéma
- sous forme de texte.

Les mots les plus importants dont il faut bien connaître le sens.

© Éditions Nathan - 2007 - ISBN : 978-2-09-171264-2

de votre manuel

Les Dossiers

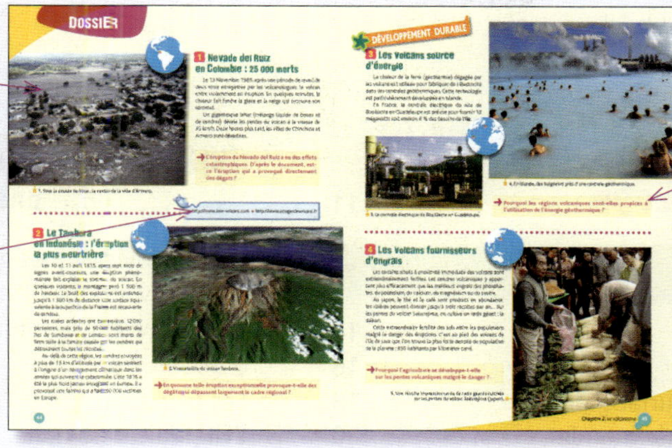

Des **documents** surprenants en lien avec le chapitre.

Des sites Internet pour se documenter.

Des questions pour ouvrir le débat.

Les exercices

Deux exercices pour s'auto-évaluer : ils sont corrigés en fin de manuel.

Des exercices pour s'entraîner.

Des questions simples.

Des exercices B2i

Un exercice pour une évaluation globale des compétences.

Le coin de l'artiste pour relier l'art et la science

Une page « Envie de science »

Pour donner envie
... de s'intéresser à la science,
... de choisir un métier.

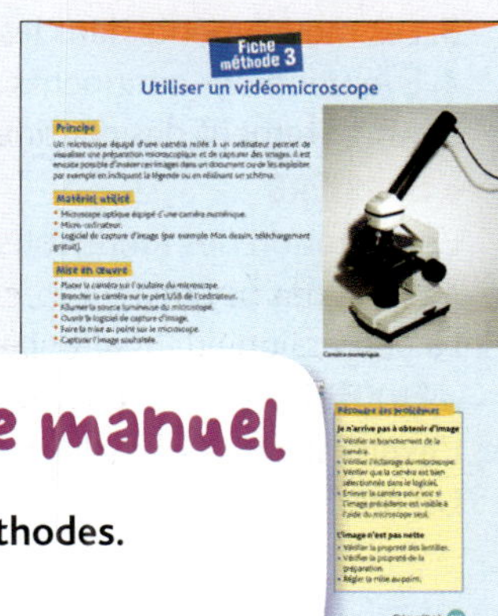

En fin de manuel

- **Des fiches méthodes.**
- **Un index.**
- **Un lexique.**

Sommaire

Programme de Sciences de la Vie et de la Terre 4e

D'après le BO hors-série n°5 du 25 août 2005.

L'activité interne du globe

Notions - contenus	Compétences
Les séismes résultent d'une rupture brutale des roches en profondeur et se manifestent par des déformations à la surface de la Terre. *[École primaire : fiche 22, cycles 2 et 3]* *[Thème : Énergie]* *[Physique-Chimie : énergie, 3e]* Des contraintes s'exerçant en permanence sur les roches conduisent à une accumulation d'énergie qui finit par provoquer leur rupture au niveau d'une faille : - le foyer du séisme est le lieu où se produit la rupture ; - à partir du foyer, la déformation se propage sous forme d'ondes sismiques enregistrables.	**Relier les manifestations d'un séisme à des phénomènes qui se déroulent en profondeur.** Décrire et expliquer les différents phénomènes observés lors d'un séisme.
Les séismes sont particulièrement fréquents dans certaines zones de la surface terrestre. Ils se produisent surtout dans les chaînes de montagnes, près des fosses océaniques et aussi le long de l'axe des dorsales.	**Localiser les zones sismiques à l'échelle mondiale.**
Le volcanisme est l'arrivée en surface de magma contenant des gaz ; il se manifeste par deux grands types d'éruptions. L'arrivée en surface de certains magmas donne naissance à des coulées de lave, l'arrivée d'autres magmas est caractérisée par des explosions projetant des matériaux. Les manifestations volcaniques sont des émissions de lave et de gaz. Les matériaux émis constituent l'édifice volcanique. Le magma contenu dans un réservoir magmatique localisé à plusieurs kilomètres de profondeur est de la matière minérale en fusion véhiculant des éléments solides et des gaz.	**Relier les manifestations volcaniques à la présence et à la progression d'un magma.** Identifier les deux types d'éruptions volcaniques en exploitant leurs manifestations et les produits émis. Situer sur un schéma un réservoir magmatique.
Les roches volcaniques proviennent du refroidissement du magma. *[Physique-Chimie : changements d'état, mélanges, 5e]* Le refroidissement par étapes du magma, sa solidification sous forme de cristaux et de verre, donnent naissance aux roches volcaniques. La structure de la roche conserve la trace de ses conditions de refroidissement.	**Expliquer la formation d'une roche volcanique.** Réaliser l'observation microscopique d'une lame mince de roche volcanique. Réaliser un croquis d'interprétation d'une lame mince au microscope. Déterminer l'origine volcanique d'une roche d'après la reconnaissance de sa structure.

Notions - contenus	Compétences
Les volcans actifs ne sont pas répartis au hasard à la surface du globe. Sur les continents, des volcans actifs sont alignés, principalement autour de l'océan Pacifique et le long des grandes cassures. Dans les océans, les zones volcaniques se situent au niveau de l'axe des dorsales océaniques.	Localiser les zones volcaniques à l'échelle mondiale.
La partie externe de la Terre est formée de plaques. La répartition des séismes et des manifestations volcaniques permet de délimiter les plaques. Les variations de la vitesse des ondes sismiques en profondeur permettent de distinguer la lithosphère rigide, de l'asthénosphère qui l'est moins.	**Relier la localisation des séismes et du volcanisme à l'existence des plaques.** Exploiter un graphique de vitesse des ondes sismiques pour en déduire la limite lithosphère/asthénosphère.
Les plaques sont animées de mouvements qui transforment la lithosphère. À raison de quelques centimètres par an, les plaques se forment et s'écartent à l'axe des dorsales. Elles se rapprochent et s'enfouissent au niveau des fosses océaniques. Le mouvement des plaques lithosphériques sur l'asthénosphère assure le déplacement des continents, l'ouverture et la fermeture des océans. L'affrontement des plaques engendre des déformations de la lithosphère et aboutit à la formation de chaînes de montagnes.	**Relier les transformations de la lithosphère au mouvement des plaques.** Schématiser par un planisphère des mouvements aux limites des plaques. Rendre fonctionnel un schéma de la partie externe de la Terre. Relier les mouvements des plaques à l'ouverture et à la fermeture d'un océan jusqu'à la formation d'une chaîne de montagnes.
L'activité de la planète engendre des risques pour l'Homme. *[Thèmes : Sécurité, Environnement]* *[Physique-Chimie : vitesse énergie cinétique 3e]* *[Mathématiques : échelle, agrandissement, réduction]* *[Technologie : architecture et habitat : environnement et énergie]*	**À partir de documents géologiques fournis, apprécier la nature du danger et délimiter les zones à risques.**
Le risque géologique est défini par l'éventualité qu'un phénomène dangereux survienne et par les dégâts humains ou matériels qu'il peut causer. Le modèle tectonique actuel permet à l'Homme de définir les principales zones à risque sismique et/ou volcanique. L'Homme réagit face aux risques qu'il connaît en réalisant : - une prévention volcanique efficace qui passe par la prévision des éruptions fondée sur la connaissance du fonctionnement de chaque volcan ; - une prévision sismique qui, moins aisée, peut faire place à une prédiction fiable : l'Homme met alors en place un plan d'aménagement du territoire et d'information des populations.	Saisir des informations sur une carte.

Programme

Reproduction sexuée et maintien des espèces dans les milieux

Notions - contenus	Compétences
La reproduction sexuée animale comme végétale comporte l'union d'une cellule reproductrice mâle et d'une cellule reproductrice femelle. Le résultat de la fécondation est une cellule-œuf à l'origine d'un nouvel individu. *[École primaire : fiches 4 et 7 cycles 2 et 3]*	**Reconnaître une reproduction sexuée par la présence d'une fécondation donnant une cellule-œuf à l'origine d'un nouvel individu.**
L'union des cellules reproductrices mâles et femelles a lieu dans le milieu de l'organisme.	Distinguer une fécondation interne d'une fécondation externe.
Des mécanismes à l'échelle des individus et des cellules reproductrices favorisent la fécondation.	Réaliser une observation microscopique des caractéristiques de cellules reproductrices animales ou végétales
Les conditions du milieu influent sur la reproduction sexuée ainsi que sur le devenir d'une espèce.	**Relier le devenir d'une espèce à l'influence de facteurs du milieu sur sa reproduction.**
La reproduction sexuée permet aux espèces de se maintenir dans un milieu. Les ressources alimentaires du milieu influent sur la reproduction sexuée.	Mettre en relation les données des différentes courbes de taux de reproduction d'une espèce en fonction des ressources alimentaires.
L'Homme peut aussi influer sur la reproduction sexuée, et ainsi porter atteinte ou préserver ou recréer une biodiversité. *[Thèmes : Environnement, Statistiques]* *[Mathématiques : proportionnalité, moyenne]* *[Français : compte-rendu écrit, oral]*	Relier une action de l'Homme à son influence sur le devenir d'une espèce.

La transmission de la vie chez l'homme

Notions - contenus	Compétences
L'être humain devient apte à se reproduire à la puberté. *[École primaire : fiche 14, cycles 2 et 3]* Durant la puberté, les caractères sexuels secondaires apparaissent, les organes reproducteurs du garçon et de la fille deviennent fonctionnels.	**Relier certaines transformations physiques et physiologiques de la puberté à l'acquisition de la faculté de reproduction.**
À partir de la puberté, le fonctionnement des organes reproducteurs est continu chez l'homme, cyclique chez la femme jusqu'à la ménopause.	**Associer chaque organe reproducteur à son fonctionnement.**
Les testicules produisent plusieurs spermatozoïdes de façon continue.	Identifier les cellules reproductrices chez l'homme et chez la femme, et les organes qui les produisent.
À chaque cycle, un des ovaires libère un ovule.	Réaliser une observation microscopique d'une cellule reproductrice.
À chaque cycle, la couche superficielle de la paroi de l'utérus s'épaissit, puis est éliminée : c'est l'origine des règles.	Expliquer l'origine des règles.

Notions - contenus	Compétences
L'embryon humain résulte de la fécondation qui se produit dans les heures suivant un rapport sexuel.	**Expliquer l'origine de l'embryon.**
Lors du rapport sexuel, des spermatozoïdes sont déposés au niveau du vagin. La fécondation a lieu dans les trompes, elle est interne.	Classer des documents relatifs à la fécondation dans un ordre chronologique.
L'embryon s'implante, puis se développe dans l'utérus.	**Expliquer les relations fonctionnelles et anatomiques entre le fœtus et l'organisme maternel.**
Si l'ovule fécondé s'implante, la couche superficielle de la paroi utérine n'est pas éliminée : les règles ne se produisent pas, premiers signes de la grossesse.	Repérer le début d'une grossesse.
Des échanges entre l'organisme maternel et le fœtus permettant d'assurer ses besoins sont réalisés au niveau du placenta, qui représente une grande surface richement vascularisée.	Relier certaines caractéristiques de la paroi placentaire aux échanges de certaines substances entre la mère et l'enfant.
Lors de l'accouchement des contractions utérines permettent la naissance de l'enfant.	
Des méthodes contraceptives permettent de choisir le moment d'avoir ou non un enfant. *[Thèmes : Statistiques, Santé]* *[Mathématiques : moyenne, statistiques]* *[Français : compte-rendu écrit, oral]*	**Mettre en relation les principes de la contraception et différentes méthodes actuelles.**
La contraception représente l'ensemble des méthodes ayant pour but d'empêcher une grossesse en cas de rapport sexuel.	Localiser sur un schéma d'appareil reproducteur le niveau d'action d'un contraceptif.
Ces méthodes empêchent : - la production de cellules reproductrices ; - la rencontre des cellules reproductrices ; - l'implantation de l'embryon dans l'utérus.	Identifier les avantages et les inconvénients des différentes méthodes.
La diversité des méthodes de contraception permet à chacun de choisir celle étant la plus adaptée à sa situation.	
Dans certaines conditions (rapport sexuel non ou mal protégé) la prévention d'une grossesse s'effectue par la prise d'une contraception d'urgence sous contrôle médical.	Prendre conscience de l'intérêt des méthodes contraceptives préventives par rapport aux méthodes contraceptives d'urgence.

Programme

Relations au sein de l'organisme

Notions - contenus	Compétences
La commande du mouvement est assurée par le système nerveux qui met en relation les organes sensoriels et les muscles. *[École primaire : fiche 11, cycles 2 et 3) [Thèmes : Santé, Statistiques]* *[Mathématiques : statistiques]* *[Physique-Chimie : énergie cinétique et sécurité routière, 3e]* *[EPS : coordination du mouvement]* *[Thèmes : Statistiques, Sécurité, Santé]*	**Expliquer la commande du fonctionnement des muscles en réponse à une stimulation extérieure.**
Un mouvement peut répondre à une stimulation extérieure, reçue par un organe sensoriel : le récepteur. Le message nerveux sensitif correspondant est transmis aux centres nerveux (cerveau et moelle épinière) par un nerf sensitif. Les messages nerveux moteurs sont élaborés et transmis par les centres nerveux et les nerfs moteurs jusqu'aux muscles : les effecteurs du mouvement.	Établir le rôle des organes du système nerveux dans la commande du mouvement. Traduire par un schéma la relation existant entre les organes sensoriels et les muscles.
Le cerveau est un centre nerveux. Perception de l'environnement et commande du mouvement supposent des communications au sein d'un réseau de cellules nerveuses. La cellule nerveuse ou neurone transmet les messages nerveux aux autres cellules en produisant des messagers chimiques au niveau des synapses.	**Expliquer dans le cerveau la communication au niveau cellulaire.** Repérer des neurones en utilisant un microscope.
Le fonctionnement du système nerveux peut être perturbé dans certaines situations et par la consommation de certaines substances. Les récepteurs sensoriels peuvent être gravement altérés par des agressions de l'environnement. Les relations entre organes récepteurs et effecteurs peuvent être perturbées : - par la fatigue ; - par la consommation ou l'abus de certaines substances modifiant l'action de messagers chimiques au niveau des synapses.	**Relier certaines situations, la consommation de certaines substances à des perturbations du système nerveux.**
Les transformations observées à la puberté sont déclenchées par des hormones qui assurent une relation entre les organes. La puberté est due à une augmentation progressive des concentrations sanguines de certaines hormones fabriquées par le cerveau ; elles déclenchent le développement des testicules et des ovaires. Testicules et ovaires libèrent à leur tour d'autres hormones (testostérone, œstrogènes) qui déclencheront l'apparition des caractères sexuels secondaires. Les hormones ovariennes (œstrogènes et progestérone) déterminent l'état de la couche superficielle de l'utérus. La diminution des concentrations sanguines de ces hormones déclenche les règles. Une hormone est une substance, fabriquée par un organe, libérée dans le sang et qui agit sur le fonctionnement d'un organe-cible.	**Relier les modifications visibles de la puberté à la production de différentes hormones.** Relier le développement des organes reproducteurs à l'évolution de la quantité d'hormones fabriquées par le cerveau. Relier l'apparition des caractères sexuels secondaires à l'évolution de la concentration sanguine de testostérone et d'œstrogènes. Émettre des hypothèses explicatives concernant la relation entre deux organes. Expliquer l'origine des règles.

L'ACTIVITÉ INTERNE DU GLOBE

PARTIE 1

Katia et Maurice Krafft, deux volcanologues français, devant l'éruption de l'Heimaey (Islande, 1973).

j'ai déjà vu

AU PRIMAIRE

1 Les volcans

Le magma, mélange de roches fondues et de gaz qui provient des profondeurs de la Terre, remonte en surface.

Les éruptions s'accompagnent de coulées de lave ou d'énormes panaches de gaz et de cendres.

a L'éruption du Mauna Loa dans les îles Hawaii en 1984.

b L'éruption du Pinatubo aux Philippines en 1991.

2 Les séismes

Les séismes sont dus à de brusques mouvements des roches sous la surface de la Terre.

En quelques minutes, des secousses plus ou moins violentes peuvent provoquer des dégâts importants.

c Le séisme de Kobe au Japon en 1995.

CHAPITRE 1

Les séismes

Chaque année, de nombreux séismes se produisent dans le monde. Leurs effets peuvent passer inaperçus mais peuvent aussi être spectaculaires et causer des dégâts importants.

- Comment et où se manifestent les séismes ?
- Comment expliquer leur déclenchement ?

Deux mois après le séisme du 21 septembre 1999 sur l'île de Taïwan.

1 Découvrir expliquer

Les manifestations des séismes

Les séismes ou tremblements de terre n'ont pas toujours les mêmes effets.

→ Comment se manifeste un séisme ?

Je réponds aux questions

1. D'après le document 1, quelles sont les manifestations communes aux deux séismes ?
2. D'après le texte du document 1c, comment pouvez-vous expliquer que la citadelle ait été totalement détruite ?
3. Que peut-on dire sur la durée des séismes présentés dans le document 1 ?
4. Quelles sont les modifications des paysages observées dans le document 2 ?

Je conclus

J'indique quelles sont les principales manifestations des séismes.

J'apprends :
- *à m'informer à partir de photographies et de textes* I.

Vocabulaire

Magnitude : énergie libérée par un séisme.

Échelle de Richter : échelle permettant d'évaluer l'énergie mise en jeu lors d'un séisme.

Répliques : secousses secondaires, arrivant après la secousse principale d'un séisme.

1 Des dégâts matériels et des victimes

a Une rue à Islamabad après le séisme.

Un séisme au Pakistan

Le séisme du Pakistan du 08/10/2005 :

8 h 50 - heure locale, durée : 1 minute, magnitude : 7,6 sur l'échelle de Richter.

9 h 05 : un violent tremblement de terre secoue le Pakistan, l'Afghanistan et l'Inde. À Islamabad (ville du Pakistan), les bâtiments ont tremblé et les murs ont oscillé pendant environ une minute. Des répliques légères se produisent peu après.

10 h 05 : les deux étages supérieurs d'un immeuble d'habitation s'écroulent, faisant un grand nombre de victimes.

10 h 30 : le séisme a entièrement détruit un village dans la partie pakistanaise du Cachemire.

11 h 30 : un responsable des services pakistanais de sécurité indique qu'il y a plusieurs dizaines de personnes tuées dans le nord du Pakistan.

15 h 50 : de fortes répliques du séisme ont été ressenties à Islamabad, provoquant des mouvements de panique dans la population.

b Au fil des informations.

2 Des paysages modifiés

● Le 21/09/1999 à 2 h du matin, un séisme de magnitude comprise entre 7,6 et 7,9 sur l'échelle de Richter a affecté l'île de Taïwan. Le sol a été soulevé d'environ 2 m.

a La piste du stade de Fu Shing.

Un séisme en Iran

Le séisme de Bam du 26/12/2003 (5 h 27 - heure locale, durée : 12 secondes, magnitude : 6,6).

Le 26 décembre 2003, un séisme a secoué la province de Kermân au sud-est de l'Iran, à proximité de la ville de Bam. Sa magnitude est évaluée à 6,6 sur l'échelle de Richter et environ 80 répliques en ont, au fil des jours suivants, aggravé les dégâts. Les 100 à 120 000 personnes qui vivaient à Bam et dans les villages alentours ont été très gravement affectées par le séisme, d'autant plus qu'il est survenu en fin de nuit. Le gouvernement iranien estime qu'environ 42 000 personnes ont perdu la vie, plus de 30 000 ont été blessées. Le séisme a causé des dommages matériels considérables, fauchant la cité historique de Bam construite en pierre sèche et faisant de 40 à 60 000 sans-abris. La ville a été détruite à plus de 80 % si l'on compte les bâtiments qu'il faudra raser.

Article paru dans la revue Geoconfluence

c **Les événements.**

d **La citadelle de Bam avant et après le séisme.**

● Un habitant de la région de Reykjavik, en Islande, découvre dans son jardin les dégâts causés par le tremblement de terre de juin 2000.

b **Un effet surprenant d'un séisme en Islande.**

c **Aux Philippines, le séisme de juillet 1990 a décalé les rizières à Luzon d'environ 4 m.**

2 Découvrir expliquer

Le déclenchement d'un séisme

Les séismes sont toujours des événements brefs aux effets variés.

→ Quelle est l'origine de ces effets ?

Je réponds aux questions

1 Repérez sur le document 1 la localisation des séismes dans cette région.

2 Indiquez ce qui s'est produit au niveau de la faille de Sumatra lors du séisme (doc. 2).

3 Dans le modèle présenté (doc. 3), à quoi est due la rupture de l'allumette ?

4 Quel est le rôle de l'allumette du modèle ?

5 Recherchez des ressemblances et des différences entre le modèle et le fonctionnement d'une faille.

6 D'après les indications des forces qui s'exercent sur la faille nord anatolienne (doc. 4), où pensez-vous que le prochain séisme devrait se produire ?

Je conclus

J'explique les mécanismes déclenchant un séisme.

J'apprends :
- *à m'informer à partir de photographies, de cartes et de textes* I ;
- *à réaliser une expérience* Re .

Vocabulaire

Faille : cassure dans des roches permettant de part et d'autre des mouvements de terrains.

Dynamomètre : appareil permettant de mesurer la valeur d'une force.

Foyer : point de rupture situé en profondeur et à l'origine d'un séisme.

1 Séismes et failles

La Californie, aux États-Unis, est traversée par un ensemble de failles dont la plus importante est celle de San Andreas. La partie située à l'ouest de la faille se déplace vers le Nord (près de 5 cm par an au cours du XXe siècle). C'est une faille active.

Vue satellite montrant la localisation des séismes (points jaunes) et des principales failles (traits) en Californie.

2 Mouvement de faille au large de Sumatra

- Grâce aux techniques modernes, il est possible d'enregistrer de façon précise des mouvements de terrain à la surface du globe. Sur le document, les flèches représentent le sens et l'importance du déplacement à proximité de la faille de Sumatra.

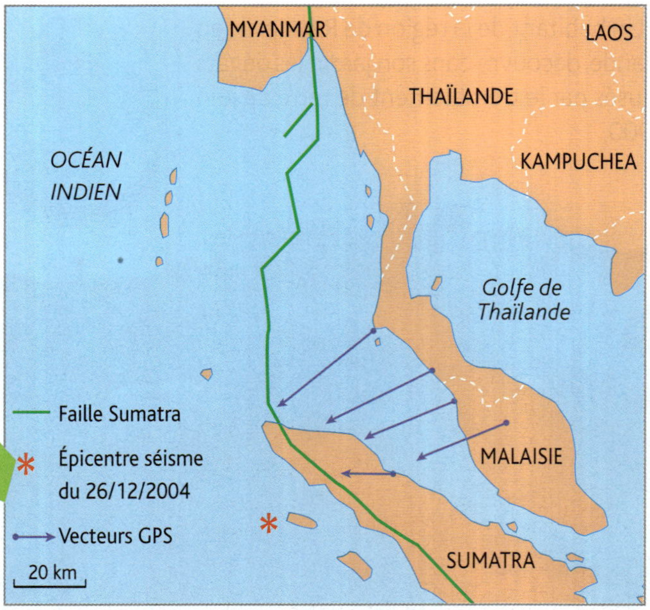

Déplacements enregistrés 5 min après le séisme du 26/12/2004.

- Lors du séisme du 26/12/2004, les îles au large de Sumatra se sont déplacées d'environ 20 m vers le Sud-Ouest.

3 Un modèle pour comprendre

- Lors d'un séisme, les parties situées de part et d'autre de la faille se déplacent brusquement à la suite de cassures des roches en profondeur.
- On cherche à établir une situation analogue en laboratoire.

Guide de manipulation

- Placer les plaquettes bord à bord.
- Introduire une allumette dans l'encoche à cheval sur les deux plaquettes.
- Fixer le dynamomètre à la plaque libre.
- Tirer sur le dynamomètre jusqu'à la rupture de l'allumette.

a Dispositif expérimental.

b Maquette après la rupture.

4 Tension et rupture

- La carte ci-contre donne des estimations des forces qui s'exercent sur les roches au voisinage de la faille. Dans les zones bleues, ces forces sont nulles ; elles sont de plus en plus fortes du jaune au rouge.
- Au-delà d'une certaine valeur, on atteint le point de rupture des roches bloquant la faille en profondeur.
Un déplacement se produit, l'énergie accumulée est libérée brusquement : c'est le séisme. Ceci s'est déjà produit à plusieurs reprises le long de cette faille.
- Le lieu de rupture est le foyer.

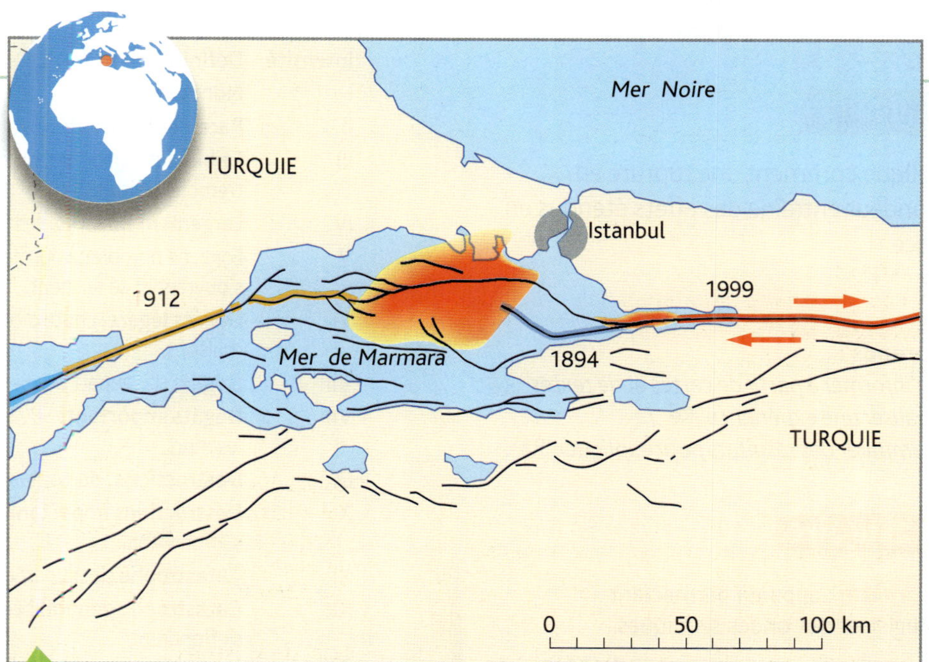

Répartition des tensions sur la faille nord anatolienne (Turquie).

3 Découvrir expliquer

Rupture profonde et effets de surface

Un séisme est dû à une rupture en profondeur des roches, localisée en un point, le foyer. Pourtant ses effets sont ressentis sur une grande surface.

→ **Comment une rupture ponctuelle peut-elle avoir des effets étendus ?**

Je réponds aux questions

1. Quels sont les effets ressentis à Besançon, Macon et Saint-Étienne lors du séisme de Roulans (doc. 1a et 1b) ?
2. D'après le document 1a, comment se répartissent les effets du séisme ?
3. Comparez les enregistrements du séisme dans les trois stations : heure de début des vibrations et amplitude (doc. 2).
4. Indiquez comment les vibrations se propagent à partir du foyer (doc. 1 et 2).
5. En quoi la modélisation (doc. 3) confirme-t-elle vos réponses précédentes ?

Je conclus

J'explique comment une rupture en profondeur entraîne des effets étendus en surface.

J'apprends :
- *à m'informer à partir de cartes et de textes* I ;
- *à réaliser une expérience* Re ;
- *à comparer des résultats pour expliquer* Ra .

Vocabulaire

Sismomètre : appareil permettant d'enregistrer des ondes sismiques.

Sismogramme : enregistrement d'ondes sismiques obtenu avec un sismomètre.

1 Les effets du séisme de Roulans

- Sur la carte du séisme de Roulans du 23 février 2004, les lignes rouges appelées courbes isoséistes limitent les zones d'égale intensité à l'intérieur desquelles les mêmes effets ont été observés.
- Des enquêtes effectuées auprès des habitants permettent de déterminer ces zones.
- L'étoile rouge sur la carte correspond à l'épicentre. C'est le lieu où l'intensité du séisme est la plus forte.

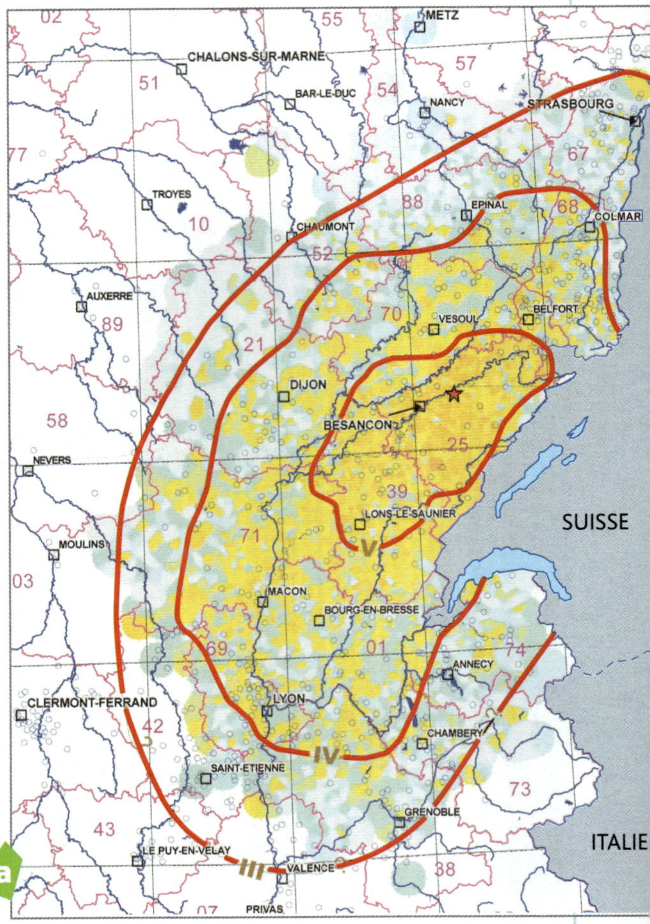

a Carte des intensités du séisme.

- Depuis longtemps, on a mis en place des échelles de mesure d'évaluation des effets des séismes. L'échelle MSK (1964) est actuellement remplacée par l'échelle EMS-98 (Échelle Macrosismique Européenne) publiée en 2001 par le conseil de l'Europe.

Intensité	Définition
I	**Non ressenti**
II	**Rarement ressenti**
III	**Faible** : les personnes au repos ressentent une vibration ou un léger tremblement.
IV	**Largement observé** : les fenêtres, les portes et la vaisselle vibrent.
V	**Fort** : de nombreux dormeurs se réveillent. Les portes et les fenêtres s'ouvrent et se ferment.
VI	**Dégâts légers** : chute d'objets, formation de très fines fissures des maisons.
VII	**Dégâts** : la plupart des personnes sont effrayées et se précipitent dehors.
VIII	**Dégâts importants** : beaucoup de maisons ont de larges fissures dans les murs.
IX	**Destructions** : de nombreuses constructions peu solides s'écroulent.
X	**Destructions importantes** : de nombreux bâtiments bien construits s'effondrent.
XI	**Catastrophe** : la plupart des bâtiments bien construits s'effondrent.
XII	**Catastrophe généralisée** : pratiquement tous les bâtiments s'effondrent.

b Échelle simplifiée d'intensité EMS-98.

2 Des enregistrements d'ondes sismiques

Dans les stations sismiques, des **sismomètres** enregistrent en continu les vibrations qui affectent la surface de la Terre. Les tracés obtenus sont des **sismogrammes**.

a Contrôle de sismogrammes.

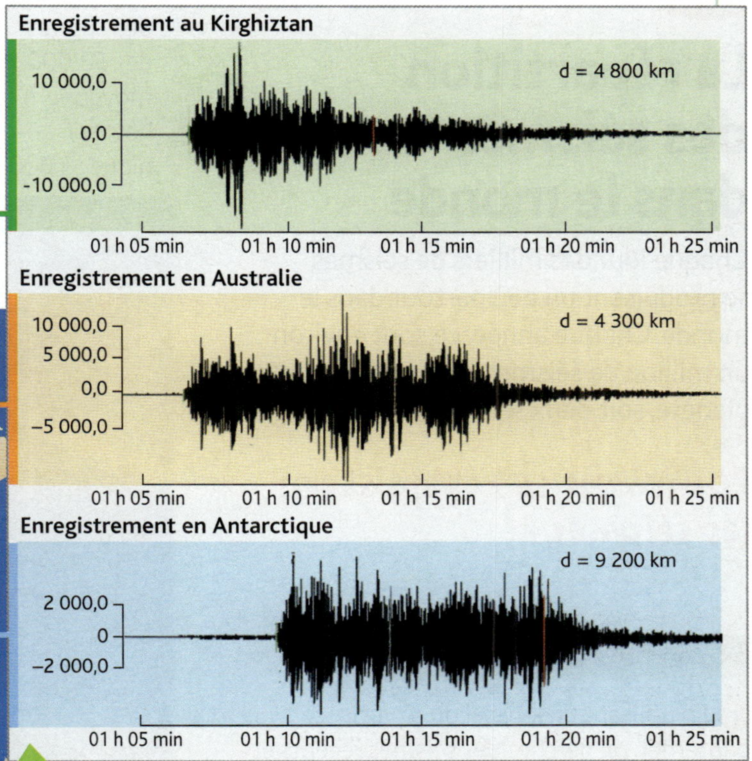

b **Sismogrammes enregistrés lors du séisme à l'origine du tsunami (26/12/2004)**(d = distance à l'épicentre).
Attention : les échelles verticales des enregistrements sont toutes différentes.

3 Une modélisation en classe

Guide de manipulation

- Relier les capteurs aux entrées son d'un ordinateur et lancer le logiciel « audacity ».
- Disposer deux capteurs à différentes distances l'un de l'autre sur un support solide.
- Frapper sur le support avec un marteau.

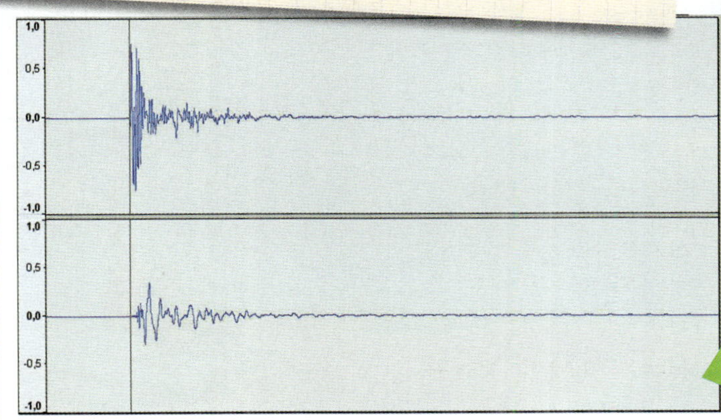

b **Un exemple d'enregistrement.** Avec l'option « loupe » on peut agrandir les enregistrements.

a **Dispositif expérimental.**

Distance entre les capteurs	1 m	2,5 m
Délai d'arrivée des ondes	1 milliseconde	2,5 millisecondes

c **Tableau de résultats obtenus.**

4 Découvrir expliquer

La répartition des séismes dans le monde

Chaque jour des milliers de séismes se produisent un peu partout dans le monde. Chaque année, ce sont environ un million de séismes qui touchent notre planète, soit deux séismes par minute.

→ **Comment se répartissent les séismes ?**

Je réponds aux questions

1. En utilisant un logiciel ou à partir d'Internet, recherchez des séismes récents et localisez-les sur la carte.

2. En utilisant vos recherches et la carte proposée dans cette page, déterminez dans quelles zones particulières sont localisés les séismes.

Je conclus

Je localise les zones sismiques à l'échelle mondiale.

J'apprends :
- *à m'informer à partir de cartes, de banques de données* I ;
- *à utiliser un logiciel* Re ;
- *à utiliser Internet* I .

Vocabulaire

Dorsale océanique : important relief sous-marin.

Fosse océanique : dépression du fond des océans.

La sismicité mondiale

Les **dorsales océaniques** présentes dans tous les océans forment des lignes de relief continues de 60 000 km de long (largeur moyenne à leur base : 1 500 km, hauteur au-dessus du fond océanique : 3 000 m).

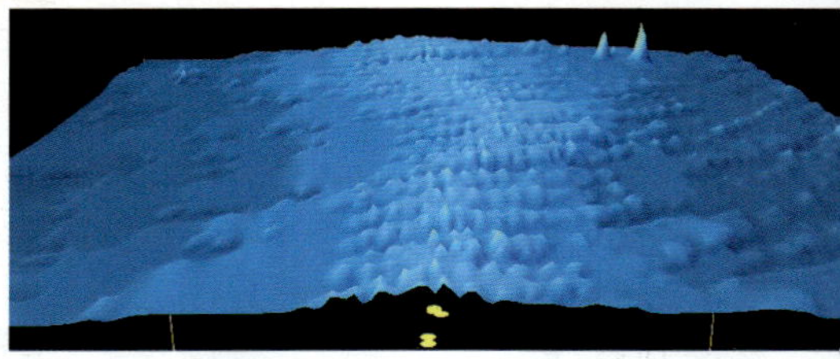

Répartition mondiale des séismes (carte issue du logiciel « Sismolog »).

Les fosses océaniques le long de certains continents ou archipels peuvent atteindre plusieurs milliers de kilomètres de long sur quelques dizaines de kilomètres de large. Les fosses les plus profondes atteignent 11 000 m.

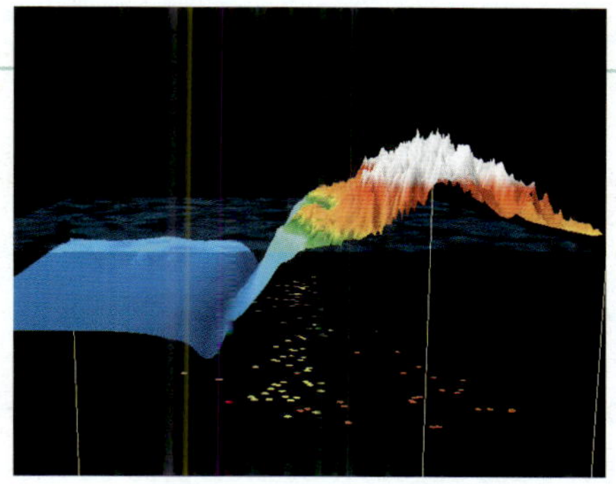

Guide d'utilisation « sismolog »

- Lancer le logiciel Sismolog.
- Cliquer sur « séismes » puis « dessiner les séismes ».
- Pour rendre les tracés plus visibles : cliquer sur « séismes » puis « dessiner les magnitudes ».

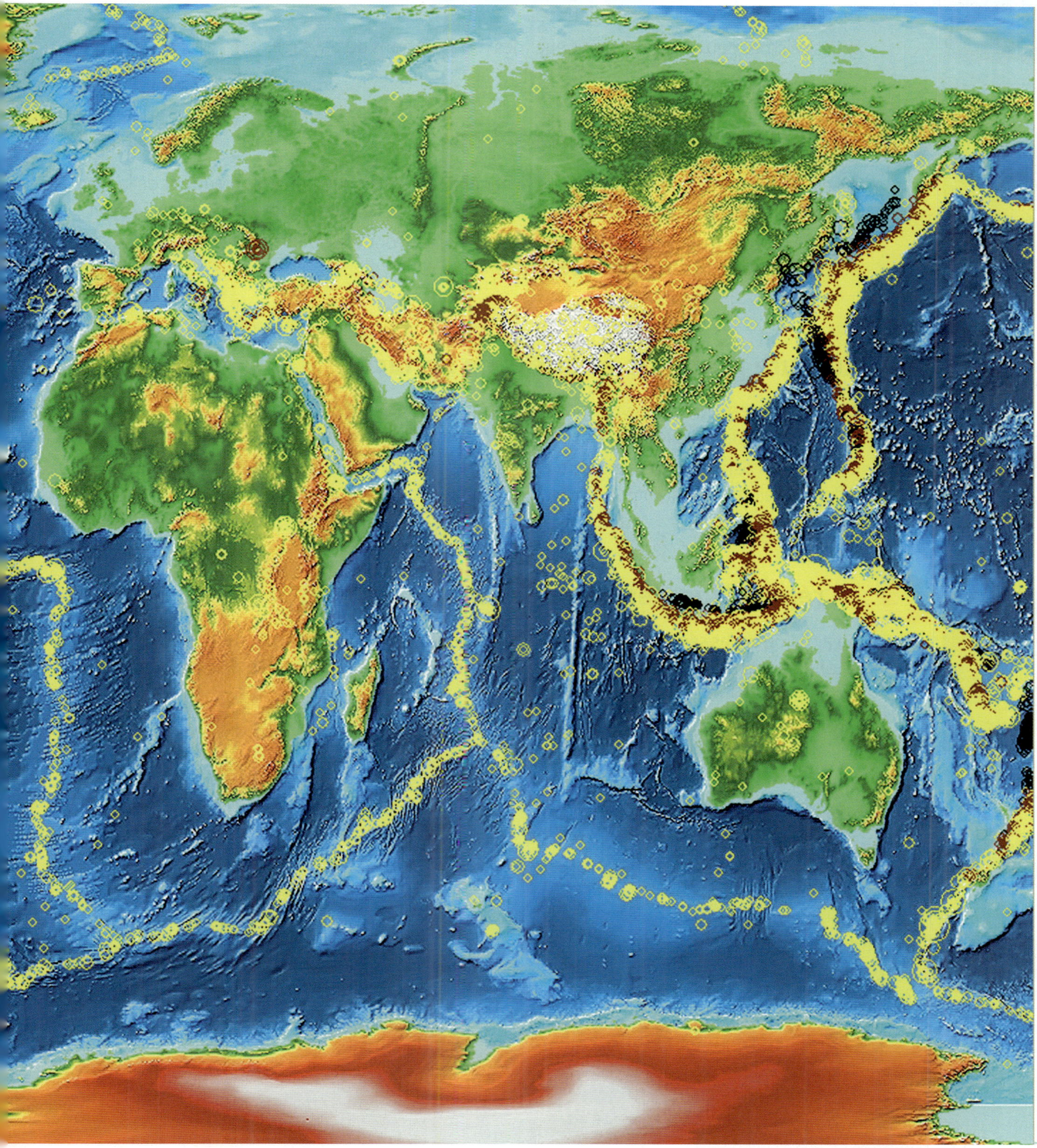

BILAN

J'ai découvert, j'ai expliqué

1 Les manifestations des séismes

→ pages 14-15

- La **manifestation** principale d'un séisme est une série de **déformations** brèves.
- Les séismes provoquent des dégâts matériels plus ou moins importants en fonction de leur magnitude et font parfois des victimes.
- Les séismes peuvent aussi provoquer des modifications du paysage.

2 Le déclenchement d'un séisme

→ pages 16-17

- Les séismes sont localisés le long de failles actives (en mouvement). Ils résultent de la **rupture** des roches au niveau des **failles** en profondeur. Le lieu de rupture est appelé **foyer**.
- Cette rupture (mouvement brusque de la faille) provoque la libération de l'énergie accumulée dans un secteur actif de la faille.

3 Rupture profonde et effets de surface

→ pages 18-19

- Un séisme engendre des vibrations qui se propagent dans toutes les directions. Ces **ondes sismiques** produisent des effets qui se répartissent en zones concentriques décroissantes.
- Les ondes sismiques peuvent être enregistrées par des stations sismiques avec un délai différent selon leur distance au foyer.

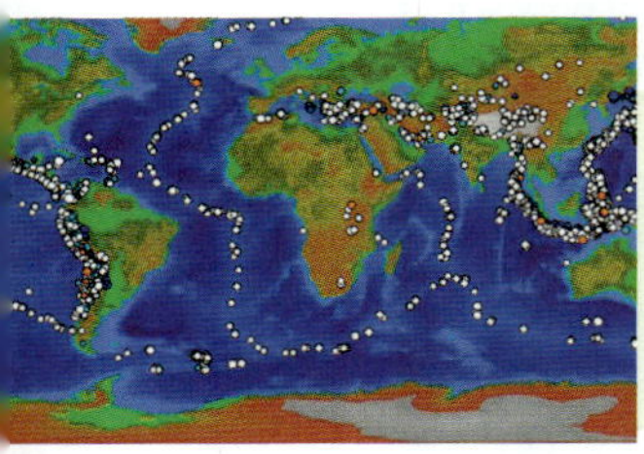

4 La répartition des séismes dans le monde

→ pages 20-21

- La majorité des séismes se produit dans des zones sismiques particulières : dans les océans le long des dorsales et des fosses océaniques ainsi que sur les continents, dans les chaînes de montagnes.

J'ai compris les séismes

SOCLE COMMUN des connaissances

- → Les séismes sont provoqués par une rupture brutale des roches en profondeur au niveau d'une faille.
- → Ils se manifestent par des déformations à la surface de la Terre.
- → À partir du lieu de rupture, le foyer, des ondes enregistrables se propagent.
- → Les séismes sont localisés dans certaines zones des océans (dorsales, fosses) et sur les continents (montagnes).

Je retiens par l'image

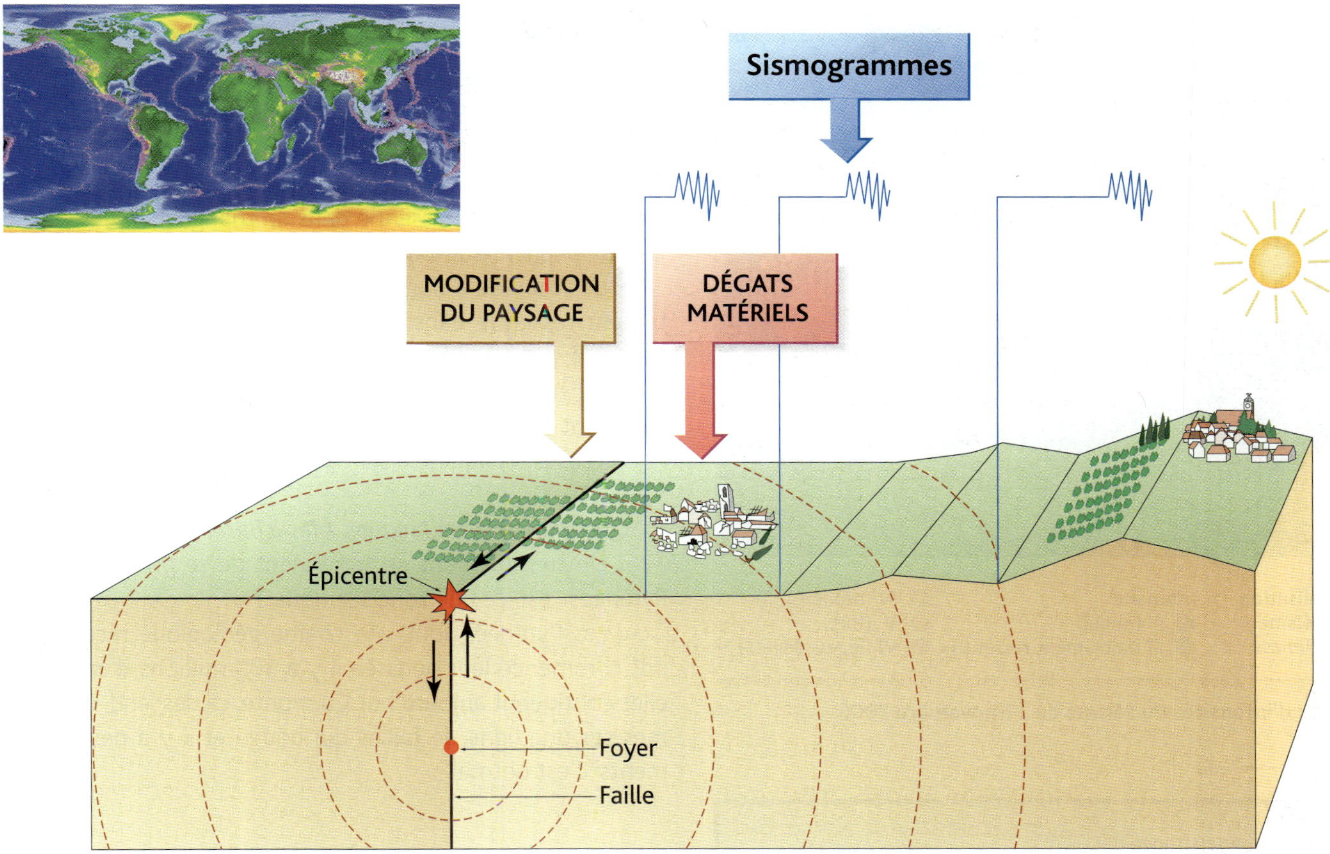

Je retiens par le texte

Les séismes

- Les **manifestations d'un séisme** correspondent à des **déformations** à la surface de la Terre qui provoquent des dégâts plus ou moins importants en fonction de l'intensité des secousses et peuvent faire des victimes.
- Les séismes sont provoqués par la **rupture d'une faille** active affectant des roches en un point appelé **foyer**, situé en profondeur. Cette rupture libérant brusquement l'énergie accumulée est mesurée par la magnitude. L'accumulation d'énergie est due aux forces exercées sur les roches au cours du temps.
- La rupture provoque des **ondes sismiques** qui se propagent dans toutes les directions à partir du foyer. Elles sont enregistrées par les stations sismiques.
- La majorité des séismes est localisée sur les continents, au niveau des chaînes de montagnes, et dans les océans, au niveau des dorsales et des fosses océaniques.

Mots à retenir

Déformations : modification de la disposition du sol, des roches le composant.

Foyer : lieu situé en profondeur où se produit la rupture à l'origine d'un séisme.

Manifestations d'un séisme : ensemble des phénomènes déclenchés par un séisme.

Ondes sismiques : déformations résultant d'une rupture au niveau d'une faille et se propageant à partir du foyer.

Rupture de faille : cassure des roches située en profondeur due à une accumulation d'énergie au niveau d'une faille.

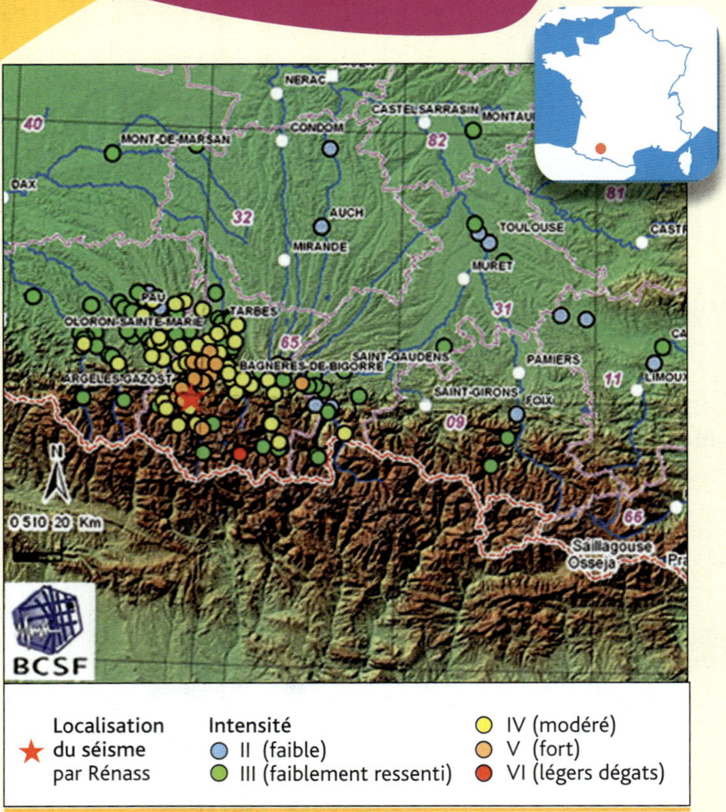

1. Carte d'intensités du séisme du 17 novembre 2006.

- http://www.sisfrance.net
- http://www.renass.u-strasbg.fr.
- http://www.ladepeche.com/aff_art.asp?Ref=200611182450

1 Un séisme dans les Pyrénées (17/11/2006)

« Un séisme de magnitude 4,8 a secoué, vendredi 17 novembre 2006 à 19 h 19, la région de Lourdes (Hautes Pyrénées) », a indiqué l'Observatoire des Sciences de la Terre de Strasbourg. Selon un communiqué de la préfecture des Hautes-Pyrénées, « la secousse a été ressentie dans un triangle Lourdes, Argelès-Gazost, Bagnères-de-Bigorre ».

« La secousse a duré plusieurs secondes et a été plus fortement ressentie dans les secteurs de Lourdes et d'Argelès-Gazost », a indiqué la directrice du cabinet du préfet.

À 21 h, seuls des dégâts mineurs (deux chutes de cheminées) ont été recensés. Aucune personne n'a été blessée. De nombreuses répliques se sont produites tout le week-end.

Question posée à Jacques-Marie Bardintzeff (géologue)

« Un tremblement de terre vient de se produire dans les Pyrénées : est-ce une zone sismique ? »

« Les Pyrénées sont une chaîne géologique récente. Elles ont commencé leur poussée il y a 100 millions d'années... et elles continuent aujourd'hui. Ça monte, ça descend, nous sommes sur une ligne de failles qui bouge et il y a des réajustements, c'est normal. »

→ Comment expliquer l'existence d'une zone sismique dans les Pyrénées ?

2 Enregistrer en mer les répliques d'un séisme

Rapidement après le séisme des Saintes (21 novembre 2004), l'Institut de Physique du Globe de Paris a mis en place une opération d'intervention.

Six sismomètres de fond de mer (OBS : Ocean Button Seismometer) ont été immergés autour de l'archipel des Saintes les 16 et 17 décembre 2004. Cette installation avait pour objectif de préciser la localisation des répliques et de déterminer la portion de faille responsable du séisme. Les OBS ont été récupérés les 24 et 25 janvier 2005 avec plus de trente-cinq jours d'enregistrements continus. De nombreuses répliques ont ainsi été enregistrées.

→ Quels étaient les objectifs de l'immersion des OBS ?

2. Récupération d'un sismomètre de fond de mer (OBS).

3 Un séisme en Guadeloupe

Le 21 novembre 2004, à 07 h 41 (heure locale), un séisme a eu lieu en mer, à une dizaine de kilomètres au Sud des îles des Saintes. Sa magnitude (6,3) en fait le plus important séisme touchant l'archipel de Guadeloupe depuis plus d'un siècle.

Le séisme a été suivi de très nombreuses répliques, incessantes pendant les deux premières heures. Elles ont aggravé la très forte inquiétude des habitants des Saintes.

Le séisme a été très largement ressenti dans toute la Guadeloupe et a provoqué des dégâts importants aux Saintes. Une seule victime est à déplorer mais de nombreuses habitations ont été détruites.

→ Pourquoi n'est-il pas surprenant qu'un séisme se soit produit en Guadeloupe ?

- http://www.franceseisme.fr/donnees/intensites/details_seisme.php?IdSei=20
- http://www.insu.cnrs.fr/web/article/rub.php?rub=307

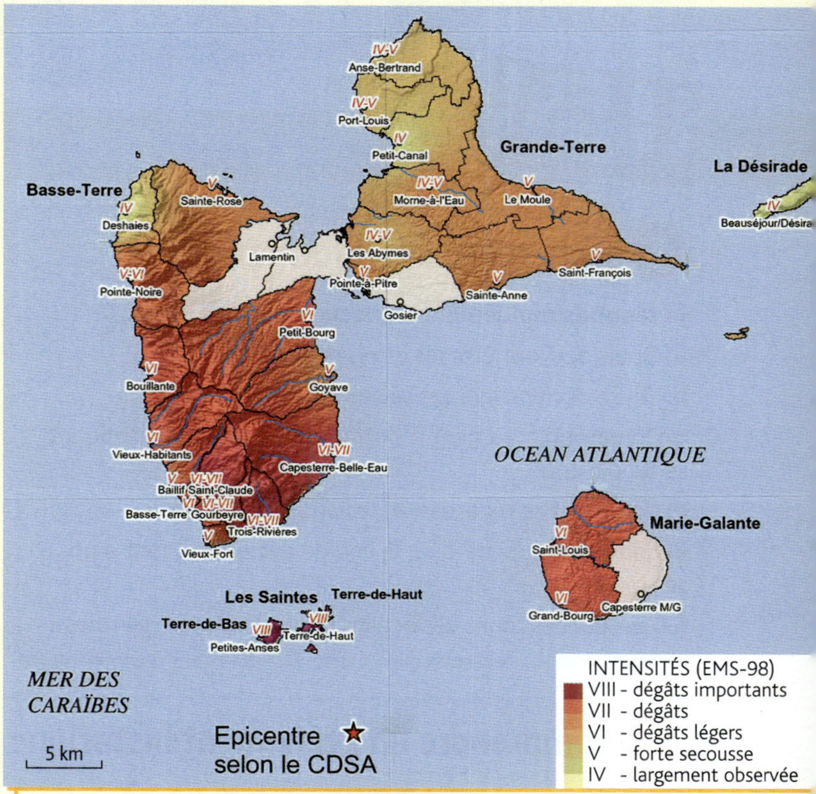

3. La répartition des effets du séisme.

4 La sismique réflexion : une technique de recherche d'hydrocarbures

À partir des années 1930, s'est développée une méthode intéressante : la sismique réflexion. Son principe est simple : on envoie dans le sol des ondes provoquées par une explosion ou grâce à un engin produisant des vibrations. Quand ces ondes rencontrent une couche en profondeur, une partie est réfléchie (comme la lumière sur un miroir) et repart vers la surface. Les ondes réfléchies sont enregistrées par des récepteurs très sensibles, les géophones. En déplaçant émetteur et récepteur de nombreuses fois, on peut construire une image du sous-sol.

Cette technique permet notamment de repérer des gisements d'hydrocarbures (sur terre et en mer) et de suivre leur évolution quand ils sont exploités.

→ Quelles sont les applications de la sismique réflexion ?

- http://www.planete-energies.com/contenu/petrole-gaz/exploration-gisements/sismique-reflexion.html

4. Un camion vibrateur lors d'une opération sismique en Russie.

5. Géophone et boîtier de collecte.

EXERCICES

SOCLE commun — Je teste mes acquis

1 Rechercher des informations

Je réponds rapidement à chacune des questions.

a. Quels peuvent être les effets d'un séisme ?

b. Où se déclenchent les séismes ?

c. Donnez un argument montrant que les ondes sismiques se propagent.

d. Comment se répartissent les effets d'un séisme ?

e. Comment appelle-t-on le lieu de déclenchement d'un séisme ?

f. Dans quelles zones des océans se produisent les séismes ?

2 Construire des phrases

J'utilise les mots proposés.

Phrase 1 : séisme / série de secousses / se manifester

Phrase 2 : séisme / rupture de faille / libération d'énergie

Phrase 3 : courbes isoséistes / épicentre / intensité

Phrase 4 : ondes sismiques / engendrer / enregistrables / séisme

Phrase 5 : zones sismiques / se situer / principales / océans / continents

3 Comprendre un événement historique

Le séisme d'Agadir

« Le 22 Février 1960, vers midi, j'ai senti le sol bouger sous ma chaise. Un mouvement rapide et léger pendant trois à quatre secondes.

Une semaine plus tard, le 29, à peu près à la même heure, une secousse plus importante fut cette fois bien remarquée ; des vitres tremblèrent, des meubles se déplacèrent légèrement.

Lundi 29 Février, 23 heures 47 : un grondement monstrueux, venu des entrailles de la terre, accompagné de secousses d'une violence inouïe se produisit. Le sol allait et venait en secouant les murs, toute la maison craqua. Pendant 45 longues secondes, les secousses continuèrent leur mouvement de destruction.

Petit à petit nous constatâmes les dégâts, car du haut de la colline on apercevait la ville en contrebas, sur laquelle des lueurs d'incendies rougeoyaient à travers un immense nuage de poussière s'élevant des immeubles et maisons effondrés. De temps à autre, une explosion secouait l'air, probablement provenant de bouteilles de gaz dans des locaux en feu... »

http://www.agadir1960.com/temoignage

Agadir après le séisme du 22 février 1960.

Questions

1. Re Grâce à Internet, localisez la ville d'Agadir.
2. I Quelles sont la date et la durée du séisme principal ?
3. I Quels phénomènes provoqués par le séisme le témoin décrit-il ?
4. Ra Retrouvez dans le texte un argument indiquant que le séisme était prévisible.

Je consolide mes acquis

4 Le séisme de Lisbonne

▶ Le 1er novembre 1755, à 9 h 30, une première secousse intervient, faisant trembler les bâtiments (maisons, édifices religieux remplis en ce jour de Toussaint). Les gens sortent en hâte, quand survient une seconde secousse provoquant la destruction des constructions. Les morts sont innombrables, car les rues sont si étroites que les maisons, en s'effondrant, écrasent aussi bien ceux qui y étaient restés que ceux qui en étaient sortis.

▶ Les secousses sont si fortes qu'elles sont ressenties partout en Europe et au Maghreb.

▶ Beaucoup de rescapés se rassemblent loin des habitations sur les quais au bord du Tage. La mer et le fleuve se sont retirés, découvrant les fonds marins.

▶ Quelques minutes plus tard, la mer revient au galop sous la forme d'un tsunami. Une vague gigantesque de 15 m de haut emporte les bateaux et la foule, puis reflue vers le large en entraînant les cadavres et les débris de toutes sortes.

▶ Enfin, des incendies se déclenchent, des charpentes de bois s'étant effondrées sur des feux de cheminées. Un brasier gigantesque, qui met plus de trois jours à s'éteindre, ravage toute la ville.

Gravure de 1755 montrant les ruines de Lisbonne en flammes et un tsunami submergeant le port.

Questions

1. I **Quels phénomènes ont entraîné la destruction de Lisbonne ?**

2. I **Qu'est-ce qui a aggravé le nombre de victimes ?**

5 Des sismogrammes à comparer

Le 22 juillet 2002, un séisme de magnitude 4,9 ressenti en Belgique s'est produit en Allemagne à Eschweiler-Alsdorf. Les deux sismogrammes ci-dessous ont été enregistrés dans deux stations du réseau sismique belge. L'une est située à 89 km de l'épicentre ; l'autre à 168 km de l'épicentre.

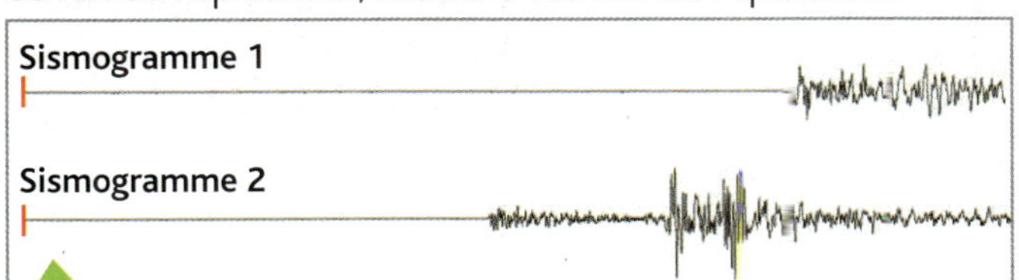

a Deux enregistrements du séisme d'Eschweiler-Alsdorf.

Questions

1. I Ra **Comment le séisme a-t-il été ressenti à Namur et à Ostende ?**

2. I Ra **Trouvez le sismogramme qui a été enregistré à 89 km de l'épicentre. Justifiez votre réponse.**

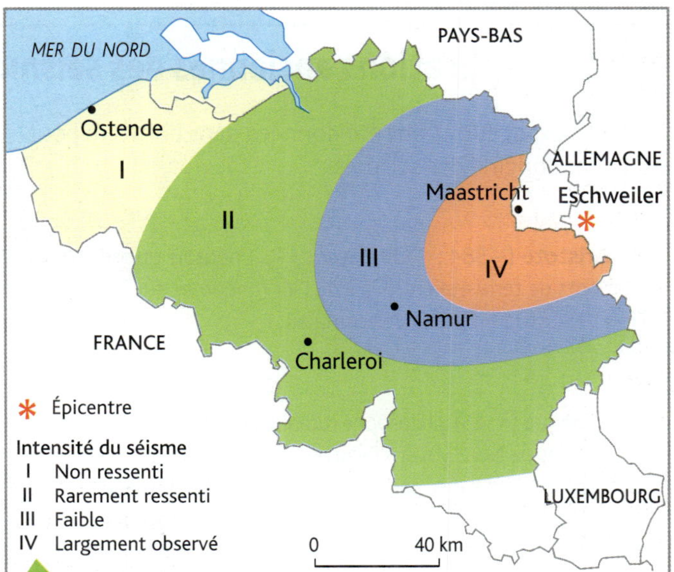

b Carte des intensités du séisme d'Eschweiler-Alsdorf.

6 Une expérience pour comprendre des effets d'un séisme

Guide de manipulation

- Placer bord à bord deux plaques de verre.
- Mélanger de la farine et de l'eau puis étaler la pâte sur les deux plaques (0,5 cm d'épaisseur environ).
- Recouvrir la pâte du sable fin mouillé puis tasser le sable.
- Faire coulisser lentement les deux plaques.

a La maquette en fin d'expérience.

b Vue aérienne de la faille de San Andreas.

Questions

1. Re/I **Quels effets visibles sur le document b sont reproduits par la maquette en fin d'expérience ?**

2. Ra **Indiquer une différence entre les conditions de l'expérience et la réalité.**

7 Les explications anciennes des séismes

Plusieurs explications ont été données dans l'histoire pour expliquer l'origine des séismes.

Aristote (– 384 ; – 322 avant J.-C.) pensait que les tremblements de terre étaient dus à de l'air (*pneuma*) qui pénétrait à l'intérieur de la Terre et s'y accumulait.

Sénèque (4 ; 65), philosophe romain, s'exprimait ainsi à propos des séismes : « Nous voyons l'eau bouillonner sur le feu. Ce que nos foyers produisent sur ce peu de liquide, ne doutons pas que le vaste et ardent foyer souterrain ne le produise avec plus de force sur de grandes masses d'eau. Alors la vapeur de ces eaux bouillonnantes secoue vivement tout ce qu'elle frappe ».

Certains scientifiques de la Renaissance pensaient que les séismes étaient dus à des explosions souterraines de gaz provenant de l'inflammation de matières dans des cavernes (soufre, salpêtre...).

Questions

1. I **Quelle différence y a-t-il entre l'explication d'Aristote et celle de Sénèque ?**

2. Ra **Quelle activité géologique peut justifier la croyance de Sénèque à l'existence « d'un ardent foyer souterrain » ?**

3. Ra **Indiquez quelles manifestations d'un séisme les théories de la Renaissance pouvaient permettre d'expliquer.**

Découvrir autrement

8 Suivre l'actualité des séismes

Grâce aux données du site du RéNaSS (réseau national de sismicité de Strasbourg), on peut afficher la carte des séismes des sept derniers jours en France et dans le monde, et accéder à des données sur les dix derniers séismes traités par le RéNaSS (en France et dans le monde).
http://www.renass.u-strasbg.fr/NewServeur/Sismicite/

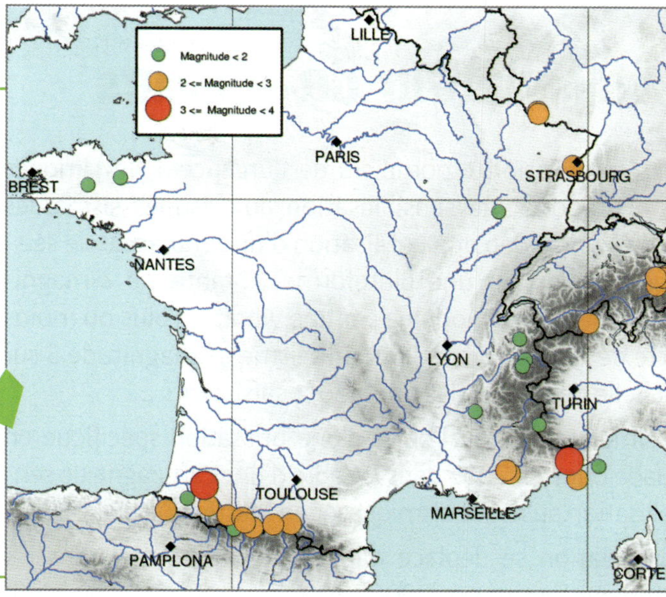

Sismicité de la France dans la semaine du 23 au 26 octobre 2006.

Questions

1. I Où se situe le séisme de plus forte magnitude ?
2. Ra Quel séisme se situe le plus près de votre habitation ?

9 Le coin de l'artiste

Hokusai KATSUSHIKA (1760-1849)

Connu sous le nom d'Hokusai, il est le grand maître de l'estampe japonaise. C'est aussi un peintre, dessinateur, graveur et auteur d'écrits populaires japonais. Son œuvre a influencé de nombreux artistes européens, en particulier Gauguin et Van Gogh.

La grande vague (Kanagawa-oki nami-ura), estampe, 25 x 38 cm, Musée du Louvre.

Cette estampe, réalisée à partir d'une gravure sur bois polychrome datant de 1831, est très connue sous le nom de « La grande vague ». L'artiste a utilisé du bleu de Prusse, méconnu au Japon à l'époque.
La partie supérieure représente le ciel, symbole de calme, de lumière (le yin du boudhisme), la partie inférieure les forces brutales, obscures (le yang du boudhisme). Au centre de l'estampe, le mont Fuji est enneigé. Dans les barques, l'Homme se retrouve impuissant.

Questions

1. I Ra Quel phénomène naturel évoque la vague représentée sur la gravure ?
2. Ra Quelle peut être l'origine de cette vague ?
3. I Recherchez à quel type d'activité géologique correspond le mont Fuji.

Pour en savoir plus
http://lettres-histoire.ac-rouen.fr/histgeo/hokusai.htm

ENVIE DE SCIENCE

Un simulateur de séismes

L'association « pompiers de l'urgence » de Limoges propose une sensibilisation aux risques sismiques grâce à une vidéo et à l'utilisation d'un simulateur de séismes comportant une plateforme vibrante. La « magnitude » peut être modulée par une vibration plus ou moins forte de la plateforme. Pour un séisme de magnitude 8 sur l'échelle de Richter, les effets sont saisissants...

Le simulateur a fait l'objet d'une utilisation spécifique en Guadeloupe en 2005 dans le cadre d'une campagne de sensibilisation au risque sismique, et en Martinique en 2006.

L'association se déplace dans des collèges mais aussi à l'étranger (printemps 2006 à Istanbul en Turquie, où le risque sismique est très élevé).

http://www.pompiers-urgence.org

Une démonstration à Fort-de-France (Martinique).

UN MÉTIER Ingénieur géologue

De futurs ingénieurs sur le terrain
« Programme de génie géologique de l'École Polytechnique de Montréal ».

Un ingénieur géologue peut travailler dans plusieurs secteurs.
– Géologie appliquée aux travaux de construction.
– Recherche et évaluation des eaux souterraines.
– Exploration et évaluation du sous-sol.
– Recherche des gisements et évaluation des ressources minérales.

FORMATION

Baccalauréat scientifique suivi d'une maîtrise de sciences puis d'un DESS ou doctorat.
École d'ingénieur (trois ans d'études à la sortie d'une classe préparatoire deux ans après le baccalauréat).

- http://www.cgm.polymtl.ca/ingenieur_geologue.htm
- http://www.ipsl-edu.com/m_igal.html

CHAPITRE 2

Le volcanisme

Il existe plusieurs milliers de volcans à la surface du globe, mais seulement une soixantaine d'entre eux entrent en éruption chaque année. Ces éruptions sont des manifestations spectaculaires de l'activité interne de notre planète.

- Qu'est-ce que le volcanisme ?
- Comment se forment les roches volcaniques ?

L'éruption de l'Etna (Sicile) en décembre 2002.

1 Découvrir expliquer

Une éruption effusive

Le Piton de la Fournaise, dans l'île de la Réunion, est un volcan actif depuis environ 500 000 ans. Il entre en éruption presque tous les ans.

→ Comment se déroulent ces éruptions ?

→ Quelles en sont les conséquences ?

Je réponds aux questions

1. Indiquez la nature des éléments rejetés lors de l'éruption du Piton de la Fournaise.
2. À partir des documents de ces deux pages ou de la consultation de sites internet, décrivez les différents événements d'une éruption effusive.
3. Quels peuvent être les dégats occasionnés (doc. 3) ?
4. Expliquez en quoi les matériaux émis par les éruptions construisent le Piton de la Fournaise et l'île de la Réunion (doc. 3b et c).

Je conclus

Je donne une définition d'une éruption effusive.

J'apprends :
- *à m'informer à partir de photographies, de textes et de recherches sur Internet* I Re.

Vocabulaire

Éruption : période d'activité d'un volcan.

Lave : liquide chaud composé de roches fondues émis par un volcan.

Lave fluide : lave qui coule facilement.

1 La Réunion, une île volcanique

- L'île de la Réunion est sortie de l'océan Indien il y a environ deux millions d'années. Elle est le résultat de l'activité des deux volcans, le Piton des Neiges inactif depuis 20 000 ans et le Piton de la Fournaise toujours en activité.
- Cette île s'est construite et se construit encore éruption après éruption.

L'île de la Réunion vue par satellite.

2 Des fontaines et des coulées de lave

- Pendant une éruption, des projections peu violentes de gaz, de lave et de matériaux solides s'accumulent et forment des petits cônes en refroidissant.
- Des coulées de lave fluide, à la température d'environ 1 200 °C, descendent la pente du volcan. Des gaz s'échappent aussi des fissures.

Cône, fontaine et coulée de lave au Piton de la Fournaise.

3 L'éruption de janvier 2002

a Coulée de lave traversant la RN2.

b L'arrivée dans l'océan de la coulée de janvier 2002.

- Dès le mois de décembre 2001, les scientifiques enregistrent une série de gonflements du volcan, des émissions de gaz et de nombreux petits séismes.
- Le 5 janvier vers 23 h, deux fissures s'ouvrent sur le haut du volcan, la lave jaillit en fontaines de plus de 45 m de haut. Des coulées de lave très fluide dévalent les pentes du volcan à près de 80 km/h.
- Mais le 9 janvier, les coulées s'arrêtent. Seules quelques petites projections restent visibles dans le cône en formation.
- Le 12 janvier, une nouvelle fissure s'ouvre beaucoup plus bas. La lave qui s'en échappe atteint la route puis l'océan en moins de 48 h.
- Le 16 janvier, l'éruption s'arrête après avoir agrandi l'île de 10 hectares.

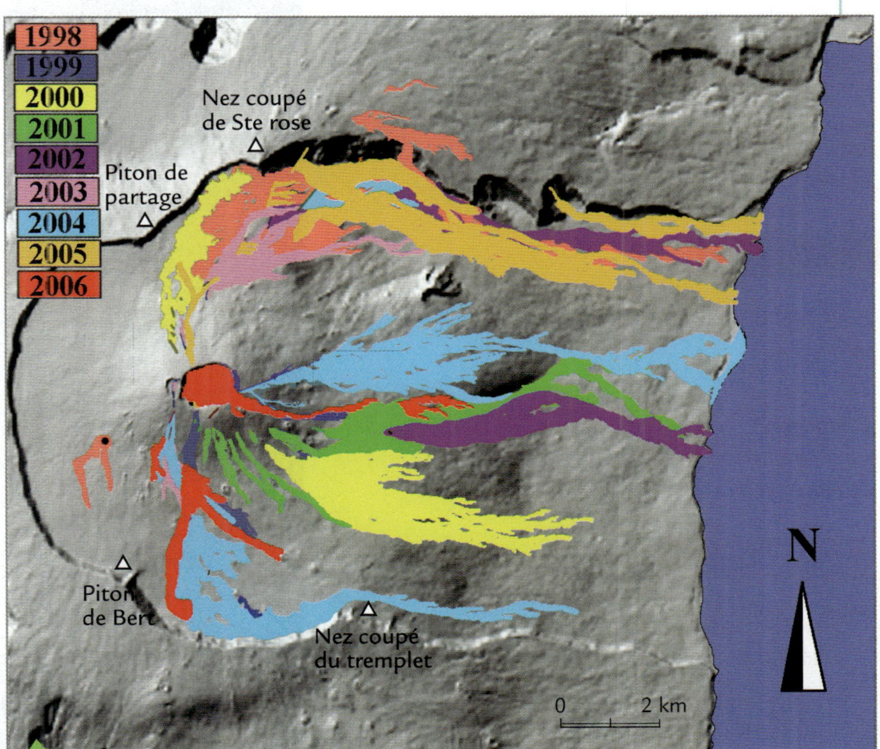

c Carte des coulées du Piton de la Fournaise de 1998 à 2006.

L'actualité du volcan

- http://www.runonline.net
puis cliquer en bas sur « le volcan » puis sur « vidéos d'éruption ».
- http://www.fournaise.info/

2 Découvrir expliquer

Une éruption explosive

Le 18 mai 1980, à 8 h 32, le mont Saint-Helens, au Nord-Ouest des États-Unis, entre violemment en éruption. Cette éruption explosive reste aujourd'hui l'une des plus étudiées.

→ Comment s'est déroulée cette éruption explosive ?

→ Quelles en ont été les conséquences ?

Je réponds aux questions

1 Comparez le paysage de la région avant et après l'éruption (doc. 1).

2 À partir des documents 1 et 2 ou de la consultation de sites internet, décrivez les différents événements d'une éruption explosive.

3 Quelle est la nature des éléments émis par l'explosion et pourquoi ces explosions éruptives sont-elles aussi destructrices ?

4 Expliquez comment se construit le nouveau dôme du volcan (doc. 2).

Je conclus

Je donne une définition d'une éruption explosive.

J'apprends :

- *à m'informer à partir de photographies, de textes et de recherches sur Internet* I Re.

Vocabulaire

Lave visqueuse : se dit d'une lave qui s'écoule très difficilement.

Nuée ardente : « mousse » de lave visqueuse et de bulles de gaz brûlant transportant à grande vitesse des fragments solides incandescents.

1 Une éruption dévastatrice

- Le mont Saint-Helens est un volcan aux pentes raides qui s'est constitué au fil des siècles par l'accumulation de lave visqueuse et de projections. Il est entré en éruption une vingtaine de fois en 4 500 ans. Avant l'éruption du 18 mai 1980, il était inactif depuis 1857.
- Le 18 mai 1980, au petit matin, le mont Saint-Helens culmine encore à 2 950 m au-dessus d'immenses forêts. À 8 h 32, une violente éruption se produit. Une vaste zone de 600 km² est dévastée, 40 000 hectares de forêt sont détruits, 70 personnes sont tuées malgré l'évacuation des habitants de la région. Le mont Saint-Helens a perdu 400 m d'altitude.

a La région du mont Saint-Helens le 17 mai 1980 à la veille de l'éruption.

b La même région quelques mois après l'éruption du 18 mai 1980.

2 L'explosion du mont Saint-Helens du 18 mai 1980

● Dès le 20 mars 1980, les sismographes détectent de nombreux séismes. Le flanc nord du volcan se met alors à gonfler. En deux mois le gonflement atteint 100 m de haut pour 2 km de diamètre.

● Le 18 mai, à 8 h 32, à la suite de violentes secousses sismiques et sous la poussée des gaz, tout le flanc nord du volcan explose formant une avalanche rocheuse. En même temps, une nuée ardente dévale le flanc du volcan à 360 km/h et ravage tout sur son passage. Sa température atteint 350 °C.

● Vers 11 h, de nouvelles explosions forment un panache de gaz et de cendres qui s'élève sur une vingtaine de kilomètres de haut.

a Les premiers instants de l'explosion du 18 mai 1980.

Des images qui bougent

◆ http://www.dinosoria.com/video_volcan002.htm

b La nuée ardente dévale la pente du volcan.

● L'explosion a pulvérisé une grande partie des roches qui constituaient le volcan (doc. d).

● Dans les mois qui suivent, l'écoulement d'une lave visqueuse construit un nouveau dôme au centre du cratère (doc. e).

● À 12 km du volcan, voilà ce qu'il reste de la voiture d'un photographe.

c Une voiture prise au piège.

d Le volcan décapité par l'explosion de mai 1980.

e Un nouveau dôme en formation (mai 1982).

3 Découvrir expliquer

Comprendre une éruption

Les éruptions effusives et explosives sont très différentes et pourtant c'est toujours du magma qui arrive à la surface pour donner différents types de lave.

→ **En quoi les caractéristiques du magma influencent-elles le déroulement d'une éruption ?**

Je réponds aux questions

1. À partir de la manipulation du document 1, expliquez le rôle de la fluidité du magma dans le déroulement d'une éruption.
2. En quoi le modèle utilisé ne suffit-il pas à expliquer le mécanisme d'une éruption ?
3. À partir de la manipulation du document 2, expliquez le rôle des gaz dans une éruption.
4. Quelles données supplémentaires sont apportées par le document 3 ?

Je conclus

J'explique en quoi la composition du magma détermine le type d'éruption volcanique.

J'apprends :
- *à réaliser une manipulation* Re ;
- *à critiquer un modèle* Ra ;
- *à relier des données pour expliquer* Ra.

Vocabulaire

Magma : mélange de roches fondues, de gaz et de quelques éléments solides remontant vers la surface du globe.

Réservoir magmatique : zone d'accumulation du magma située sous un volcan.

1 Un magma plus ou moins fluide

Il est possible de réaliser en classe une manipulation montrant l'importance de la fluidité du magma dans le déroulement d'une éruption volcanique.

Guide de manipulation
- Fixer deux tubes en U sur un support et les remplir à moitié :
  - de sauce tomate pour le premier (aspect de liquide épais) ;
  - d'un mélange de sauce tomate et de flocons de purée pour le second (aspect pâteux).
- Pour chaque tube, introduire un piston dans une des deux ouvertures.
- Appuyer lentement sur le piston.

a Résultat avec la sauce tomate.

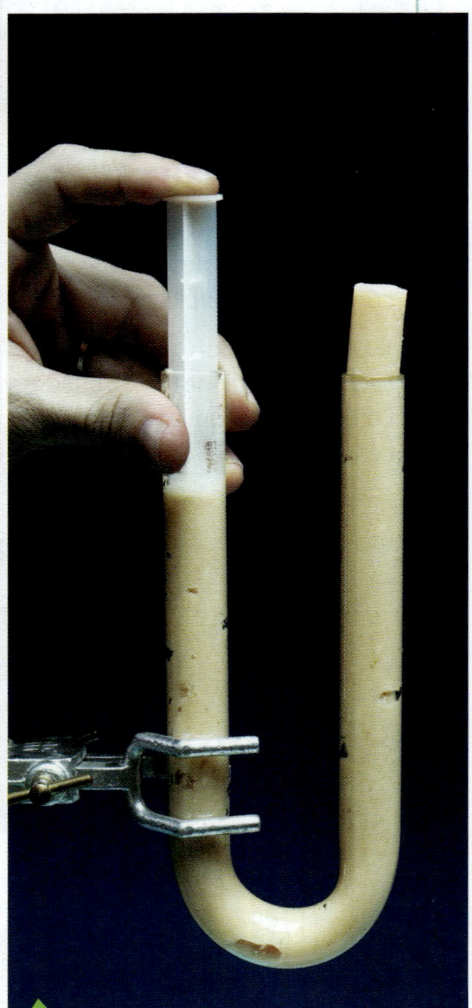

b Résultat avec le mélange sauce tomate et flocons de purée.

2 Un magma contenant plus ou moins de gaz

Guide de manipulation

- Préparer un mélange épais de flocons de purée, de sauce tomate et de bicarbonate de sodium.
- Remplir les deux boîtes de pellicule photo à ras bord avec ce mélange.
- Fermer les boîtes avec les couvercles percés.
- À l'aide de seringues, injecter de l'eau dans la première boîte et du vinaigre dans la seconde.

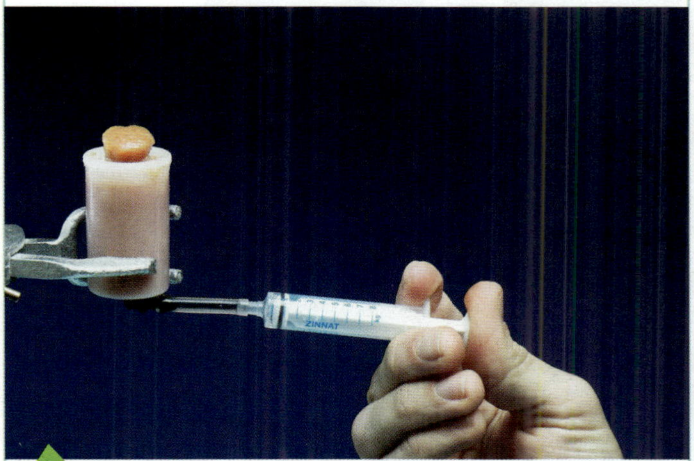

a Résultat en injectant de l'eau.

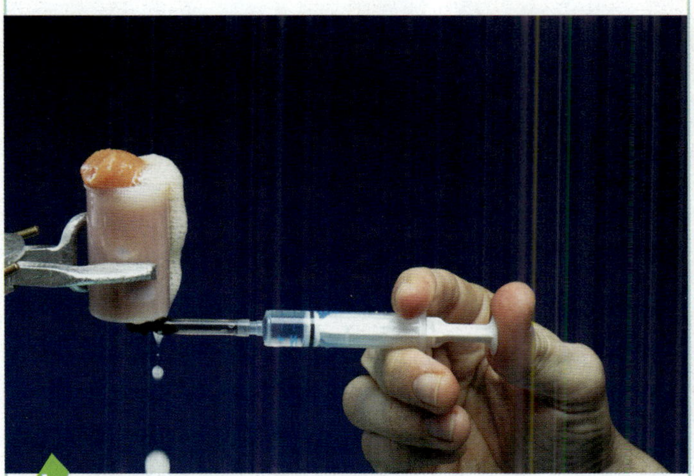

b Résultat en injectant du vinaigre.

Un coup de pouce...

Le bicarbonate de sodium mélangé à du vinaigre produit une grande quantité de gaz (le dioxyde de carbone). Mélangé à de l'eau, il n'en produit pas.

3 Du magma à l'éruption

L'éruption volcanique a lieu lorsque le magma accumulé sous le volcan dans les réservoirs magmatiques arrive à la surface de la Terre. Une lave visqueuse très riche en gaz entraîne une éruption explosive. Une lave fluide déclenche une éruption effusive.

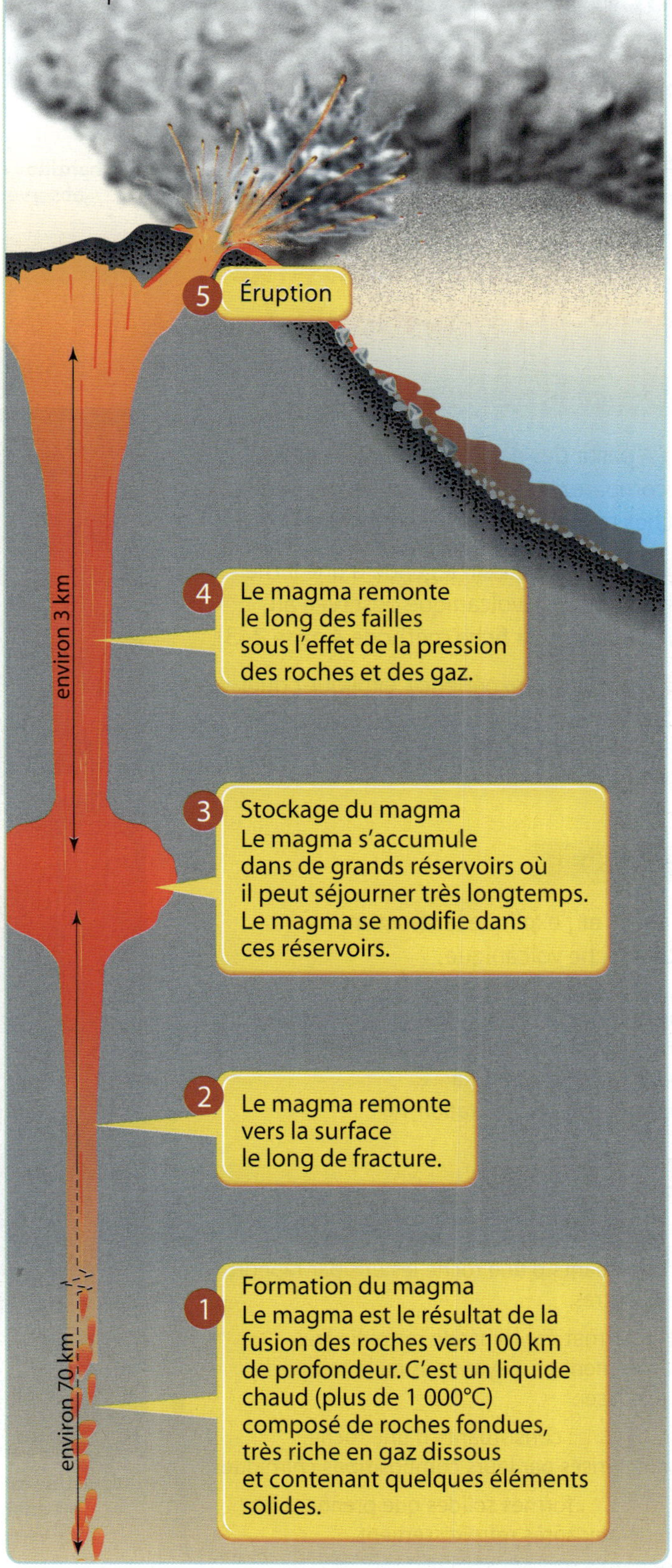

4 Découvrir expliquer

Du magma aux roches volcaniques

Nous avons vu que lors des éruptions volcaniques le magma arrivait en surface et donnait des laves plus ou moins visqueuses. Ces laves, en se refroidissant, se transforment en roches volcaniques.

→ Comment sont constituées ces roches volcaniques ?

Je réponds aux questions

1 À partir des documents 1 et 3 relevez et comparez les caractéristiques des deux roches (aspect, couleur, composition).

2 Réalisez un dessin légendé d'une lame mince de roche volcanique observée au microscope (voir fiche méthode 4 page 243).

3 À partir de l'expérience, expliquez quel est le lien entre la vitesse de refroidissement de la vanilline et la taille des cristaux obtenus.

Je conclus

Je décris et j'explique la structure d'une roche volcanique.

J'apprends :
- *à relier des données pour expliquer* Ra ;
- *à réaliser un schéma* Ra C ;
- *à réaliser une manipulation* Re .

Vocabulaire

Structure : disposition des différents constituants d'une roche les uns par rapport aux autres.

Verre : matière minérale refroidie très rapidement et n'ayant pas eu le temps de cristalliser.

Minéraux : constituants d'une roche caractérisés par leurs compositions chimiques.

Cristaux : formes solides que prennent les minéraux après refroidissement.

1 Le basalte

- Au piton de la Fournaise, les laves sont à l'origine d'une roche, le basalte.
- L'observation d'une lame mince de basalte révèle une **structure** particulière. Un **verre** volcanique englobe de nombreux **minéraux** cristallisés de taille différente : des petits **cristaux** (microlites) et quelques gros cristaux.

a **Une coulée de lave au Piton de la Fournaise en mars 1998.**

b **Échantillon de basalte observé à l'œil nu.**

c **Une lame mince de basalte vue au microscope optique en lumière polarisée et analysée.** ① Gros cristaux (olivine), ② Microlites (feldspath, pyroxène, olivine), ③ Verre

2 Des expériences

- Il est possible de reproduire de manière très simplifiée les cristallisations qui ont lieu pendant que la lave se refroidit et se transforme petit à petit en roche.
- On utilise la vanilline, ses cristaux fondent rapidement à la chaleur.

Guide de manipulation

- Déposer une petite pincée de vanilline sur une lame et recouvrir la préparation d'une lamelle.
- À l'aide d'une pince en bois, maintenir la lame bien à plat au dessus d'une source de chaleur jusqu'à ce que la vanilline fonde.
- Observer rapidement au microscope pour assister en direct à la formation de nouveaux cristaux.

a Résultats observés au microscope optique en lumière polarisée et analysée.

Guide de manipulation

- Refaire la même manipulation sur une autre lame, mais cette fois, déposer la lame de vanilline fondue sur des glaçons avant d'observer le résultat au microscope.

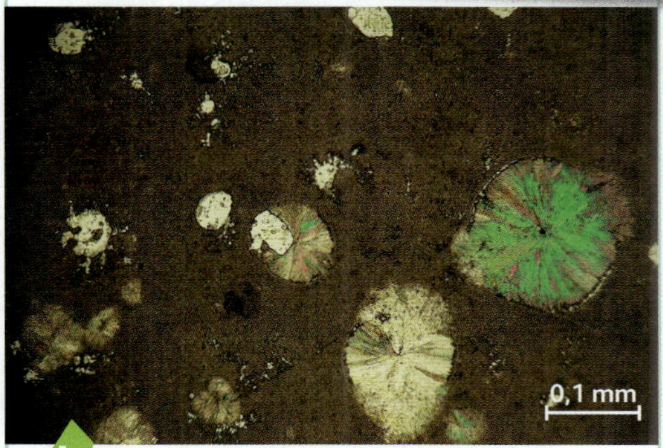

b Résultats observés au microscope optique en lumière polarisée et analysée.

3 L'andésite

- Sur le mont Saint-Helens, la lave en se refroidissant a donné une roche volcanique : l'andésite.
- Sur une lame mince de cette roche, on distingue des cristaux de toutes les tailles englobés dans du verre.

a Le dôme du mont Saint-Helens.

b Échantillon d'andésite observé à l'œil nu.

c Une lame mince d'andésite vue au microscope optique en lumière polarisée et analysée.
① Gros cristaux (feldspath), ② Microlites (feldspath et autres minéraux), ③ Verre.

5 Découvrir expliquer

Les volcans sur notre planète

L'observation d'une carte de répartition des volcans actifs dans le monde nous permet de penser que ceux-ci ne sont pas répartis au hasard.

→ **Comment les volcans sont-ils répartis sur notre planète ?**

Je réponds aux questions

1 Recherchez des informations sur quelques-uns des volcans les plus connus, comme par exemple :
• Montagne Pelée • Pinatubo • Vésuve • Mauna Loa • Mont Saint-Helens • Piton de la Fournaise • Surtsey • Paricutin • Fujiyama • Kilimandjaro • Mérapi •

2 En utilisant vos recherches et la carte proposée dans cette page, localisez ces volcans.

Je conclus

J'indique les zones où l'on trouve la plupart des volcans.

J'apprends :
- *à utiliser un logiciel* Re ;
- *à m'informer à partir d'une carte* I ;
- *à comparer des données* Ra .

Vocabulaire

Dorsales : importants reliefs sous-marins formant des lignes de relief continues de 60 000 km.

La répartition des volcans à la surface du globe

• La « ceinture de feu » du Pacifique

70 % des volcans de la planète se trouvent dans la ceinture de feu, autour de l'océan Pacifique. La plupart d'entre eux sont des volcans explosifs. Toute la bordure ouest du continent américain, le long de l'océan Pacifique, est jalonnée de très nombreux volcans explosifs, dont le mont Saint-Helens.

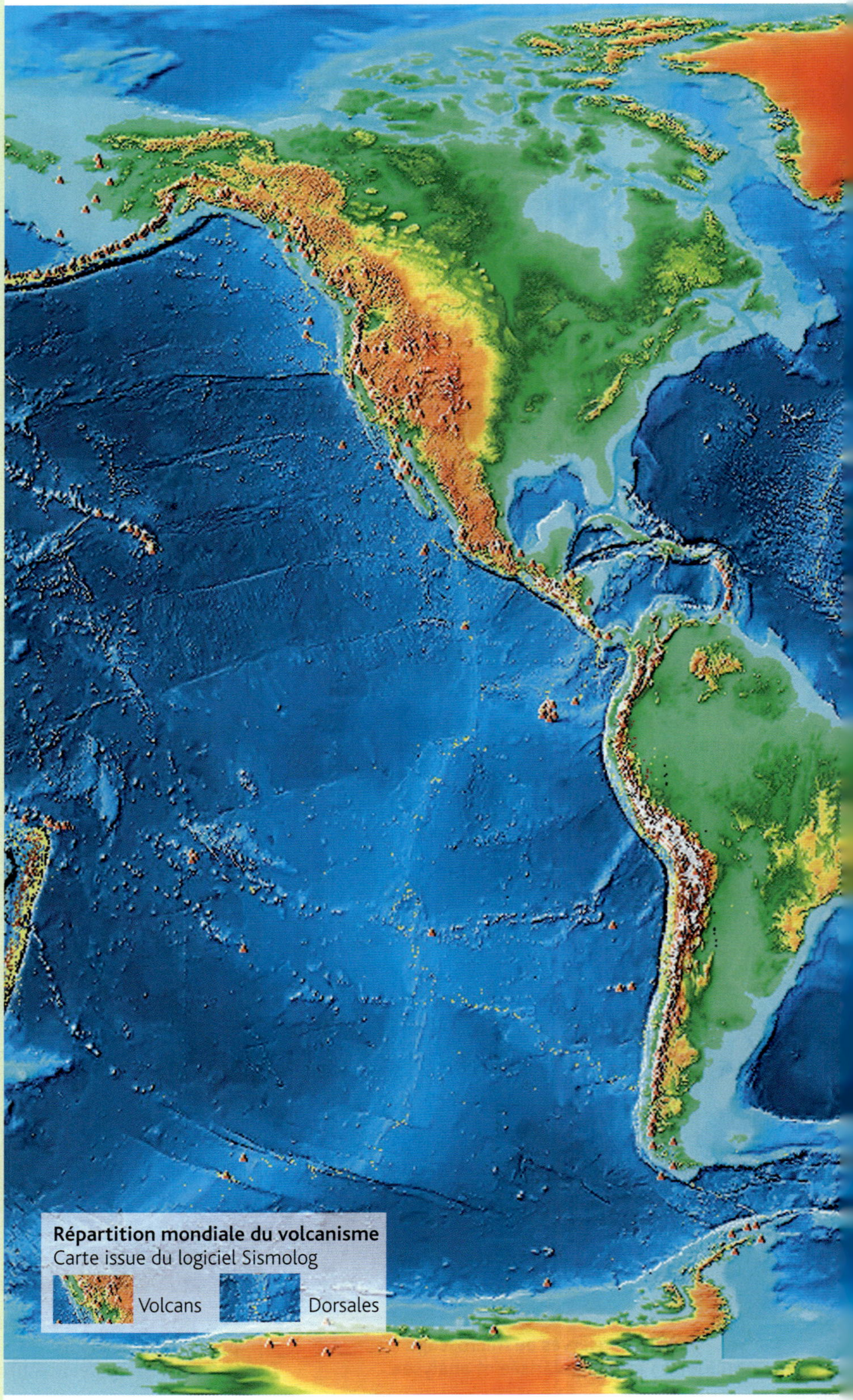

Répartition mondiale du volcanisme
Carte issue du logiciel Sismolog

● **Les volcans sous-marins**

Dans les océans, les volcans sont alignés le long des dorsales. La lave en se refroidissant au contact de l'eau forme des laves en coussin ou pillow-lava.

● **Les volcans isolés**

Quelques volcans, comme le Piton de la Fournaise ou ceux de l'archipel d'Hawaii, sont des volcans isolés.

Guide d'utilisation du logiciel Sismolog

- Ouvrir le logiciel sismolog et cliquer sur l'icône « afficher les volcans ».
- Cliquer sur l'icône « afficher les infos ».
- Sélectionner la zone du volcan à étudier, pour zoomer (clique gauche + déplacement).
- Placer le pointeur de la souris sur le volcan pour faire apparaître les informations.
- Revenir à la carte mondiale en cliquant sur l'icône « afficher le monde ».

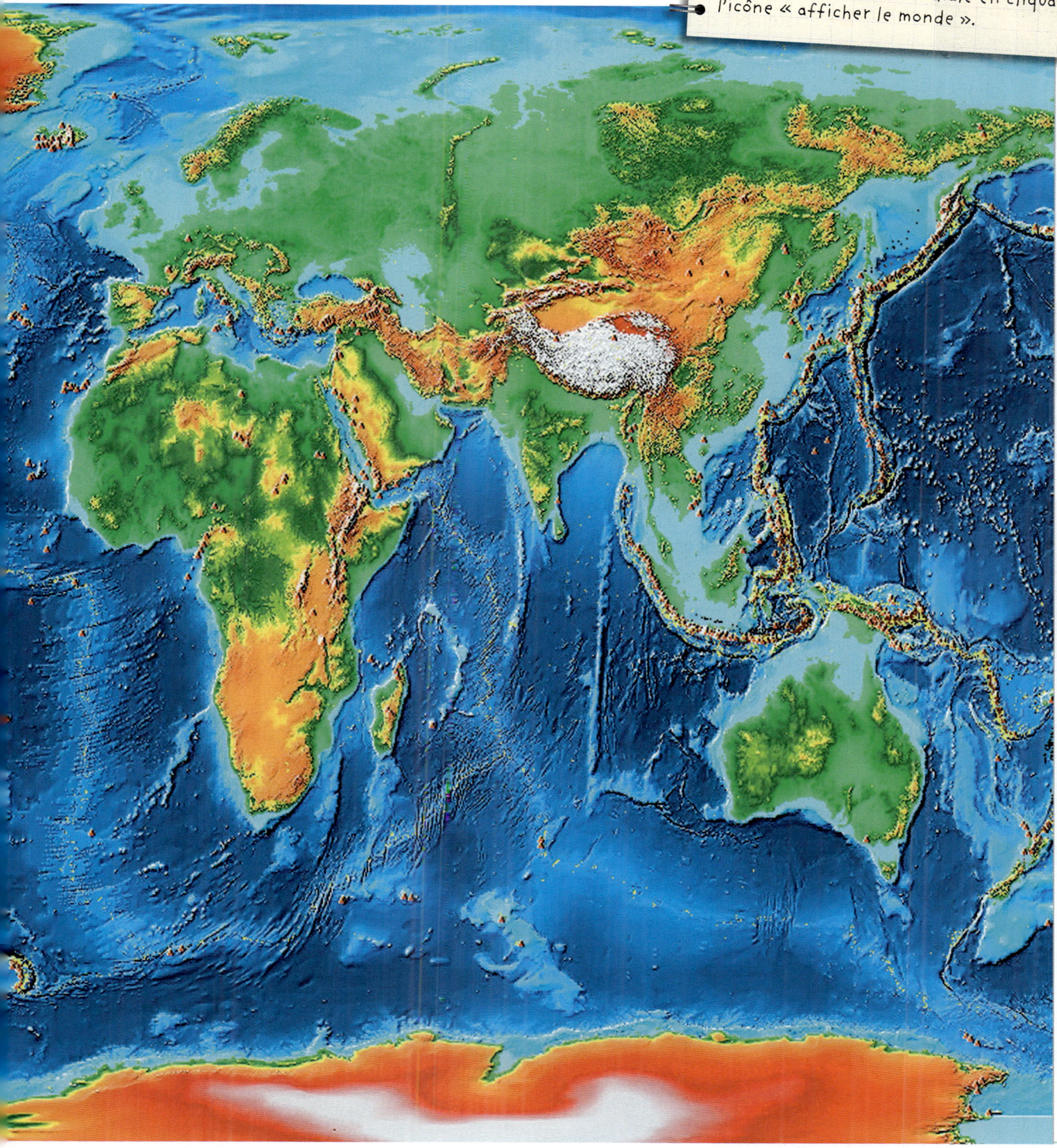

BILAN

J'ai découvert, j'ai expliqué

1 Une éruption effusive

→ pages 32-33

- Le Piton de la Fournaise rejette régulièrement de grandes coulées de **lave fluide** dont l'accumulation forme le volcan.
- L'éclatement de bulles de gaz projette de la lave en fontaines de lave qui en refroidissant construisent de petits cônes. C'est un volcanisme effusif.

2 Une éruption explosive

→ pages 34-35

- Formé par l'accumulation de **lave visqueuse**, le mont Saint-Helens a été le siège d'une gigantesque explosion en 1980.
- L'éruption pulvérise le sommet du volcan et déclenche des panaches et des nuées ardentes destructrices. C'est un volcanisme explosif.

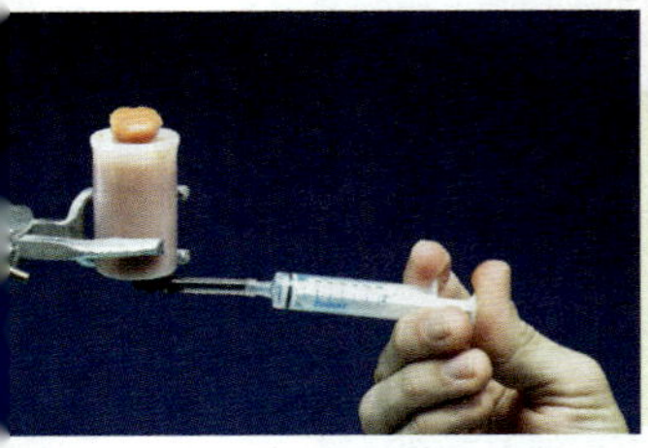

3 Comprendre une éruption

→ pages 36-37

- Des manipulations simples permettent de comprendre le rôle de la fluidité du magma et celui des gaz dans le déroulement d'une éruption volcanique.
- Aucune ne rend complètement compte de la complexité du phénomène interne : fusion des roches en profondeur, accumulation du **magma** dans un **réservoir magmatique**, éruption.

4 Du magma aux roches volcaniques

→ pages 38-39

- Le magma émis lors des éruptions volcaniques refroidit et se transforme en roches volcaniques.
- Les roches volcaniques ont une structure particulière identique : des cristaux de tailles différentes sont englobés dans un verre volcanique.
- Plus la vitesse de refroidissement de la lave est lente, plus les cristaux sont gros.

5 Les volcans sur notre planète

→ pages 40-41

- La répartition géographique des volcans n'est pas uniforme. Ils se concentrent, en général, dans des zones particulières, autour de l'océan Pacifique et dans les océans tout le long des dorsales.
- Certains volcans sont isolés comme par exemple le Piton de la Fournaise.

J'ai compris le volcanisme

SOCLE COMMUN des connaissances

→ Le volcanisme est l'arrivée en surface de magma (mélange de roches fondues et de gaz) qui donne naissance à des coulées de lave ou à des explosions.

→ En refroidissant, les laves donnent naissance aux roches volcaniques.

→ Les volcans actifs ne sont pas répartis au hasard à la surface du globe.

Je retiens par l'image

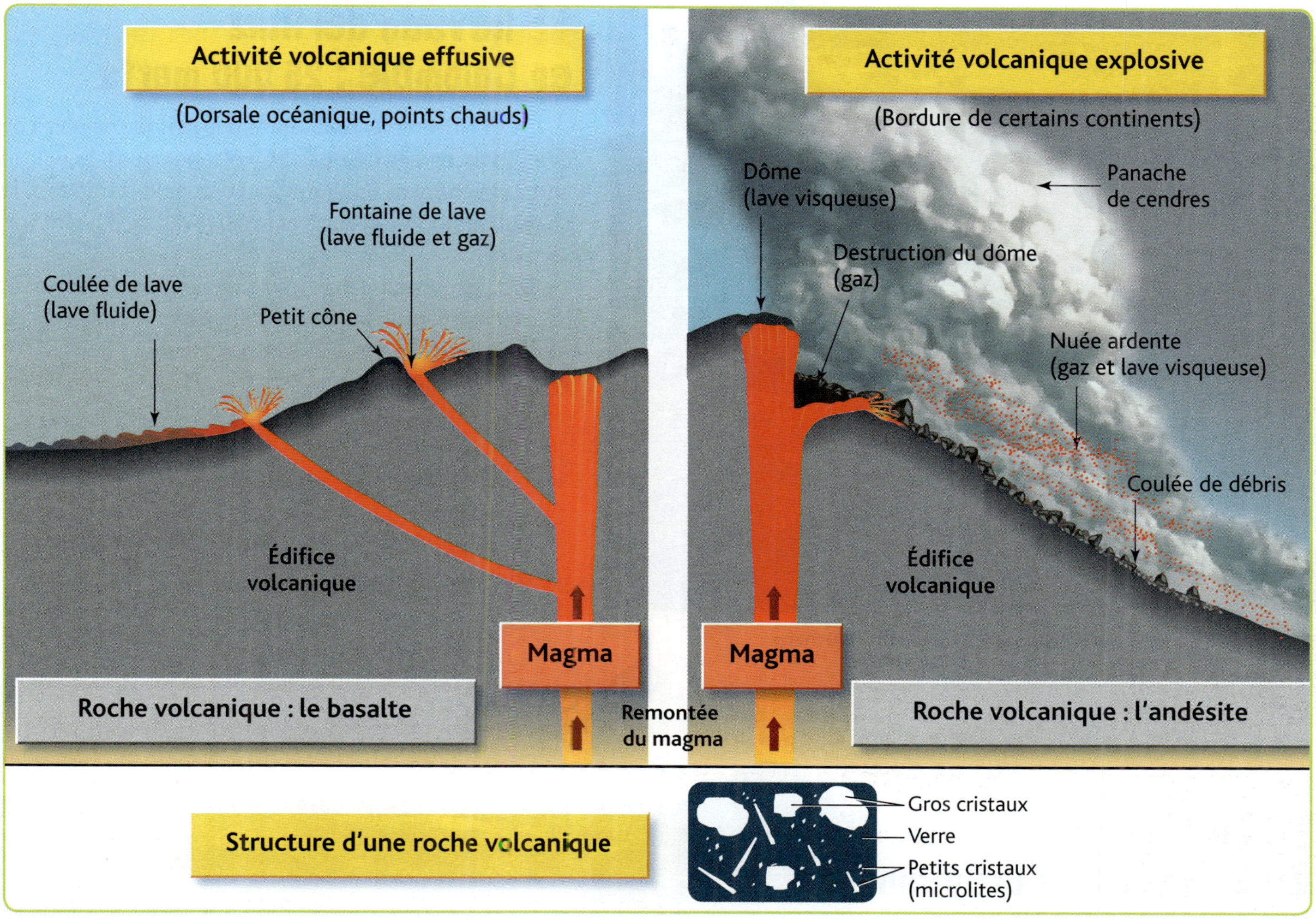

Je retiens par le texte

Le volcanisme

- La fusion des roches en profondeur produit des **magmas** riches en gaz dissous. Les magmas s'élèvent, s'accumulent dans des **réservoirs magmatiques** puis atteignent la surface : c'est l'éruption.
- Les volcans rejettent des solides, des liquides (laves) et des gaz. Pendant une éruption effusive il y a émission de **laves fluides** qui s'étalent en coulées et de gaz qui produisent des fontaines de laves. Si la lave est **visqueuse**, elle forme un dôme sous lequel le gaz s'accumule, ce qui peut entraîner une éruption explosive à l'origine des panaches et des **nuées ardentes**.
- Les laves, en refroidissant, se solidifient en roches volcaniques formées de cristaux de différentes tailles et de verre. Leur accumulation construit les édifices volcaniques.
- À part quelques cas de volcans isolés, les édifices volcaniques sont alignés autour de l'océan Pacifique et le long des dorsales océaniques.

Mots à retenir

Lave : magma arrivé en surface.

Lave visqueuse : lave qui s'écoule très difficilement.

Lave fluide : lave qui coule facilement.

Magma : mélange de roches fondues, de gaz et de quelques éléments solides remontant vers la surface du globe.

Nuées ardentes : « mousse » de lave visqueuse et de bulles de gaz brûlant transportant à grande vitesse des fragments solides incandescents.

Réservoir magmatique : zone d'accumulation du magma située sous un volcan.

1. Sous la coulée de boue : le centre de la ville d'Armero.

1 Nevado del Ruiz en Colombie : 25 000 morts

Le 13 Novembre 1985, après une période de réveil de deux mois enregistrée par les volcanologues, le volcan entre violemment en éruption. En quelques minutes, la chaleur fait fondre la glace et la neige qui recouvrent son sommet.

Un gigantesque lahar (mélange liquide de boues et de cendres) dévale les pentes du volcan à la vitesse de 35 km/h. Deux heures plus tard, les villes de Chinchina et Armero sont dévastées.

→ L'éruption du Nevado del Ruiz a eu des effets catastrophiques. D'après le document, est-ce l'éruption qui a provoqué directement des dégats ?

- http://www.lave-volcans.com
- http://www.imagesdevolcans.fr

2 Le Tambora en Indonésie : l'éruption la plus meurtrière

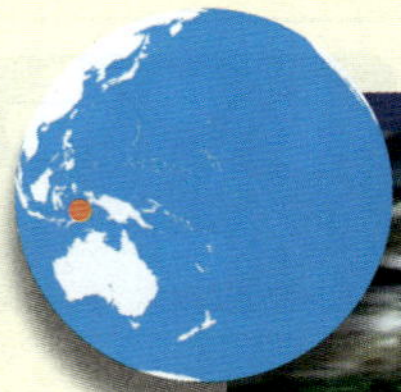

Les 10 et 11 avril 1815, après sept mois de signes avant-coureurs, une éruption phénoménale fait exploser le sommet du volcan. En quelques instants, la montagne perd 1 500 m de hauteur. Le bruit des explosions est entendu jusqu'à 1 500 km de distance. Une surface équivalente à la superficie de la France est recouverte de cendres.

Les nuées ardentes ont tué environ 12 000 personnes, mais près de 50 000 habitants des îles de Sumbawa et de Lombok sont morts de faim suite à la famine causée par les cendres qui détruisirent toutes les récoltes.

Au-delà de cette région, les cendres envoyées à plus de 15 km d'altitude par le volcan seraient à l'origine d'un dérèglement climatique dans les années qui suivirent la catastrophe. L'été 1816 a été le plus froid jamais enregistré en Europe. Il a provoqué une famine qui a fait 200 000 victimes en Europe.

2. Vue satellite du volcan Tambora.

→ En quoi une telle éruption exceptionnelle provoque-t-elle des dégâts qui dépassent largement le cadre régional ?

3 Les volcans source d'énergie

La chaleur de la Terre (géothermie) dégagée par les volcans est utilisée pour fabriquer de l'électricité dans des centrales géothermiques. Cette technologie est particulièrement développée en Islande.

En France, la centrale électrique du site de Bouillante en Guadeloupe est prévue pour fournir 15 mégawatts soit environ 8 % des besoins de l'île.

4. En Islande, des baigneurs près d'une centrale géothermique.

3. La centrale électrique de Bouillante en Guadeloupe.

→ **Pourquoi les régions volcaniques sont-elles propices à l'utilisation de l'énergie géothermique ?**

4 Les volcans fournisseurs d'engrais

Les terrains situés à proximité immédiate des volcans sont extraordinairement fertiles. Les cendres volcaniques y apportent plus efficacement que les meilleurs engrais des phosphates, du potassium, du calcium, du magnésium ou du soufre.

Au Japon, le thé et le café sont produits en abondance, les rizières peuvent donner jusqu'à trois récoltes par an… Sur les pentes du volcan Sakurajima, on cultive un radis géant : le daïkon.

Cette extraordinaire fertilité des sols attire les populations malgré le danger des éruptions. C'est au pied des volcans de l'île de Java que l'on trouve la plus forte densité de population de la planète : 850 habitants par kilomètre carré.

→ **Pourquoi l'agriculture se développe-t-elle sur les pentes volcaniques malgré le danger ?**

5. Une récolte impressionnante de radis géants cultivés sur les pentes du volcan Sakurajima (Japon).

EXERCICES

SOCLE commun **Je teste mes acquis**

1 Rechercher des informations

Je réponds rapidement à chacune des questions.

a. Dans quel type d'éruption trouve-t-on des laves fluides ?

b. Dans quel type d'éruption trouve-t-on des laves visqueuses ?

c. Comment se forme un dôme volcanique ?

d. À quel endroit le magma s'accumule-t-il avant une éruption ?

e. Dans quelles zones de la planète trouve-t-on le plus de volcans ?

2 Construire des phrases

J'utilise les mots proposés.

Phrase 1 : fluide / Piton de La Fournaise / effusif / cône

Phrase 2 : visqueux / mont Saint-Helens / panache / explosif / nuée ardente/dôme

Phrase 3 : lave / surface / réservoir magmatique / magma / éruption

Phrase 4 : lave / refroidissement / cristaux / verre volcanique

Phrase 5 : océan Pacifique / volcans / dorsales

3 Comprendre un événement historique

a La ville de Saint-Pierre quelques jours avant l'éruption...

b ...et quelques jours après.

Une catastrophe annoncée

En cette année 1902, la ville de Saint-Pierre surnommée le « petit Paris des Antilles », est une ville moderne et prospère avec près de 30 000 habitants. À une petite dizaine de kilomètres se trouve la montagne Pelée, lieu d'excursion apprécié des habitants. Sa dernière éruption, 50 ans plus tôt, n'est plus qu'un lointain souvenir.

Dès 1900, d'importantes émissions de gaz apparaissent sur le volcan. Début 1902, la population est gênée par des odeurs d'œuf pourri liées à des émanations de soufre. Des séismes légers et de petites explosions de cendres se produisent au sommet du volcan.

Une commission d'enquête, nommée par le gouverneur de l'île pour rassurer la population de Saint-Pierre, conclut à l'absence de danger.

Et pourtant, le 8 mai 1902 à 8 h 03 du matin, l'enfer s'abat sur Saint-Pierre et ses habitants. Le dôme de lave visqueuse au sommet du volcan explose sous la pression des gaz. Un souffle brûlant et dévastateur, mélange à 450 °C de gaz, de cendres et de blocs, dévale le flanc du volcan à près de 500 km/h.

En moins de trois minutes, la nuée atteint Saint-Pierre. Les habitants n'ont pas le temps de se protéger : 28 000 personnes périssent asphyxiées puis brûlées par les incendies qui ravagent la ville. On ne retrouvera dans les ruines que deux survivants miraculeusement rescapés !

Louis Cyparis est l'un deux, il fut découvert à la prison, quatre jours après la catastrophe, gravement brûlé mais vivant ; les murs de son cachot l'avaient protégé du souffle meurtrier.

Questions

1. I **Situez sur une carte l'île de la Martinique et la ville de Saint-Pierre.**

2. I **À la lecture de ces événements, pensez-vous que la montagne Pelée est un volcan de type effusif ou explosif ?**

3. Ra **À la lumière des connaissances actuelles, la commission d'enquête pouvait-elle conclure autrement son dossier ?**

Je consolide mes acquis

4 Reconnaître une roche volcanique

a Lame mince n°1.

b Lame mince n°2.

c Lame mince n°3.

Questions

1. Ra Observez ces trois lames minces de roches vues au microscope optique en lumière polarisée et analysée et indiquez laquelle a été réalisée à partir d'une roche volcanique.
2. Ra C Expliquez votre choix et réalisez un schéma légendé de la lame choisie.

5 Des informations apportées par les séismes

- En remontant le long des fissures sous le volcan, le magma provoque de petits séismes qui peuvent être enregistrés par des sismomètres.
- Ces données permettent d'obtenir une « image » de l'intérieur du volcan.

Questions

1. Ra Rappelez ce qu'est le foyer d'un séisme.
2. I Comment sont répartis les foyers des séismes sous le volcan.
3. Ra À quoi sont liés ces séismes ?
4. C À partir du document b et en vous aidant de la page 37, réalisez un schéma légendé de la coupe du volcan.

◆ http://www.pnsn.org/HELENS/helensep_yr.html

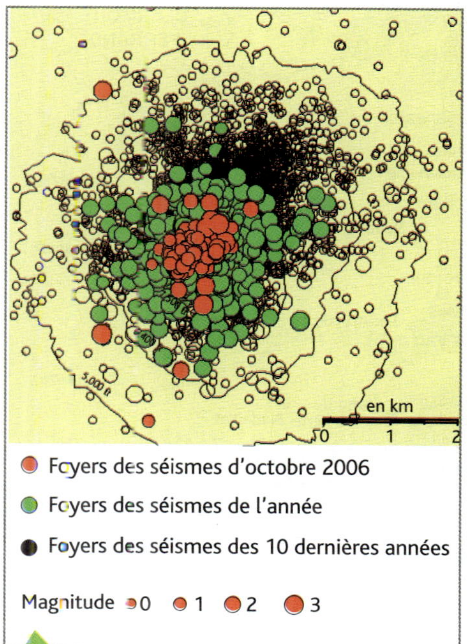

a Localisation des foyers des séismes (vue de dessus).

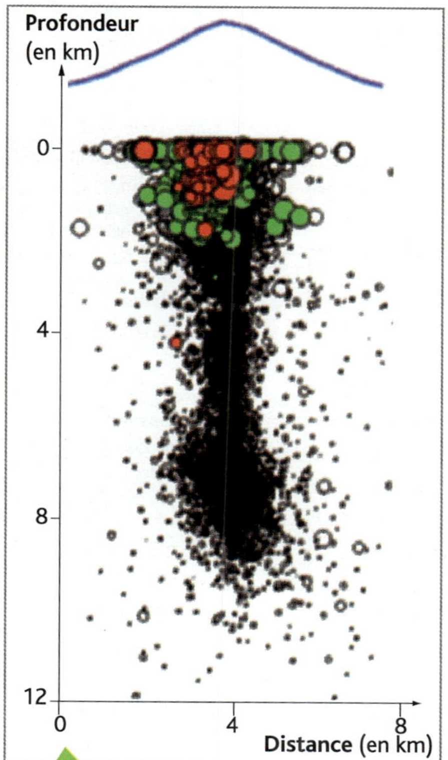

b Localisation des foyers des séismes (vue en coupe).

6 Les volcans de la chaîne des Puys en Auvergne

La chaîne des Puys, en Auvergne, est un ensemble d'environ 80 volcans qui se sont mis en place entre -95 000 ans et -6 000 ans. Ils sont actuellement éteints.

a Vue de la chaîne des Puys : Puy des Goules, Puy Pariou et Puy de Dôme au fond.

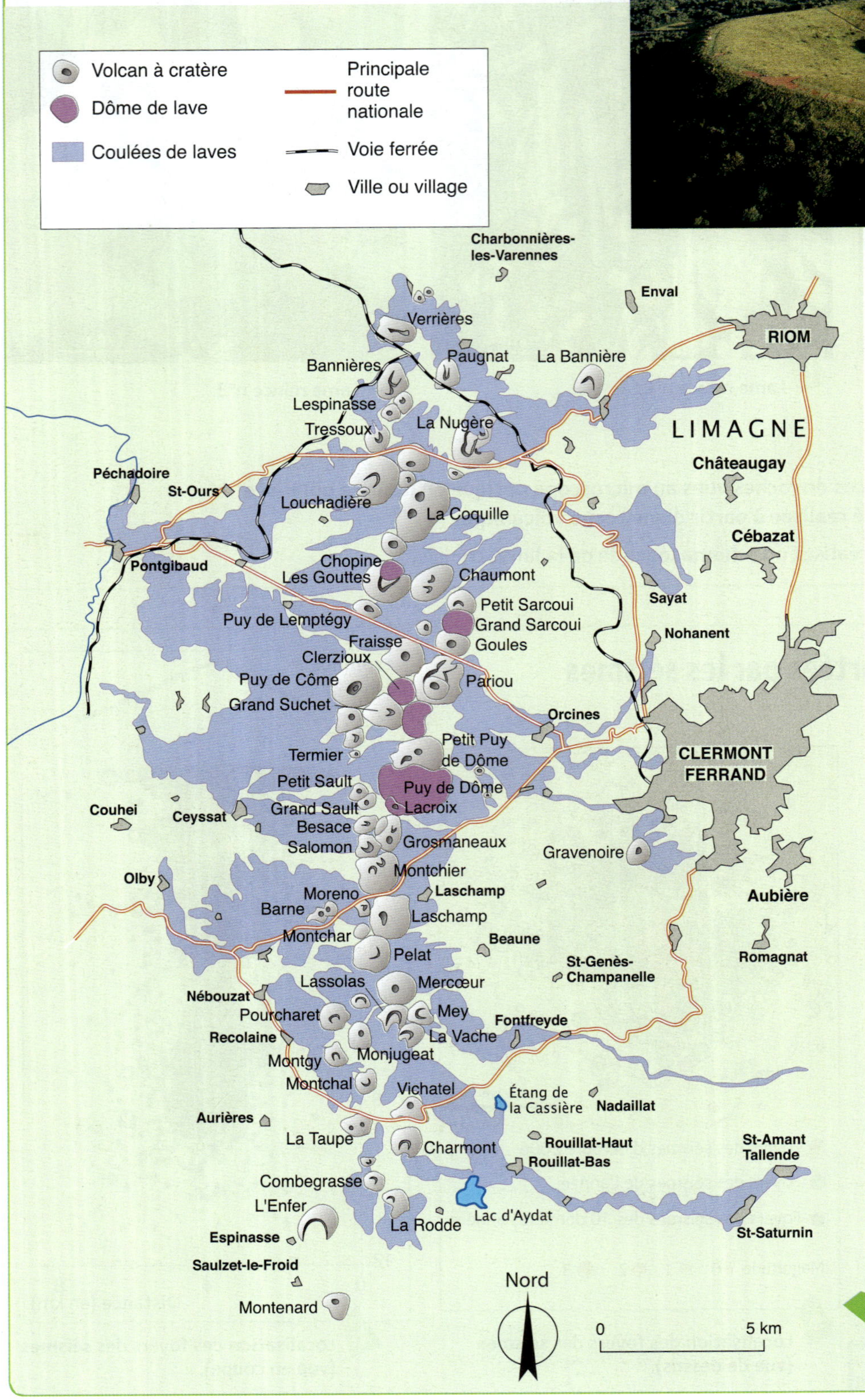

b Carte géologique simplifiée d'une partie de la chaîne des Puys en Auvergne.

Questions

1. I À partir des informations apportées par la carte et sa légende, classez les cinq volcans cités ci-dessous selon leur type : effusif ou explosif.
Justifiez votre choix.

- Clerzioux
- Chopine
- Verrières
- Puy de Dôme
- Louchardière.

2. Re La coulée issue des Puys de la Vache et de Lassolas s'est propagée jusqu'à l'emplacement de Saint-Amant Tallende. À l'aide de l'échelle, calculez sa longueur en kilomètres.

3. Ra Pour quelle(s) raison(s) la lave s'est-elle écoulée dans cette direction (vers l'Est) ?

4. Ra Le volcan appelé « L'enfer » est un maar, c'est-à-dire une dépression (un trou) dans le sol. Recherchez dans une encyclopédie des informations sur ce type d'édifice volcanique.

Découvrir autrement

7 Rechercher des informations sur Internet

Questions

Re Pour deux des volcans cités ci-dessous, indiquez dans un tableau : sa localisation (pays, continent) ; le type de volcanisme (effusif ou explosif) ; s'il est actuellement actif ou inactif ; la date de sa dernière grande éruption.

• Etna • Kilauea • Pinatubo • Mont Fuji • Paricutín

8 Le coin de l'artiste

William TURNER (1775-1851)

Né à Londres dans une famille modeste, il fait son apprentissage à la Royal Academy. Peintre paysagiste et aquarelliste anglais il est surnommé « le peintre de la lumière ».

En 1792, Wiliam Turner commence ses voyages d'étude. En 1819, il effectue un premier voyage à Venise qui va marquer un tournant dans son œuvre, la représentation des effets de lumière va désormais prendre une importance croissante. De ses voyages dans toute l'Europe, c'est plus de 20 000 aquarelles qui fixent paysages, sites, monuments.

La baie de Naples (le Vésuve en colère). Aquarelle, Birkenhead, Williamson Art Gallery and Museum.

Pour en savoir plus

◆ http://www.impressionniste.net/turner.htm

Questions

1. I Recherchez dans une encyclopédie ou sur Internet la localisation du Vésuve et la date de sa dernière éruption.

2. Ra C D'après vous, s'agit-il d'un volcan effusif ou explosif ? Justifiez votre réponse.

3. I Recherchez les villes totalement détruites à l'époque de l'empire romain.

4. I Quelle ville importante serait aujourd'hui menacée dans le cas d'une nouvelle éruption de ce volcan ?

ENVIE DE SCIENCE

Les volcans d'Auvergne risquent-ils de se réveiller ?

Pour répondre à cette question, il faut commencer par comparer les périodes de repos de ces volcans avec la durée qui nous sépare de la dernière éruption. Un intervalle de 15 000 ans sépare les deux derniers épisodes éruptifs les plus importants, alors qu'il s'est seulement écoulé 7 000 ans depuis la dernière éruption.

On ne peut donc pas considérer les volcans de la chaîne des Puys comme définitivement éteints. Par contre, il paraît bien difficile de prévoir la prochaine éruption : ce sera dans quelques milliers d'années... ou avant.

Néanmoins, la chaîne des Puys est sous surveillance, et l'on estime qu'en cas d'ascension rapide d'un magma vers la surface, on disposerait de plusieurs semaines pour se préparer à une éruption.

- http://www.parc.volcans-auvergne.com
- http://www.vulcania.com

Une éruption près de Clermont-Ferrand : fiction ou réalité ?

UN MÉTIER Volcanologue

Un volcanologue est une personne qui étudie les volcans et les phénomènes volcaniques. Sur le terrain, il prélève des roches et des gaz. En laboratoire, il analyse les échantillons.

Le volcanologue peut passer plusieurs mois par an sur le terrain, mais c'est avant tout un chercheur. Il étudie les volcans en activité et les volcans éteints, leur histoire, leur évolution, leur composition...

FORMATION

Après avoir passé un bac scientifique, il faut poursuivre des études à l'Université en Sciences de la Terre (5 ans et plus).

S'engager dans ce métier, c'est avant tout être passionné.

- http://www.education.france5.fr/volcans

Prélèvements de fragments de lave par un volcanologue.

CHAPITRE 3

La tectonique des plaques

Les séismes et les éruptions volcaniques sont les signes d'une activité interne de la Terre. Cette activité ne se manifeste que dans certaines zones précises.

- Comment expliquer que l'activité de la Terre se manifeste dans des zones précises ?

Vue satellite de l'Islande.

1 Découvrir expliquer

À la découverte des plaques

On a vu que les séismes et les éruptions volcaniques se produisent dans des zones précises du globe.

→ Comment cette répartition peut-elle nous renseigner sur la structure superficielle de la Terre ?

Je réponds aux questions

1. Superposez sur un même calque la répartition des séismes (p. 20-21) et du volcanisme (p. 40-41). Que constatez-vous ?
2. Posez ce calque sur la carte de la double page. Que constatez-vous ?
3. Comment varie la vitesse des ondes à 120 km sous les continents et à 80 km sous les océans (doc. c) ?
4. Quelle conclusion tirez-vous sur la rigidité de la lithosphère et de l'asthénosphère ?

Je conclus

Je donne une définition d'une plaque lithosphérique.

J'apprends :

- *à m'informer à partir de cartes, de graphiques* I ;
- *à relier des données pour expliquer* Ra.

Vocabulaire

Lithosphère : zone supérieure du globe terrestre, d'épaisseur moyenne comprise entre 70 km sous les océans et 300 km sous les continents.

Asthénosphère : zone située sous la lithosphère.

Les limites des plaques lithosphériques

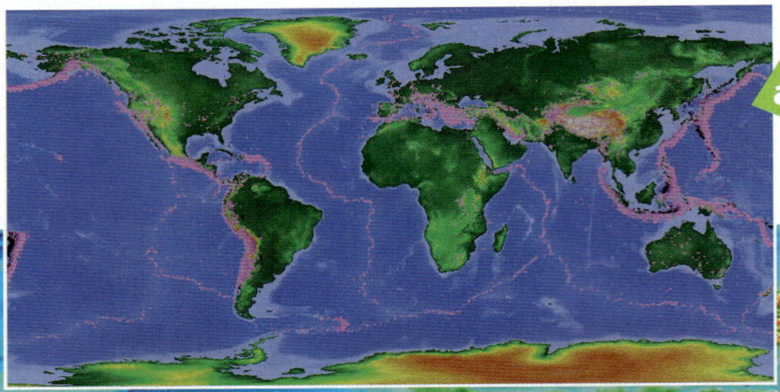

a La répartition mondiale des séismes.

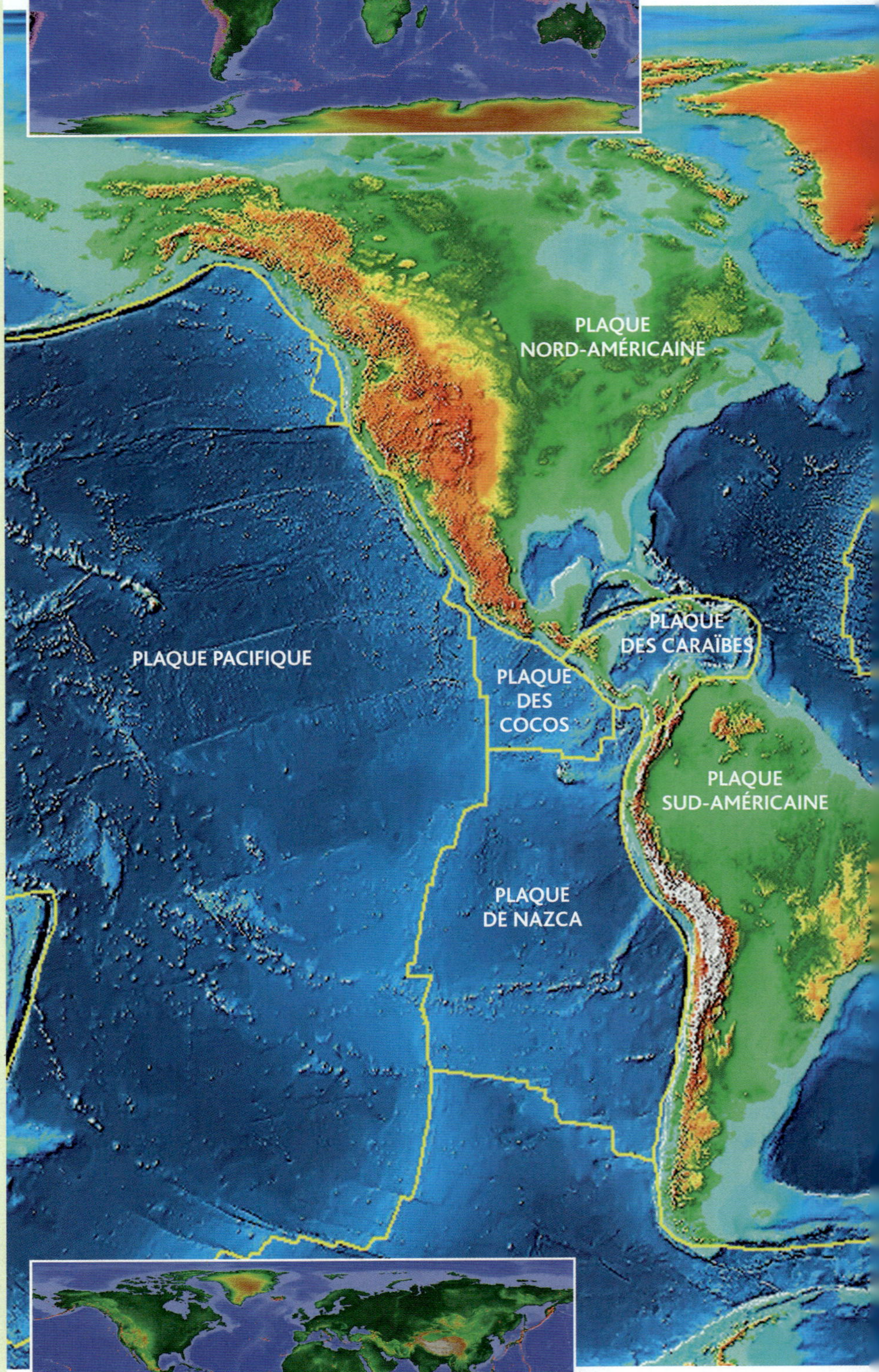

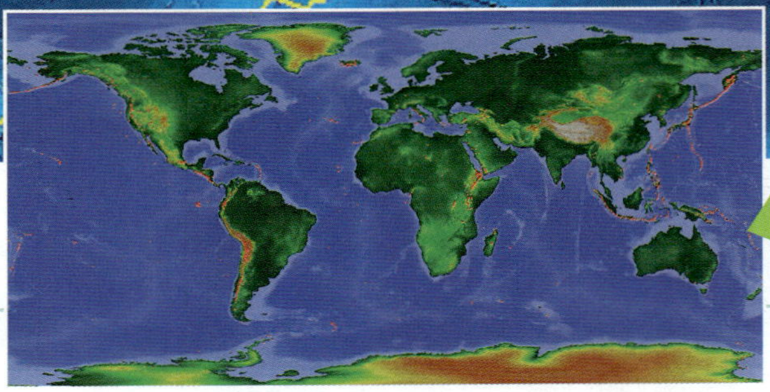

b La répartition mondiale des volcans actifs.

Les plaques en profondeur

Certaines ondes produites lors d'un séisme se déplacent en profondeur et fournissent des renseignements sur la structure interne de la Terre. En effet, leur vitesse de propagation varie avec la rigidité du milieu traversé : plus la zone est rigide, plus la vitesse est grande.

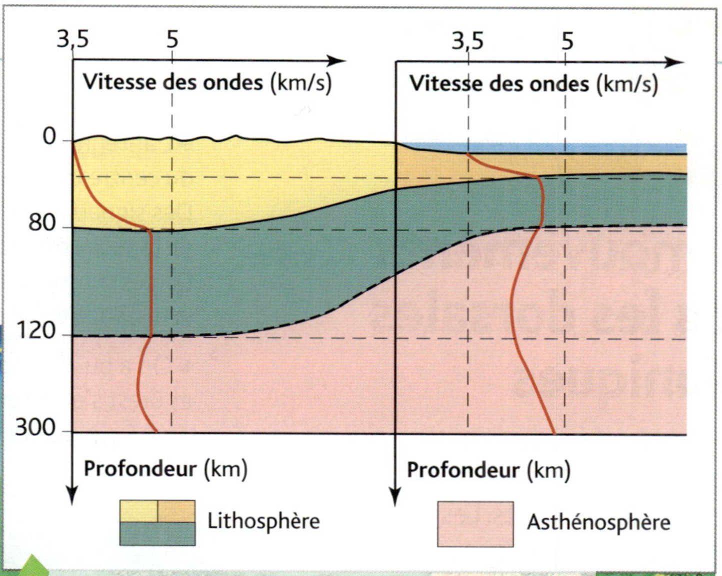

c Les limites inférieures des plaques lithosphériques.

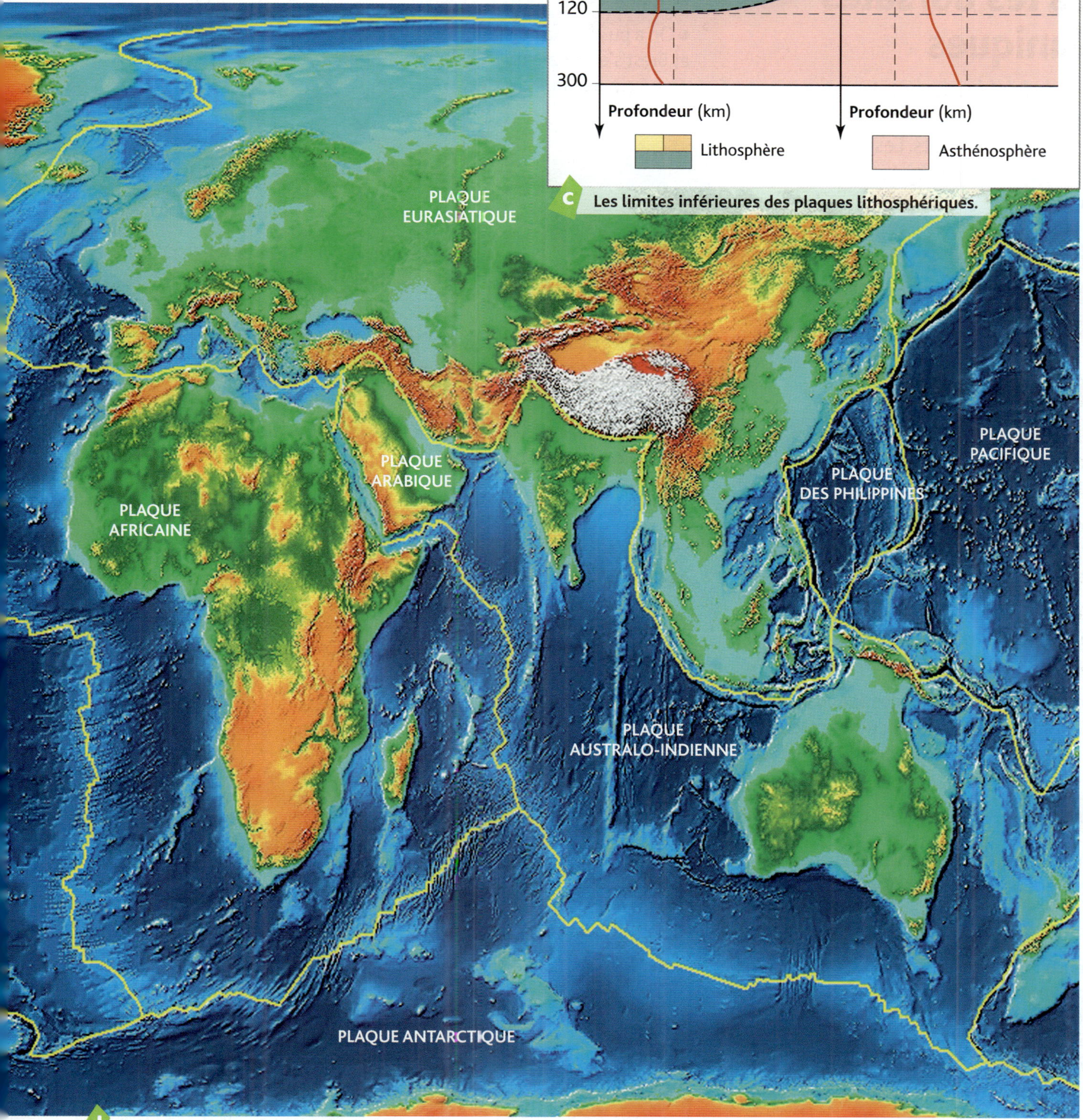

d Répartition géographique des plaques lithosphériques.

2 Découvrir expliquer

Les mouvements dans les dorsales océaniques

Les limites de plaques sont des zones sismiques, c'est-à-dire qu'elles sont le siège de mouvements. Les dorsales océaniques constituent une des limites de plaques.

→ **Quels types de mouvements peut-on observer dans les dorsales ?**

Je réponds aux questions

1. Comment le GPS permet-il de mettre en évidence les mouvements des plaques en Islande (doc. 1 et 2) ?
2. Comment le GPS permet-il de comprendre les mouvements des plaques de part et d'autre de l'Atlantique (doc. 1 et 3) ?
3. Où se trouvent la lithosphère la plus ancienne et la moins ancienne par rapport à la dorsale (doc. 4) ?
4. Comment la répartition des âges du fond de l'Atlantique montre-t-elle que les plaques se forment dans la dorsale (doc. 4) ?

Je conclus

Je donne des indices de la formation et de l'écartement des plaques dans une dorsale.

J'apprends :
- *à m'informer à partir de données GPS et de cartes* I ;
- *à utiliser un logiciel de traitement de données B2I* Re .

Vocabulaire

GPS : Global Position System.

1 Le GPS

- L'antenne GPS est placée exactement à la verticale du centre du repère, à une hauteur déterminée. Des signaux permettent de mesurer les distances entre repères et satellite (d1 et d2). De ces mesures, après traitement, on déduit la distance entre les deux repères.
- On a pu ainsi calculer que Saint Jones et Brest s'éloignaient de 1,5 cm par an.

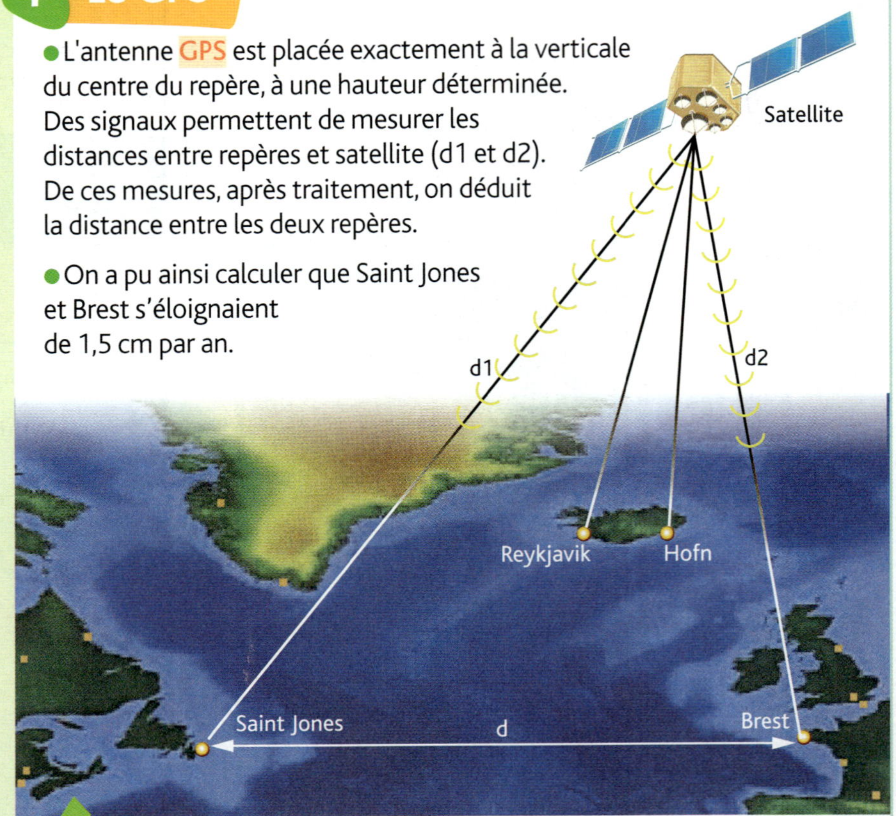

Schéma simplifié du principe GPS.

2 Des données GPS en Islande

L'Islande est une partie émergée de la dorsale atlantique. Les mesures ont été réalisées à proximité d'un volcan : le Krafla.

a La dorsale atlantique et l'Islande.

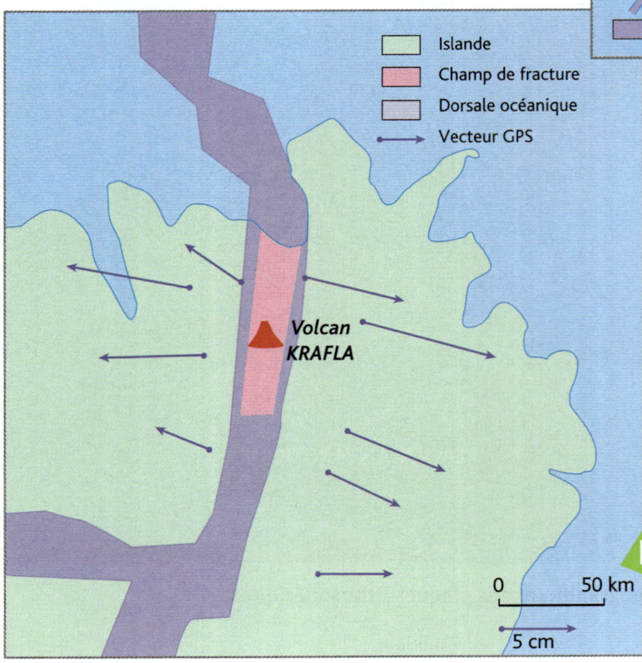

b Des mesures de part et d'autre de la dorsale en Islande.

3 Des données GPS en Atlantique

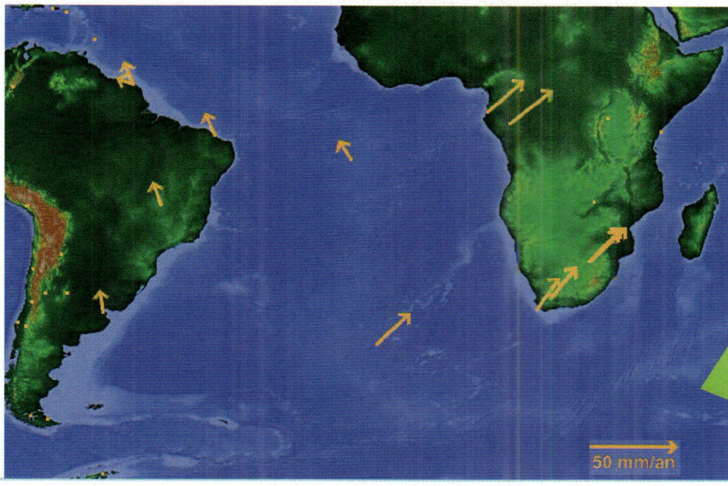

Guide d'utilisation du logiciel « tectoglob »

- Choisir « affichage » puis « points GPS ».
- Choisir dans « mode » : « délimitation d'une zone ».
- Délimiter la zone avec la souris, clic droit maintenu appuyé et agrandir avec le zoom.
- Pour afficher une vitesse de déplacement, placer le curseur sur la station choisie.

Des données pour l'Atlantique Sud.
Les flèches indiquent le sens du déplacement de la station GPS. Leur longueur augmente avec la vitesse.

4 L'âge de la lithosphère de l'Atlantique

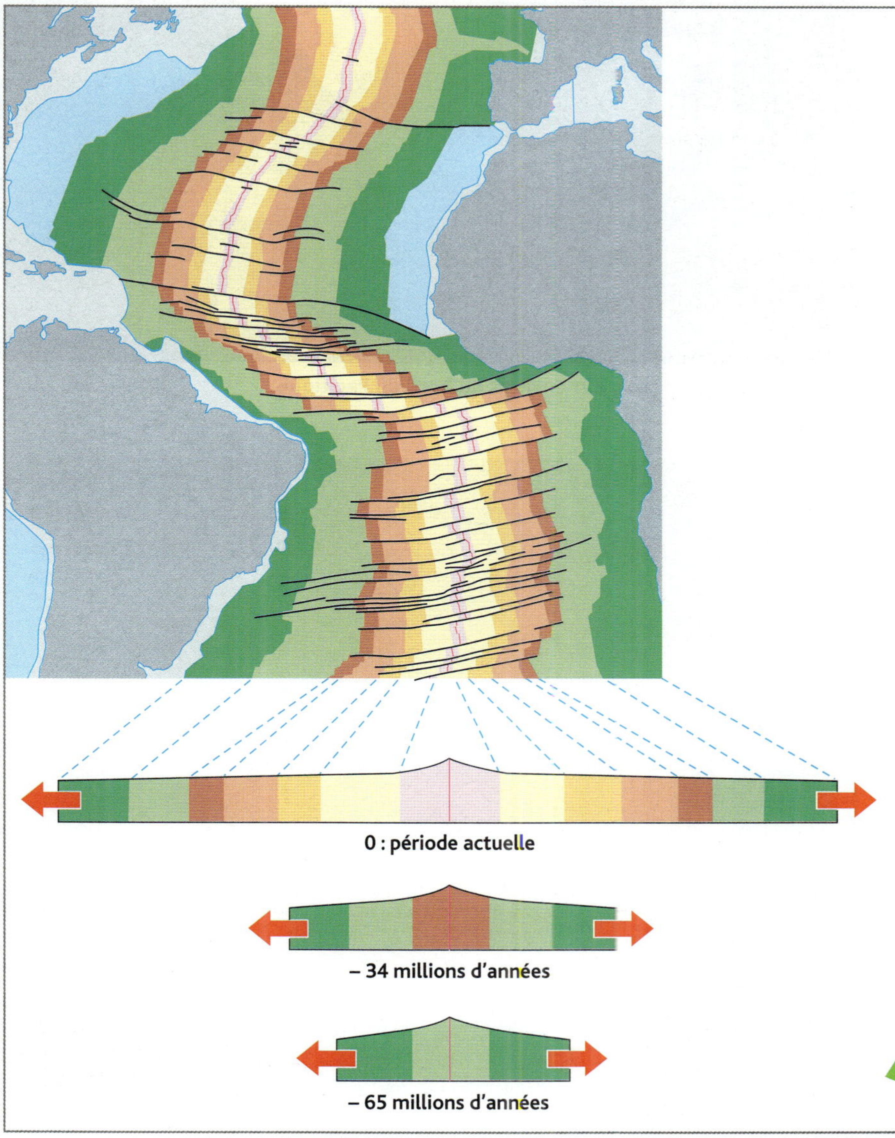

- La carte indique l'âge de la lithosphère de l'océan Atlantique. Chaque couleur représente une zone datant d'une période géologique déterminée.
- Les sédiments déposés sur le fond de l'Atlantique ne sont pas représentés sur ce document.

Âge (Ma)	Âge de la lithophère océanique
0 – 5	Plio-Quaternaire
5 – 23,8	Miocène
23,8 – 33,7	Oligocène
33,7 – 53,0	Éocène
53,0 – 65,0	Paléocène
65,0 – 98,9	Crétacé supérieur
98,9 – 144,2	Crétacé inférieur
144,2 – 175	Jurassique supérieur et moyen

Continents   Ma : millions d'années

Carte de répartition des âges de la lithosphère océanique et schéma du fonctionnement d'une dorsale.

3 Découvrir expliquer

Les mouvements dans les fosses océaniques

Nous avons vu que les plaques se forment et s'éloignent au niveau des dorsales. La Terre ayant toujours la même surface, on peut penser que ces plaques se rapprochent et disparaissent à d'autres endroits.

→ Comment montrer que les plaques se rapprochent dans les fosses océaniques ?

Je réponds aux questions

1 Repérez les caractéristiques du relief près de la limite océan-continent (doc. 1a).

2 Quelles sont les caractéristiques des foyers des séismes dans cette région (doc. 1b) ?

3 Comment la plaque de Nazca se déplace-t-elle par rapport à la plaque Sud-Américaine (doc. 2) ?

4 À partir des informations tirées des documents 1 et 2, justifiez le schéma du document 3.

Je conclus

Je donne des arguments montrant que les plaques se rapprochent dans les fosses océaniques et que l'une d'elles s'enfonce sous l'autre.

J'apprends :
- *à utiliser un logiciel de données* Re ;
- *à m'informer à partir de cartes, de coupes, de données GPS* I .

1 La zone Pacifique : une zone sismique

Il est possible grâce au logiciel « Sismolog » d'obtenir une vue en trois dimensions d'une zone des fosses océaniques et la répartition des séismes dans cette région.

Guide d'utilisation du logiciel « sismolog »

- **Pour obtenir une vue en 3D :** placer le curseur dans la zone où la vue 3D doit être réalisée.
- En maintenant le clic gauche, tracer un rectangle sur la zone choisie et choisir dans le bandeau « vue relief 3D ».
- Suivre les instructions s'affichant une fois la vue 3D réalisée.
- **Pour afficher les séismes :** cliquer sur « séismes » puis sur « dessiner les séismes ».

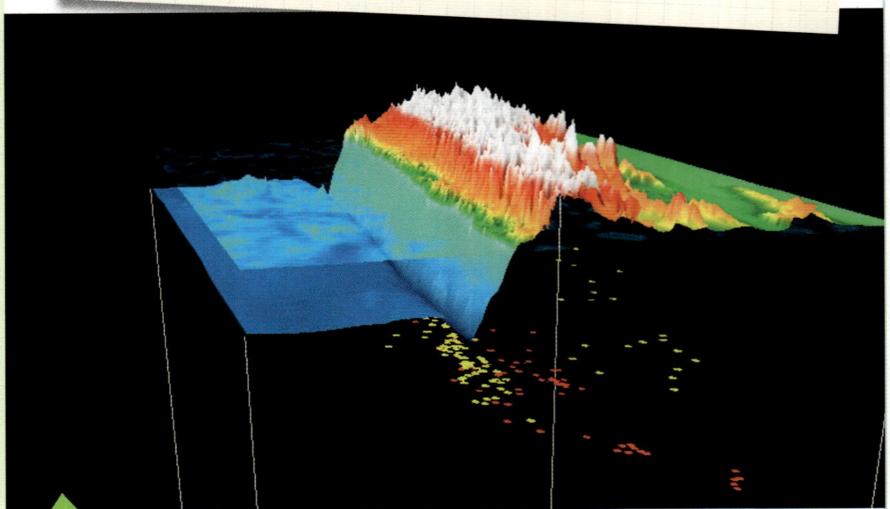

a Une vue en trois dimensions du bord du Pacifique.

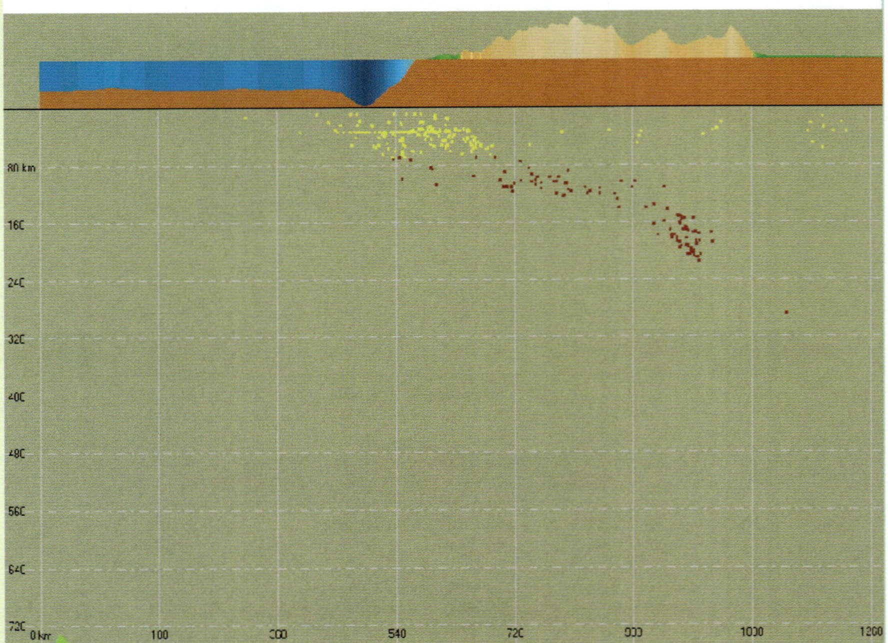

b Répartition des foyers des séismes sous une fosse.

2 Des données GPS dans le Pacifique

- Le document 1 a montré que de nombreux séismes se produisent sous les fosses océaniques et qu'ils sont de plus en plus profonds lorsque l'on s'éloigne de la fosse.
- Les données recueillies par les balises GPS permettent de déterminer les mouvements de la plaque de Nazca et de la plaque Sud-Américaine.
- Les flèches figurant sur la carte indiquent les déplacements mesurés par GPS près de la fosse et à proximité des côtes du continent américain. L'échelle permet d'évaluer la vitesse de déplacement.

Des données GPS dans la région pacifique.

3 Coupe schématique du bord du Pacifique

- Les données précédentes permettent de construire une coupe schématique des mouvements des plaques lithosphériques au niveau d'une fosse.
- La plaque de Nazca s'enfouit sous la plaque Sud-Américaine.

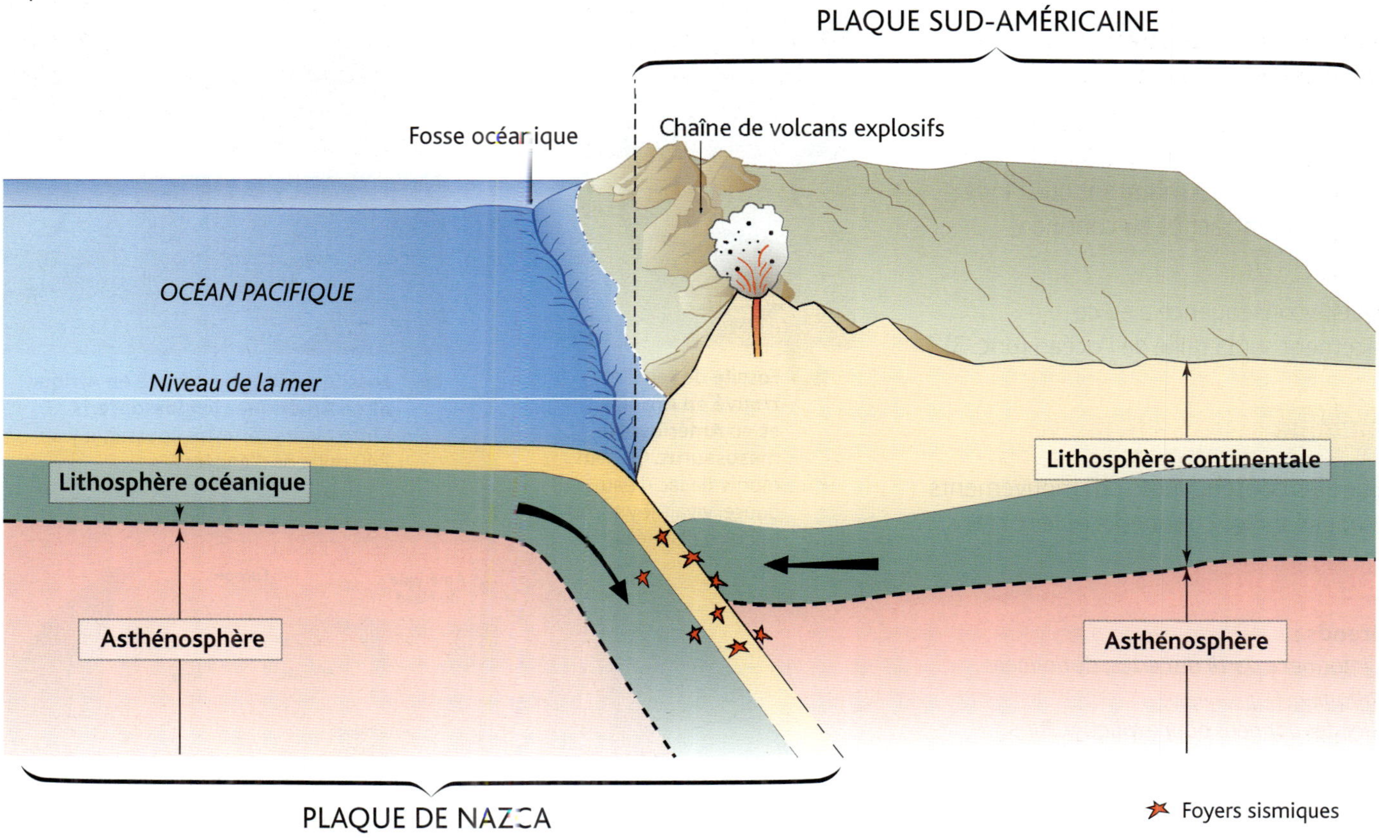

Schéma montrant l'évolution de la plaque de Nazca et de la plaque Sud-Américaine.

4 Découvrir expliquer

Évolution des continents et des océans

Les plaques sont animées de mouvements : elles s'écartent dans les dorsales et se rapprochent dans les fosses océaniques.

→ **Quelles conséquences ces mouvements ont-ils sur les continents et les océans ?**

Je réponds aux questions

1. Comment Wegener a-t-il eu l'idée que l'Afrique et l'Amérique s'étaient déplacées au cours des temps géologiques (doc. 1) ?
2. En utilisant les informations des pages 54-55, proposez une explication à ces déplacements.
3. Quels indices montrent qu'un océan est en formation dans la mer rouge (doc. 2) ?
4. Donnez un indice montrant que l'Inde était autrefois rattachée au continent africain (doc. 3).
5. Quelle conséquence a eu ce déplacement sur la taille de l'océan (doc. 3) ?

Je conclus

J'indique les conséquences des mouvements des plaques sur les continents et les océans.

J'apprends :
- *à m'informer à partir de cartes, de données scientifiques* I ;
- *à relier des données pour expliquer* Ra .

Vocabulaire

Translation : déplacement.

1 La dérive des continents

Dans un ouvrage paru en 1915, « la Genèse des continents et des océans, théorie des translations continentales », Wegener a émis l'hypothèse d'un déplacement des continents au cours des temps géologiques : c'est la dérive des continents. Il avait imaginé que les continents étaient autrefois rassemblés en un seul : la Pangée.

a **Alfred Wegener (1880-1930).**

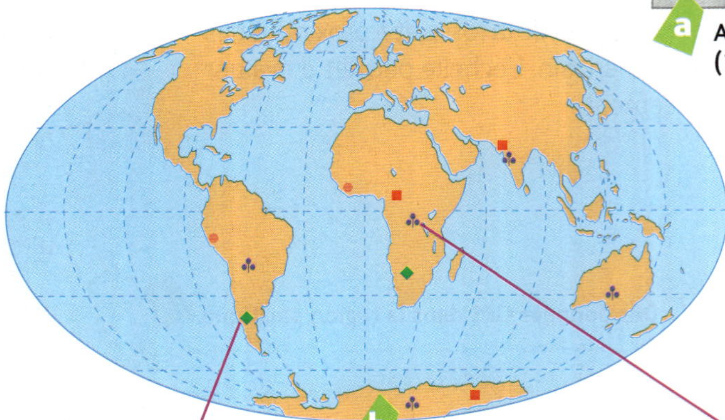

b **Répartition de quelques espèces de la flore et de la faune fossile en Amérique et en Afrique.**

c **Fossile de reptile trouvé en Afrique et en Amérique, le mesosaurus.** Ce petit reptile de lac d'eau douce, vivait il y a 260 millions d'années.

d **Fossile de fougère trouvé en Afrique et en Amérique : le glossopteris.** Cette plante terrestre poussait il y a 240 millions d'années.

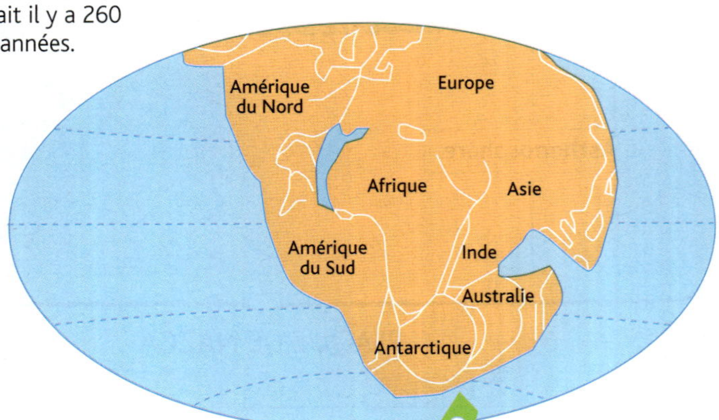

e **La Pangée de Wegener.**

2 La mer rouge : un océan en formation ?

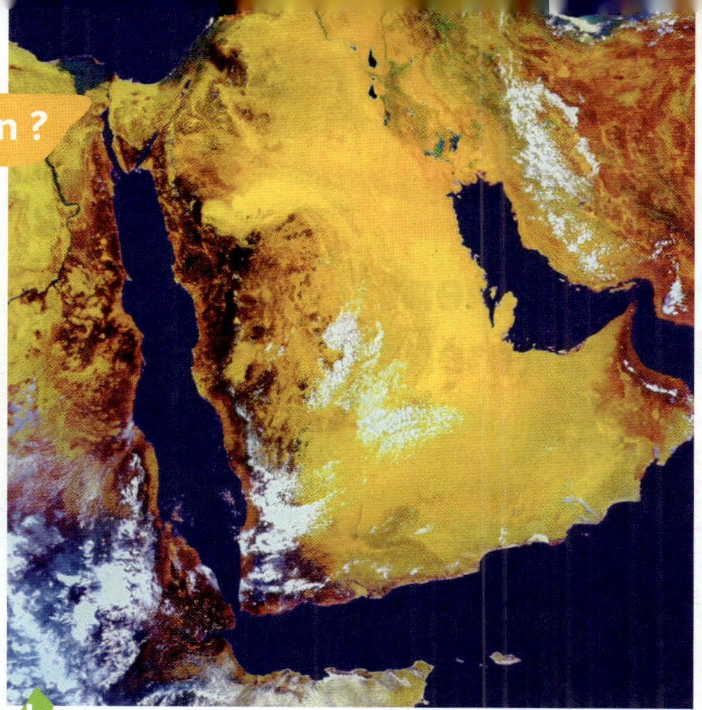

b **La mer rouge et le golfe d'Aden en vue satellitale.**

a **Des données GPS.** Les flèches indiquent la direction et la vitesse du déplacement des balises GPS.

3 La disparition d'un océan

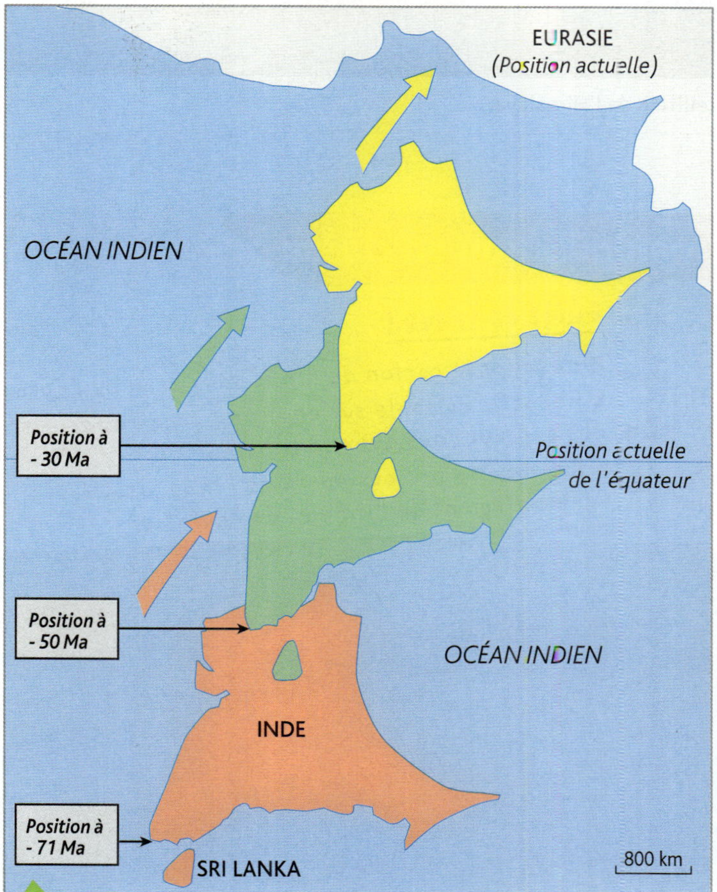

a **Le déplacement de l'Inde.**

- La carte ci-contre représente le déplacement de l'Inde de -71 millions d'années à -30 millions d'années.
- Des scientifiques ont identifié récemment une nouvelle espèce de grenouilles dans le Sud de l'Inde. Longue de 7 cm, elle a été découverte à 6 m de profondeur dans le sol d'une plantation à Kerala. Les analyses ont montré que cette espèce possède de proches parents aux Seychelles.

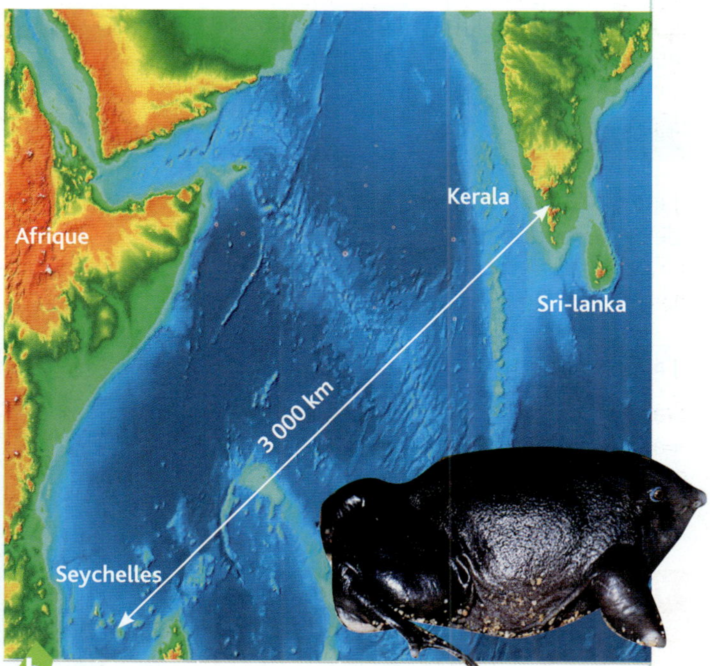

b **Un indice du déplacement de l'Inde.**

5 Découvrir expliquer

Affrontement des continents

Nous avons vu que lorsque deux continents se rapprochent, l'océan qui les sépare se réduit jusqu'à disparaître. Les continents s'affrontent ensuite.

→ **Quelles sont les conséquences de l'affrontement de deux continents ?**

Je réponds aux questions

1 En quoi les mouvements de l'Inde au cours des temps géologiques permettent-ils d'expliquer la formation de l'Himalaya (doc.1) ?

2 L'expérience du document 2 confirme-t-elle votre réponse précédente ?

3 En quoi la disposition des roches du document 3 pourrait-elle s'expliquer par le rapprochement de deux continents ?

4 L'expérience du document 4 confirme-t-elle votre réponse ?

5 Indiquez une différence entre le modèle et la réalité.

Je conclus

J'indique les conséquences de l'affrontement de deux continents.

J'apprends :

- *à m'informer à partir de photographies* I ;
- *à suivre un guide de travail* Re ;
- *à trouver des arguments pour expliquer* Ra ;
- *à critiquer un modèle* Ra.

Vocabulaire

Ammonite : mollusque, aujourd'hui disparu, ayant vécu en mer.

1 La formation de l'Himalaya

L'Himalaya est la plus haute chaîne de montagnes du monde. Elle culmine à 8 850 m. Elle se trouve actuellement au milieu d'un grand domaine continental et pourtant on peut y trouver des fossiles d'ammonites.

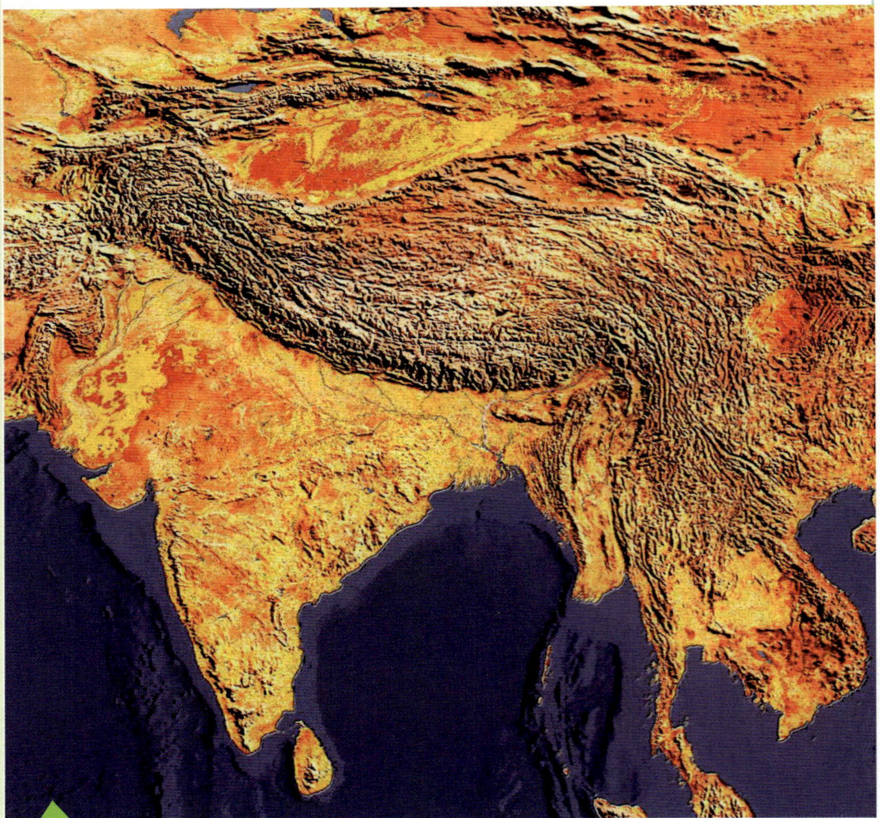

Vue satellitale de l'Himalaya.

2 Une manipulation en classe

Guide de travail

- Engager le carton de l'Inde sous celui de l'Eurasie.
- Répartir du sable sur environ 1 cm à l'intérieur des contours des deux continents.
- Reproduire le mouvement de l'Inde jusqu'à l'affrontement de l'Inde et de l'Eurasie.

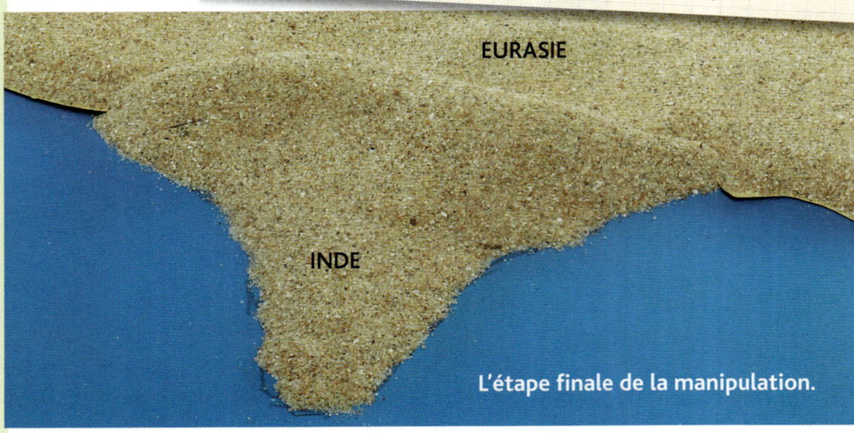

L'étape finale de la manipulation.

3 Collision et déformation de la lithosphère

Les roches constituant ces montagnes sont des roches sédimentaires. On a vu en classe de 5e qu'elles se forment par dépôt dans de l'eau et qu'elles sont normalement disposées en couches horizontales.

Le pli de Saint-Julien de Beauchêne dans les Alpes (1) et du « Chapeau de Gendarme » dans le Jura (2).

4 Une manipulation pour comprendre

Guide de travail

- Disposer plusieurs couches de plâtre de couleurs différentes et les tasser.
- À l'aide du poussoir, exercer une pression.

a La maquette en début d'expérience.

c Strates près du lac de Serre-Ponçon (Hautes-Alpes).

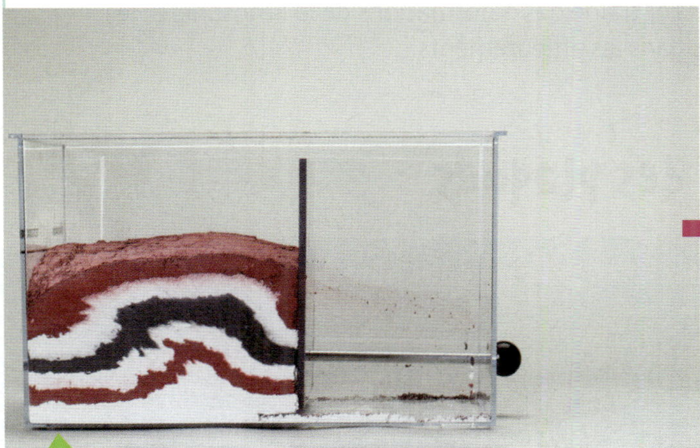

b La maquette en fin d'expérience.

d Strates plissées, défilé de Potrachon (Hautes-Alpes).

BILAN

J'ai découvert, j'ai expliqué

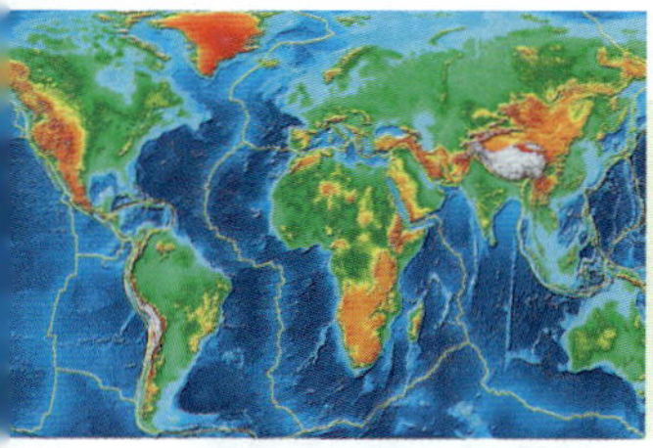

1 À la découverte des plaques

→ pages 52-53

- La répartition des séismes et des volcans délimite à la surface de la terre des ensembles fermés : les **plaques**.
- Les variations de vitesse des ondes sismiques en profondeur permettent de délimiter la **lithosphère**, rigide, reposant sur l'**asthénosphère**, moins rigide.

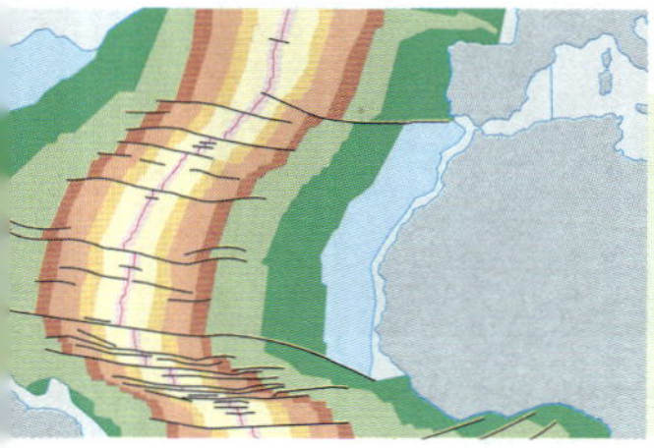

2 Les mouvements dans les dorsales océaniques

→ pages 54-55

- Les données GPS et l'âge de la lithospère de l'océan Atlantique montrent que deux plaques se forment de part et d'autre de la dorsale et s'en éloignent au fur et à mesure de leur formation.

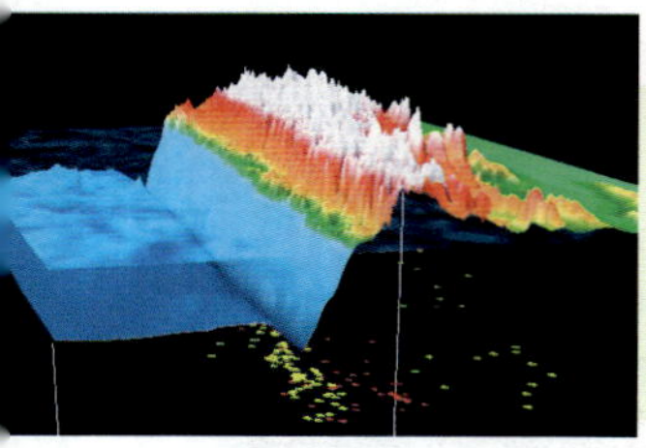

3 Les mouvements dans les fosses océaniques

→ pages 56-57

- La répartition de la profondeur des foyers des séismes et les données GPS indiquent que de part et d'autre de la fosse bordant la côte Pacifique en Amérique du Sud, deux plaques se rapprochent. La plaque de Nazca s'enfonce sous la plaque Sud-Américaine.

4 Évolution des continents et des océans

→ pages 58-59

- Wegener a émis l'hypothèse d'un déplacement des continents au cours des temps géologiques : la dérive des continents.
- **Les mouvements des plaques** provoquent le déplacement des continents. Ils sont aussi responsables de l'ouverture d'océans, ainsi que de leur fermeture.

5 Affrontement des continents

→ pages 60-61

- L'Himalaya s'est formé par affrontement de deux continents : l'Inde et l'Asie.
- L'affrontement de deux continents entraîne des déformations de la lithosphère : les plissements de la roche sont visibles dans les affleurements.

J'ai compris la tectonique des plaques

SOCLE COMMUN des connaissances

→ **La partie externe de la Terre est formée de plaques rigides limitées par des zones riches en séismes et volcans.**

→ **Les plaques se forment et s'écartent dans les dorsales. Elles se rapprochent et disparaissent dans les fosses océaniques.**

→ **Lorsque deux masses continentales se rapprochent et s'affrontent, cela conduit à la formation de chaînes de montagnes.**

Je retiens par l'image

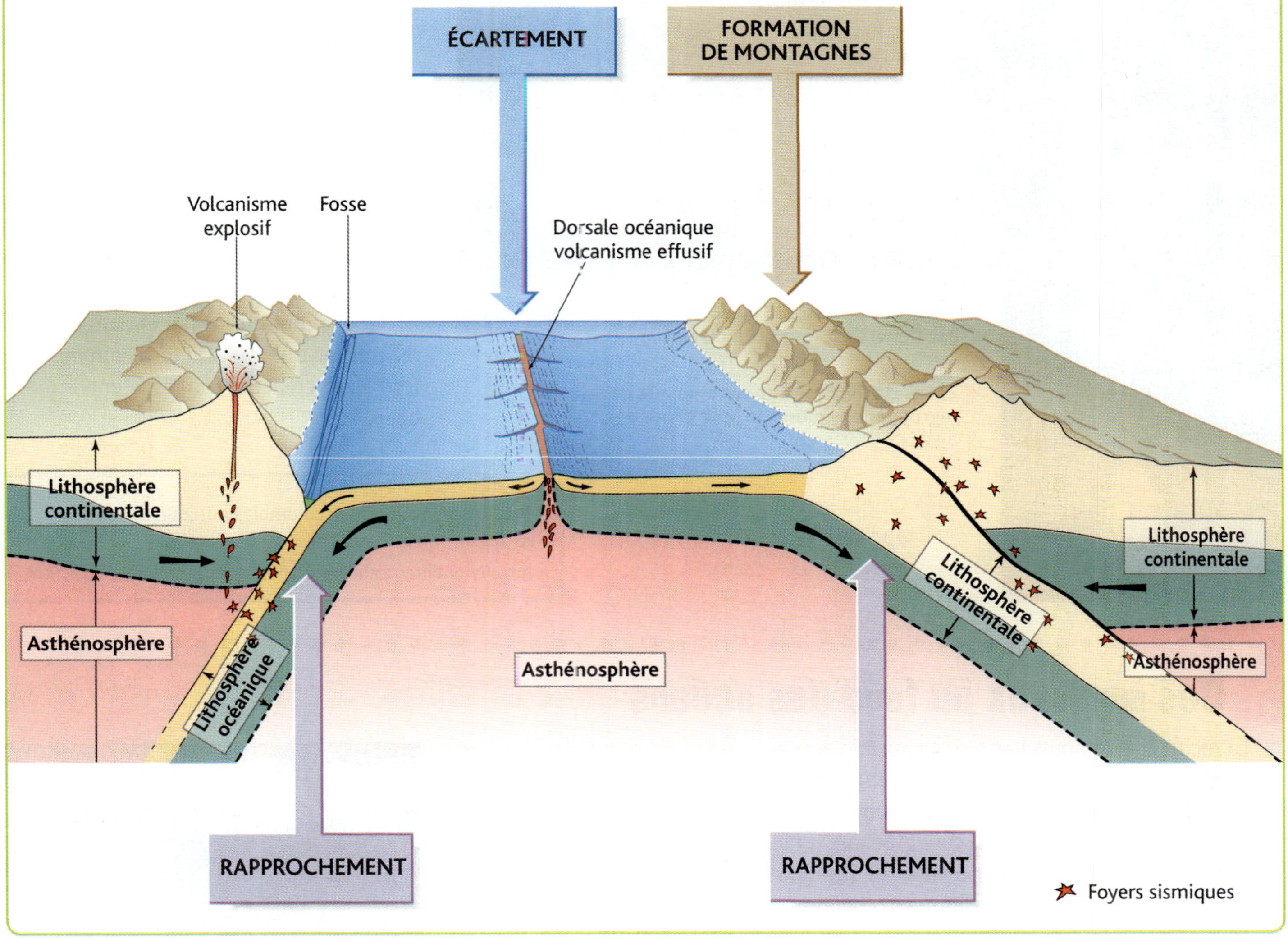

Je retiens par le texte

La tectonique des plaques

- La partie externe de la terre, la **lithosphère**, repose sur une partie moins rigide, l'**asthénosphère**.
- La lithosphère est divisée en **plaques** délimitées par des zones riches en activités sismiques et volcaniques.
- Les plaques se forment et s'écartent dans les dorsales ; se rapprochent et s'enfouissent dans les fosses océaniques. Les **mouvements des plaques** entraînent le déplacement des continents, l'ouverture et la fermeture des océans.
- L'affrontement de deux continents provoque des déformations de la lithosphère et donne naissance aux chaînes de montagne.

Mots à retenir

Asthénosphère : zone située sous la lithosphère, moins rigide que la lithosphère.

Lithosphère : zone supérieure rigide du globe terrestre découpée en plaques et pouvant se déplacer.

Mouvements de plaques : déplacement des plaques modifiant le visage de la Terre.

Plaque : zone stable de la surface de la Terre délimitée par des séismes et des volcans.

DOSSIER

1 Une aventure scientifique : l'exploration des fonds sous-marins

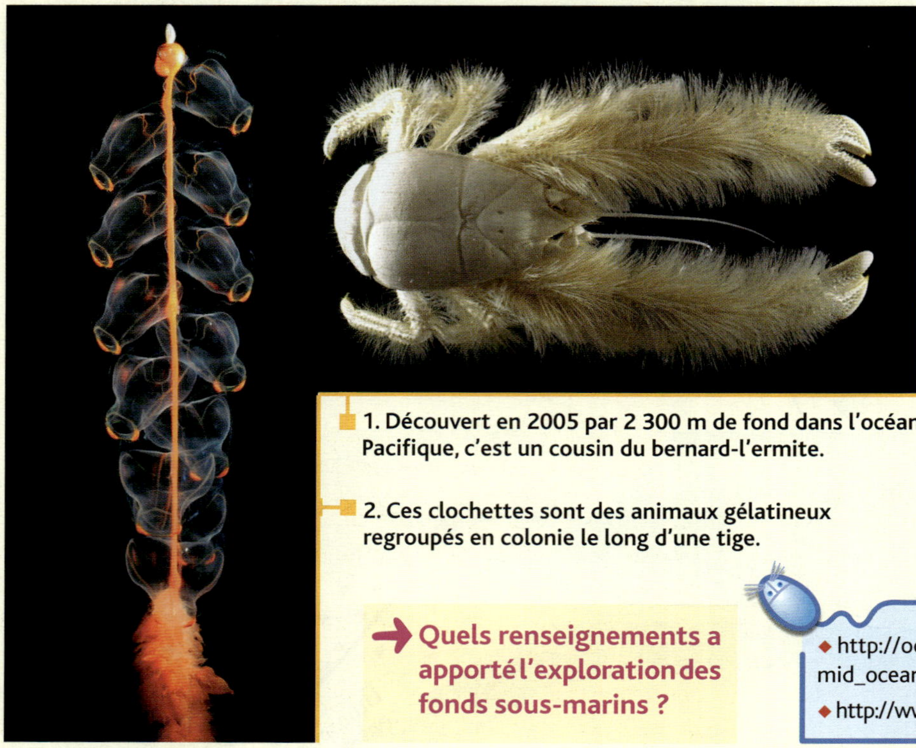

1. Découvert en 2005 par 2 300 m de fond dans l'océan Pacifique, c'est un cousin du bernard-l'ermite.

2. Ces clochettes sont des animaux gélatineux regroupés en colonie le long d'une tige.

L'aventure a vraiment commencé vers les années cinquante, avec l'apparition des submersibles.

En 1960, J. Picard descend à plus de 10 000 m dans la fosse des Mariannes. En 1985, l'expédition « Kaiko » explore des fosses au Japon.

À ces profondeurs, les scientifiques découvrent un monde inconnu avec des conditions extrêmes. Pas de lumière ni dioxygène, des pressions énormes, toute vie semble impossible.

Quelle ne fut pas leur surprise d'y rencontrer une multitude d'animaux aux formes et couleurs variées, d'une étrange beauté !

→ Quels renseignements a apporté l'exploration des fonds sous-marins ?

- http://ocean-ridge.ldeo.columbia.edu/courses/subgeol/mid_ocean_landscape.html
- http://www.ifremer.fr/exploration/campagne/kaiko/index.htm

2 Des minéraux au fond des océans

La recherche de nouvelles ressources minières est d'une très grande importance car les besoins ne cessent d'augmenter et certains gisements s'épuisent.

La découverte au fond des océans de nodules (petites sphères) riches en minéraux tels que fer, manganèse et aussi cuivre, cobalt et nickel, fit naître beaucoup d'espoir. Ces nodules peuvent se former à partir de l'eau de mer, des sédiments du fond, ou encore de sources hydrothermales d'eau chaude.

Leur découverte date de 1868, mais leur coût d'exploitation élevé et la difficulté à les extraire avaient jusqu'ici retardé leur utilisation.

La situation évolue, et plusieurs pays industrialisés ont obtenu des permis d'exploitation pour des surfaces de 100 000 km² dans le Pacifique Nord.

3. Champ et gros plan de nodules métalliques.

→ Comment se forment les nodules ?

4. Sources hydrothermales.

- http://www.ifremer.fr/drogm/Realisation/Miner/Nod/texte/txt1_2.html

3 La dépression du Qaïd

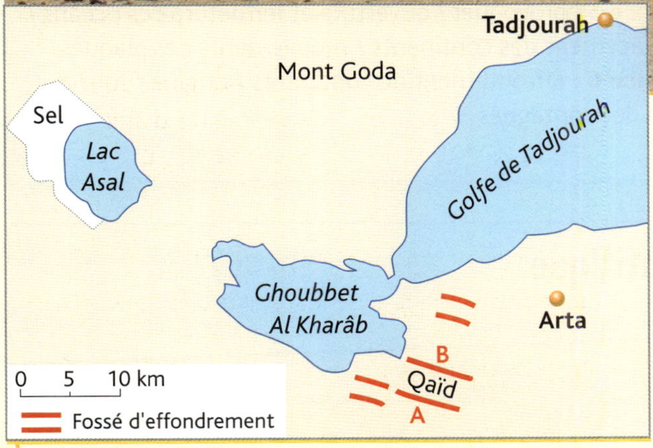

6. La région du lac Asal et du Ghoubet.

5. La dépression du Qaïd observée dans l'axe Est-Ouest.

Le territoire de la République de Djibouti est le lieu de naissance d'une nouvelle dorsale. Son fonctionnement a formé la dépression de lac Asal et du Ghoubet.

Au commencement, plusieurs fossés d'effondrement se sont formés avant que l'un d'eux seulement évolue en dorsale.

La dépression du Qaïd est l'un de ces fossés. En observant cette dépression, on voit donc l'allure figée d'une dorsale à l'instant de sa naissance.

→ **Comment naît une dorsale ?**

4 Les dorsales océaniques

Zones très actives – séismes, volcanisme – les dorsales sont au cœur de la tectonique des plaques. Les scientifiques-explorateurs ont pu y faire plusieurs découvertes.

Des roches volcaniques aux formes originales ont été baptisées laves en coussin (pillow-lavas en anglais). Elles sont dues au refroidissement brutal de la lave au contact de l'eau de mer froide. La différence de température provoque la formation d'une croûte sur la lave qui s'épanche lors des éruptions sous-marines.

Les mouvements d'écartement des plaques au niveau des dorsales provoquent de nombreuses cassures du fond de l'océan. L'eau de mer s'y infiltre, se réchauffe à proximité du magma, se charge en minéraux puis remonte. Au contact de l'eau de mer froide, elle forme des cheminées ou sources hydrothermales.

7. Laves en coussin provenant de volcans de la dorsale à Hawaï.

→ **Quels renseignements ont apporté les explorations des fosses et des dorsales sous-marines ?**

◆ http://ocean-ridge.ldeo.columbia.edu/courses/subgeol/mid_ocean_landscape.html

EXERCICES

SOCLE COMMUN Je teste mes acquis

1 Rechercher des informations

Je réponds rapidement à chacune des questions.

a. Quelle modification subissent les ondes sismiques au passage lithosphère / asthénosphère ?

b. Quel mouvement de plaque peut-on mesurer par GPS au niveau d'une dorsale ?

c. Dans quelles zones les plaques s'enfouissent-elles dans l'asthénosphère ?

d. Comment expliquer la présence d'animaux et végétaux fossiles identiques en Afrique et en Amérique ?

e. Comment expliquer la présence de déformations en montagne ?

2 Construire des phrases

J'utilise les mots proposés.

Phrase 1 : répartition / plaques / séismes / volcans / délimiter

Phrase 2 : asthénosphère / lithosphère / plus rigide

Phrase 3 : dorsales / plaques / s'écarter / se former

Phrase 4 : s'enfouir / fosses océaniques / plaques

Phrase 5 : provoquer / ouverture et fermeture des océans / déplacement des continents / mouvements des plaques

Phrase 6 : affrontement de continents / origine / formation de montagnes

3 Comprendre la naissance d'une théorie scientifique

La tectonique des plaques

XVIIe siècle : la complémentarité des formes des côtes de part et d'autre de l'Atlantique est remarquée.

1912 : Wegener formule l'hypothèse de la dérive des continents. Cette théorie est mal accueillie par les géologues qui lui reprochent de ne pas expliquer les déplacements des continents.

1930/1955 : deux scientifiques remarquent qu'au niveau des fosses, les foyers des séismes se répartissent suivant un plan incliné.

Au lendemain de la seconde guerre mondiale : l'exploration des grands fonds devient possible grâce à la mise au point de submersibles ; les fosses et les dorsales sont étudiées.

1962 : Harry Hess formule l'hypothèse de l'écartement des fonds de part et d'autre des dorsales.

1965-1968 : Plusieurs scientifiques formulent l'hypothèse du découpage du globe en plaques se déplaçant. Le français Xavier Le Pichon distingue huit grandes plaques.

Depuis cette date : le nombre de plaques est passé à douze plaques principales. De nouvelles techniques, comme le GPS, ont permis de confirmer le déplacement des plaques.

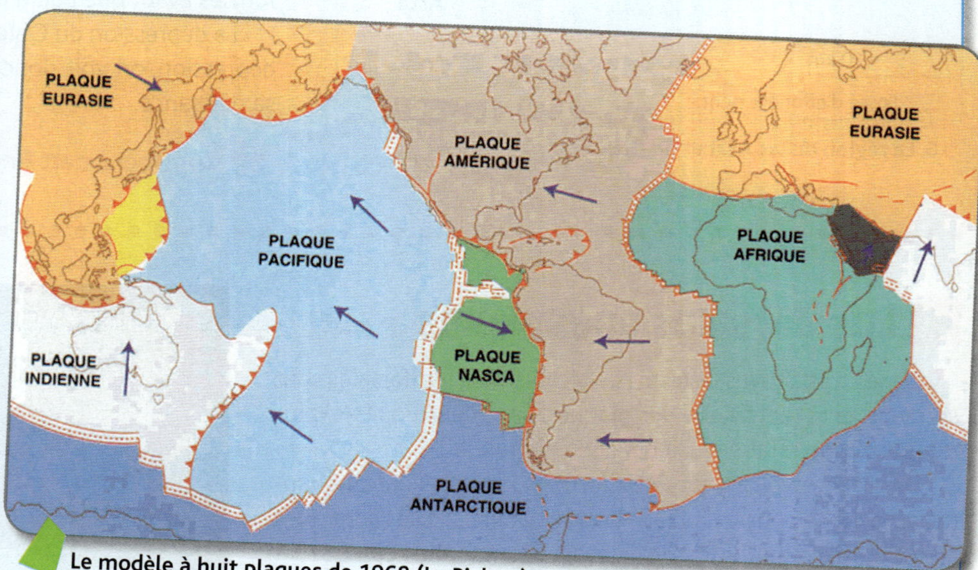

Le modèle à huit plaques de 1968 (Le Pichon).

Questions

1. I **Combien de temps s'est écoulé entre l'annonce de la dérive des continents et celle de la tectonique des plaques ?**

2. Ra **Qu'a apporté la tectonique des plaques par rapport à la dérive des continents ?**

3. I **Relevez dans le texte l'existence de liens entre progrès techniques et découvertes scientifiques.**

4. Ra **Citez un phénomène géologique expliqué par la tectonique des plaques et non par la dérive des continents.**

Je consolide mes acquis

4 Une preuve du déplacement des plaques à Hawaï

L'archipel d'Hawaï (dix-neuf îles) se situe dans l'océan Pacifique. Il est né de la remontée en surface de matériel fondu à partir d'un point chaud donnant naissance à un volcan.

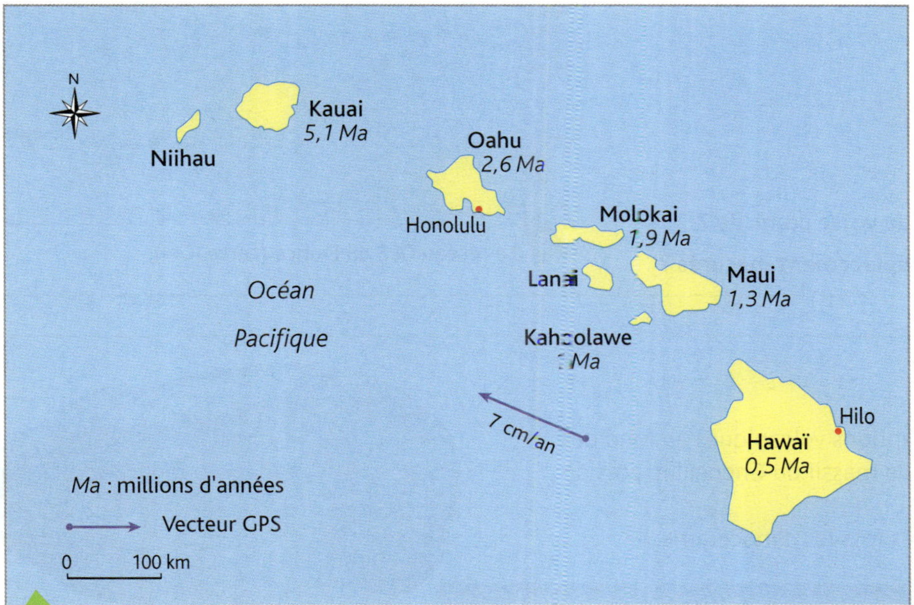

a L'archipel d'Hawaï.

b Le volcan Kilauea.

Un coup de pouce...
- Sur une feuille de papier, tracer un point figurant l'île la plus âgée.
- Déplacer ensuite la feuille sans déplacer le crayon, afin de tracer les autres îles dans l'ordre chronologique.

Questions

1. I Quel est le sens de déplacement de la plaque Pacifique ?
2. I Comment sont disposées les îles par rapport à ce déplacement ? Où se situe l'île la plus âgée ?
3. Ra En quoi cette disposition confirme-t-elle le déplacement de la plaque Pacifique ?

5 Comportement des plaques aux Antilles

a La répartition des séismes et des volcans aux Antilles.

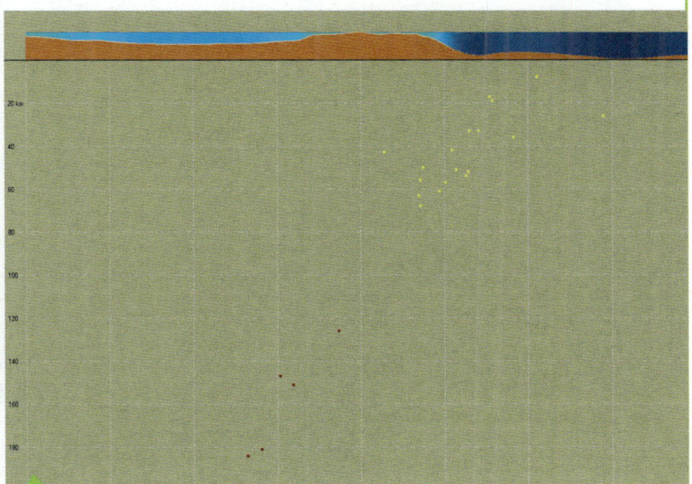

b La répartition des foyers des séismes aux Antilles.

Questions

1. C Décalquez le document a, puis dessinez les limites des plaques de la région et indiquez leurs noms.
2. C Indiquez sur le calque le mouvement des plaques.
3. Ra En utilisant le document b, indiquez ce que font les plaques au niveau des Antilles.

Un coup de pouce...
- Revoir la carte pages 52-53.
- Comparer le document b à celui de la page 56.

6 S'informer sur le réseau GPS en France

À l'aide du logiciel « Tectoglob » (voir page 55), on peut rechercher la station GPS la plus proche de son habitation et quel déplacement y est mesuré.
On peut aussi obtenir des renseignements sur ces stations sur le site IGN. En vert, les données sont disponibles ; en orange, les données sont attendues ; en rouge, elles sont manquantes.

◆ http://rgp.ign.fr/

a Le réseau GPS en France (carte IGN).

Questions

1. I **Quelle est la station la plus proche de votre domicile ?**

2. I **Quels sont la vitesse et le sens de déplacement mesurés ?**

7 La formation des Alpes

Les laves en coussin se forment lors des éruptions volcaniques au fond des océans, au niveau des dorsales et pourtant le massif du Chenaillet, près de Briançon, en est constitué.
À la limite des Hautes Alpes, on a trouvé des fossiles d'inocerame.

c Fossile d'inocerame provenant de la Drome.

Carte d'identité de l'inocerame
Âge : 90 millions d'années.
Taille : de 5 à 20 cm.
Aspect : formé d'une coquille à deux valves.
Lieu de vie : fixé au fond de la mer en eau chaude et peu profonde.

a Le massif du Chenaillet.

b Les laves en coussin du massif du Chenaillet.

Questions

1. I **Situez l'inocerame dans la classification scientifique actuelle.**

2. Ra **Expliquez pourquoi la présence de laves en coussin et d'inocerame confirme le mode de formation des montagnes vu dans ce chapitre.**

Découvrir autrement

8 La répartition des âges du fond de l'océan Pacifique

Dans l'océan Pacifique, l'âge du fond de l'océan atteint 150 millions d'années à l'Ouest de la dorsale et seulement 20 millions d'années environ à l'Est, au bord du continent américain.

Questions

1. Re **En utilisant « Tectoglob », contruisez la carte de répartition des âges du fond de l'océan Pacifique.**

2. Ra **En utilisant ce que vous savez sur les mouvements des plaques au bord du continent américain, proposez une explication à cette différence.**

9 Le coin de l'artiste

Edouard RIOU
(1833-1900)

Né à Saint-Servan (Ille-et-Vilaine), il illustra des récits de voyage, puis il exécuta des dessins d'actualité pour le journal Le Monde. Il est surtout connu pour ses dessins d'ouvrages retranscrits en gravures, notamment celles figurant sur les œuvres de Jules Verne.

Dans « Voyage au centre de la terre » paru en 1864, Jules Verne, utilisant les différentes positions des scientifiques, raconte l'histoire du professeur Lidenbrock qui s'enfonce dans la cheminée d'un volcan afin d'atteindre le centre de la Terre par un réseau de galeries et de cavernes.

Les scientifiques de l'époque savent peu de choses sur l'intérieur de la Terre et s'intéressent à l'évolution des températures avec la profondeur – on est à l'époque de la révolution industrielle et de l'exploitation des mines (fer et charbon).

Voyage au centre de la terre, la descente du docteur Lidenbrock et de son neveu Axel dans une sorte de « vis tournante », illustration de Edouard Riou.

Questions

1. I **Comment l'intérieur de la terre est-il représenté ?**

2. I **Pourquoi les scientifiques du temps de Jules Verne s'intéressaient-ils à l'évolution des températures en profondeur ?**

3. Ra **Cette représentation est-elle conforme à ce qui a été vu dans ce chapitre ?**

4. I **Recherchez quelle est la représentation actuelle de l'intérieur de la terre.**

◆ http://fr.wikipedia.org/wiki/Voyage_au_centre_de_la_Terre

L'exploration de la chaleur de la terre

A partir d'une certaine profondeur sous terre, la chaleur augmente. La géothermie constitue ainsi une des énergies renouvelables qui se met en place dans une perspective de développement durable.

Des forages dans les roches profondes à 5 000 m sous terre permettent d'exploiter la chaleur à 200 °C de ces roches. Le projet de recherche européen, qui devrait déboucher sur une expérimentation industrielle dans quinze ans environ, porte le nom de « Roches Chaudes Sèches ». Il s'agit d'utiliser la chaleur élevée de couches géologiques profondes qui ne contiennent pas d'eau, en y injectant de l'eau froide depuis la surface après avoir fracturé la roche entre deux forages, puis de récupérer la vapeur produite pour fabriquer de l'électricité.

Les principaux pays ayant développé l'utilisation de la géothermie haute-température sont les États-Unis, le Mexique, les Philippines, l'Indonésie, la Nouvelle-Zélande, l'Italie et l'Islande.

Forage à Soultz-sous-Forêts en Alsace.

UN MÉTIER Chauffagiste

Apprenti en centre de formation chauffagiste.

Dans le cadre de la géothermie de très basse énergie, des forages de faible profondeur permettent de récupérer de l'eau dont la température est comprise entre 10 et 30 °C. Cette eau chaude permet d'équiper des maisons individuelles et représente un marché d'avenir.

Des chauffagistes sont formés à la réalisation d'installations géothermiques de chauffage, soit collectif, soit individuel.

FORMATION

CAP ou BEP plombier-chauffagiste.
Peut être poursuivi par une spécialisation en géothermie.

- http://www.onisep.fr

CHAPITRE 4

Les risques géologiques pour l'Homme

Séismes et éruptions volcaniques sont de réels dangers, et pourtant, depuis toujours, les hommes habitent des zones dans lesquelles ces phénomènes sont fréquents. Ils acceptent de « courir le risque ».

- Comment peut-on définir les risques géologiques ?
- Quels sont les moyens pour prévenir et protéger les populations ?

Destructions liées au séisme de Bingal (Turquie) janvier 2003.

1 Découvrir expliquer

Définir les risques géologiques

Nous avons vu qu'à l'échelle de la planète, les volcans et les séismes se situent dans des zones particulières.

→ **Toutes ces zones sont-elles des zones à risques pour l'Homme ?**

Je réponds aux questions

1 À partir des documents 1, recherchez s'il y a des habitations et des activités géologiques (volcans ou séismes) dans les zones A et B.

2 À partir des cartes 1b et 2b, expliquez pourquoi Pointe-à-Pitre est située dans une zone sans risque volcanique.

3 Pourquoi a-t-on décidé d'évacuer la ville de Sainte-Claude en 1976 (doc. 2) ?

4 À l'aide des documents 1a et 3a, expliquez pourquoi cette côte sauvage peut être considérée sans risque pour l'Homme.

5 Pourquoi la ville de Mornes-à-l'eau est-elle classée en zone à risques sismiques élevés ?

Je conclus

J'explique comment on peut définir un risque sismique ou volcanique.

J'apprends :
- *à m'informer à partir de textes, de photographies et de cartes* I ;
- *à relier des données pour expliquer* Ra.

1 L'exemple de la Guadeloupe

La Guadeloupe est formée de deux îles (Grande-Terre et Basse-Terre). Les Saintes, Marie-Galante, La Désirade, Saint-Barthélémy et une partie de Saint-Martin lui sont rattachées. Ces îles sont situées à la limite de la plaque Nord-Américaine et de la plaque des Caraïbes.

a Carte des principales agglomérations de la Guadeloupe.

b Carte de répartition des volcans et des séismes de la Guadeloupe.

2 Définir le risque volcanique

● La ville de Pointe-à-Pitre (28 000 habitants) est la sous-préfecture de l'île.

● Au sud-ouest de l'île de Basse-Terre, les villes de Basse-Terre et Saint-Claude s'étendent au pied du volcan de la Soufrière. Leur population est estimée à 22 000 personnes. En 1976, ces deux villes ont dû être évacuées lors du réveil de la Soufrière, volcan de type explosif.

a Un quartier de Pointe-à-Pitre.

b Carte des risques volcaniques.

c Le versant sud-ouest du volcan de la Soufrière.

3 Définir le risque sismique

a Côte sauvage sur l'île de Saint-Martin.

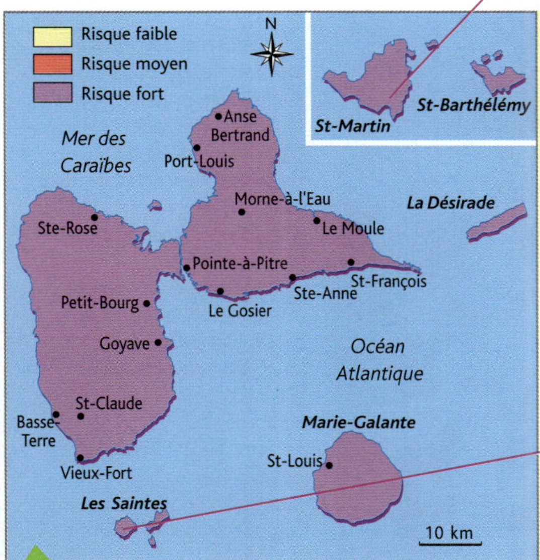

b Carte des risques sismiques.

c Une maison des Saintes après le séisme du 1er décembre 2004.

2 Découvrir expliquer

La prévention volcanique

Que le volcan soit actif ou inactif, vivre au pied d'un volcan peut être dangereux. Lorsqu'il est inactif depuis très longtemps, les populations locales ont généralement oublié ce risque.

→ **Comment peut-on prévenir les risques volcaniques ?**

Je réponds aux questions

1 Quelles sont les techniques utilisées pour prévoir une éruption volcanique (doc. 1) ?

2 Donnez une explication à la disposition des appareils de mesure sur la carte (doc. 1a).

3 D'après le document 2, pourquoi a-t-on décidé de faire évacuer les populations ? Quels sont les problèmes posés par cette évacuation ?

4 Comment peut-on protéger une zone menacée lors d'une éruption effusive (doc. 3) ?

5 À partir des documents 2 et 3, comparez les mesures de protection contre les éruptions de l'Etna et du Mérapi.

Je conclus

Je résume les moyens mis en œuvre pour assurer une prévention du risque volcanique.

J'apprends :
- *à m'informer à partir de textes, de photographies et de cartes* I ;
- *à relier des données pour expliquer* Ra .

Vocabulaire

Prévention : ensemble des mesures prises pour limiter des dangers à venir.

1 Un volcan sous surveillance

- Le Piton de la Fournaise est un volcan où se produisent de nombreuses éruptions. Il fait l'objet d'une surveillance permanente dans le cadre d'une **prévention**. D'autres volcans, comme la Montagne Pelée et la Soufrière, sont également équipés de système de surveillance.

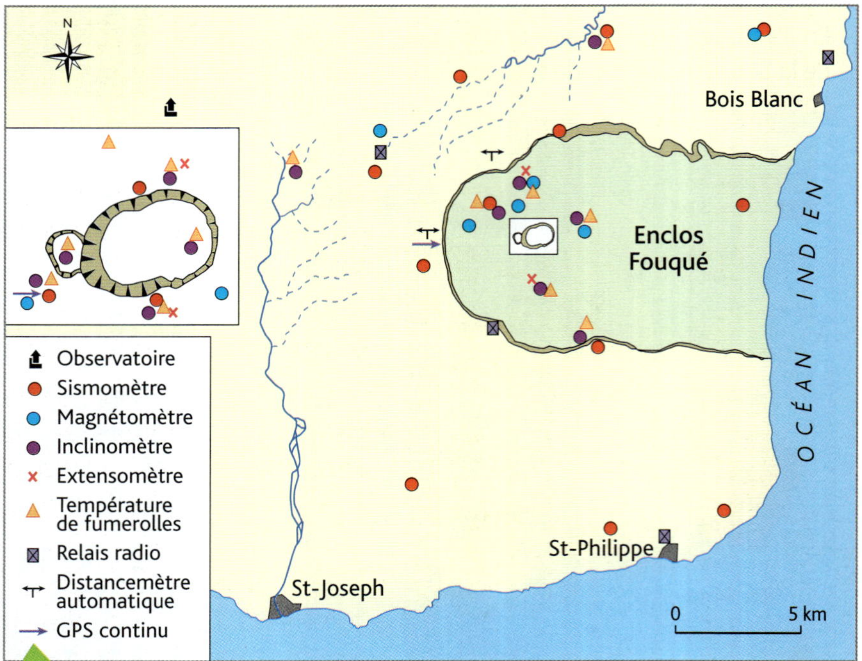

a Le réseau de surveillance du Piton de la Fournaise.

2 Gérer une éruption explosive

Le Mérapi est un volcan explosif indonésien très dangereux : en 1930, des nuées ardentes ont fait 14 000 victimes.

Le 13 mai 2006, grâce aux données des appareils de surveillance, le gouvernement indonésien a décidé l'évacuation de 34 000 personnes. Cependant, certains villageois ont refusé d'abandonner leurs troupeaux et leurs cultures.

L'activité du Mérapi est intense au cours des mois de mai et juin (plus de huit explosions avec des nuées ardentes). Seules deux victimes sont à déplorer.

Le 13 juillet 2006, l'activité du Mérapi devenant moins intense, les populations ont pu rejoindre leurs habitations.

Une évacuation réussie.

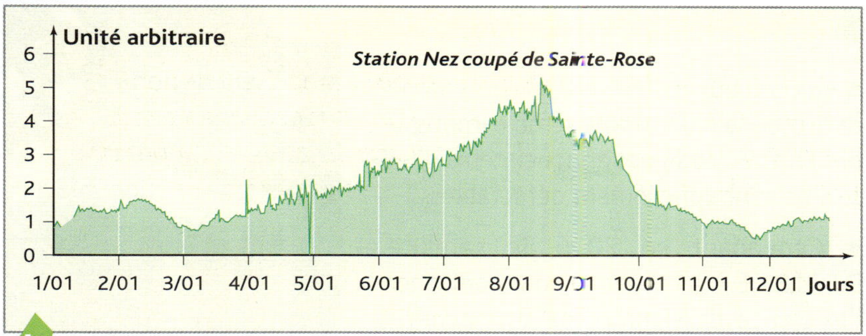

b **Sismogramme enregistré au cours de l'éruption de janvier 2006.**

c **Inclinomètre au Piton de la Fournaise.**

- La montée du magma provoque de nombreux séismes qui engendrent des ondes sismiques. Les sismomètres mesurent ces ondes dans le sol.
- Les inclinomètres mesurent des angles et déterminent ainsi les déformations du volcan.
- Placés sur les fissures, les extensomètres mesurent les variations de l'écart entre les deux bords de la fissure. En effet, ceux-ci peuvent s'écarter en réaction au gonflement du volcan.
- Les volcanologues prélèvent régulièrement des échantillons de fumerolles, gaz qui s'échappent du volcan par de petites fissures. Ces gaz changent de composition avant l'éruption.

d **Extensomètre sur une fissure.**

e **Volcanologue prélevant des gaz sur la Soufrière.**

3 Gérer une éruption effusive

- L'Etna, en Italie, est un volcan dont les pentes sont jalonnées de nombreux villages. Ainsi, lors des multiples éruptions effusives de l'Etna, les autorités ont souvent eu recours à des évacuations ou a des travaux de génie civil pour contenir la lave soit par des barrages soit par le creusement de tranchées.
- Lors de l'éruption du 27 juillet 2001, des secours ont travaillé toute la nuit pour créer un barrage afin d'empêcher la lave d'atteindre le refuge Sapienza.

Construction d'un barrage dans la nuit du 27 juillet 2001.

3 Découvrir expliquer

La prévision sismique

S'il est souvent possible de prévoir une éruption volcanique, il est très difficile de déterminer avec précision quand et où un séisme va avoir lieu.

Comment peut-on limiter le risque sismique ?

Je réponds aux questions

1 Pourquoi la prévision d'un séisme est-elle difficile (doc. 1) ?

2 Relevez les dispositions permettant la prévision d'un séisme (doc. 1).

3 Quel lien y a-t-il entre les données scientifiques et le PPR au niveau de la vallée de la moyenne Durance (doc. 1b et 2a) ?

4 Quelles mesures d'aménagement ont été prises dans la région P.A.C.A. (doc. 2) ?

5 Quelles mesures sont prises pour permettre la protection des personnes (doc. 2) ?

Je conclus

Je résume les moyens mis en œuvre pour assurer une prédiction fiable du risque sismique.

J'apprends :

- *à m'informer à partir de textes, de photographies et de cartes* I ;
- *à relier des informations pour expliquer* Ra .

Vocabulaire

Prévision : faire une prévision, c'est être capable de dire avec certitude ce qui va arriver.

Prédiction : faire une prédiction, c'est annoncer par avance ce qui peut arriver.

Normes parasismiques : ensemble de mesures qui permettent de rendre les constructions plus résistantes en cas de séisme.

1 Surveiller des zones à risque

- Aujourd'hui encore, la **prévision** à une date précise d'un séisme semble impossible. En effet les signes annonciateurs d'un séisme sont difficilement détectables.

- Cependant en 2006, le satellite D.E.M.E.T.E.R. a été lancé pour confirmer l'existence de signaux électromagnétiques précédant de quelques secondes les séismes.

a Le satellite D.E.M.E.T.E.R.

- De tout temps, la zone de la moyenne Durance a été repérée comme une zone dangereuse : quatre séismes d'intensité VII se sont produits le 13 décembre 1509 et le 14 août 1708 près de Manosque, le 20 mars 1812 près de Beaumont-de-Pertuis et en 1913 près de Volx. Le 11 juin 1909, non loin de là, un séisme d'intensité IX s'est produit à Lambesc.

- La vallée de la moyenne Durance est traversée par une faille qui, d'après l'étude historique des séismes, provoque en moyenne un séisme d'intensité VIII à IX tous les siècles. Les séismes sont liés à des mouvements de failles. Une **prédiction** dans la région repose sur une étude précise de cette faille longue de 70 km. Actuellement, plusieurs techniques mesurent les moindres changements qui peuvent se produire dans cette région. Ainsi, deux stations GPS enregistrent l'éloignement ou le rapprochement des terrains situés de part et d'autre de la faille. Trente sismomètres captent en permanence les vibrations du sol.

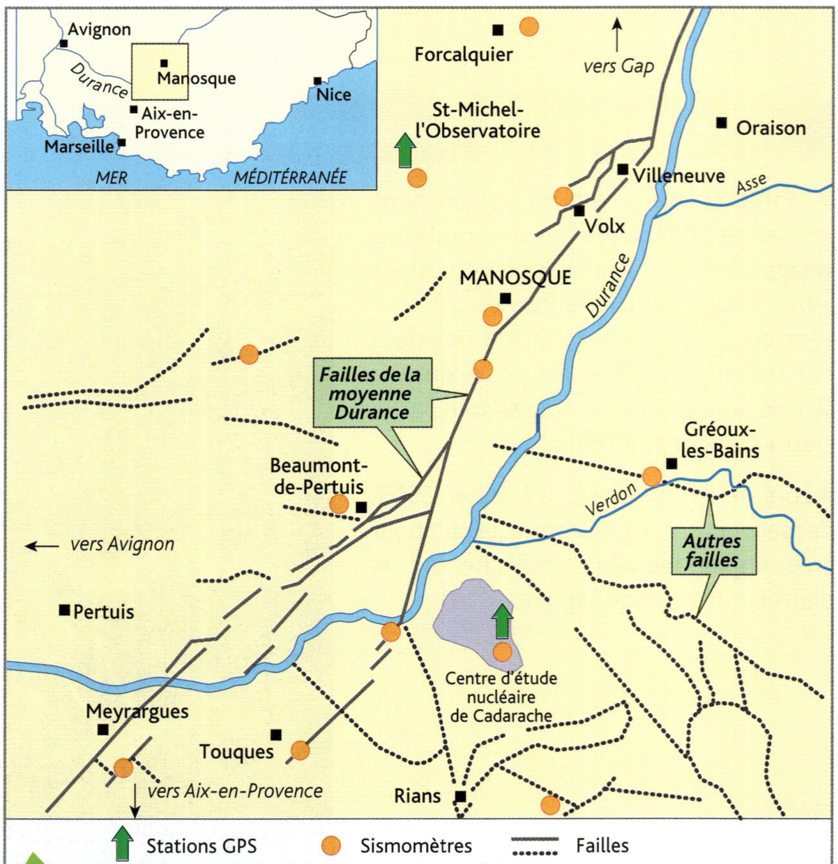

b Carte du réseau de surveillance de la faille de la moyenne Durance.

2 Protéger les personnes et les biens

- Dans la région Provence-Alpes-Côte d'Azur, la surveillance accrue des failles a permis la réalisation d'un plan de prévention des risques sismiques (PPR) délimitant les zones les plus exposées aux secousses. Ce plan d'aménagement du territoire, d'information et de secours des populations a pu ainsi être mis en place. Les pompiers reçoivent une formation spécifique à ce type de risque pour les rendre plus efficaces en cas de catastrophe.

- Dans les zones à haut risque sismique, les constructions (école, mairie, salle des fêtes...) doivent être réalisées selon des **normes parasismiques** qui visent à limiter ou éviter l'écroulement des bâtiments lors d'un séisme en utilisant, par exemple, des amortisseurs sous les bâtiments. Malheureusement, ces constructions parasismiques coûtent en moyenne 10 % plus cher qu'une construction classique.

- Des affiches informent les populations sur les consignes de sécurité à respecter. Des exercices sont organisés dans les établissements scolaires.

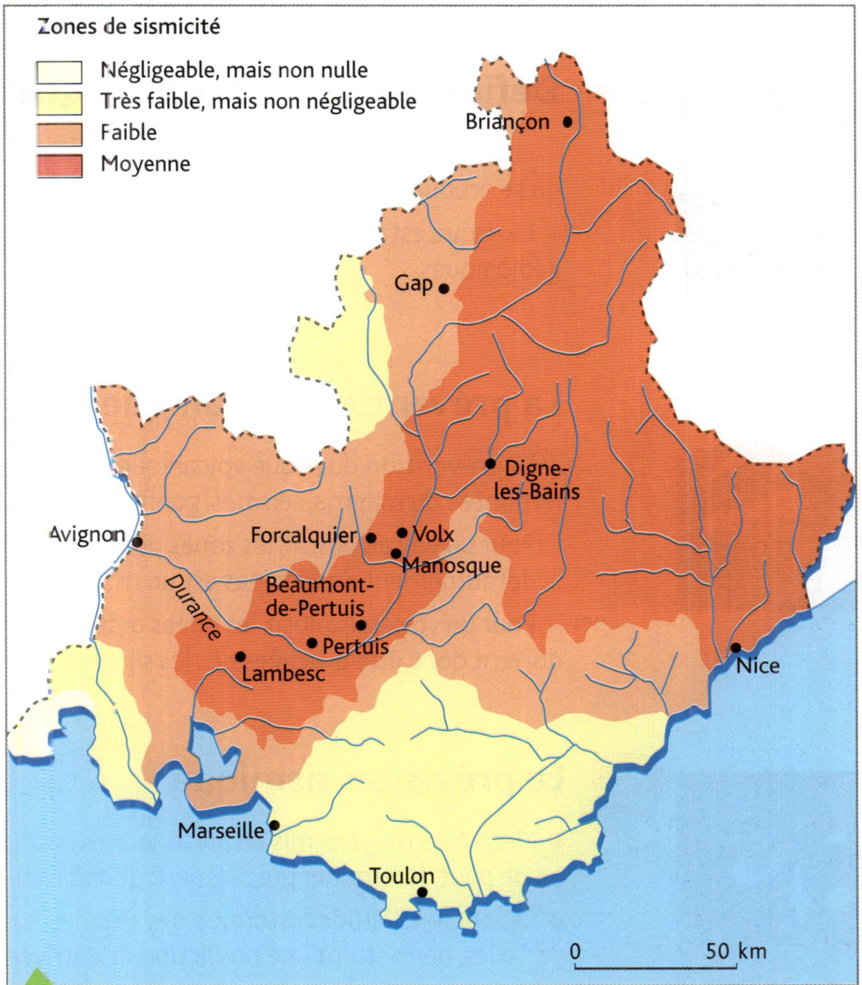

a Le plan de prévention des risques de la région Provence-Alpes-Côte d'Azur.

b Consignes de sécurité.

c Exercice de prévention sismique au collège de Lambesc.

BILAN

J'ai découvert, j'ai expliqué

1 Définir les risques géologiques

→ pages 72-73

- Le **risque géologique** est défini par la présence de populations dans des zones où se produisent régulièrement des phénomènes géologiques tels que séisme et volcanisme.
- Le risque est inexistant dans les zones inhabitées ou non soumises à des phénomènes géologiques.

2 La prévention volcanique

→ pages 74-75

- La **prévention** du risque volcanique repose sur une surveillance de l'activité des volcans : remontée du magma, séismes, gonflement du volcan, fumerolles…
- Pour un volcan effusif, les zones pouvant être touchées sont connues : en cas d'éruption, le détournement des coulées est un moyen pour protéger des constructions humaines.
- Pour un volcan explosif, les nuées ardentes peuvent détruire de vastes zones. Les populations doivent donc être évacuées dès les signes annonciateurs.

3 La prévision sismique

→ pages 76-77

- Malgré les moyens mis en place, la **prévision** d'un séisme reste aujourd'hui difficile : on ne peut déterminer précisement quand il aura lieu.
- Cependant, l'étude historique des séismes, ainsi que la surveillance des mouvements de failles, permettent une prédiction de l'arrivée d'un séisme.
- Cette **prédiction** entraîne la mise en place de mesures d'aménagement (Plan de Prévention des Risques, **normes parasismiques**...) et de recommandations permettant la protection des personnes (affiches, exercices...).

J'ai compris les risques géologiques pour l'Homme

SOCLE COMMUN des connaissances

→ Le risque géologique est défini dans une région lorsqu'un phénomène géologique peut provoquer des dégâts et des dommages aux populations qui y vivent.

→ La prévision de ces phénomènes repose sur des systèmes de surveillance.

→ Un plan d'aménagement du territoire et d'information des populations est mis en place dans le cadre de la prévention.

Je retiens par l'image

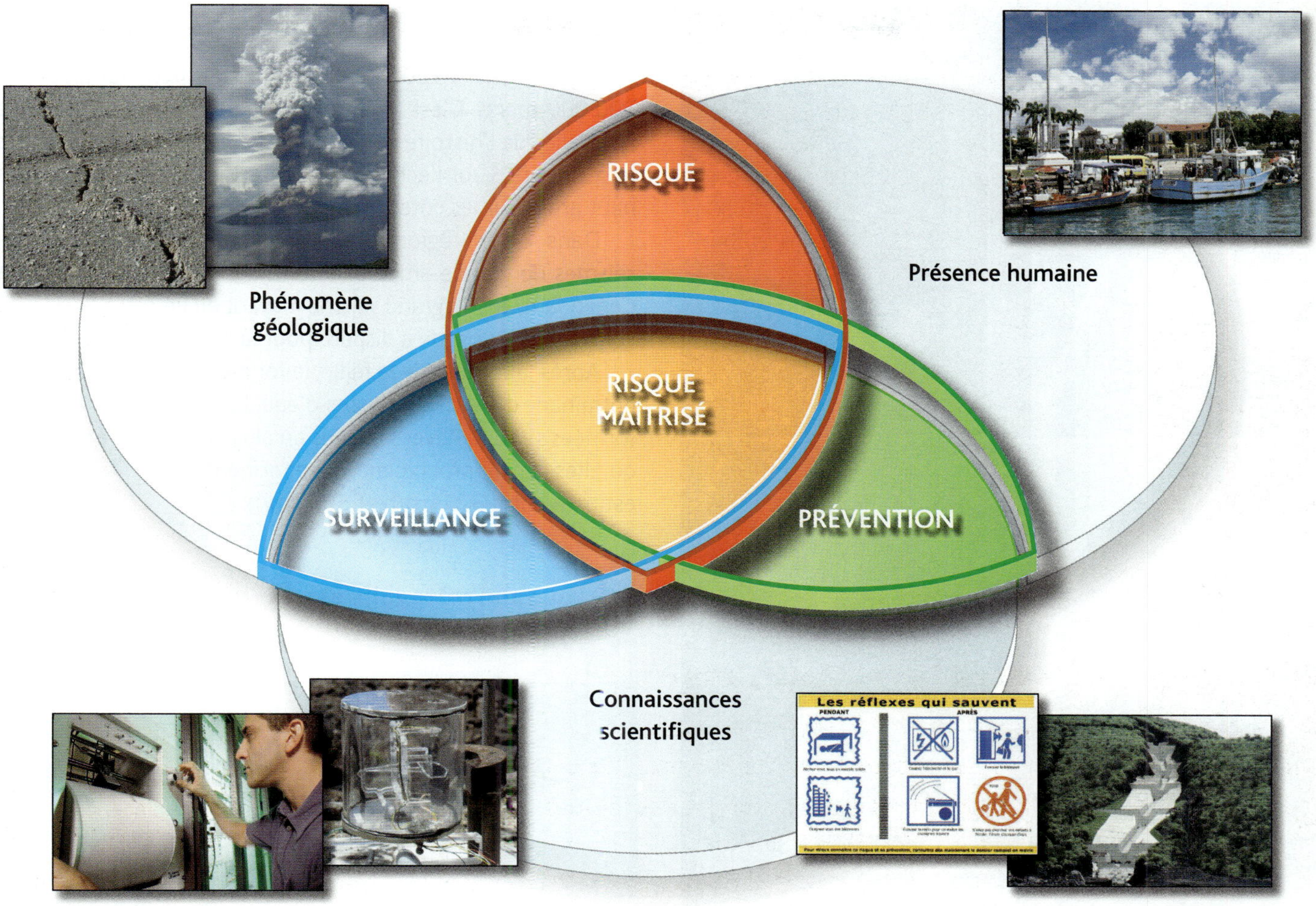

Je retiens par le texte

Les risques géologiques pour l'Homme

- Le **risque géologique** est défini par l'éventualité qu'un séisme ou une activité volcanique survienne dans une zone habitée, provoquant ainsi des dégâts humains et matériels.
- Les zones à risques sismique et volcanique sont situées aux frontières des plaques lithosphériques.
- Pour limiter ce risque, l'Homme assure :

– une **prévention** volcanique efficace résultant d'une précision des éruptions basée sur la connaissance des activités de chaque volcan ;

– une **prédiction** sismique remplaçant une **prévision** difficile. Cette prédiction permet la mise en place de plans d'aménagement du territoire et de **normes parasismiques**, ainsi qu'une information de la population. Toutes ces pratiques visent à protéger les personnes et à sauvegarder leurs biens.

Mots à retenir

Normes parasismiques : ensemble de mesures qui permettent de rendre les constructions plus résistantes en cas de séisme.

Prédiction : annonce d'un événement possible.

Prévention : ensemble des mesures prises pour limiter un danger.

Prévision : annonce d'un événement certain.

Risque géologique : éventualité qu'un phénomène géologique dangereux survienne dans une zone peuplée causant ainsi des dégâts humains et matériels.

1. Trois vues satellites des effets du tsunami.

www.ess.washington.edu/tsunami/index.html

1 Les tsunamis : de la fatalité à la prévention

Le 26 décembre 2004, le tsunami de Sumatra faisait plus de 200 000 morts. C'est une des trois plus grandes catastrophes naturelles de l'histoire de l'humanité. Un peu plus de 2 h après le séisme (9,3 sur l'échelle de Richter) une vague de 15 m de haut arrive sur les côtes du Sri Lanka.

Dans cette région où s'articulent trois plaques, trois séismes de grande ampleur ont eu lieu en 1833, 1861, 1888. Cependant, aucun grand séisme n'ayant eu lieu au XXe siècle, la conscience du risque a disparu pour la population.

Après la rupture de la faille, le fond océanique s'est soulevé entraînant d'énormes masses d'eau. Les vagues nouvellement formées se sont élevées de plus en plus haut au fur et à mesure qu'elles se rapprochaient du continent. Leur vitesse a été estimée entre 300 km/h et 500 km/h.

→ Pourquoi cette zone est-elle une zone à risque ?

2. Carte de la répartition de la population du Sri Lanka et des destructions liées au tsunami.

2 Éviter la catastrophe

Depuis juin 2005, L'Unesco a permis l'installation d'un réseau de tsunamimètres (bouées DART) et de marégraphes dans l'océan indien. D'ici à 2007, 30 nouvelles bouées viendront s'ajouter aux six déjà installées. Les tsunamimètres, placés en haute mer et les marégraphes, disposés le long des côtes, mesurent les variations du niveau de la mer.

3. Carte répartition des marégraphes et des tsunamimètres.

Une fois par seconde, les tsunamimètres et les marégraphes mesurent le niveau de la mer et envoient leurs données à des satellites qui permettent de traiter les informations en quelques minutes.

Le niveau de la mer qui s'élève ou chute brutalement, peut être le signe annonciateur de l'arrivée d'un tsunami.

D'autres mesures de prévention sont également mises en place, comme l'interdiction de construire des habitations à moins de deux kilomètres du rivage ; la construction de digues et de remparts ; des plantations d'arbres ; et surtout la réduction des délais de transmission des informations.

Le 17 juillet 2006, un tsunami a frappé à nouveau l'île de Java, la population a pu être avertie 19 minutes après le tremblement de terre. Même si l'on a recensé encore des victimes, de très nombreuses personnes ont pu être sauvées. En décembre 2004, personne n'avait été prévenu.

→ **Comment peut-on se protéger d'un tsunami ?**

http://www.ggl.ulaval.ca/personnel/bourque/s1/seismes.html
http://www.pac.dfo-mpo.gc.ca/sci/osap/projects/tsunami/tsunamiasia_e.htm

4. Mise à l'eau d'une bouée DART.

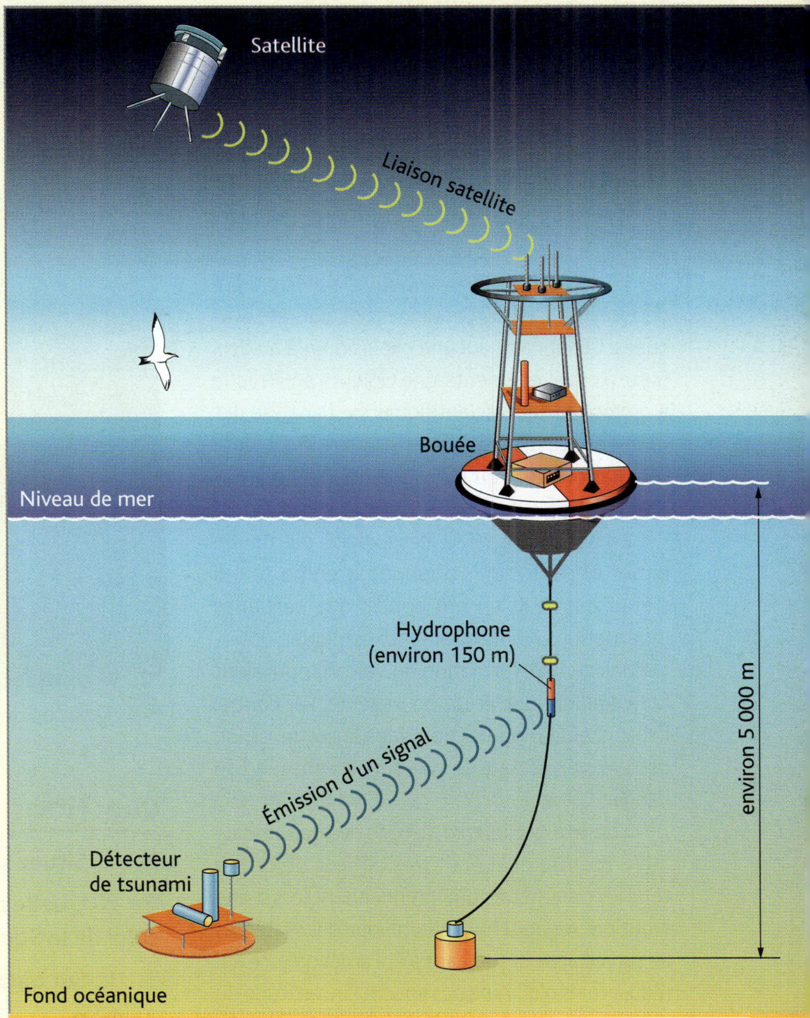

5. Principe de fonctionnement des tsunamimètres.

EXERCICES

SOCLE COMMUN

Je teste mes acquis

1 Rechercher des informations

Je réponds rapidement à chacune des questions.

a. Comment peut-on définir le risque géologique ?

b. Comment peut-on prévoir une éruption volcanique ?

c. Quel est l'intérêt de connaître les anciens séismes d'une région ?

d. Quels sont les moyens de prévention mis en œuvre contre les séismes ?

2 Construire des phrases

J'utilise les mots proposés.

Phrase 1 : risque géologique / phénomène géologique / population

Phrase 2 : prévention volcanique / volcan explosif / surveillance

Phrase 3 : constructions parasismiques / prévention / zones sismiques

Phrase 4 : prévention / éruptions volcaniques / séismes / risques / limiter

3 Comprendre une controverse

À propos de l'éruption de la Soufrière en 1976

En 1976, le volcan de la Soufrière en Guadeloupe est entré en activité : de nombreux séismes ont pu être enregistrés, et une première explosion au sommet du volcan a libéré des cendres, plongeant la ville de Saint-Claude dans l'obscurité. Sur avis des scientifiques, les autorités ont alors décidé de faire évacuer 25 000 personnes.

Le 15 août 1976, une nouvelle alerte a été déclenchée : 73 000 personnes ont alors été évacuées. Cependant, aucune explosion n'a eu lieu. Suite à ces évènements, une violente polémique a opposé certains scientifiques sur l'analyse des données recueillies. Devait-on faire évacuer la population alors qu'il n'y avait pas eu d'éruption ?

En novembre 1976, des experts du monde entier se sont réunis pour comprendre ce qui s'était passé. Ils en ont conclu que certaines informations (enregistrements sismiques, observations de la déformation du volcan) pouvaient faire craindre une éruption majeure. Par contre, l'absence de modification dans la composition des gaz permettait de conclure à l'absence de danger.

Trente ans plus tard, l'étude des données de 1976 montre qu'il était très difficile de cerner tous les paramètres qui interviennent lors d'une éruption. Aujourd'hui, la technique des systèmes de surveillance des volcans a été améliorée, ce qui réduit, mais n'élimine pas encore l'incertitude du diagnostic.

L'explosion de la Soufrière en 1976.

Questions

1. I **Situez sur le globe le volcan de la Soufrière.**

2. C **Quelles sont les activités caractéristiques d'un volcan explosif comme celui de la Soufrière ?**

3. I **Sur quel point porte le désaccord des scientifiques ?**

4. Ra **Donnez des arguments pour justifier la décision des autorités.**

Je consolide mes acquis

4 Les zones à risque sismique en France

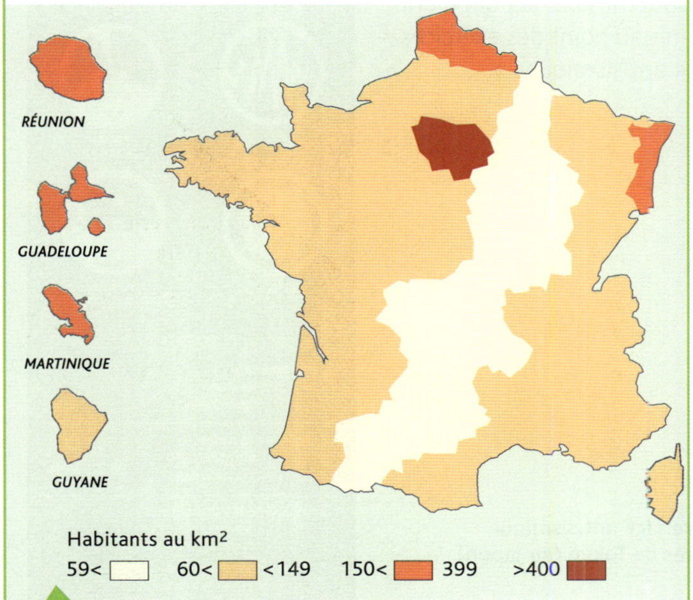

Répartition de la population en France.

Questions

1. I Décalquez la carte et en utilisant la carte du site http://www.sisfrance.net, localisez les zones sismiques.

2. Ra Retrouvez en les hachurant les zones à risque sismique moyen et élevé. Justifiez votre choix.

5 Y a-t-il un risque ?

Quelques données
Île volcanique de Lopévi
Située au large de la Nouvelle Calédonie
Éruption du 8 juin 2003
Population présente sur l'île : aucun habitant

Le volcan Vanéi Vollohulu sur l'île de Lopévi.

Questions

1. I C D'après vos connaissances, de quel type d'éruption s'agit-il ?

2. C Comment définit-on le risque volcanique ?

3. I C Quels risques peuvent présenter une éruption sur cette île ?

6 Comment se protéger des lahars ?

Pour de nombreuses éruptions explosives, les épaisses accumulations de cendres sur les pentes raides du volcan peuvent être facilement entraînées par des eaux de pluie. Elles créent alors de gigantesques coulées de boue souvent très chaudes appelées des lahars. Afin de limiter leurs effets dévastateurs, des barrages peuvent réduire leur vitesse de déplacement.

Chenaux pour les coulées de boue, volcan Sakura-Jima au Japon.

Questions

1. I En quoi les éruptions explosives sont-elles responsables de lahars ?

2. I Comment limite-t-on les effets des lahars ?

7 La protection des populations

a Exercice antisismique près de Tokyo (au Japon).

Pour entraîner les populations à bien réagir en cas de séismes, les pompiers, soutenus par la police, ont mis au point des exercices « antisismiques ».

b Notice d'informations.

Questions

1. I Indiquez deux moyens pour protéger les populations.
2. I Citez trois dispositions à prendre au cours d'une éruption volcanique.
3. Ra Quel est l'intérêt de l'exercice d'évacuation ?

8 La notion de risque au XVIIIe siècle

- En 1755, La capitale du Portugal (Lisbonne) fut détruite par un violent tremblement de terre estimé à 8,5 sur l'échelle de Richter (voir exercice 4 page 27). Il y eut 60 000 victimes.
- Suite à ce séisme, de nombreux philosophes débattirent sur la nature, Dieu et les hommes.

Ainsi Rousseau écrit en 1756 (*Lettre sur la Providence*) :

« Quant aux maux physiques, ils sont inévitables dans tout système dont l'homme fait partie ; la plupart de nos maux physiques sont encore notre ouvrage. Sans quitter votre sujet de Lisbonne, convenez, par exemple, que la nature n'avait point rassemblé là 20 000 maisons de 6 à 7 étages. »

Jean-Jacques Rousseau, écrivain philosophe (1712-1778).

La même année, Voltaire lui répond dans un poème :

« ...«
Êtes-vous assurés que « Dieu »
Qui fait tout, qui sait tout, qui créa tout pour la Terre,
Ne pouvait nous jeter dans ces tristes climats
...
Limiteriez-vous ainsi la puissance de « Dieu » ?

Voltaire, écrivain philosophe (1694-1778).

Questions

1. C D'après vos connaissances, donnez la définition de risque telle que nous l'envisageons de nos jours.
2. Ra D'après vous, est-ce Rousseau ou Voltaire qui donne la meilleure définition du risque ?
3. Ra En quoi l'explication de Rousseau est-elle scientifique ?

Découvrir autrement

9 21 septembre 2006 : éruption du Vésuve ?

Le 21 septembre 2006, l'activité du Vésuve s'intensifie. L'imminence d'une forte éruption est confirmée par les volcanologues. Les autorités décident de faire évacuer des milliers de personnes.

Questions

1. I Ra **Recherchez la date de la dernière éruption du Vésuve. Que pensez-vous alors de ce qui s'est passé le 21 septembre 2006 ?**

2. I Ra **Pensez-vous que cette évacuation était justifiée (recherchez des informations sur la densité de la population autour du Vésuve) ?**

10 Le coin de l'artiste

C.Y. LEE (né en 1938)
Architecte taïwanais, né en Chine. Le groupement d'architectes C.Y.Lee&Partners Architects a conçu la Tour 101 en huit sections (8 est un chiffre qui signifie en Chine la prospérité et la confiance). Les sections emboîtées ressemblent à une pousse de bambou, et exagèrent ainsi la taille de la tour.

La tour 101 à T'ai-pei est la Tour la plus haute du monde (508 m). Elle possède 101 étages. Les 34 ascenseurs mettent 39 secondes pour atteindre le sommet ; 12 000 personnes y travaillent.
Une boule énorme d'environ 700 tonnes a été placée au 88e étage. Maintenue par des câbles à l'intérieur du gratte-ciel, elle se comporte comme un pendule qui se balance pour contrecarrer les mouvements du sol. Elle est destinée à amortir les éventuelles secousses provoquées par un séisme. En 2002, durant la construction, un séisme a détruit deux grues faisant plusieurs victimes. La tour, elle, n'a pas bougé.

http://fr.structurae.de/structures/data/index.cfm?ID=s0004823

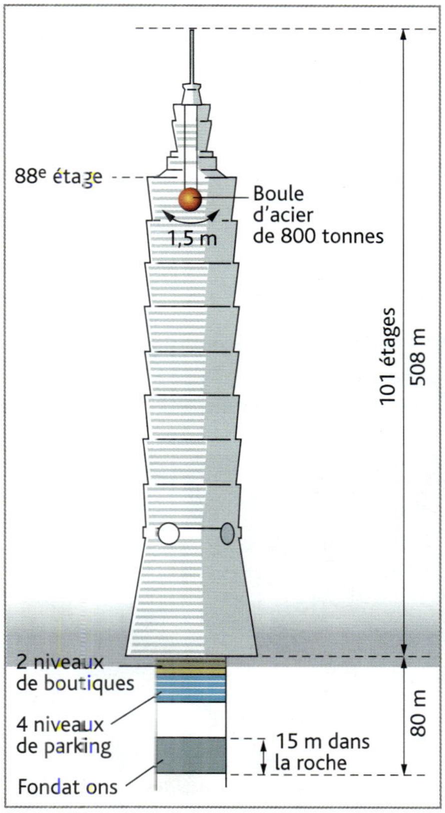

Questions

1. I **Localisez l'île de Taïwan sur une carte de la sismicité mondiale.**

2. Ra **Pourquoi les constructions parasismiques se justifient-elles à Taïwan ?**

3. I **Citez un aménagement de la tour pour limiter les effets d'un séisme.**

4. Ra **Donnez un argument montrant l'efficacité des aménagements.**

Une architecture remarquable, la tour 101 à Taïwan, haute de 508 m.

ENVIE DE SCIENCE

Un pont sur la mer

En 2004, le pont à haubans de Rion-Antirion situé entre le Péloponnèse et la Grèce continentale a été inauguré. Cette région étant située dans une zone à risque sismique élevé, la construction a nécessité la mise en œuvre de technologies parasismiques très innovantes.

En effet, les rives s'éloignent de quelques millimètres par an. De plus, à cet endroit, la mer atteint une profondeur de 65 m et le fond marin est constitué d'une roche argileuse peu stable.

Pour répondre à ces contraintes, les bâtisseurs ont consolidé les piliers du pont avec des barres de fer de 2 m de diamètre et de 30 m de long. Chaque pilier est capable de se déplacer de 2 m sans s'effondrer.

Le tablier du pont (partie où l'on circule) est entièrement suspendu entre les deux rives (2 252 m).

Enfin, des amortisseurs situés entre les piliers et le tablier permettront de limiter les mouvements au cours d'un séisme.

Un défi technologique, le pont de Rion-Antirion.

Le tablier suspendu par 368 haubans.

UNE PASSION L'aide humanitaire

De jeunes bénévoles en Thaïlande en avril 2005 après le Tsunami de décembre 2004.

Après une catastrophe naturelle (séisme, tsunami, éruption volcanique...) des associations comme la Croix Rouge, le Secours populaire,... sont prêtes à intervenir si le pays sinistré les y autorise.

Grâce aux dons, les associations peuvent envoyer vivres, médicaments et autre matériel de première urgence. Elles participent également à la reconstruction des maisons, des écoles,...

Près de 80 métiers peuvent être nécessaires à l'action humanitaire : médecins, chauffeurs routiers, logisticiens, psychologues...

JE M'ÉVALUE

SOCLE commun

PARTIE 1

L'activité interne du globe

J'ai compris la structure de la Terre et ses mouvements externes et internes

TEST Je suis capable d'associer le ou les bons numéros à chaque légende.

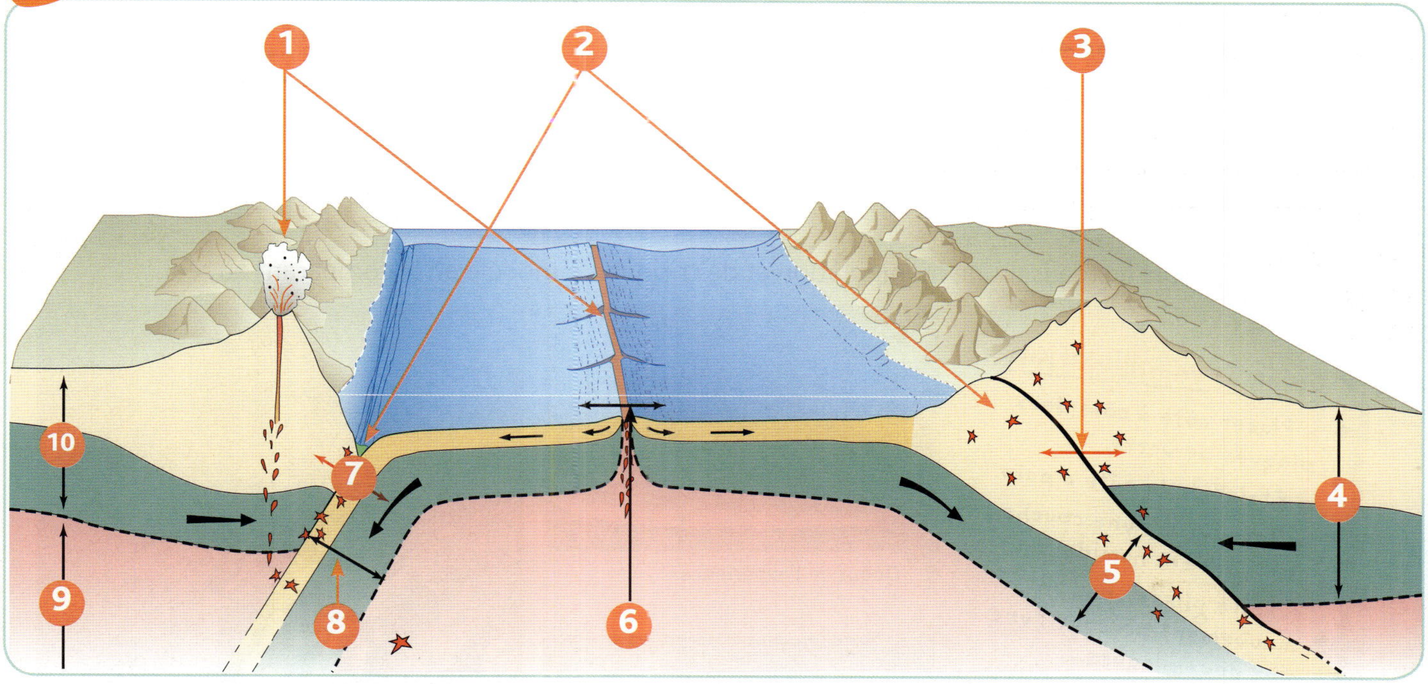

			oui	non
A	Zone de disparition de plaques lithosphériques	______	☺	☹
B	Zone d'affrontement de plaques lithosphériques	______	☺	☹
C	Zone d'écartement de plaques lithosphériques	______	☺	☹
D	Zones de forte activité sismique	______	☺	☹
E	Zones de forte activité volcanique	______	☺	☹
F	Asthénosphère	______	☺	☹
G	Lithosphère	______	☺	☹

JE M'ÉVALUE SOCLE commun

Je maîtrise les techniques de l'information et de la communication

Exemple : *Utiliser une base de données et un logiciel d'exploitation.*

TEST Je suis capable d'obtenir une image en trois dimensions.

Guide d'utilisation de « Sismolog »

	oui	non
■ Lancer le logiciel « SISMOLOG ».	☺	☹
■ Placer le curseur sur la côte de l'Indonésie (10° Sud de latitude et 110° de longitude).	☺	☹
■ Dans le menu « zoom », cliquer trois fois sur l'icône « zoomer ».	☺	☹
■ Cliquer sur l'icône « vue relief 3D ».	☺	☹

Je mets en œuvre un protocole de manipulation

Exemple : *Modéliser la formation de failles.*

TEST Je suis capable de réaliser une manipulation et de critiquer le modèle en le comparant au réel.

Guide de manipulation

- ■ Placer côte à côte deux plaques de verre.
- ■ Étaler de la pâte à pain.
- ■ Recouvrir d'une couche de sable fin humide.
- ■ Faire glisser par un mouvement brusque l'une des deux plaques.

a Début de l'expérience.

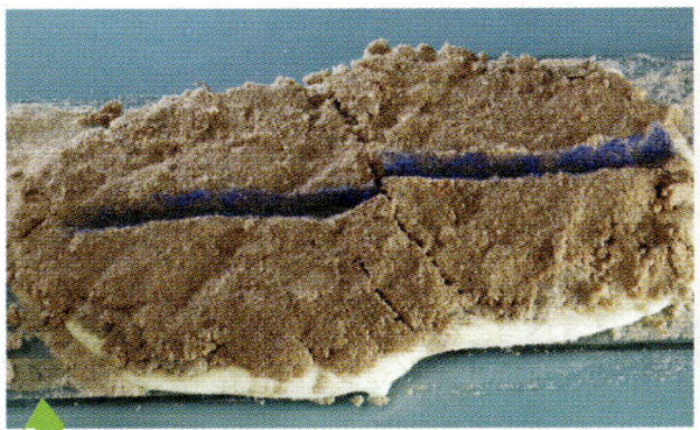

b Fin de l'expérience.

c Faille de San Andreas, Californie.

	oui	non
► Je suis capable de suivre le protocole et de réaliser la manipulation	☺	☹
► Je peux expliquer en quoi le modèle ressemble à la réalité	☺	☹
► Je peux trouver des différences entre ce modèle et la réalité	☺	☹

Mon score Je fais le compte de mes ☺ et de mes ☹.

REPRODUCTION SEXUÉE ET MAINTIEN DES ESPÈCES DANS LES MILIEUX

PARTIE 2

Accouplement de tigres.

j'ai déjà vu

AU PRIMAIRE

1 La reproduction sexuée des animaux

Dans la plupart des espèces animales, on peut distinguer des mâles et des femelles.

Pour certains, le jeune se trouve dans un œuf pondu par la femelle dans le milieux extérieur : on parle de développement ovipare.

Pour d'autres, le développement se fait à l'intérieur du corps de la femelle : on parle de développement vivipare.

Certains animaux subissent de nombreuses métamorphoses avant de devenir adultes.

a Cycle de vie de la grenouille.

EN 6e

2 La reproduction sexuée des végétaux

Les végétaux colonisent le milieu par la reproduction sexuée.

La formation des graines nécessite le dépôt de pollen sur le pistil de la fleur.

b Une fleur d'ajonc disséquée.

c Une expérience sur la formation des graines.

CHAPITRE 5

La fécondation

La reproduction sexuée assure la descendance des espèces. Deux individus de sexes opposés donnent ainsi naissance à un ou plusieurs individus. Dans tous les cas, une fécondation va permettre l'union d'une cellule reproductrice mâle avec une cellule reproductrice femelle.

• Quelles sont les caractéristiques de la reproduction sexuée ?

Accouplement de grenouilles.

1 Découvrir expliquer

La reproduction sexuée des truites

Dans une rivière ou dans un élevage, les truites assurent leur descendance grâce à une reproduction nécessitant l'intervention de deux individus de sexes différents. Une visite dans une pisciculture permet d'étudier les différentes étapes de cette reproduction.

Quelles sont les étapes de la reproduction sexuée ?

Je réponds aux questions

1 Que font les pisciculteurs avec les truites mâles et femelles (doc. 1) ?

2 Comment les pisciculteurs obtiennent-ils les cellules-œufs (doc. 2) ?

3 Que devient la cellule-œuf (doc. 3) ?

4 À quel moment de la reproduction intervient le pisciculteur ?

5 Dans la nature, à quel endroit se fait la fécondation des truites ?

Je conclus

J'indique les différentes étapes de la reproduction sexuée de la truite.

J'apprends :
- *à m'informer à partir de textes, de photographies* I.

Vocabulaire

Ovule : cellule reproductrice femelle.

Laitance ou **sperme** : liquide contenant les spermatozoïdes.

Spermatozoïde : cellule reproductrice mâle.

Fécondation : union d'une cellule reproductrice femelle et d'une cellule reproductrice mâle.

1 Prélèvement de cellules reproductrices

- Comme chez de très nombreuses espèces, la reproduction de la truite est saisonnière. Les organes génitaux se développent à partir du printemps jusqu'à la fin de l'été. L'émission de cellules reproductrices et la **fécondation** interviennent à la fin de l'automne. Les femelles déposent leurs **ovules** dans un lieu particulier du lit de la rivière, appelé lieu du frai, et les abandonnent. Le mâle dépose ensuite sa **laitance**, ou **sperme**, sur les ovules.

a Distribution de nourriture aux truites.

- Dans un élevage, le pisciculteur maîtrise toutes les étapes de la reproduction. Il repère les truites prêtes à émettre les ovules, les endort et récolte les ovules. Il procède de la même manière pour récupérer les **spermatozoïdes** des mâles.

b Récolte des ovules de truite femelle par le pisciculteur.

c Récolte de la laitance de truite mâle par le pisciculteur.

2 La fécondation

Après avoir prélevé les ovules dans un récipient, l'éleveur y introduit des spermatozoïdes grâce à une seringue. Puis il mélange le contenu, afin de mettre en contact les cellules reproductrices. Ces cellules mâles et femelles peuvent ainsi s'unir : c'est la fécondation.

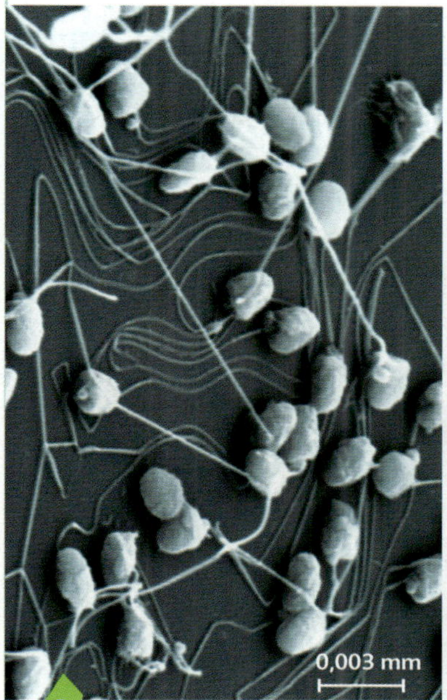

a **Spermatozoïdes de truite** (microscope électronique à balayage).

b **Une fécondation réalisée par l'éleveur.**

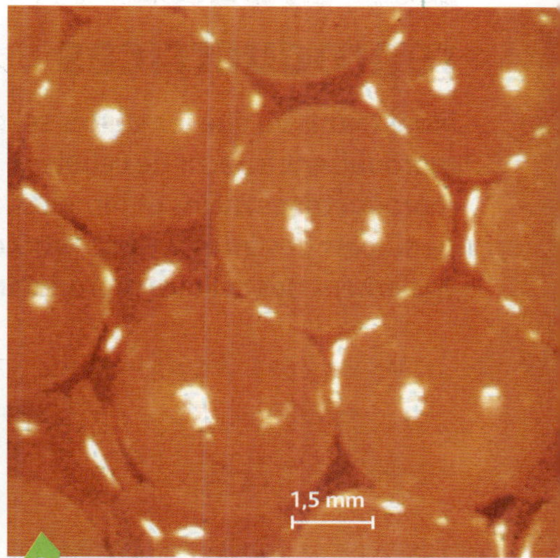

c **Des ovules de truite** (4 à 5 mm).

3 Le développement de la cellule-œuf

- La fécondation permet d'obtenir une cellule-œuf qui se développe et donnera un œuf.
- Au bout de vingt jours environ, l'éclosion de l'œuf donne naissance à un alevin possédant une poche riche en réserves nutritives. L'alevin se développe et donne une petite truite.

a **Un œuf au cours du développement** (4 à 5 mm).

b **Éclosion des œufs et alevin** (1 cm environ).

2 Découvrir expliquer

Des cellules reproductrices

Nous avons vu que les truites se reproduisent à partir de cellules reproductrices mâles et femelles.
La plupart des êtres vivants produisent également des cellules reproductrices.

→ **Comment peut-on caractériser les cellules reproductrices ?**

Je réponds aux questions

1 Comparez la forme et la taille des cellules reproductrices de l'oursin (doc. 1).

2 Chez les animaux étudiés, les cellules reproductrices sont-elles mobiles (doc. 1) ?

3 Comparez les caractéristiques des cellules reproductrices du fucus à celles des cellules reproductrices des animaux (doc. 2).

4 Indiquez en quoi les cellules reproductrices des plantes à fleurs ont des caractéristiques particulières.

Je conclus

J'indique les points communs et les différences entre les cellules reproductrices des êtres vivants rencontrés.

J'apprends :
- *à m'informer à partir de textes, de photographies* I ;
- *à réaliser une préparation microscopique* Re ;
- *à comparer des documents pour expliquer* Ra .

Vocabulaire

Flagelle : fin prolongement de la cellule qui, par ses mouvements, rend la cellule mobile.

1 Des cellules reproductrices d'animaux

- L'oursin est un animal vivant dans la mer. Il existe des oursins mâles et des oursins femelles. Ils libèrent leurs cellules reproductrices dans la mer.
- On peut aussi récupérer leurs cellules reproductrices en leur injectant dans la bouche du chlorure de potassium à 35 g/L. Quelques minutes plus tard, les oursins libèrent des cellules reproductrices.

a **Recueil des cellules reproductrices de l'oursin.**

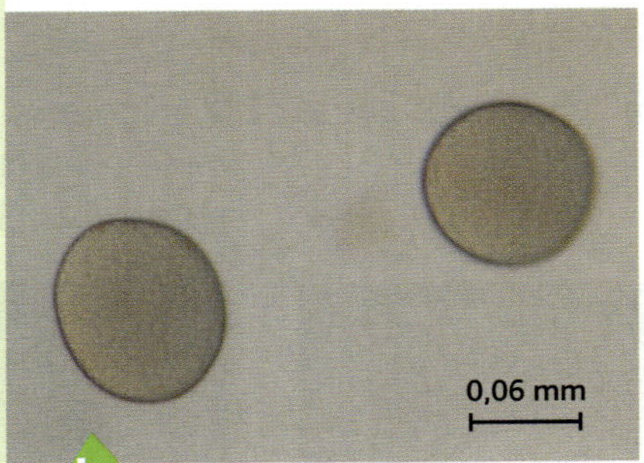

b **Ovules d'oursin** (MO).

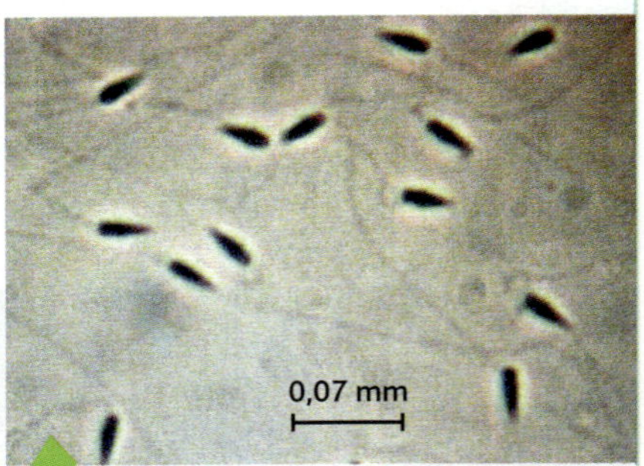

c **Spermatozoïdes d'oursin** (MO).

On peut observer au microscope des spermatozoïdes d'autres animaux. Ces cellules reproductrices mâles possèdent un flagelle qui leur permet de se déplacer.

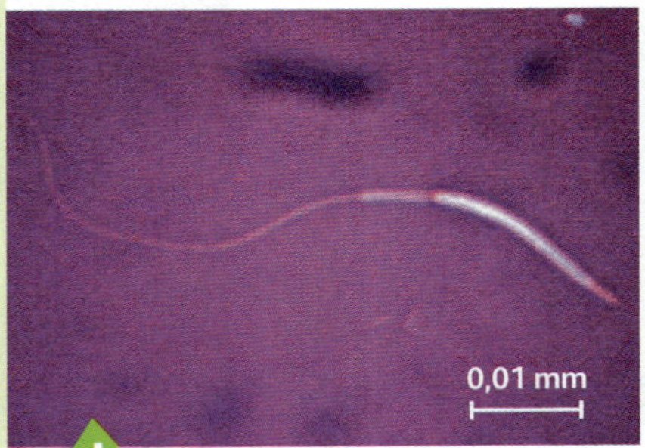

d **Spermatozoïdes de coq** (MO).

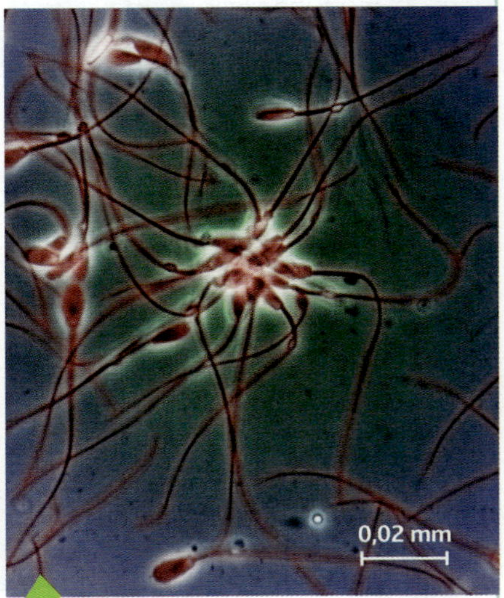

e **Spermatozoïdes de cheval** (MO).

2 Les cellules reproductrices du fucus

- Le fucus est une algue marine. Dans son milieu naturel, la reproduction sexuée a lieu en hiver. Le fucus présente alors des renflements. Certains libèrent dans le milieu une gelée rouge contenant des cellules reproductrices mâles, d'autres une gelée brune contenant des cellules reproductrices femelles.
- On peut provoquer artificiellement la libération de ces gelées en plaçant les fucus quelques jours au réfrigérateur (4 °C). On peut alors observer les organes renfermant les cellules reproductrices mâles ou femelles.
- Pour observer les ovules et les spermatozoïdes, il faut utiliser une technique différente.

a Un pied de fucus (végétal vert).

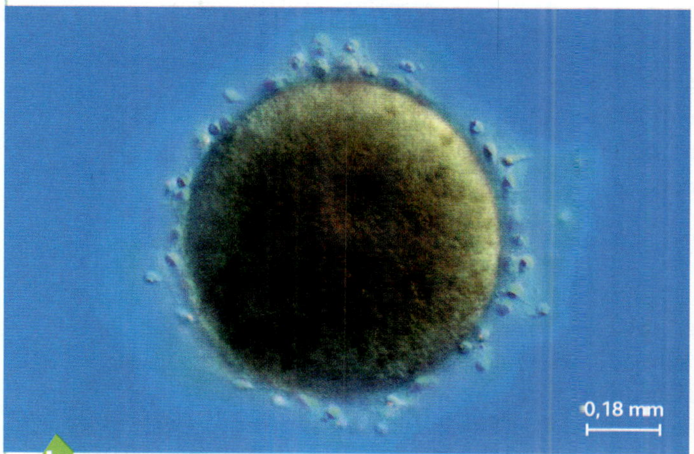

b Un ovule de fucus entouré de spermatozoïdes (MO).

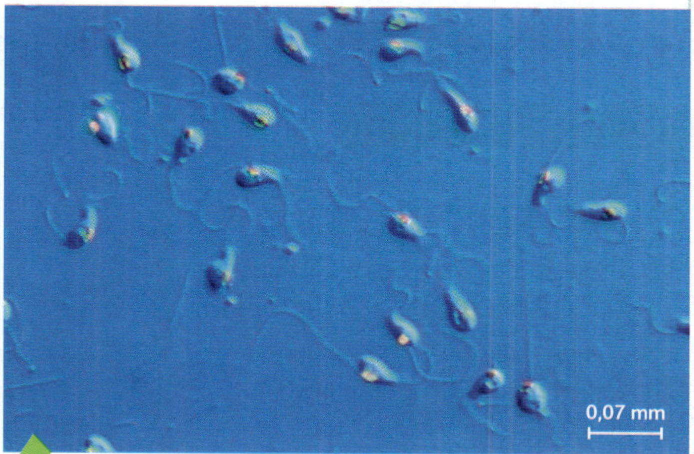

c Des spermatozoïdes de fucus (MO).

3 Les cellules reproductrices d'une plante à fleurs

Chez les plantes à fleurs, les cellules reproductrices sont particulières. Les cellules reproductrices femelles sont enfermées dans des sortes de sacs appelés ovules. Le pollen, poudre jaune, produit par les étamines est composé de grains : les éléments reproducteurs mâles.

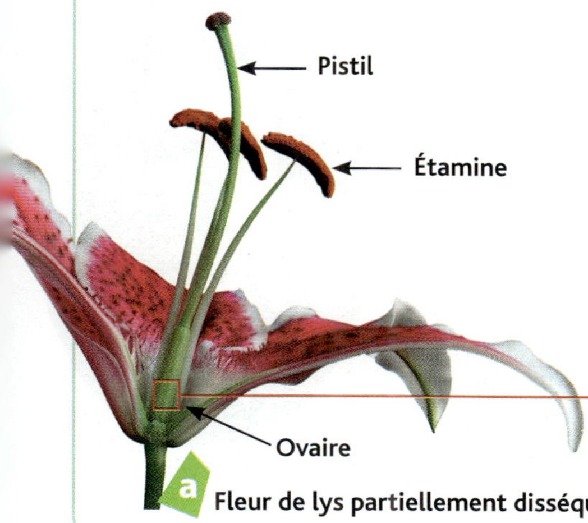

a Fleur de lys partiellement disséquée.

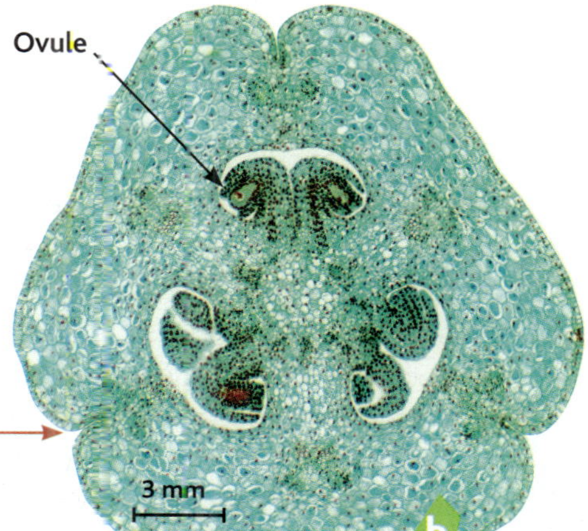

b Coupe d'un ovaire de lys contenant des ovules (MO).

c Grain de pollen de lys.

3 Découvrir expliquer

La fécondation

Pour obtenir la naissance d'alevins de truite, le pisciculteur a mélangé des ovules et des spermatozoïdes. Il a ainsi provoqué la fécondation, étape essentielle qui se réalise chez la plupart des êtres vivants.

→ **Comment s'effectue la fécondation chez les animaux et les végétaux ?**

Je réponds aux questions

1 Quel est le rôle de l'animalcule d'après Van Leeuwenhoek (doc. 1a) ?

2 Selon Spallanzani, le sperme a-t-il le même rôle ? Justifiez votre réponse (doc. 1b).

3 Dans l'expérience de Prévost et Dumas que contient le résidu et que nous apprend cette expérience ?

4 Quelles sont les informations complémentaires apportées par Hertwig (doc. 2) ?

5 Pourquoi parle-t-on de fécondation externe pour l'oursin (doc. 2) ?

6 Pourquoi parle-t-on de fécondation interne pour la girafe et le lys (doc. 3) ?

Je conclus

J'indique les caractéristiques des deux types de fécondation, externe et interne.

J'apprends :
- *à m'informer à partir de textes, de photographies* I.

Vocabulaire

Têtard : un des stades de développement de la grenouille.

1 Le rôle des cellules reproductrices

- En 1677, Van Leeuwenhoek, (l'inventeur du microscope) affirmait dans une lettre adressée à la Société Royale de Londres :

« Je suis convaincu que les animalcules de la semence mâle sont de deux types (mâles et femelles). Si un animalcule mâle s'installe dans l'utérus, on aura un descendant mâle, si c'est un animalcule femelle, on aura un descendant femelle. »

Au XVIIe siècle, les scientifiques appelaient « animalcules » les « organismes » mobiles qu'ils pouvaient observer au microscope.

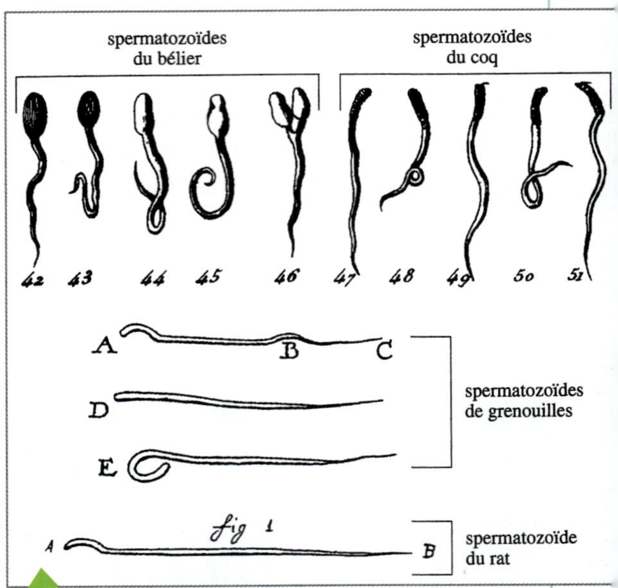

a Des spermatozoïdes tels que Van Leeuwenhoek les a représentés.

Au milieu du XVIIIe siècle, l'abbé Spallanzani élabore de nombreuses expériences : il fabrique des caleçons à des grenouilles mâles.

Ainsi habillés, les mâles s'accouplent avec les femelles : aucune des boules noires (ovules) émis à l'extérieur par les grenouilles femelles ne donne naissance à des têtards.

Mais Spallanzani observe dans le caleçon des mâles des petites gouttes de liquide. Il ignorait alors que ce liquide était du sperme et qu'il contenait des spermatozoïdes.

Dans une nouvelle expérience, il dépose sur les boules noires le sperme récupéré dans le caleçon des mâles. Peu de temps après, des têtards se développent.

Il en conclut que le rôle du sperme est d'animer le nouvel individu déjà présent dans les boules noires.

Spallanzani (1729-1799).

b Expérience de Spallanzani.

- En 1824, deux savants français, Jean-Louis Prévost, physiologiste, et Jean Baptiste André Dumas, chimiste, reprennent les études menées par Spallanzani. Ils filtrent du sperme de grenouille mâle à travers cinq tamis. Le liquide obtenu est observé au microscope et ne montre aucun spermatozoïde. Si ce liquide est mis en contact avec des boules noires prélevées dans les ovaires, aucun têtard ne se développe.

Lorsqu'ils trempent les boules noires dans le résidu présent dans les filtres, ils observent alors la transformation des boules qui, en se développant, donnent naissance à des têtards.

Prévost (1790-1850).

2 La fécondation dans le milieu

● En 1875, le biologiste allemand Oscar Hertwig (1849-1922) observe la pénétration d'un spermatozoïde dans un ovule d'oursin. Immédiatement après, la cellule-œuf formée s'entoure d'une membrane et le développement commence.

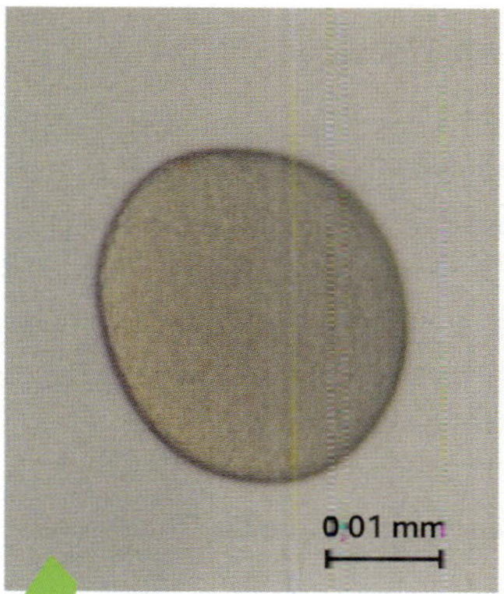

a Ovule d'oursin.

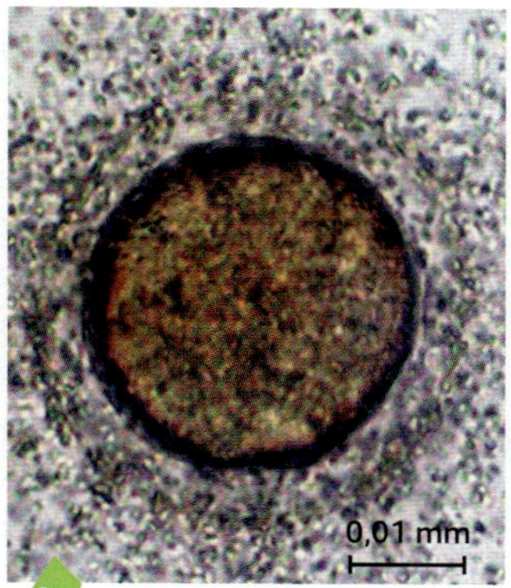

b Fécondation et formation d'une cellule œuf.

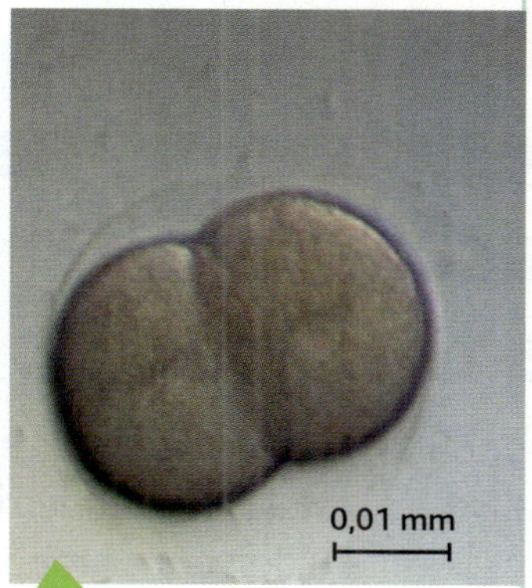

c Stade deux cellules.

3 La fécondation dans l'organisme

● Pour de nombreux animaux, l'accouplement du mâle et de la femelle permet une fécondation à l'intérieur de l'organisme femelle.

a Accouplement de girafes (mammifère : 5 m).

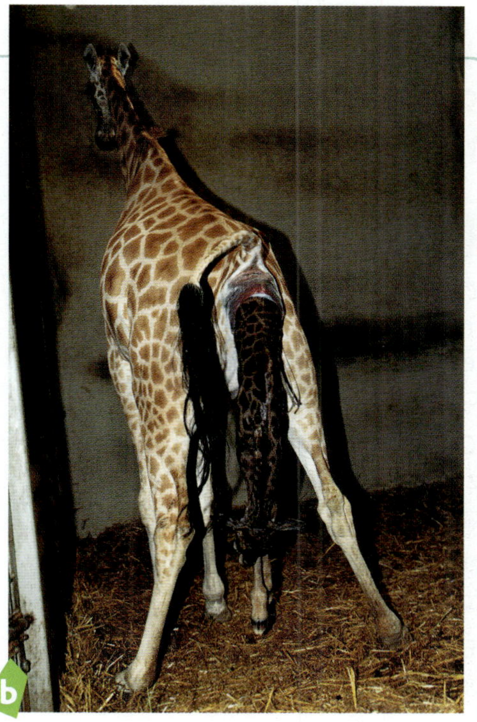
b Naissance d'un girafon.

● Chez les plantes à fleurs, la germination des grains de pollen sur le pistil permet une fécondation à l'intérieur de l'organisme femelle.

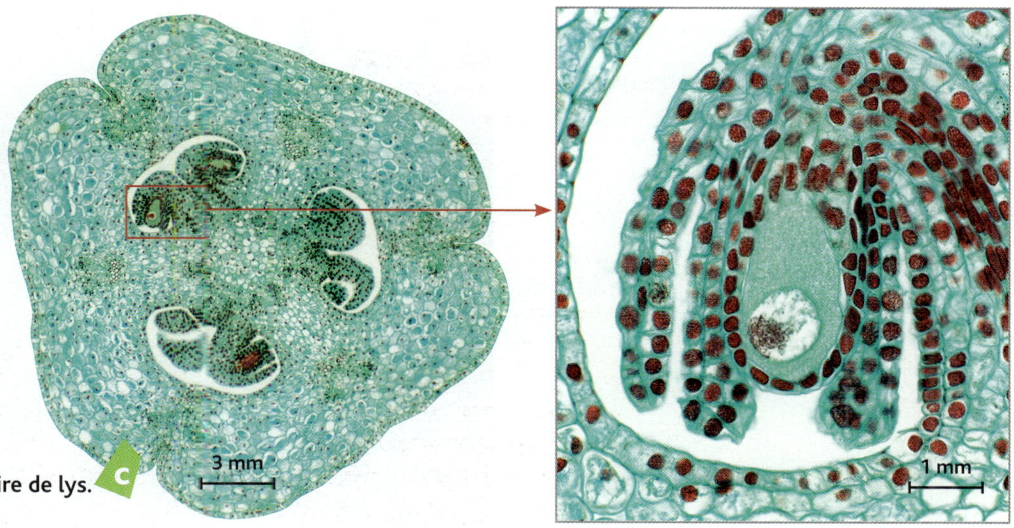

c Coupe d'ovaire de lys.

4 Découvrir expliquer

Les mécanismes facilitant la fécondation

Pour qu'une fécondation externe se réalise, les cellules reproductrices émises dans le milieu doivent se rapprocher. Dans le cas d'une fécondation interne, ce sont les individus mâles et femelles qui doivent se rapprocher pour s'accoupler.

→ **Comment la rencontre des cellules reproductrices est-elle favorisée ?**

Je réponds aux questions

1 Comment l'expérience de Tinbergen permet-elle de penser que le chant du grillon mâle favorise le rapprochement de la femelle (doc. 1a et b) ?

2 Comment s'effectue le rapprochement chez les vers luisants (doc. 1c) ?

3 D'après le document 2, quel rôle semble jouer l'ovule dans la rencontre des cellules reproductrices ?

4 Expliquez comment la fécondation est favorisée chez les plantes à fleurs (doc. 2).

Je conclus

J'identifie quelques modalités favorisant la rencontre des cellules reproductrices.

J'apprends :

- *à m'informer à partir de textes, de photographies, d'expériences* I ;
- *à comparer des données pour expliquer un phénomène* Ra .

Vocabulaire

Organe stridulatoire : organe permettant d'émettre des sons.

1 Favoriser le rapprochement des partenaires

Expérience de Tinbergen

« On a enfermé des mâles d'ephippiger (espèce de sauterelle), en train de chanter, dans une cage que l'on a cachée dans la bruyère. Dans une autre cage, il y avait le même nombre de mâles réduits au silence par engluement des organes stridulatoires. Cela ne gêne guère cette variété sans ailes, qui reste libre de poursuivre toutes ses autres activités. À une dizaine de mètres, on lâche des femelles en période de reproduction. Invariablement, elles se dirigent aussitôt vers la cage qui contient les mâles capables de chanter. »

a **Une expérience historique de Tinbergen** (scientifique anglais, 1907-1988).

- Les grillons mâles attirent les femelles par leur chant. La femelle choisit alors parmi les mâles celui avec lequel elle va s'accoupler.

b **Accouplement de grillons** (insecte ; 3 cm).

- Chez les vers luisants (Lampyre), la femelle, très différente du mâle, n'a pas d'ailes et son abdomen émet des signaux lumineux qui attirent les mâles.

c **Un lampyre femelle** (insecte ; 1,5 cm).

2 Favoriser la rencontre des cellules reproductrices

● On peut mettre en évidence le rapprochement des cellules reproductrices pour une espèce particulière d'oursin, l'*Arbacia punctulata*. Une goutte d'eau de mer contenant des spermatozoïdes est placée sur une lame. Le dépôt d'une goutte d'eau ayant contenu des ovules d'oursins femelles, au centre de la préparation, provoque l'activation et l'attraction des spermatozoïdes.

● Chez les algues comme le fucus, des expériences ont montré que les cellules reproductrices femelles émettent une substance attractive. Au fur et à mesure que les cellules reproductrices mâles se rapprochent, leur trajectoire devient circulaire et se resserre autour de la cellule femelle.

● Chez les plantes à fleurs, les grains de pollen, déposés sur le haut du pistil de la fleur, germent. Chaque grain de pollen forme un tube pollinique qui s'enfonce dans le pistil. Le développement du tube pollinique conduit le noyau de la cellule reproductrice mâle vers la cellule reproductrice femelle contenue dans l'ovule.

a **Grain de pollen sur pistil.**

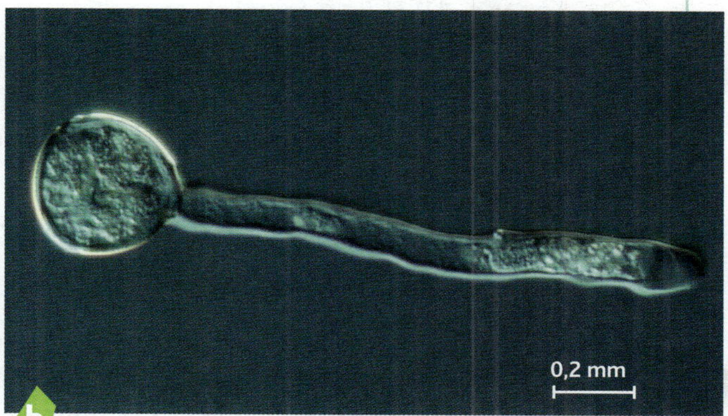

b **Germination d'un grain de pollen** (MO).

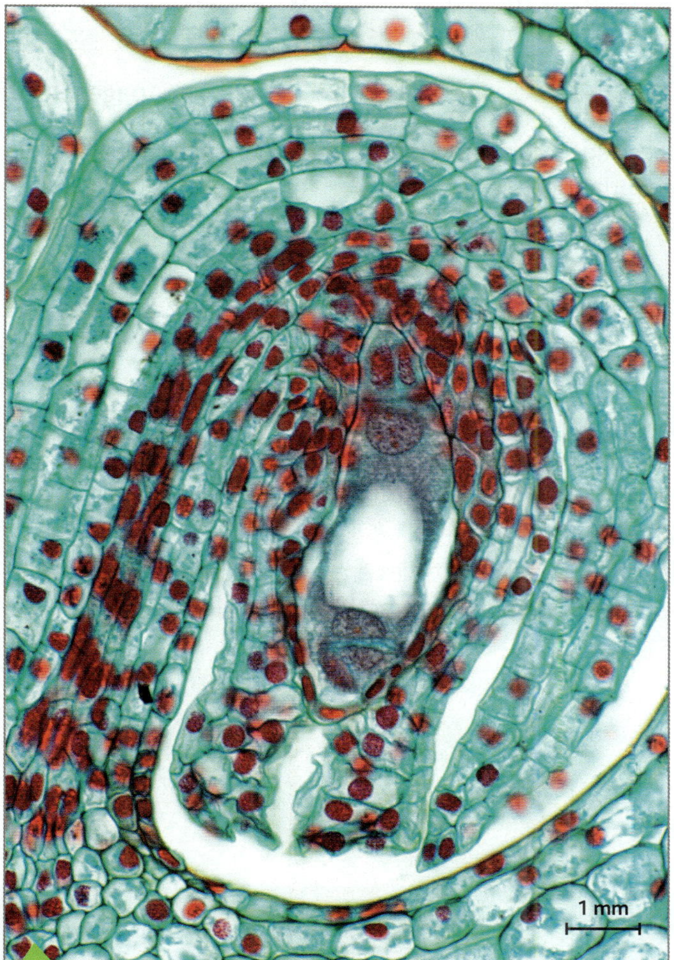

c **Coupe dans un ovule mûr de lys** (MO x 45).

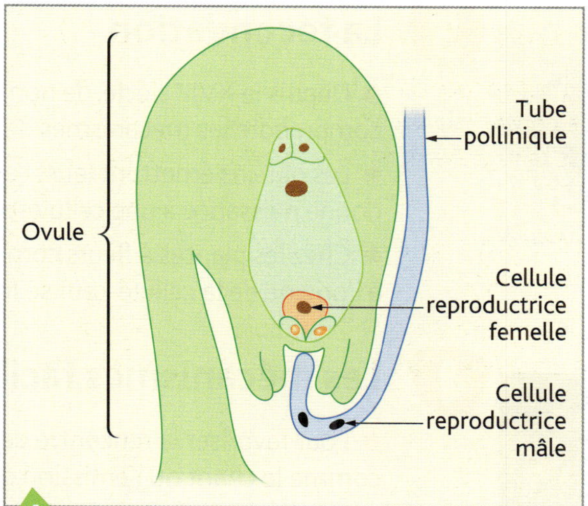

d **Schéma de la fécondation chez le lys.**

● Molisch, en 1889, a montré que des grains de pollen placés à 1 mm d'un fragment de pistil germaient en direction du pistil contenant les ovules.

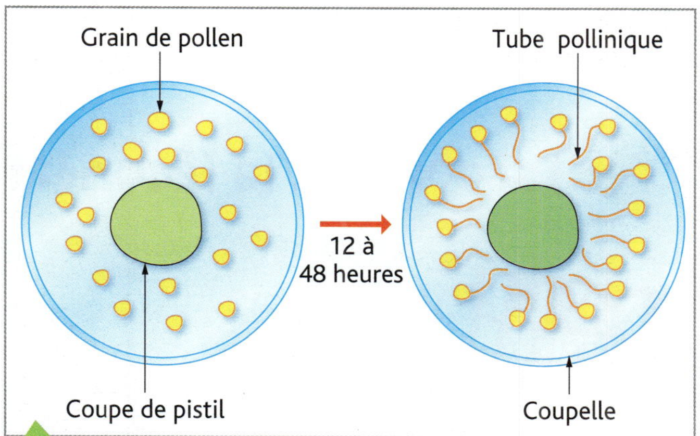

e **Expérience de Molisch** (scientifique autrichien, 1856-1937).

BILAN

J'ai découvert, j'ai expliqué

1 La reproduction sexuée des truites

→ pages 92-93

- Pour assurer leur descendance, les truites ont recours à la **reproduction sexuée**. Elles libèrent leurs cellules reproductrices dans la rivière. Ces cellules mâles et femelles s'unissent et forment une cellule-œuf : c'est la **fécondation**. La cellule-œuf se développe ensuite pour donner un nouvel individu.
- Dans un élevage, le pisciculteur intervient à chaque étape de la reproduction : il prélève les cellules reproductrices et favorise la fécondation.

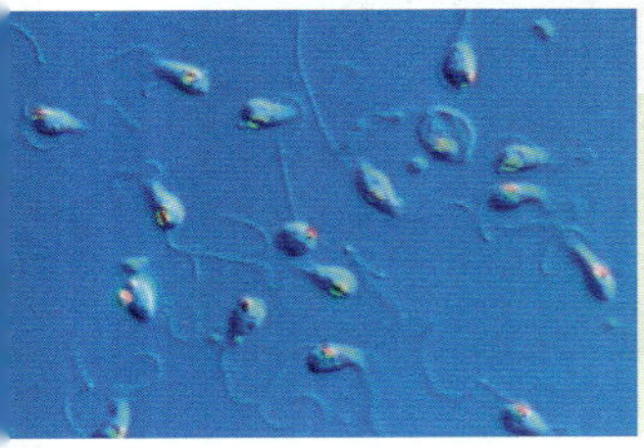

2 Des cellules reproductrices

→ pages 94-95

- Les **cellules reproductrices** sont de très petite taille et ne peuvent être observées qu'à la loupe ou au microscope. Chez les animaux et de nombreux végétaux, les cellules reproductrices mâles possèdent un flagelle qui les rend mobiles. Les cellules reproductrices femelles sont sphériques et en général immobiles.
- Chez les plantes à fleurs, les cellules reproductrices ont des caractéristiques particulières.

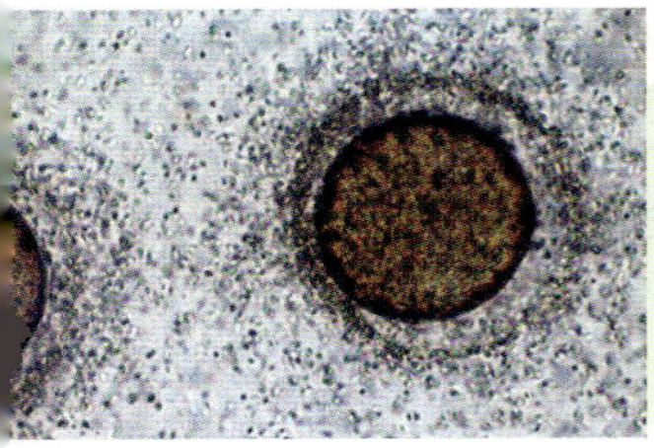

3 La fécondation

→ pages 96-97

- Depuis le XVIIe siècle, de nombreux scientifiques ont élaboré des expériences pour comprendre les mécanismes de la fécondation.
- Les oursins émettent leurs cellules reproductrices dans le milieu extérieur. Leur rencontre donne naissance à une cellule-œuf : c'est une **fécondation externe**.
- Chez les plantes à fleurs comme chez la girafe, la rencontre des cellules reproductrices à l'origine de la cellule-œuf se fait dans l'organisme : c'est une **fécondation interne**.

4 Les mécanismes facilitant la fécondation

→ pages 98-99

- Pour favoriser la rencontre des mâles et des femelles, plusieurs stratégies existent, comme le chant ou l'émission de signaux lumineux.
- Pour faciliter le rapprochement des cellules reproductrices émises dans le milieu extérieur, les cellules reproductrices femelles exercent un pouvoir attractif sur les cellules reproductrices mâles.

J'ai compris la fécondation

SOCLE COMMUN des connaissances

→ **La reproduction sexuée animale comme végétale comporte l'union d'une cellule reproductrice mâle et d'une cellule reproductrice femelle.**

→ **Le résultat de la fécondation est une cellule-œuf à l'origine d'un nouvel individu.**

→ **La fécondation peut être externe ou interne.**

Je retiens par l'image

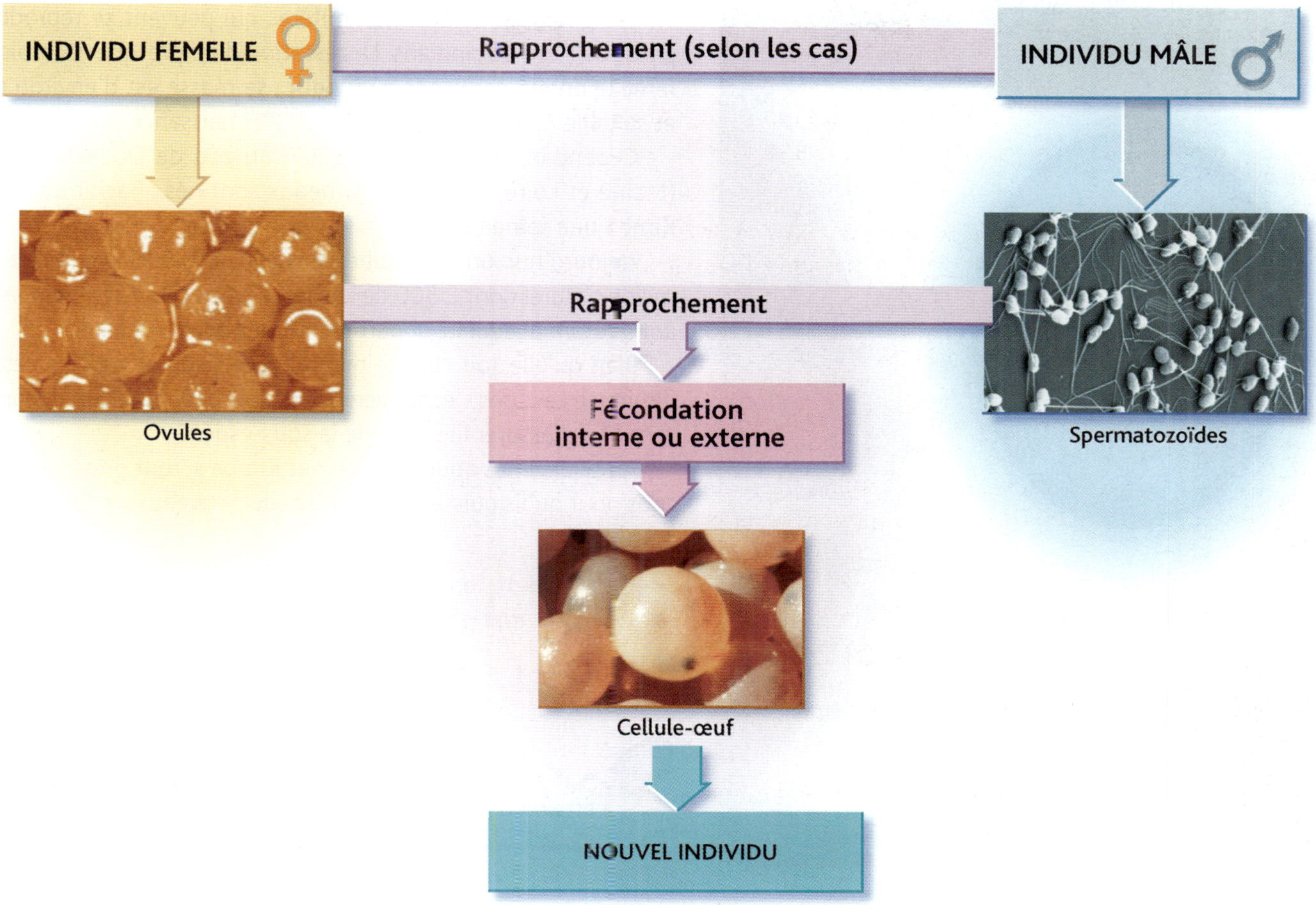

Je retiens par le texte

La fécondation

- La plupart des végétaux et des animaux ont recours à la **reproduction sexuée**. Ce mécanisme donne naissance à de nouveaux individus.
- À certaines périodes de leur vie, les adultes produisent des **cellules reproductrices**. Chez les mâles, les cellules reproductrices sont mobiles. Chez les femelles, elles sont très souvent immobiles, sphériques et plus volumineuses que les cellules reproductrices mâles.
- L'union des cellules reproductrices peut avoir lieu dans le milieu extérieur : on parle de **fécondation externe**.
- Elle peut avoir lieu dans l'organisme : on parle de **fécondation interne**.
- Des mécanismes favorisant le rapprochement des cellules reproductrices et des individus facilitent la **fécondation**.

Mots à retenir

Cellules reproductrices : cellules femelles ou mâles dont l'union donne une cellule-œuf.

Fécondation : union d'une cellule reproductrice femelle avec une cellule reproductrice mâle.

Fécondation externe : union des cellules reproductrices dans le milieu extérieur.

Fécondation interne : union des cellules reproductrices dans l'organisme femelle.

Reproduction sexuée : phénomène biologique qui a recours à la fécondation pour créer de nouveaux êtres vivants.

1. La mère et ses deux jumeaux.

1 Deux nouveaux girafons au zoo de Doué-la-Fontaine

Les girafes sont des mammifères qui peuvent se reproduire à partir de l'âge de cinq ans. La gestation dure presque 15 mois et la femelle donne naissance à un petit : sa masse est d'environ 60 kg et sa taille de 2 m. Il est rare de voir des naissances de jumeaux.

Cependant, le 27 février 2007, au zoo de Doué-la-Fontaine (Maine et Loire), deux faux jumeaux sont nés : Bachir un mâle et Kimba une femelle.

Aujourd'hui on dénombre environ 110 000 girafes dans le milieu naturel dont 2 500 de la sous-espèce *Giraffa camelopardalis antiquorum* à laquelle appartiennent les deux jumeaux.

Bien qu'elle soit classée peu menacée, son effectif ne cesse de diminuer. Les zoos s'échangent les girafes pour qu'elles se reproduisent afin d'assurer la survie de la sous-espèce.

Ainsi, devenus adultes, Bachir et Kimba seront prêtés à d'autres zoos pour qu'ils puissent rencontrer de nouveaux partenaires.

→ Comment les zoos peuvent-ils assurer la survie de certains groupes d'animaux ?

◆ http://www.zoodoue.fr/pages/projets/detail_projet.asp?projid=18

2 La reproduction des poissons combattants

Le poisson Combattant *(Betta splendens)* mesure environ 6 cm. Pour faciliter sa reproduction en aquarium, il faut présenter trois femelles à un mâle.

Après l'accouplement, la femelle pond des œufs et ne s'en occupe plus. Le mâle dépose alors les œufs dans un nid de bulles construit à la surface.

Après l'éclosion, le mâle, pour protéger ses petits, utilise sa bouche pour ramener régulièrement les alevins dans le nid. Malgré ces soins, 80 % des alevins meurent à cause de maladies, de malformations ou bien sont dévorés par le mâle.

→ Quelles sont les particularités de la reproduction des poissons combattants en aquarium ?

◆ http://www.agora-aqua.com/page53.htm

2. Accouplement de poissons combattants.

3 Fécondation in vitro et transplantation d'embryons

Après avoir réalisé une fécondation *in vitro* (union des cellules reproductrices en éprouvette), des chercheurs français ont réussi à transplanter des embryons d'une espèce de cerfs présente au Japon (les cerfs sika) dans l'utérus d'une femelle de cerfs présents en Europe (les cerfs élaphes).

Ainsi, une femelle élaphe a donné naissance à un faon sika.

Cette prouesse technique permet d'espérer la sauvegarde d'espèces de cerfs en voie d'extinction comme le cerf du Viêt-Nam ou le cerf de Formose.

➜ Pourquoi a-t-on eu recours à une fécondation in vitro et à un transfert d'embryon dans l'exemple cité ?

3. Un faon et sa mère.

4. Des soins prodigués par les soigneurs au centre de recherche pour la sauvegarde des pandas dans la province du Sichuan en Chine.

4 Sauver les pandas

Dans la nature, le panda se reproduit vers l'âge de six ans. La saison d'accouplement est le seul moment où les pandas se réunissent brièvement. La gestation dure cinq mois. La femelle ne donne naissance qu'à un seul bébé.

Cette espèce est en voie d'extinction, il ne resterait qu'un millier d'individus. On peut évoquer certaines raisons à cela : leur habitat (les forêts de bambous) disparaît, les femelles ne sont fécondes que trois jours par an et comme il y a de moins en moins d'individus, la probabilité de fécondation est plus rare. Certains zoos en Chine, aux USA... se sont lancés dans des programmes de reproduction pour la sauvegarde de l'espèce. Cependant, les pandas se reproduisent très difficilement en captivité : peu d'envie de se reproduire, promiscuité quasi permanente, femelles peu maternelles...

Pour pallier ces difficultés, des études ont permis de mieux connaître leur régime alimentaire, leur comportement social, leur condition physique... On distingue deux options : soit on met tout en œuvre pour faciliter l'accouplement, soit on effectue une insémination artificielle.

En 2005, 25 bébés pandas sont nés dans les zoos, 21 ont survécu.

➜ Expliquez les difficultés rencontrées pour sauvegarder le panda en captivité.

Sur google, écrire « reproduction panda zoo » et choisir un zoo où est réalisée une expérience de reproduction artificielle.

EXERCICES

SOCLE COMMUN **Je teste mes acquis**

1 Rechercher des informations

Je réponds rapidement à chacune des questions.

a. Comment la reproduction sexuée permet-elle la formation d'un nouvel individu ?

b. Pourquoi parle-t-on de fécondation externe ?

c. Citez deux caractéristiques des cellules reproductrices mâles et femelles.

d. Citez deux mécanismes facilitant le rapprochement entre deux individus.

2 Construire des phrases

J'utilise les mots proposés.

Phrase 1 : nouvel individu / reproduction sexuée / fécondation

Phrase 2 : fécondation interne / cellule reproductrice / organisme

Phrase 3 : fécondation externe / union / milieu / cellules reproductrices

Phrase 4 : rapprochement / individus / fécondation / cellules reproductrices

3 Comprendre une expérience historique

Jean-Henri Fabre et le paon de nuit

« Le 6 mai, dans la matinée, une femelle quitte son cocon en ma présence, sur la table de mon laboratoire aux bêtes. Je la cloître aussitôt, sous une cloche en toile métallique.

Bien m'en prit. Vers les neuf heures du soir, la maisonnée se couchant, grand remue-ménage dans la chambre voisine de la mienne. A demi déshabillé, petit Paul va, vient, court, saute, trépigne, renverse les chaises, comme affolé. Je l'entends m'appeler. « Viens vite, clame-t-il ; viens voir ces papillons, gros comme des oiseaux ! La chambre en est pleine ! »

Chaque fois c'est à la nuit noire, entre huit et dix heures du soir, que les papillons arrivent, un par un.

À ces ténèbres s'ajoutent, pour les arrivants, les difficultés de l'accès. Même en lui accordant la perception de certains rayons, cette vue extraordinaire ne saurait être ce qui avertit le papillon à distance et le fait accourir.

Le son est également hors de cause. La bête pansue, capable de convoquer de si loin, est silencieuse, même pour l'oreille la plus délicate.

Reste l'odeur : jusqu'ici la femelle a été laissée à découvert, sous les mailles d'une toile métallique. Je loge donc la femelle dans des boîtes de nature variée. Il y en a en fer-blanc, en bois, en carton. Toutes sont hermétiquement closes, lutées même avec un mastic gras. Je fais également usage d'une cloche en verre reposant sur l'appui isolateur d'un carreau de vitre. Eh bien, dans ces conditions de rigoureuse clôture, jamais un mâle n'arrive, jamais un seul, si favorables que soient la douceur et le calme de la soirée. »

D'après Jean-Henri Fabre (1823-1915), entomologiste.

Le grand paon de nuit mâle.

Questions

1. I **Quelles sont les premières observations de Fabre après avoir emprisonné une femelle ?**

2. Ra **Quels sont les deux stimulus d'attraction du mâle qu'il rejette d'entrée ?**

3. I **Quel stimulus va-t-il tester ?**

4. Ra **Quelle conclusion peut-il en tirer ?**

5. Ra **A-t-il eu recours à des expériences témoins ? Justifiez votre réponse.**

Je consolide mes acquis

4 Le développement des grenouilles

a

b

c

d

e

Questions

1. Fa Replacez les différentes photographies dans l'ordre chronologique.
2. Proposez un titre sous chaque photographie.
3. Ea À quel stade de développement la grenouille produit-elle des cellules reproductrices ?

5 Parade nuptiale chez des araignées

Chez certaines araignées *(Pisaura mirabilis)*, la parade nuptiale se caractérise par une offrande : le mâle tue une proie, l'enveloppe dans un cocon de soie et l'offre à la femelle. Cependant, cette pratique ne suffit pas toujours à détourner l'attention de la femelle qui préfère des proies vivantes. Pour éviter d'être dévoré, le mâle entre en thanatose, un état de mort apparente proche de l'évanouissement. Puis il s'accouple avec la femelle, pendant que celle-ci est occupée à engloutir son cadeau.

Parade nuptiale de Pisaura mirabilis.

Questions

1. I Comment le mâle arrive-t-il à approcher la femelle ?
2. I Quelle est la ruse du mâle pour éviter de se faire manger pendant l'accouplement ?

6 La truffe, un leurre sexuel

a Une truie à la recherche de truffes.

b Des truffes en Dordogne.

Les travaux de Signoret (1961) nous ont permis de savoir que la truie en période de reproduction se dirige vers l'odeur du mâle.
En effet, après avoir caché un mâle et une truie dans deux compartiments, la femelle en période de reproduction est toujours attirée par l'enclos où se trouve le mâle.
L'odeur attractive est due à une substance émise par le mâle : elle attire les femelles et repousse les mâles. Or, la truffe (champignon poussant sur les racines de certains arbres) produit une substance voisine. Ainsi, une truie peut être utilisée pour la recherche des truffes.

Questions

1. I **Quel est l'élément qui favorise le rapprochement du mâle et de la truie pour l'accouplement ?**

2. Ra **Pourquoi peut-on utiliser des truies pour déterrer des truffes ?**

7 Reproduction sexuée et génération spontanée

En 1668, Francesco Redi, réalise l'expérience suivante pour montrer l'inexistence de la génération spontanée, c'est-à-dire l'apparition spontanée de nouveaux individus. Il place des morceaux de viande dans des fioles, dont les unes sont ouvertes à l'air libre et les autres hermétiquement fermées.

« Dans les fioles bouchées, je n'ai pas vu naître un seul ver, même au bout de plusieurs mois... ».

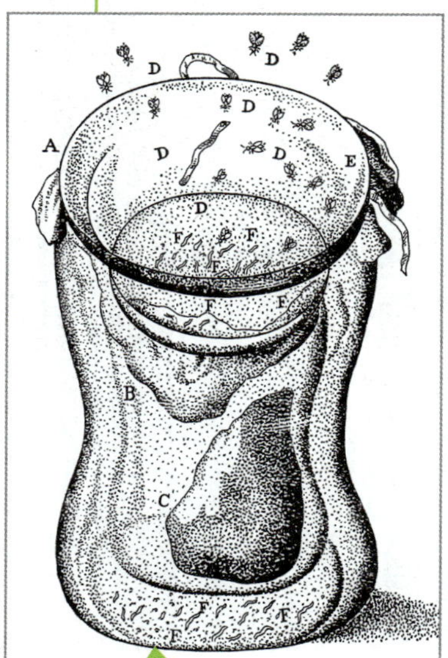

a Expérience de F. Redi.

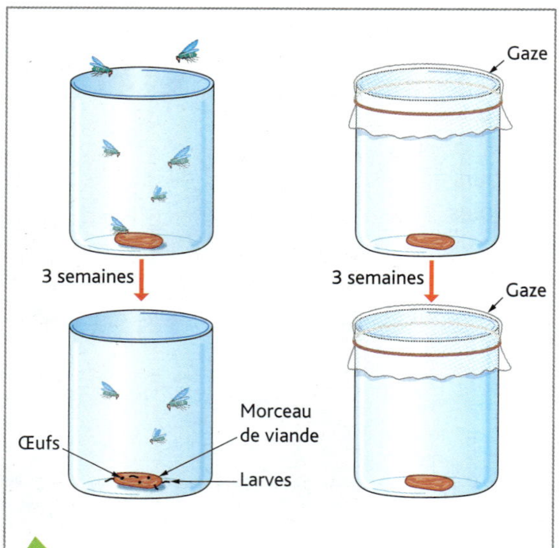

b Détails de l'expérience.

« Creusez un trou dans une brique, mettez-y de l'herbe de basilic bien pilée ; appliquez une seconde brique sur la première, et exposez le tout au soleil ; quelques jours plus tard, le basilic ayant agi comme ferment, vous verrez naître de petits scorpions. »

c Expérience de Van Helmont (1577-1644).

Questions

1. Ra **Comment expliquer l'absence d'asticots dans les fioles recouvertes de gaze ?**

2. Ra **Comment expliquer la présence de vers (asticots de mouche) dans les fioles ouvertes ?**

3. Ra **Expliquez pourquoi cette expérience s'oppose à celle de Van Helmont.**

4. Ra **Comment expliquer le développement des scorpions observé par Van Helmont ?**

5. Ra **Quelle précaution a-t-il oublié de prendre pour être sûr de son résultat ?**

Découvrir autrement

8 Écouter les grillons

B2i

Questions

1. I À l'aide des descriptifs, identifiez la variété de grillon.

2. I À la période de reproduction, disposez des femelles à proximité d'un ordinateur, et en utilisant le logiciel, produisez le chant d'appel du mâle de la même espèce : observez et décrivez le comportement des femelles.

Se connecter sur le site

- http://pedagogie.ac.toulouse.fr/svt/serveur/lycee/perez/grillon/gdescrip.htm
- Il existe également un logiciel (stridulor) sur l'académie d'Amiens.

Un grillon en train de chanter…

9 Le coin de l'artiste

Jan BRUEGHEL L'ANCIEN (1568-1625)

Fils de Pieter Brueghel l'Ancien, également célèbre pour ses peintures. Jan Brueghel l'Ancien dit de Velours, peintre flamand, est l'auteur de nombreux tableaux de fleurs et de compositions bibliques. Il a souvent peint avec d'autres grands peintres (Rottenhammer, Rubens…).

Sur ce tableau, Noé invite sur son arche un couple de chaque espèce, en attendant le déluge qui permettra de séparer les purs et les impurs.

« L'entrée des animaux dans l'arche de Noé » de Jan Brueghel l'Ancien, 1613 (73 x 104 cm). Musée des Beaux Arts de Pau.

Questions

1. I Ra **Que peut-on remarquer en observant les animaux représentés ? Comment expliquer ce choix ?**

2. Ra **Citez quelques groupes d'êtres vivants non représentés.**

3. I **Relevez un couple d'animaux où la femelle et le mâle sont différents.**

ENVIE DE SCIENCE

L'insémination des guépards

En 2007, il subsisterait environ 5 000 guépards dans le monde. Dans la réserve de Thornybush en Afrique du sud, la population est passée de 1 000 en 1970 à 70 en 2006.

On explique ce déclin par le morcellement des territoires du guépard et l'occupation de son espace par les humains : chaque femelle a besoin d'un vaste territoire, car sa faculté à se reproduire n'a lieu qu'après un isolement prolongé du groupe, et ne s'effectue que si elle rencontre un mâle d'un autre groupe.

Afin de sauver cette espèce, des vétérinaires appartenant à l'association du CRESAM (Conservation et Reproduction des Espèces Sauvages Africaines Menacées) ont décidé d'inséminer artificiellement des guépards. Après de longues heures de traque, ils anesthésient un jeune mâle afin de lui prélever du sperme. Ils vérifient aussitôt la bonne qualité des spermatozoïdes, car 70 % des guépards mâles possèdent des spermatozoïdes incapables de féconder un ovule. Quelques heures plus tard, dans une réserve voisine, une jeune femelle est inséminée par le sperme. Elle a préalablement été traitée pour stimuler son ovulation.

Une maman guépard et ses petits.

UN MÉTIER

Soigneur animalier

Un soigneur au zoo de Londres très occupé à nettoyer les dents de son protégé, l'hippopotame.

Le rôle du soigneur consiste à nourrir les animaux, les nettoyer, et à veiller à leur hygiène. Il est en lien étroit avec le vétérinaire et peut apporter des soins particuliers. Il assure la sécurité des animaux ainsi que celle des visiteurs.

Certaines qualités sont nécessaires : aimer les animaux, savoir travailler en équipe, être patient et attentionné, avoir du sang froid.

FORMATION

Niveau d'études : trois écoles privées proposent une formation. Le niveau exigible est un CAP, BEP. Il faut également avoir fait des stages dans le milieu animalier.

◆ http://www.studya.com/Formations-metiers/ANIMAUX/Soigneur_animalier.htm

CHAPITRE 6

L'influence du milieu sur la reproduction

Un milieu donné offre aux espèces qui le peuplent des conditions de vie qui peuvent intervenir sur leur reproduction et donc sur leur maintien.

- Comment les conditions du milieu influent-elles sur la reproduction des êtres vivants ?

Un manchot empereur protégeant son petit du sol gelé.

1 Découvrir expliquer

Les conditions du milieu et le mode de reproduction

Des espèces vivant dans des milieux différents ne se reproduisent pas de la même façon.

→ **Comment les espèces se reproduisent-elles dans des milieux différents ?**

Je réponds aux questions

1 Relevez le nombre de cellules-œufs et d'adultes produits par un couple de ces deux espèces (doc. 1 et 2).

2 Que peut-on penser des différences observées ?

Je conclus

J'explique comment ces deux modes de reproduction sexuée permettent aux espèces de se maintenir dans différents milieux.

J'apprends :
- *à m'informer à partir de photographies et de textes* I ;
- *à faire des recherches sur Internet* Re ;
- *à relier des données pour expliquer* Ra .

Vocabulaire

Éclosion : sortie de l'œuf.

Frayères : lieux de ponte des poissons.

Frai : rapprochement sexuel sans accouplement.

Incubation : période pendant laquelle l'embryon se développe dans l'œuf.

1 Un mode de reproduction en milieu terrestre

- Au printemps, l'hirondelle femelle produit trois à six cellules reproductrices qui seront fécondées lors de l'accouplement. La femelle pond de trois à six œufs dans un nid à l'abri des prédateurs. Elle les couve durant 14 à 15 jours, assurant ainsi aux œufs une température constante.
- Après l'éclosion, les petits sont nourris par leurs deux parents qui peuvent répéter jusqu'à 400 allers-retours par jour.
- Âgés d'une vingtaine de jours, les oisillons prennent leur premier envol.
- Environ trois à quatre oisillons survivront et atteindront l'âge adulte.

a **L'accouplement des hirondelles** (oiseau, 15 cm de long, 30 cm d'envergure).

c **Les oisillons sont nourris par les deux parents à tour de rôle.**

b **Les œufs dans le nid** (un œuf mesure 1,8 cm de long).

d **Oisillons âgés de 20 jours** (5 cm).

2 Un mode de reproduction en milieu aquatique

● Pour se reproduire, les truites adultes commencent par remonter vers les frayères situées en amont des rivières, dont le fond est recouvert de fins graviers et où l'eau est bien oxygénée et de bonne qualité.

a **Truite fario adulte** (poisson osseux à nageoires rayonnées, 25 à 50 cm).

● Pendant le frai, la femelle creuse les graviers avec sa nageoire caudale pendant que le mâle, très agressif, éloigne d'éventuels concurrents.

● Le mâle et la femelle se placent ensuite flanc contre flanc. La femelle expulse alors de 600 000 à 900 000 cellules reproductrices. Le mâle expulse à son tour sa semence contenant les cellules reproductrices mâles sur les cellules reproductrices femelles. La femelle recouvre ensuite les œufs fécondés de fins graviers avant de les abandonner.

b **Œufs de truite** (4 à 5 mm de diamètre).

● La période d'incubation dure en moyenne de 45 à 90 jours. Au bout de cette période, l'éclosion donne naissance à des alevins qui puisent leur nourriture dans une sorte de grosse poche : la vésicule vitelline.

Cette vésicule se résorbe au bout d'un mois, l'alevin peut alors émerger des graviers et se nourrir seul.

c **Un alevin de truite avec sa vésicule vitelline** (environ 1,5 cm).

● Les jeunes truites sont très sensibles aux prédateurs ; pour une ponte de 1 000 œufs, il restera :
après l'éclosion : 850 alevins ;
après 1 an : 25 truitelles ;
après 2 ans : 12 truites adultes ;
après 3 ans : 6 truites adultes ;
après 4 ans : 3 truites adultes.

d **Jeunes truites** (6 cm).

2 Découvrir expliquer

L'influence des ressources alimentaires

Dans un milieu donné, la quantité de nourriture disponible n'est pas toujours la même.

→ **Comment les ressources alimentaires influencent-elles la reproduction ?**

Je réponds aux questions

1. D'après le document 1, quels sont les effets de la quantité de nourriture sur la reproduction des cerfs ?
2. Comment évolue la population de lemmings au fil des années (doc. 2) ?
3. Comment évolue le nombre de nids d'harfangs sur l'île de Bylot (doc. 2c) ?
4. Comment expliquer ces variations ?

Je conclus

J'établis une relation entre la présence de nourriture dans le milieu et la reproduction des espèces dans un milieu.

J'apprends :

- *à m'informer à partir de photographies et de textes* I ;
- *à relier des données pour expliquer* Ra .

Vocabulaire

Brame : cri poussé par le cerf pendant la période de reproduction.

Toundra arctique : zone du grand nord, recouverte en partie d'herbes et de quelques arbustes.

Pulluler : se reproduire en grand nombre et très vite.

1 La reproduction chez le cerf

- Le cerf est le plus grand mammifère de France. Il vit dans les zones boisées et se nourrit de végétaux (herbes, feuilles, écorces, fruits). Un cerf adulte consomme chaque jour 10 à 15 kg de végétation.
- Pendant la période de reproduction appelée le rut, on peut fréquemment entendre le brame du cerf.

a **Le brame du cerf** (mammifère, 1,50 m de hauteur au garrot, jusqu'à 2,50 m de long).

- La maturité sexuelle des femelles arrive entre 18 et 30 mois si elles atteignent une masse corporelle suffisante.

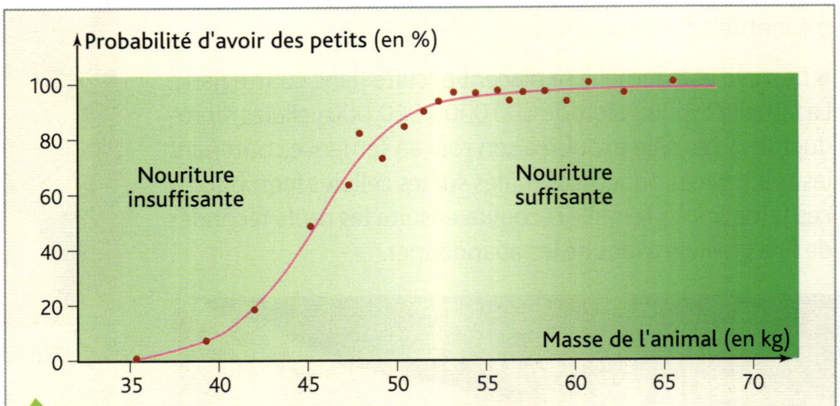

b **Capacité des biches à se reproduire en fonction de leur masse.**

- Dans les régions où les cerfs sont présents en trop grande quantité par rapport à la nourriture disponible, les biches adultes ne se reproduisent qu'une année sur deux.

c **Accouplement.**

d **Faon âgé de quelques jours.**

- Lorsque le milieu offre assez de nourriture, la survie des faons atteint 85 à 90 %, alors qu'elle n'est que de 50 à 70 % si la nourriture est insuffisante.

Pour écouter le brame du cerf :
◆ http://cerfs.free.fr/brame.htm

2 Harfangs des neiges et lemmings

● Le Harfang des neiges vit principalement dans les zones herbeuses et découvertes de la toundra arctique. Il se nourrit surtout de petits mammifères comme les lemmings.

a **Le harfang des neiges** (oiseau, 50 cm de long ; 1,5 m d'envergure).

● En période d'abondance de nourriture, une femelle harfang pond jusqu'à douze œufs, contre seulement quatre quand les proies se font rares. Quand il y a trop peu de nourriture, les harfangs ne pondent pas du tout et, dans ce cas, les femelles ne construisent même pas de nid.

Des images qui bougent
◆ http://www.oiseaux.net/oiseaux/strigiformes/harfang.des.neiges.html

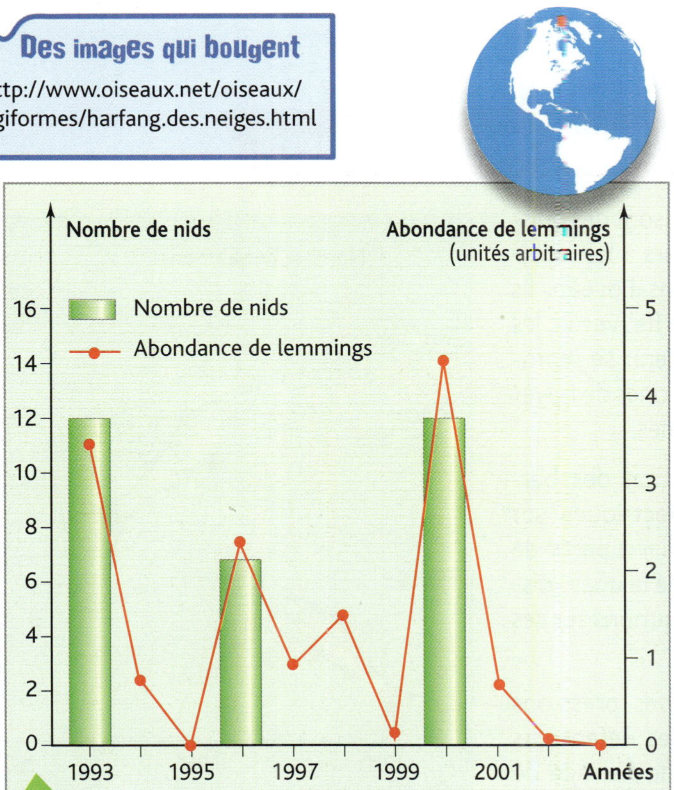

c **Nombre de nids d'harfangs et nombre de lemmings sur l'île Bylot selon les années.**

● La femelle pond un œuf tous les deux jours, ce qui fait que les oisillons éclosent avec le même intervalle. Le nid contient donc des jeunes de tailles très différentes. Si la quantité de proies ne permet pas de nourrir tous les oisillons, les plus jeunes et les plus petits ne peuvent pas se mesurer à leurs aînés et finissent par mourir de faim.

b **Nid d'harfang des neiges** (les œufs mesurent 5 cm de long).

● Les lemmings sont de petits rongeurs des régions arctiques. Leur population varie considérablement selon des cycles réguliers. Ils se reproduisent rapidement et en grand nombre jusqu'à épuisement des réserves alimentaires. La famine, les maladies et les nombreux prédateurs font alors chuter leur population de façon spectaculaire, si bien qu'ils semblent disparaître. Puis les populations augmentent jusqu'à pulluler à nouveau trois ou quatre ans plus tard.

d **Le lemming** (mammifère, 15 cm).

3 Découvrir expliquer

L'influence de l'action de l'Homme

Les activités de l'Homme ont souvent des conséquences sur l'environnement et donc sur la reproduction des êtres vivants d'un milieu.

→ **Comment les actions de l'Homme se traduisent-elles sur la biodiversité ?**

Je réponds aux questions

1 Quels sont les effets des insecticides sur la reproduction des rapaces (doc.1) ?

2 Comment la construction et la destruction des barrages influencent-elles la reproduction des saumons (doc. 2) ?

3 D'après le document 3, quelle a été la conséquence de l'interdiction des insecticides organochlorés ?

4 Trouvez deux avantages au traitement par lutte biologique (doc. 4).

Je conclus

Je montre que l'Homme peut à la fois faire diminuer ou respecter la variété des espèces dans un milieu.

J'apprends :
- *à m'informer à partir de photographies et de textes* I ;
- *à relier des données pour expliquer* Ra .

Vocabulaire

Rapace : oiseau carnivore à bec puissant et crochu et à griffes fortes et recourbées.
Biodiversité : nombre d'espèces présentes dans un milieu.

1 La pollution par les insecticides

- À partir de 1946, de très grandes quantités d'insecticides à base de produits organochlorés (DDT, aldrine, dieldrine) ont été répandues dans l'environnement pour lutter contre les insectes.

a Le traitement des cultures avec des insecticides.

- Ces produits organochlorés se retrouvent dans les proies des rapaces qui les concentrent dans leur organisme. Cette accumulation entraîne de nombreuses anomalies. Les femelles contaminées pondent moins d'œufs. Les mâles fabriquent moins de cellules reproductrices. Les coquilles des œufs ne se forment plus ou tellement mal qu'elles se cassent sous le poids de l'oiseau qui couve les œufs.

b Œuf de faucon pélerin normal (à gauche) et œuf contaminé par le DDT (à droite).

2 La construction des barrages

- Les saumons sont des poissons migrateurs : les adultes vivent dans l'océan. Ils remontent les fleuves et les rivières pour venir se reproduire dans les zones de frayères où ils sont nés.

- La construction des barrages hydroélectriques sur la Loire et l'Allier à partir de 1895 a entraîné la quasi-disparition des saumons sur ces cours d'eau.

- À la suite des pressions exercées par les défenseurs des saumons, le barrage de Saint-Etienne-du-Vigan a été détruit en 1998.

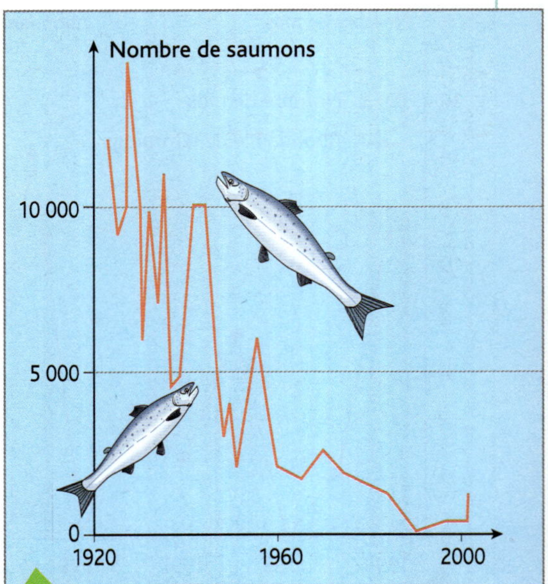

Évolution du nombre de saumons dans l'Allier des années 1920 à 2000.

3 L'interdiction des produits organochlorés

● Pour préserver la biodiversité, le DDT, l'aldrine et la dieldrine ont été interdits dans les insecticides au début des années 1970. Cette mesure a permis de rétablir les populations de nombreux rapaces.

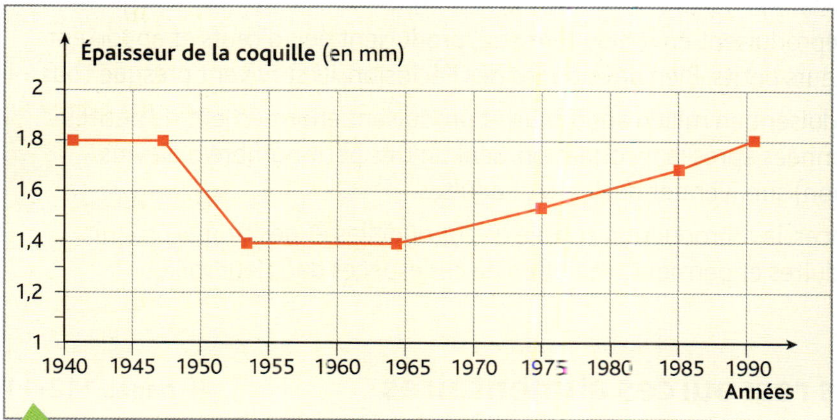

a Évolution de l'épaisseur de la coquille des œufs de faucon pèlerin.

b **Un faucon pèlerin** (oiseau, 45 cm de long, 1 m d'envergure).

4 Un exemple de lutte biologique

● Le ver de la grappe est la larve d'un papillon qui pond sur les vignes. Il s'attaque aux grains et favorise des maladies de la vigne telles qu'un Botrytis ou « pourriture grise ».

a **Le ver de la grappe** (insecte, 1 cm).

● L'Homme peut s'en débarrasser, de différentes façons :
– il peut utiliser des insecticides qui tuent tous les autres insectes au risque d'en retrouver des traces dans les raisins ou le vin ;
– il peut également agir sur la reproduction du papillon par « confusion sexuelle ». Pour se reproduire, les papillons femelles dégagent des phéromones, substances qui attirent uniquement les mâles de la même espèce.

● La lutte par confusion sexuelle consiste à placer dans la vigne des diffuseurs qui libèrent ces phéromones à forte dose. Ces substances désorientent les mâles et les empêchent de trouver les femelles pour se reproduire.

b **Un diffuseur de phéromones.**

BILAN

J'ai découvert, j'ai expliqué

1 Les conditions du milieu et le mode de reproduction → pages 110-111

- Les hirondelles se reproduisent en milieu terrestre, produisent peu d'œufs et apportent beaucoup de soins à leurs petits. Bien développés dès l'éclosion, ils survivent presque tous.
- Les truites se reproduisent en milieu aquatique et produisent énormément de petites cellules-œufs abandonnées après la fécondation. Seul un très petit nombre d'alevins (très fragiles à l'éclosion) survivent et deviennent adultes.
- Malgré des différences, la reproduction sexuée des hirondelles et des truites produit le même nombre d'adultes et permet le maintien de ces espèces dans leur milieu.

2 L'influence des ressources alimentaires → pages 112-113

- La reproduction des cerfs dépend de la quantité de nourriture présente dans leur **milieu de vie**.
- Les années où il y a trop peu de lemmings, les harfangs ne se reproduisent pas. Leur reproduction est d'autant plus importante que la quantité de nourriture disponible est grande.
- La reproduction des cerfs, des lemmings et des harfangs des neiges est influencée par les **ressources alimentaires**.

3 L'influence de l'action de l'Homme → pages 114-115

- L'utilisation d'insecticides ou les aménagements humains peuvent perturber la reproduction d'espèces comme les faucons ou les saumons.
- L'Homme peut prendre des mesures pour limiter ces perturbations.
- La lutte biologique permet de préserver la **biodiversité** en éliminant seulement l'espèce indésirable.

J'ai compris l'influence du milieu sur la reproduction

SOCLE COMMUN des connaissances

→ **La reproduction permet aux espèces de se maintenir dans leur milieu de vie.**

→ **Les conditions du milieu influent sur la reproduction sexuée et donc sur le devenir des espèces.**

→ **L'Homme peut aussi influer sur la reproduction et ainsi agir sur la biodiversité.**

Je retiens par l'image

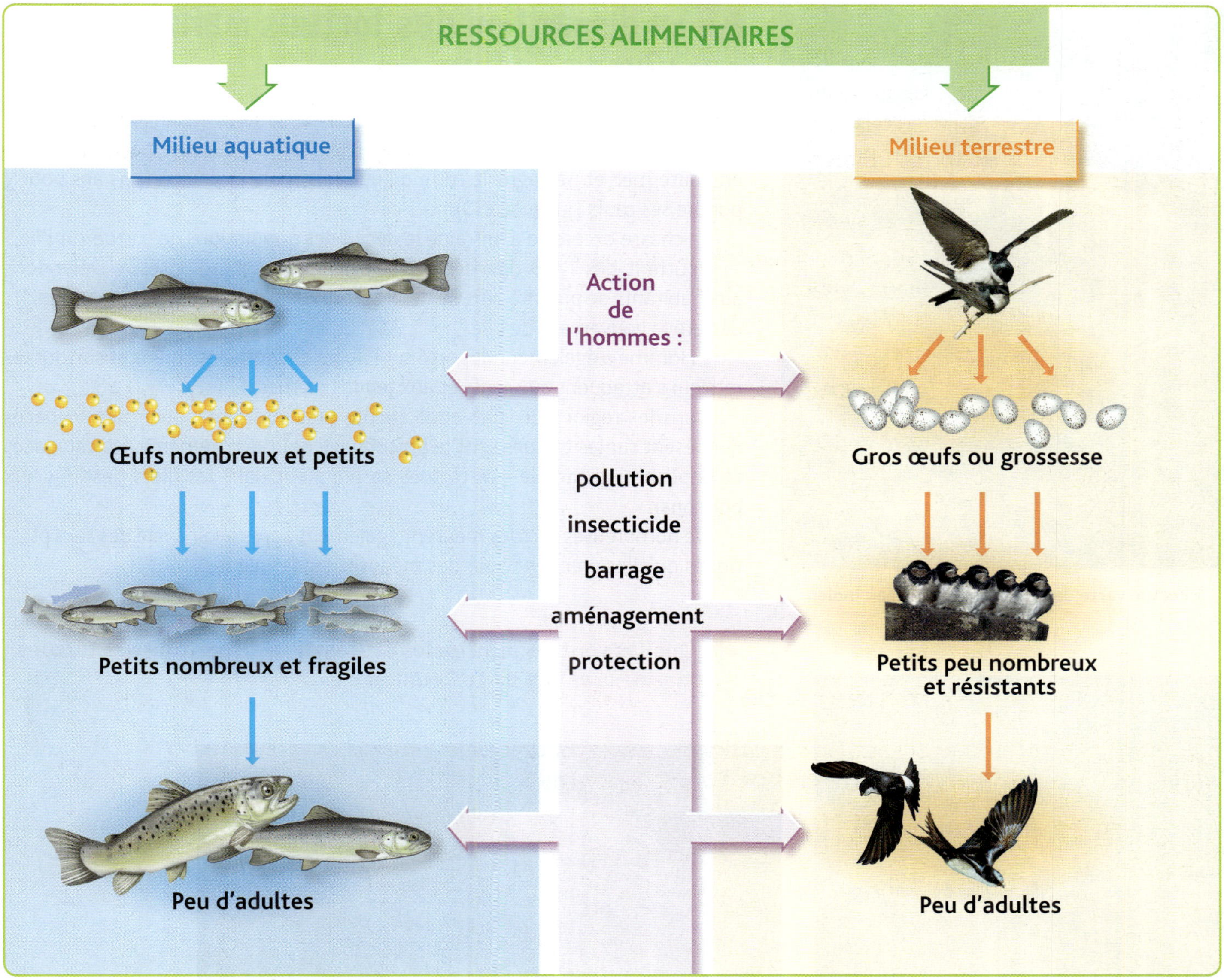

Je retiens par le texte

L'influence du milieu sur la reproduction

- Les différents modes de reproduction sexuée permettent aux êtres vivants de se maintenir dans leur **milieu de vie**.
- Il existe des relations entre les caractéristiques du milieu de vie et les modalités de la reproduction.
- L'efficacité de la reproduction d'une espèce dépend des **ressources alimentaires** disponibles dans le milieu.
- Les activités de l'Homme peuvent perturber la reproduction sexuée des animaux, mais l'Homme peut aussi limiter ces perturbations et préserver ainsi la **biodiversité**.

Mots à retenir

Biodiversité : nombre d'espèces présentes dans un milieu.

Milieu de vie : territoire sur lequel des êtres vivants vivent, se nourrissent et se reproduisent.

Ressources alimentaires : quantité de nourriture disponible dans un milieu de vie.

DOSSIER

1. Tortue verte dans les eaux de l'océan Indien.

1 La disparition des tortues marines sur l'île de La Réunion

La tortue verte (*Chelonia mydas),* ou « torti d'mer » en langue créole, peut atteindre 250 kg pour 1,20 m de long. Elle passe la majeure partie de sa vie en haute mer, et ne gagne la terre qu'une fois tous les deux à trois ans pour y pondre ses œufs (jusqu'à 150).

La chasse excessive a entraîné le déclin des populations de tortue sur l'île.

Pourtant, dès 1709, des mesures de protection ont été prises : « Défendons aux habitants de prendre plus de deux tortues de mer par semaine » avait alors déclaré le gouverneur de l'île.

L'Homme a également apporté sur l'île les cochons, les chiens et surtout les rats qui s'attaquent aux œufs et aux jeunes tortues.

Dans les régions où elles sont encore présentes, les principales menaces qui pèsent sur les tortues sont le braconnage pour le commerce des carapaces et la pêche industrielle (les tortues se prennent dans les filets destinés aux poissons).

De nombreuses tortues meurent également après avoir avalé des sacs plastiques qu'elles prennent pour des méduses ou des algues.

→ Quelles sont les principales causes de la disparition des tortues marines sur l'île de La Réunion ?

2. Des sacs plastiques : un danger pour les tortues.

3. Les œufs et les jeunes tortues qui sortent du sable sont des proies faciles pour de nombreux prédateurs.

- http://www.tortuemarine-reunion.org
- http://www.ac-reunion.fr/pedagogie/svt/environ/ecologie/tortue/tortue01.htm

2 Le suivi scientifique des populations

Pour mieux comprendre la migration des tortues marines pour leur reproduction, les scientifiques marquent régulièrement les tortues. Ils ont aussi équipé une quinzaine de tortues de balises satellites afin de suivre leurs déplacements. Il s'agit de tortues sauvages capturées en mer, mais aussi d'individus issus d'un élevage de l'île de La Réunion.

On a pu ainsi établir que les tortues nées en captivité étaient capables de survivre en mer et de participer au repeuplement des eaux de l'île.

→ **Quelles sont les informations apportées par le suivi des tortues par satellite ?**

- http://www.ifremer.fr/envlit/actualite/20030409.htm
- http://www.reseau-tortues-marines.org/Liens.html

4. Une tortue marquée par les scientifiques.

3 Les tortues sont de retour

Pour favoriser le retour des tortues, des opérations de sensibilisation et d'information sont régulièrement menées. À Saint-Leu, sur l'île de La Réunion, le centre d'étude et de découverte des tortues marines « Kelonia » permet d'informer les visiteurs et les pêcheurs sur les dangers qui menacent ces animaux.

Une vingtaine de scientifiques travaillent dans ce centre à la réhabilitation des sites naturels de ponte. Cela a permis une prise de conscience collective, qui a amené les gens à s'engager dans la protection des tortues.

Enfin, le 19 octobre 2004, tous ces efforts ont été récompensés : une centaine de tortues sont nées sur une plage de l'île de La Réunion. C'était la première naissance de cette espèce depuis plus de 60 ans.

→ **Pourquoi est-il important de sensibiliser les habitants de l'île aux dangers qui menacent les tortues ? Quelles actions ont permis le retour des tortues sur l'île ?**

5. Participation d'une classe à l'observation des tortues.

6. Après la ponte, les tortues regagnent la mer.

EXERCICES

SOCLE commun **Je teste mes acquis**

1 Rechercher des informations

Je réponds rapidement à chacune des questions.

a. Quelles sont les différences entre la reproduction des animaux terrestres et celle des animaux aquatiques ?

b. Quelle est l'influence des populations de lemmings sur la reproduction des harfangs des neiges ?

c. Comment les barrages gênent-ils la survie des saumons ?

d. Quel est le principal avantage de la lutte biologique par rapport à l'utilisation d'insecticides ?

2 Construire des phrases

J'utilise les mots proposés.

Phrase 1 : soins / hirondelle / survivre / œufs

Phrase 2 : milieu / ressources alimentaires / reproduction / influence

Phrase 3 : harfangs des neiges / lemmings / abondance / nids

Phrase 4 : Homme / reproduction / agir / espèces

Phrase 5 : biodiversité / lutte biologique / préserver

3 Comprendre un règlement sanitaire

Maîtriser la population des pigeons à Paris

a Des pigeons parisiens.

b Le pigeonnier pilote du 14e arrondissement de Paris.

À cause de leur très forte concentration, les pigeons sont une source importante de nuisance : leurs fientes dégradent les bâtiments et peuvent être porteuses de maladies.

L'abondance des pigeons est essentiellement due aux habitants qui les nourrissent régulièrement. En croyant bien faire, ils provoquent le pire : cela entraîne une augmentation rapide de la population, le développement de maladies…

Règlement sanitaire du département de Paris

Art 120 (extrait) : Il est interdit de jeter ou déposer des graines ou nourriture en tous lieux publics susceptibles d'attirer les animaux errants, sauvages, ou redevenus tels, notamment les chats ou les pigeons.

L'amende encourue va jusqu'à 450 euros.

Un pigeonnier pilote a été créé dans le 14e arrondissement de Paris, à l'angle de la rue Vercingétorix et du boulevard Brune. Son rôle est de fixer la population de pigeons dans un lieu précis, pour pouvoir limiter leur nombre (destruction des œufs à l'intérieur du pigeonnier).

La nourriture est exclusivement apportée à l'intérieur du pigeonnier : cela ne peut réussir que si les habitants du quartier stoppent tout nourrissage.

◆ http://www.mappy.fr ou sur http://www.viamichelin.fr

Questions

1. Re **Localisez le pigeonnier pilote sur un plan de Paris.**

2. I **Quelle est la principale cause de surpopulation des pigeons à Paris ?**

3. Ra **Quel est le rôle des habitants dans la lutte contre les nuisances provoquées par les pigeons ?**

Je consolide mes acquis

4 Interaction entre proies et prédateurs

Pendant une centaine d'années, la compagnie de la baie d'Hudson a enregistré le nombre de peaux de lièvres et de lynx ramenées par les trappeurs de cette région. À partir de ces données, les chercheurs ont estimé le nombre de lynx et de lièvres dans cette zone.

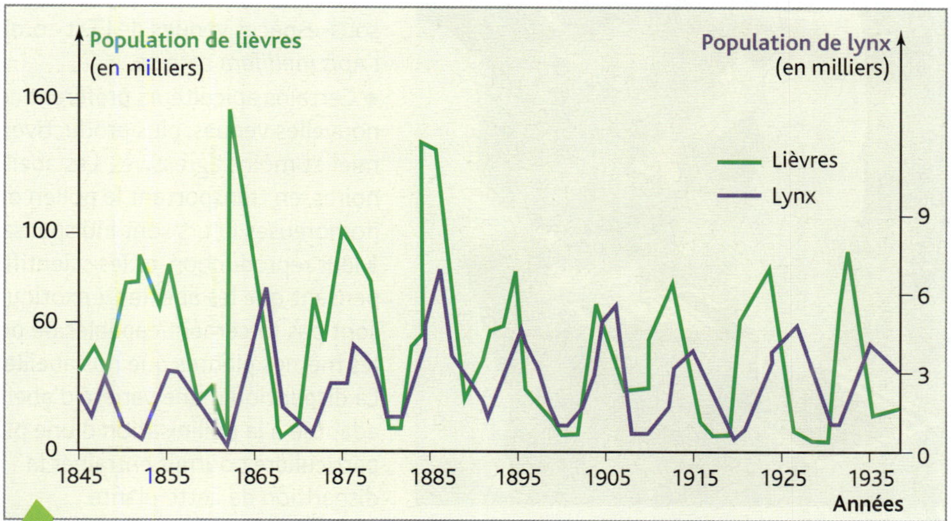

a Évolution des populations de lièvres et de lynx dans la région de la baie d'Hudson.

Questions

1. Ra Comment évolue la population des lynx au fil des années ?

2. Ra Comment évolue la population des lièvres au fil des années?

3. Ra Comment la population de lièvres peut-elle influencer le nombre de lynx ?

4. Ra Comment le nombre de lynx peut-il influencer la population de lièvres ?

b **Le lynx du Canada** (mammifère, 1 m).

5 Lutter contre la lucilie bouchère

- La lucilie bouchère est une mouche qui cause de gros dégâts aux troupeaux : la femelle pond ses œufs (jusqu'à 400) sur les plaies des animaux.
- Les larves se nourrissent ensuite de la chair des animaux vivants. Le bétail finit par mourir d'infections.
- Une lutte efficace contre ces mouches nécessiterait de répandre une énorme quantité d'insecticides dans les régions infestées, avec le risque que ces insecticides détruisent d'autres insectes.
- Il existe un autre moyen de lutter qui consiste à relâcher dans les zones infestées des dizaines de milliers de mouches mâles rendues stériles. C'est ce qu'on appelle la lutte autocide. Quand ces mâles s'accouplent avec les femelles sauvages, celles-ci donnent des œufs incapables de se développer. Cette technique a été utilisée avec succès au sud des États-Unis, au Mexique et en Libye.

La lucilie bouchère (insecte, 1 cm).

Questions

1. I C Comment ce dispositif de lutte agit-il sur la reproduction de la lucilie bouchère ?

2. Ra Pourquoi cette méthode de lutte permet-elle de préserver la biodiversité des régions traitées ?

6 Les conséquences du déclin de l'abeille noire

Un couple d'apiculteurs.

● L'abeille noire *(Apis mellifera mellifera)* représente encore plus de 70 % des abeilles françaises, mais elles sont de plus en plus concurrencées par d'autres sous-espèces venues de l'Est comme l'*Apis mellifera carnica*.

● Certains apiculteurs préfèrent ces nouvelles venues, plus productives en miel et moins agressives. Les abeilles noires, en transportant le pollen de nombreuses fleurs sont indispensables à leur reproduction, et les scientifiques pensent que les abeilles « exotiques » ne sont pas forcément capables de polliniser les mêmes plantes que nos abeilles noires. La disparition d'une variété d'abeilles adaptée à la pollinisation d'une plante particulière pourrait entraîner la disparition de cette plante.

Apis mellifera carnica (insecte, 1,5 cm).

Abeille noire (insecte, 1,5 cm).

Questions

1. I **Pourquoi les populations d'*Apis mellifera carnica* se développent-elles en France ?**

2. I Ra **Quelles sont les conséquences de ce changement de population d'abeilles sur la biodiversité ?**

3. Ra **Proposez une solution pour limiter ce phénomène.**

7 Vautours en danger

● Les vautours se nourrissent de carcasses d'animaux morts, évitant ainsi la propagation de maladies. En Espagne, les éleveurs ont pris l'habitude de déposer les cadavres dans des aires de nourrissages appelées « muladares ».

● Depuis 2003, pour des raisons de santé publique, les autorités espagnoles ont encouragé la suppression de ces « muladares ».

● Poussés par la faim, les vautours ont changé de comportement : ils se rapprochent maintenant des habitations ou s'attaquent à des animaux vivants.

● On observe parallèlement une chute spectaculaire du taux de reproduction (les poussins ne sont plus nourris par les parents affamés). Des colonies qui comptaient 100 couples en 1998 ont chuté à seulement 20 couples en 2006.

Des vautours fauves (oiseaux, 1 m de long ; 2,80 m d'envergure).

Questions

1. I **Quelle est l'importance des vautours dans l'environnement ?**

2. Ra **Expliquez le changement de comportement des vautours depuis 2003.**

3. Ra **Quelle est la cause de la baisse du taux de reproduction des vautours espagnols ?**

Découvrir autrement

8 Des reproductions particulières

Question

Recherchez dans une encyclopédie ou sur Internet les particularités de la reproduction de ces animaux :
- L'hippocampe
- La bouvière
- La mante religieuse

Deux hippocampes.

9 Le coin de l'artiste

Louise Caroline BOURGEOIS
Née à Paris le 25 décembre 1911, elle a travaillé avec Fernand Léger avant de s'installer à New York. C'est une des femmes artistes les plus connues au monde.

Dans cette œuvre, intitulée *Le nid*, l'araignée femelle apparaît à la fois protectrice pour ses petits et menaçante pour les éventuels intrus.

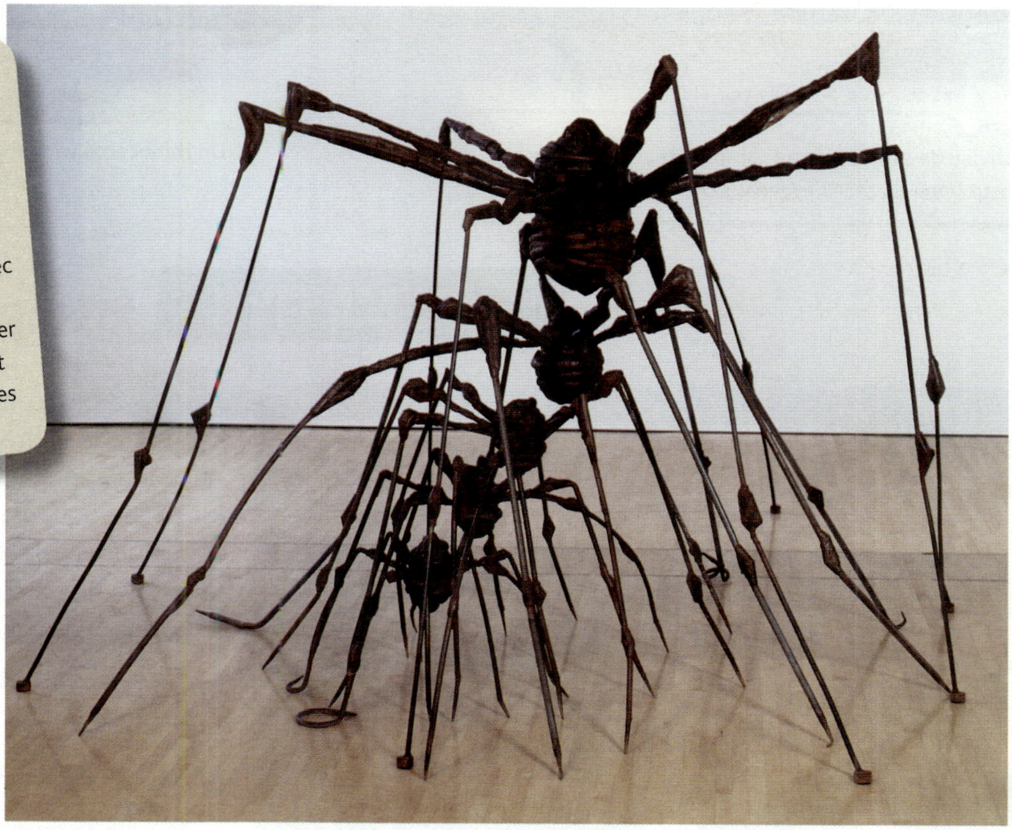

Le nid. Sculpture en métal, 2 50 m x 4,80 m, San Francisco Museum of Modern Art.

- http://www.art-en-jeu.ch/dossiers/louisebourgeois.html
- http://fr.wikipedia.org/wiki/Louise_Bourgeois
- http://galerie-insecte.org/galerie/hogna_radiata.html
- http://norbert.verneau.free.fr/f_lycosi.html

Questions

1. I **Que semble faire la plus grosse araignée ?**

2. Ra **Ce comportement favorise-t-il un fort taux de survie des jeunes ?**

3. I **Recherchez comment se comporte l'araignée *hogna radiata* avec ses petits.**

ENVIE DE SCIENCE

Un modèle informatique pour gérer une réserve africaine

Le gouvernement du Kenya a décidé de restaurer le parc de Méru au Kenya, dévasté par le feu et pillé par des braconniers irrespectueux des lois.

Avec l'aide internationale, il a fallu restaurer l'équilibre de la faune et de la flore. Deux scientifiques français ont spécialement élaboré un logiciel qui se présente comme un jeu de simulation.

Que se passerait-il si trop de lions s'installaient à Méru ? Si une épidémie de peste bovine contaminait les antilopes ? Il suffit d'introduire dans le programme les données à modifier pour prévoir leurs effets à court comme à long terme.

Un rhinocéros venant d'être relâché dans le parc de Méru.

Un jeu de simulation qui s'inspire de ce programme :
http://www.france5.fr/genesis2/

UN MÉTIER Pisciculteur(trice)

Le pisciculteur élève des poissons destinés à la vente. Polyvalent, il contrôle la reproduction et prend en charge la nourriture, les soins, la pêche, le tri des poissons, le test de la qualité de l'eau mais aussi la réparation du matériel.

Certaines exploitations appelées fermes marines élèvent des poissons dans de vastes cages flottantes.

En bonne santé et robuste, le pisciculteur doit pouvoir plonger pour entretenir les cages.

FORMATION

Il s'agit de formations professionnelles.
Formation BEPA Production aquaculture en deux ans. Niveau terminal d'étude CAP/BEP ou équivalent.
Formation BTSA Production aquaculture en deux ans. Niveau terminal d'étude Bac +2.

- http://www.aquaculteurs.com/
- http://www.onisep.fr

Pêche de daurades royales par un stagiaire, étudiant en BTS aquaculture.

JE M'ÉVALUE SOCLE commun

PARTIE 2

Reproduction sexuée et maintien des espèces dans les milieux

J'ai compris les différentes modalités de la reproduction

TEST Je suis capable de dire pour chacun des exemples si la fécondation est interne ou externe.

1

2

3

4

5

6

		oui	non
1	Truites		
2	Fucus		
3	Doryphores		
4	Grenouilles		
5	Lys		
6	Guêpiers d'Europe		

JE M'ÉVALUE SOCLE commun

Je maîtrise la mise en œuvre d'un protocole de manipulation

Exemple : *Réaliser une préparation de cellules reproductrices de moules.*

TEST Je suis capable de réaliser une expérience en suivant un guide de manipulation.

Guide de manipulation

	oui	non
■ Placer deux moules vivantes, chacune dans un bécher contenant de l'eau de mer.	☺	☹
■ Laisser les béchers une nuit au réfrigérateur pour que les moules libèrent leurs cellules reproductrices.	☺	☹
■ Prélever avec une pipette une goutte d'eau de mer contenant les cellules reproductrices.	☺	☹
■ Déposer sur une lame et recouvrir d'une lamelle sans emprisonner d'air entre la lame et la lamelle.	☺	☹
■ Observer au microscope pour identifier le type de cellules et déterminer le sexe des deux moules.	☺	☹

J'exerce une attitude critique vis à vis de l'information

Exemple : *Savoir lire une représentation graphique.*

TEST Je suis capable d'analyser un graphique.

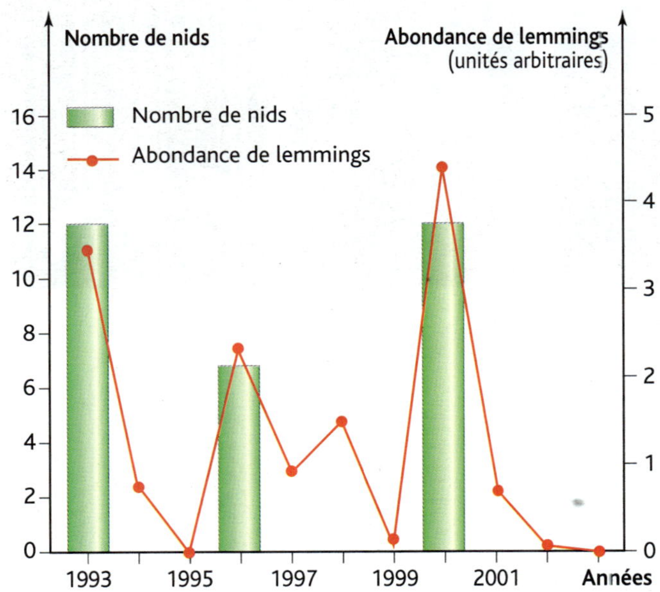

Évolution du nombre de nids d'harfangs des neiges et de lemmings au cours des années.

	oui	non
▶ Je suis capable de déterminer le nombre de nids en 1993.	☺	☹
▶ Je suis capable de déterminer le nombre de lemmings en 2000.	☺	☹
▶ Je suis capable de montrer pourquoi on peut penser que la relation entre le nombre de lemmings et le nombre de nids n'est pas qu'une simple coïncidence.	☺	☹
▶ Je suis capable d'expliquer pourquoi, en 1998, l'augmentation du nombre de lemmings ne se traduit pas sur le graphique par une augmentation du nombre de nids (plusieurs explications sont possibles).	☺	☹

Mon score Je fais le compte de mes ☺ et de mes ☹.

LA TRANSMISSION DE LA VIE CHEZ L'HOMME

PARTIE 3

D'une génération à l'autre.

j'ai déjà vu — AU PRIMAIRE

1 L'appareil reproducteur de la femme

Chez les femmes, seule une partie de l'appareil reproducteur est visible. Le reste se trouve à l'intérieur du corps.

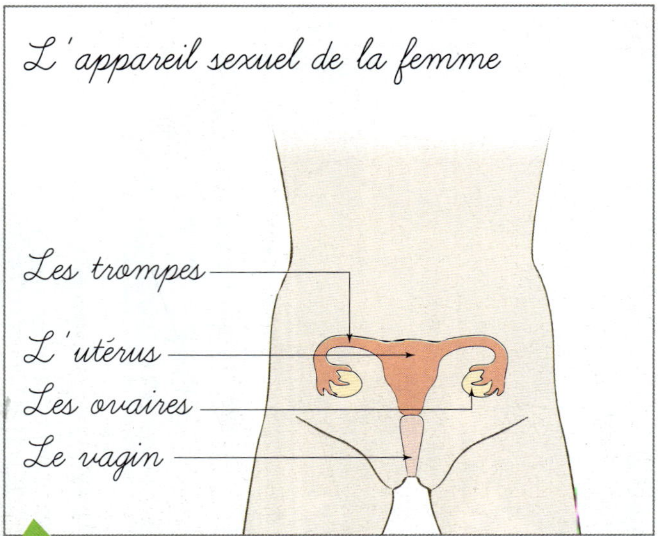

a **L'appareil reproducteur féminin.**

2 L'appareil reproducteur de l'homme

Chez les hommes, l'appareil reproducteur est principalement situé à l'extérieur du corps.

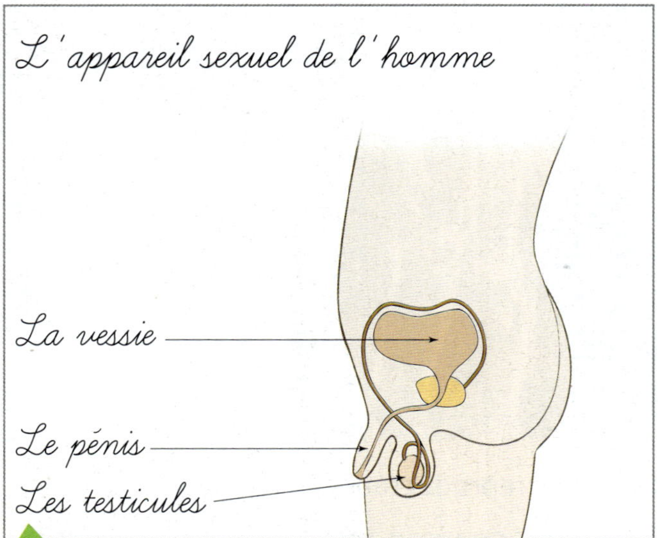

b **L'appareil reproducteur masculin.**

3 La grossesse

Pendant environ neuf mois, l'enfant se développe dans le ventre de sa mère, enfermé dans une poche remplie de liquide.

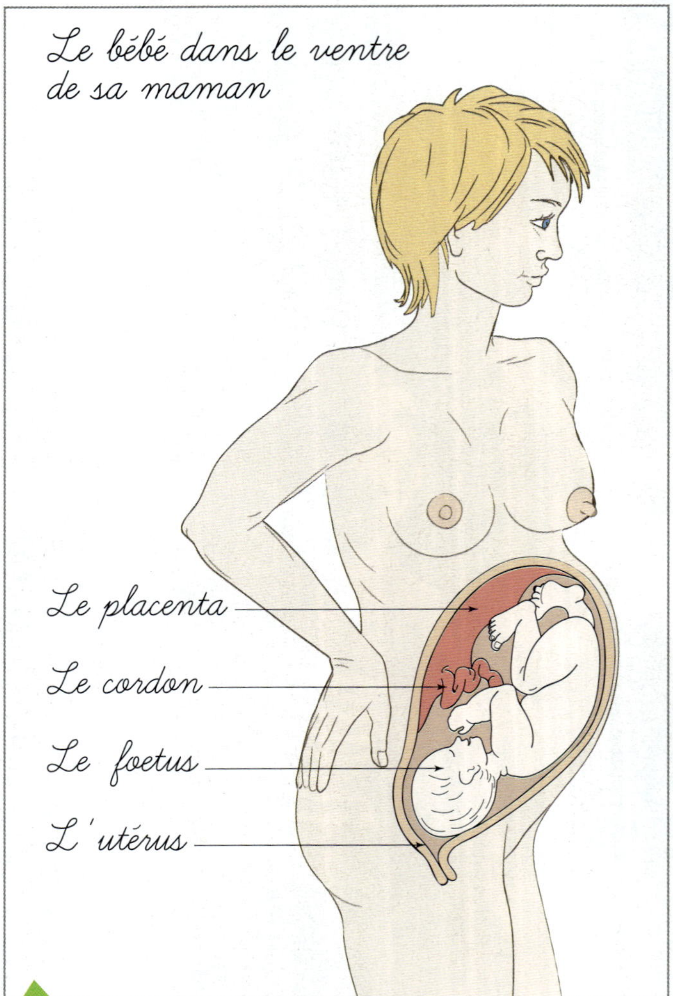

c **Le bébé dans le ventre de sa maman.**

CHAPITRE 7

Le fonctionnement des organes reproducteurs

L'adolescence est une étape importante de la vie au cours de laquelle le corps subit un certain nombre de transformations. À la puberté, certaines de ces transformations rendent l'individu capable de se reproduire.

- Comment expliquer qu'à partir de la puberté, nous devenions capables de transmettre la vie ?

Le début d'une vie adulte.

1 Découvrir expliquer

Les transformations de la puberté

La puberté est une période de l'adolescence au cours de laquelle les garçons et les filles acquièrent la capacité de se reproduire. La puberté s'accompagne de transformations physiques et physiologiques.

→ **Quelles sont les transformations liées à la puberté ?**

Je réponds aux questions

1. À partir du document 1, trouvez des transformations physiques qui marquent la puberté chez les garçons et chez les filles.
2. À partir du document 2, identifiez quelles modifications physiologiques traduisent le début du fonctionnement de l'appareil reproducteur des filles et des garçons.
3. D'après le document 3, comparez l'âge moyen de chaque modification chez la fille et chez le garçon à la puberté.

Je conclus

J'ai relié certaines transformations de la puberté à la capacité de se reproduire.

J'apprends :
- *à m'informer à partir de photographies, de textes et d'un graphique* I ;
- *à relier des données pour expliquer* Ra .

Vocabulaire

Caractères sexuels secondaires : ensemble des caractères visibles qui permettent de différencier l'homme de la femme.

Physiologique : qui concerne le fonctionnement d'un organe.

Sperme : liquide blanchâtre contenant les cellules reproductrices masculines.

1 Des changements bien visibles

- Avant la puberté, à l'exception des organes reproducteurs, la silhouette des filles et des garçons se ressemble beaucoup.
- À l'adolescence, leurs corps se transforment pour ressembler davantage à ceux des adultes. Un ensemble de caractères visibles apparaissent et permettent de déterminer au premier coup d'œil le sexe de l'individu. Ce sont les caractères sexuels secondaires.

a De jeunes enfants jouent sur la plage.

b De jeunes adultes font connaissance en vacances.

2 Les premiers signes...

● En France, chez les filles, les premières règles (ou menstruations) apparaissent en moyenne vers 13 ans. Il s'agit d'un écoulement de sang au niveau du vagin sur une période de trois à six jours par mois. C'est un signe **physiologique** du bon fonctionnement de l'appareil reproducteur féminin.

● Chez les garçons, la puberté est plus difficile à caractériser : il n'existe pas d'équivalent masculin aux premières règles. La mue de la voix et surtout les premières émissions de **sperme** par le pénis, qui surviennent en moyenne vers 14 ans et demi, sont les indicateurs les plus fiables. Ces premières éjaculations sont un signe physiologique du bon fonctionnement de l'appareil reproducteur masculin. Dans les premiers temps, elles surviennent souvent durant le sommeil.

3 Quelques événements durant la puberté

Les transformations de l'organisme à la puberté sont propres à chaque individu. Il n'existe aucun moyen de prédire pour un enfant à quel âge se déclenchera sa puberté. Dans 95 % des cas, la puberté se produit entre 8 et 13 ans chez la fille et entre 9 et 14 ans chez le garçon. Néanmoins, il est possible de donner certains repères dans le temps.

a **Un groupe d'adolescents.**

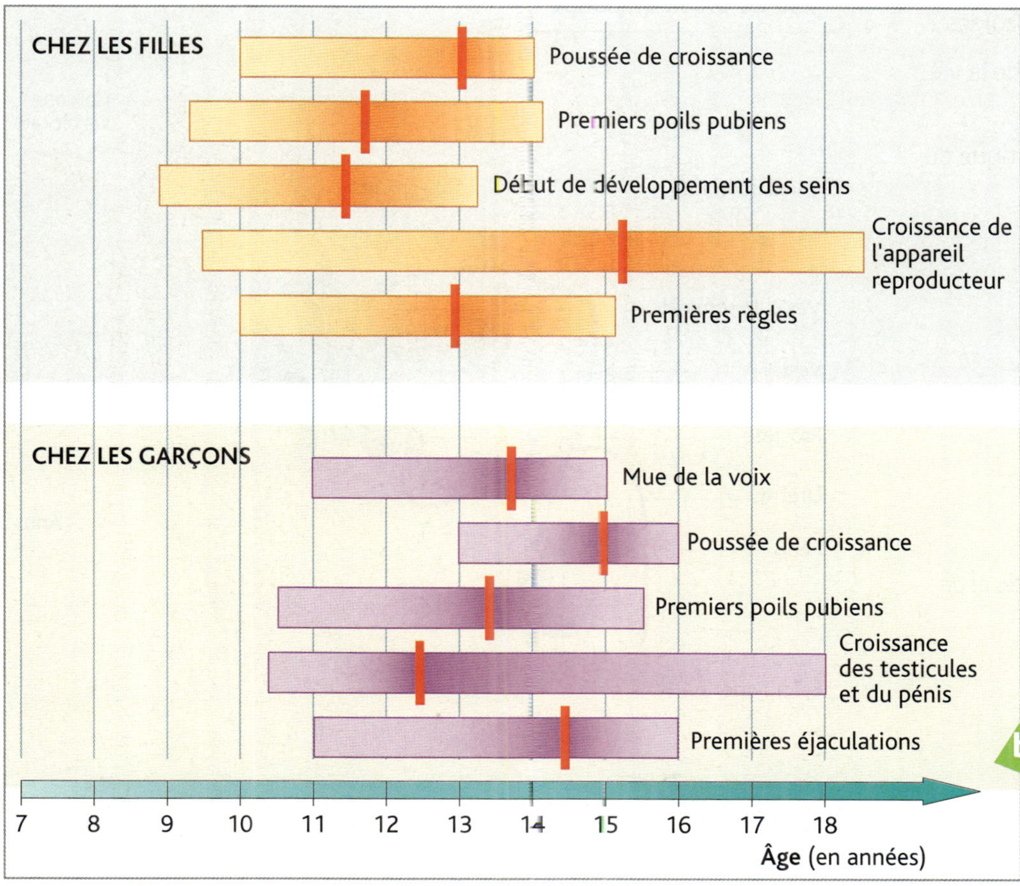

b **Des écarts dans l'apparition de modifications physiques et physiologiques à la puberté.**
Le trait rouge correspond à l'âge moyen.

2 Découvrir expliquer

L'appareil reproducteur masculin

La reproduction nécessite, chez les êtres vivants, la fabrication de cellules reproductrices mâles. Dans l'espèce humaine, ces cellules reproductrices sont appelées les spermatozoïdes.

→ **Comment les spermatozoïdes sont-ils produits ?**

Je réponds aux questions

1 Identifiez grâce au document 1 les organes qui produisent les spermatozoïdes.

2 Quelle est la différence entre le sperme et les spermatozoïdes (doc. 1) ?

3 D'après le document 2, à quel endroit des testicules sont produits les spermatozoïdes ?

4 Indiquez pendant quelle période de la vie sont produits les spermatozoïdes.

5 Quelle est la principale caractéristique du spermatozoïde (doc. 2d) ?

Je conclus

J'établis une relation entre le fonctionnement des testicules et la production des spermatozoïdes.

J'apprends :
- *à m'informer à partir de dessins, de textes et de photographies* I ;
- *à relier des données pour expliquer* Ra.

Vocabulaire

Flagelle : fin prolongement du spermatozoïde lui permettant de se déplacer.

1 L'appareil reproducteur masculin

L'appareil reproducteur masculin est composé de plusieurs organes. Les testicules, situés en dehors de la cavité abdominale, produisent les spermatozoïdes. Lors d'une éjaculation, ils passent dans les canaux déférents où ils se mélangent aux sécrétions des vésicules séminales et de la prostate. Le sperme ainsi formé sort du pénis par l'urètre.

Vue de face

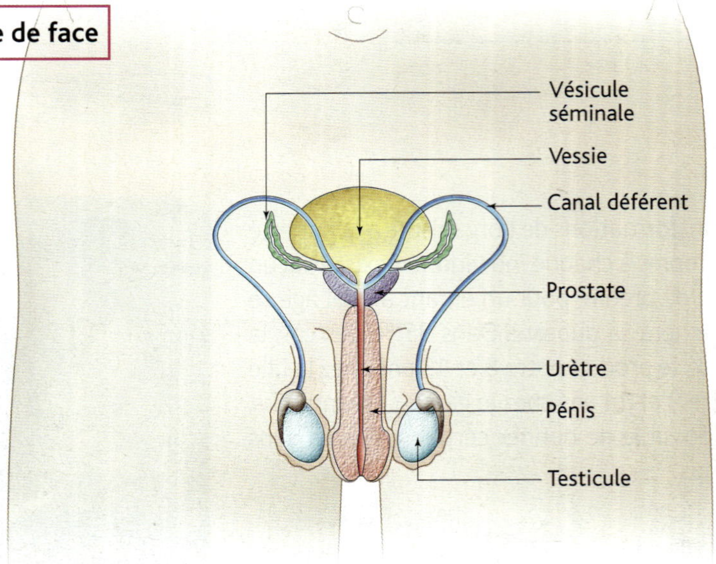

Vue de profil en coupe

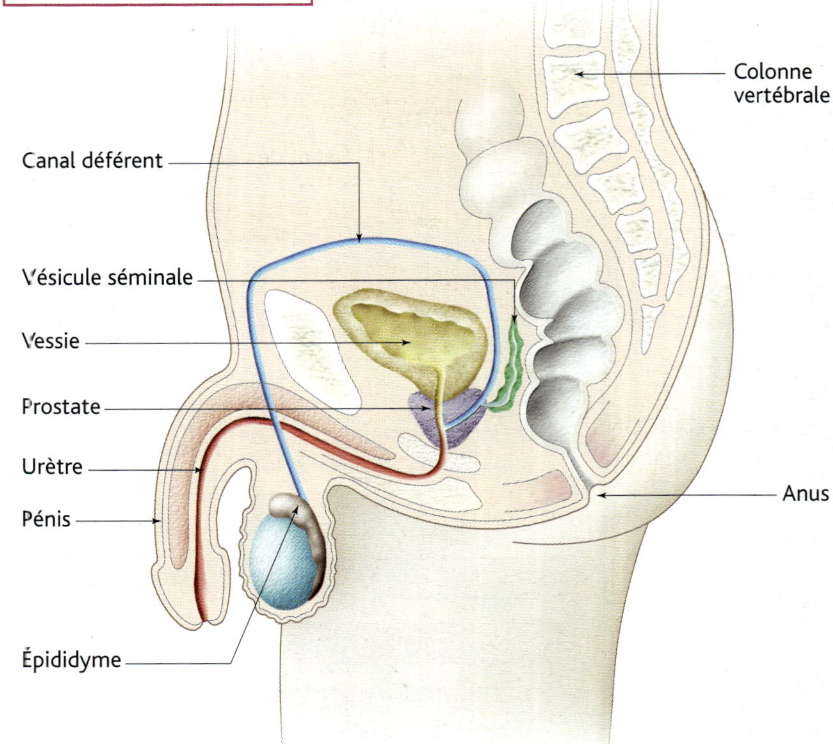

L'appareil reproducteur de l'homme dans la cavité abdominale.

2 Des testicules aux spermatozoïdes

- Chaque testicule, d'environ 4 cm de long, contient un millier de tubes repliés sur eux-mêmes : les tubes séminifères. C'est à l'intérieur de ces tubes de quelques dizaines de centimètres que sont fabriqués les spermatozoïdes.
- À partir de la puberté, et durant toute la vie, les testicules vont produire en continu des spermatozoïdes.

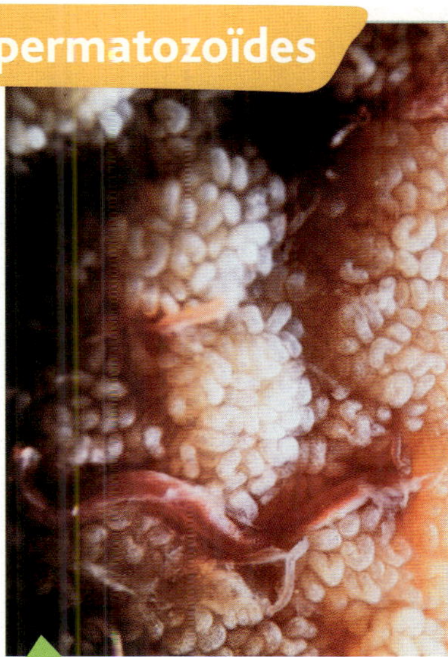

a **Tubes séminifères humains** (microscopie optique x 15).

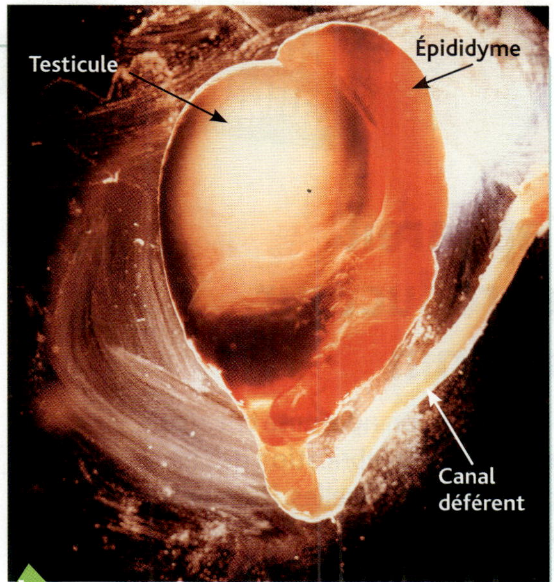

b **Testicule humain** (x 1,3).

- Les spermatozoïdes sont de petites cellules mobiles. Le flagelle, dix fois plus long que la tête du spermatozoïde, assure le déplacement grâce à ses battements réguliers.
- Si les spermatozoïdes n'occupent qu'environ 20 % du volume du sperme, il y en a quand même entre 50 et 100 millions dans 1 ml de sperme.

c **Coupe transversale d'un tube séminifère humain** (microscopie électronique à balayage).

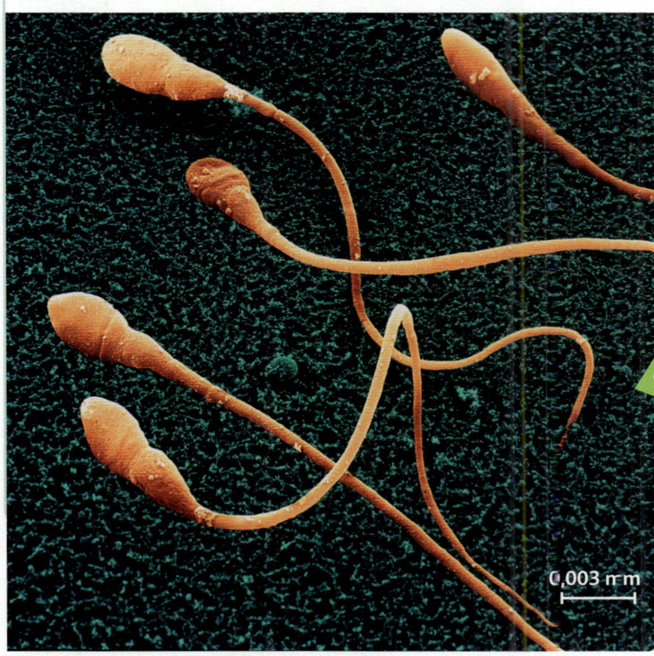

d **Spermatozoïdes humains** (microscope électronique à balayage colorisée).

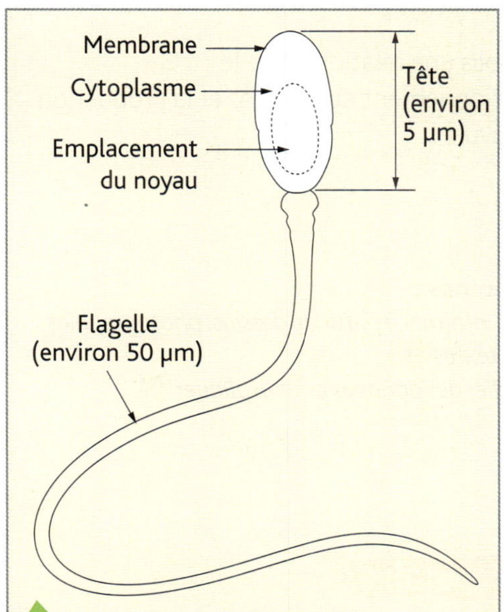

e **Schéma d'interprétation d'un spermatozoïde humain** (1 µm = 0,001 mm).

3 Découvrir expliquer

L'appareil reproducteur féminin

La reproduction nécessite chez les êtres vivants la fabrication de cellules reproductrices femelles. Dans l'espèce humaine, ces cellules reproductrices sont appelées les ovules.

→ **Comment les ovules sont-ils produits ?**

Je réponds aux questions

1 Identifiez grâce au document 1 les organes qui produisent les ovules.

2 Expliquez à partir du document 2 à quoi correspond l'ovulation.

3 Indiquez la période de la vie pendant laquelle il y a des ovulations (doc. 2).

4 Quelles différences existe-t-il entre les caractéristiques de l'ovule et celles des spermatozoïdes ?

Je conclus

J'établis une relation entre le fonctionnement des ovaires et la production des ovules.

J'apprends :
- *à m'informer à partir de dessins, photographies et de textes* I ;
- *à relier des données pour expliquer* Ra .

Vocabulaire

Phénomène cyclique : événement qui se reproduit dans le temps.

1 L'appareil reproducteur féminin

- L'appareil reproducteur féminin se compose de plusieurs organes. L'essentiel de l'appareil reproducteur se situe à l'intérieur de la cavité abdominale.
- Les deux ovaires produisent et libèrent les ovules. L'ovule libéré est recueilli par la trompe dans laquelle il circule, grâce à un courant créé par des cellules munies de cils, pour atteindre l'utérus.

Vue de face

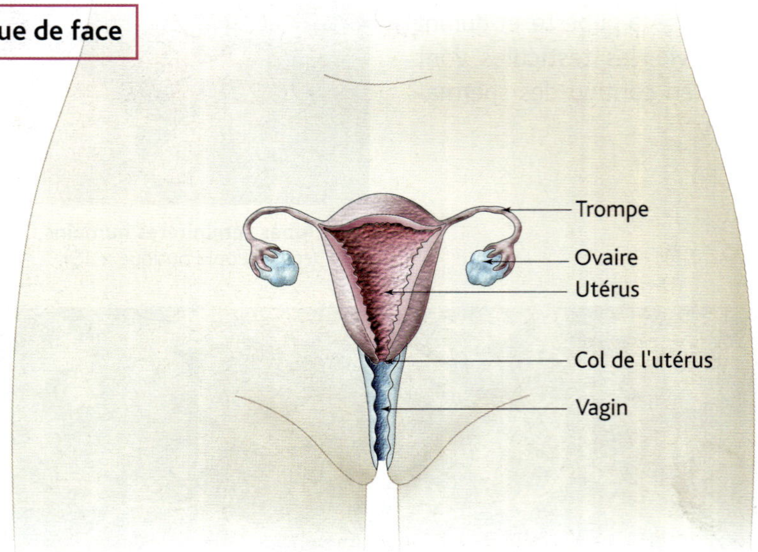

Vue de profil en coupe

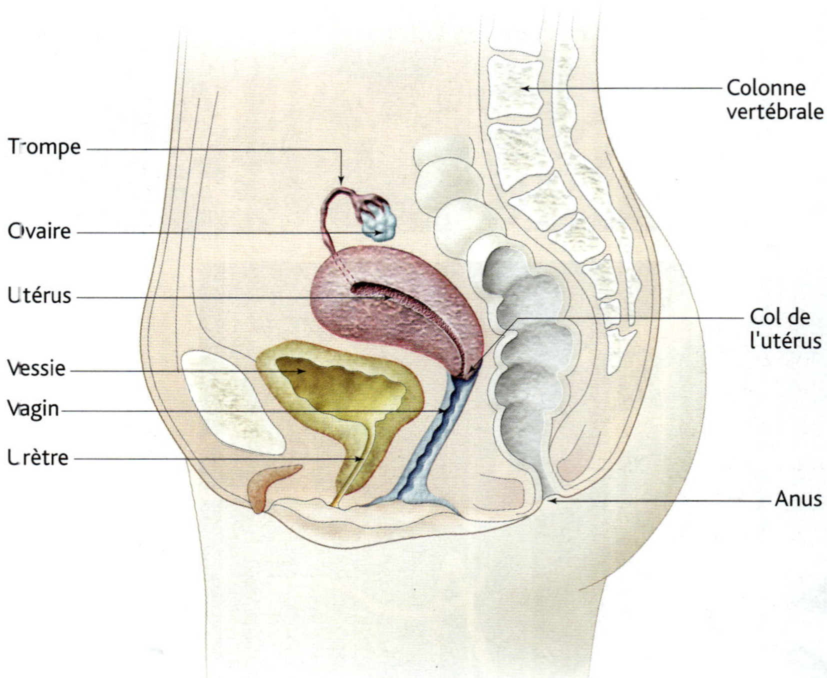

L'appareil reproducteur de la femme dans la cavité abdominale.

2 De l'ovaire à l'ovule

- L'ovaire, petit organe de 8 mm de long environ, contient, dès la naissance de la petite fille, son stock de futurs ovules.
- À partir de la puberté, environ une fois par mois, un des deux ovaires expulse un seul ovule mûr vers la trompe : c'est l'ovulation.

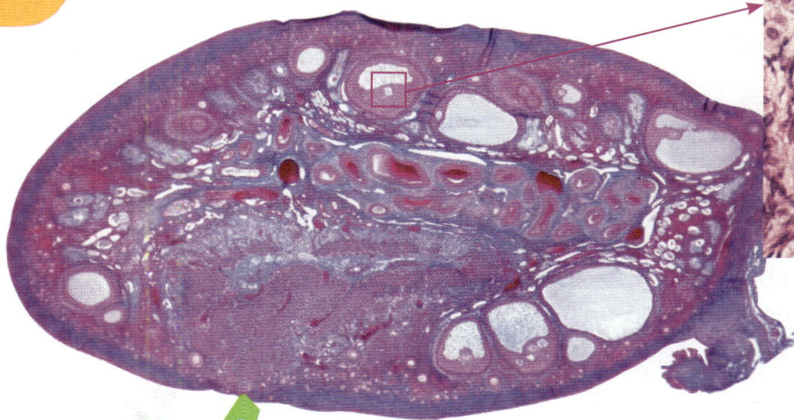

a **Coupe transversale d'un ovaire humain** (microscope optique x 10).

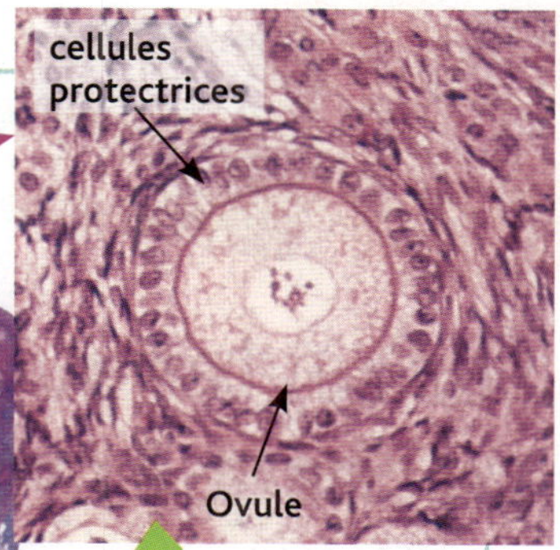

b **Ovule humain.**

- Lors de l'ovulation, l'ovaire expulse un liquide contenant de nombreuses cellules, dont l'ovule.
- L'ovulation est un phénomène cyclique qui ne dure pas toute la vie. On estime que les ovaires d'une femme libèrent environ 400 ovules au cours de sa vie.
- Les ovulations s'arrêtent définitivement vers l'âge de 50 ans. Cet arrêt d'ovulation caractérise la ménopause.

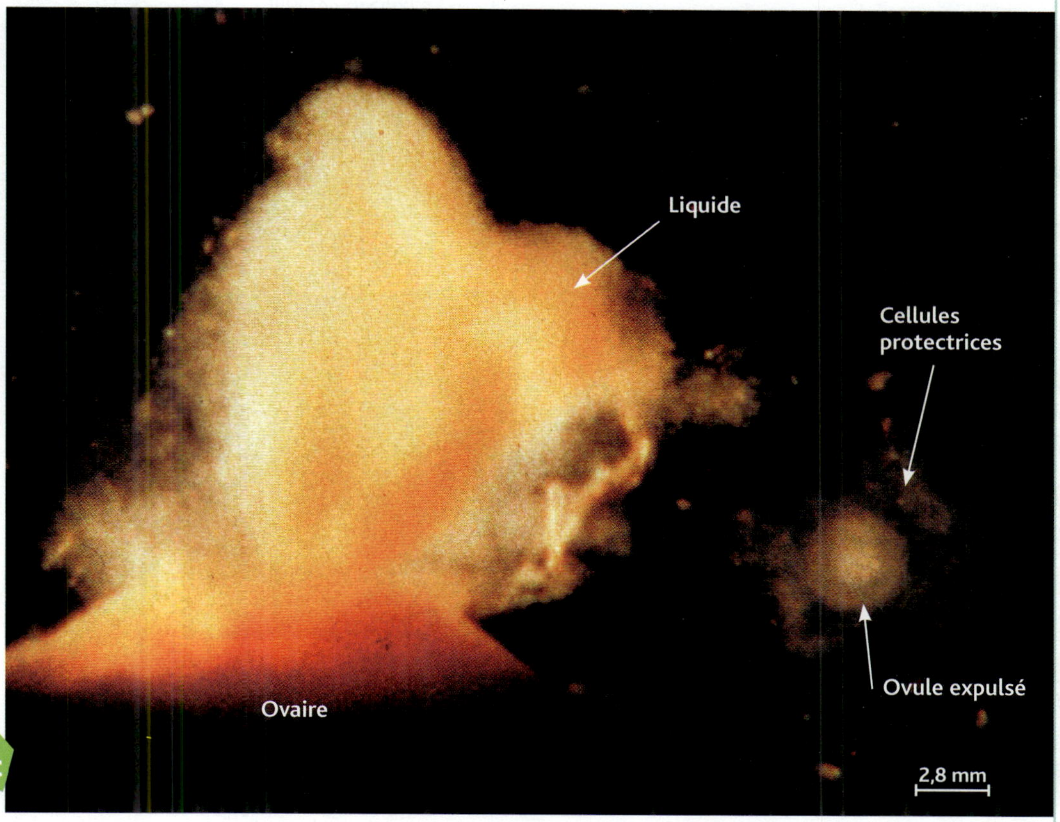

Expulsion d'un ovule. **c**

- L'ovule expulsé, presque aussi gros qu'une tête d'épingle (environ 0,1 mm de diamètre), est l'une des plus grosses cellules du corps humain.
Il est entouré d'une enveloppe protectrice et de quelques cellules.

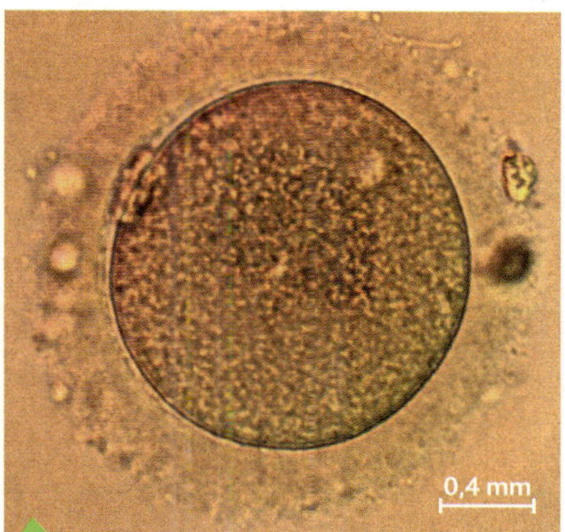

d **Ovule humain** (microscope optique x 650).

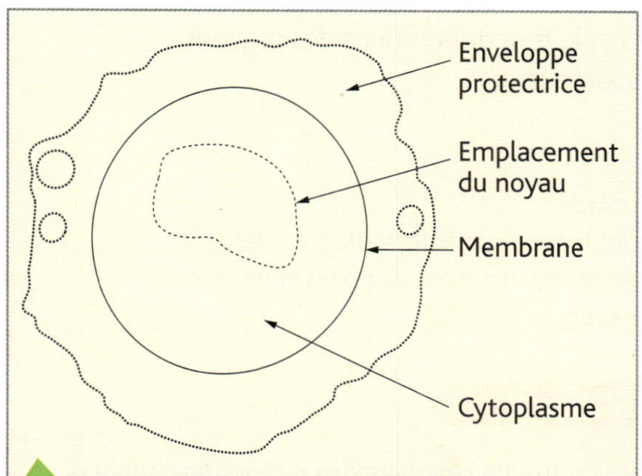

e **Schéma d'interprétation d'un ovule humain.**

4 Découvrir expliquer

Les règles au début de chaque cycle

La puberté est marquée chez la jeune fille par l'apparition des premières règles. Elles indiquent le début du fonctionnement des organes reproducteurs.

→ **Comment peut-on expliquer l'origine des règles ?**

Je réponds aux questions

1. À l'aide du document 1, indiquez les modifications subies par la couche superficielle de la paroi de l'utérus au cours d'un cycle.
2. Montrez comment le document 1 permet de trouver l'origine de la perte mensuelle de sang au niveau du vagin.
3. Que pouvez-vous dire de la période d'ovulation par rapport aux règles (doc. 2a) ?
4. Que pensez-vous de la durée de chaque cycle (doc. 2b) ?
5. Trouvez la date probable de l'ovulation pour les deux derniers cycles (doc. 2b).

Je conclus

J'établis une relation entre l'apparition des règles et le fonctionnement des organes reproducteurs.

J'apprends :

- *à m'informer à partir de photographies* I ;
- *à tirer des informations de textes et de schémas pour expliquer* I Ra.

Vocabulaire

Cycle : suite d'événements se reproduisant dans le même ordre et se répétant dans le temps.

1 L'évolution de la paroi de l'utérus

- La couche superficielle de la paroi de l'utérus change d'aspect de manière cyclique.
- Les règles correspondent à la destruction de la couche superficielle de la paroi de l'utérus très riche en vaisseaux sanguins à la fin des cycles.

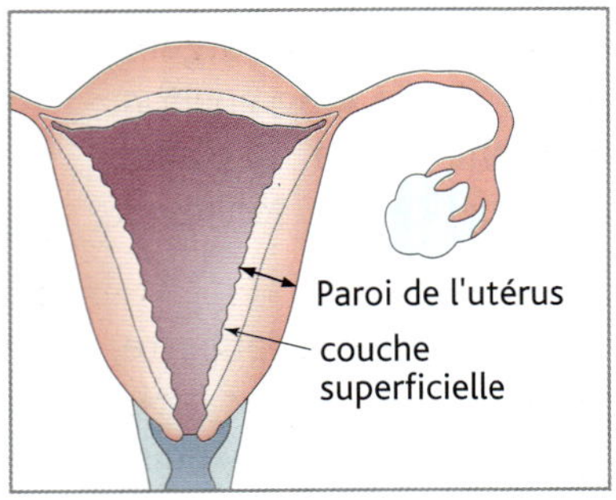

a **Coupe longitudinale de la paroi de l'utérus :**
(1) en début de cycle ;
(2) vers le 22e jour ;
(3) peu avant les règles.

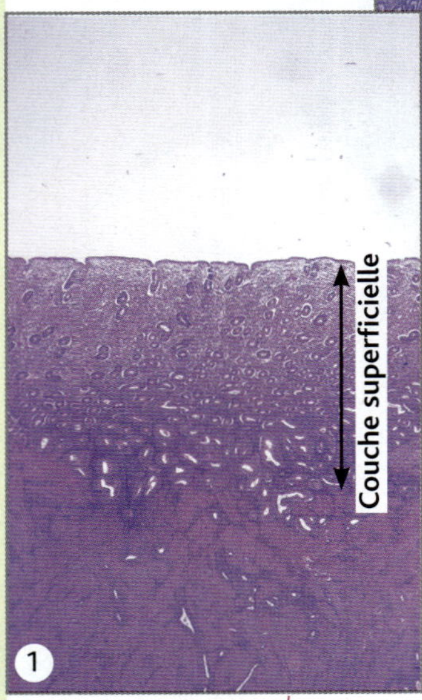

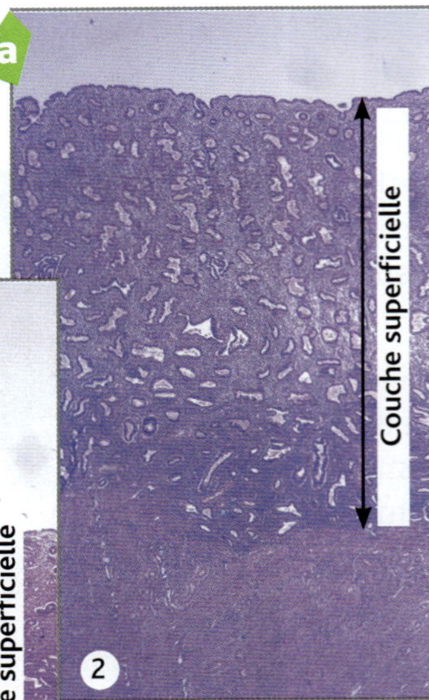

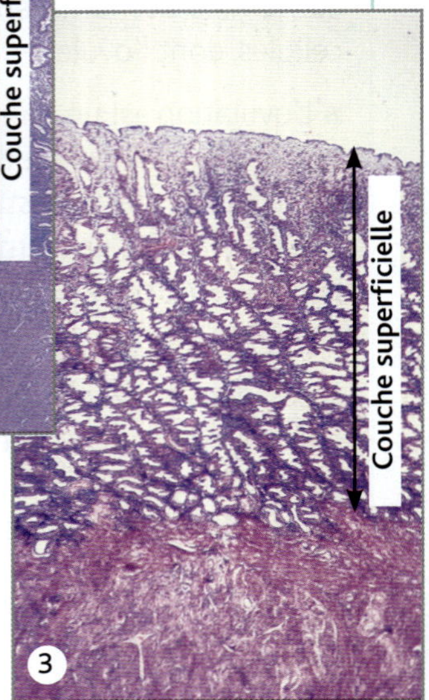

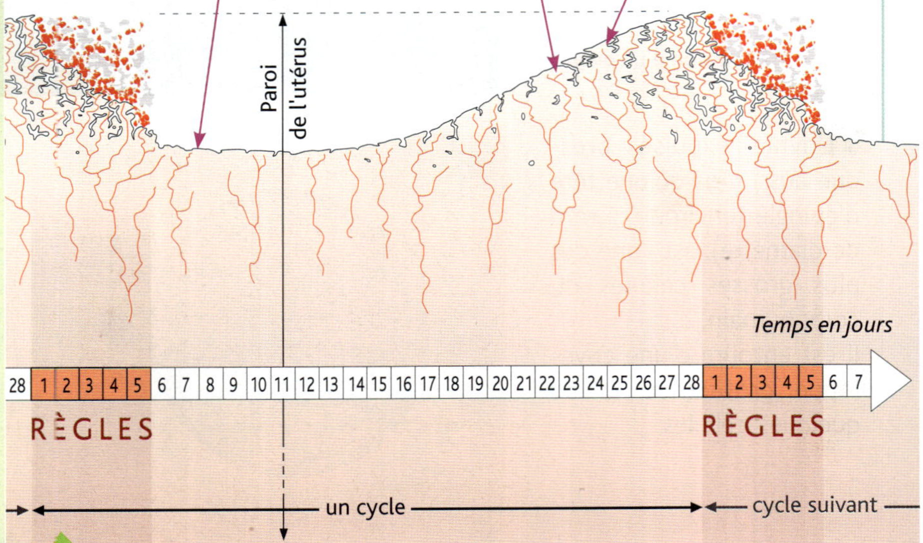

b **Évolution de la couche superficielle de la paroi de l'utérus.**

2 Le cycle des règles

- Les règles qui apparaissent à la puberté se reproduisent de façon cyclique jusqu'à la ménopause.
- Cependant, pendant une période d'environ deux ans après les premières règles, les cycles sont irréguliers et souvent plus longs que par la suite.
- Le premier jour des règles marque le premier jour du cycle. La date de l'ovulation ne peut se déterminer qu'après coup : elle se produit environ 14 jours avant le 1er jour des règles du cycle suivant.

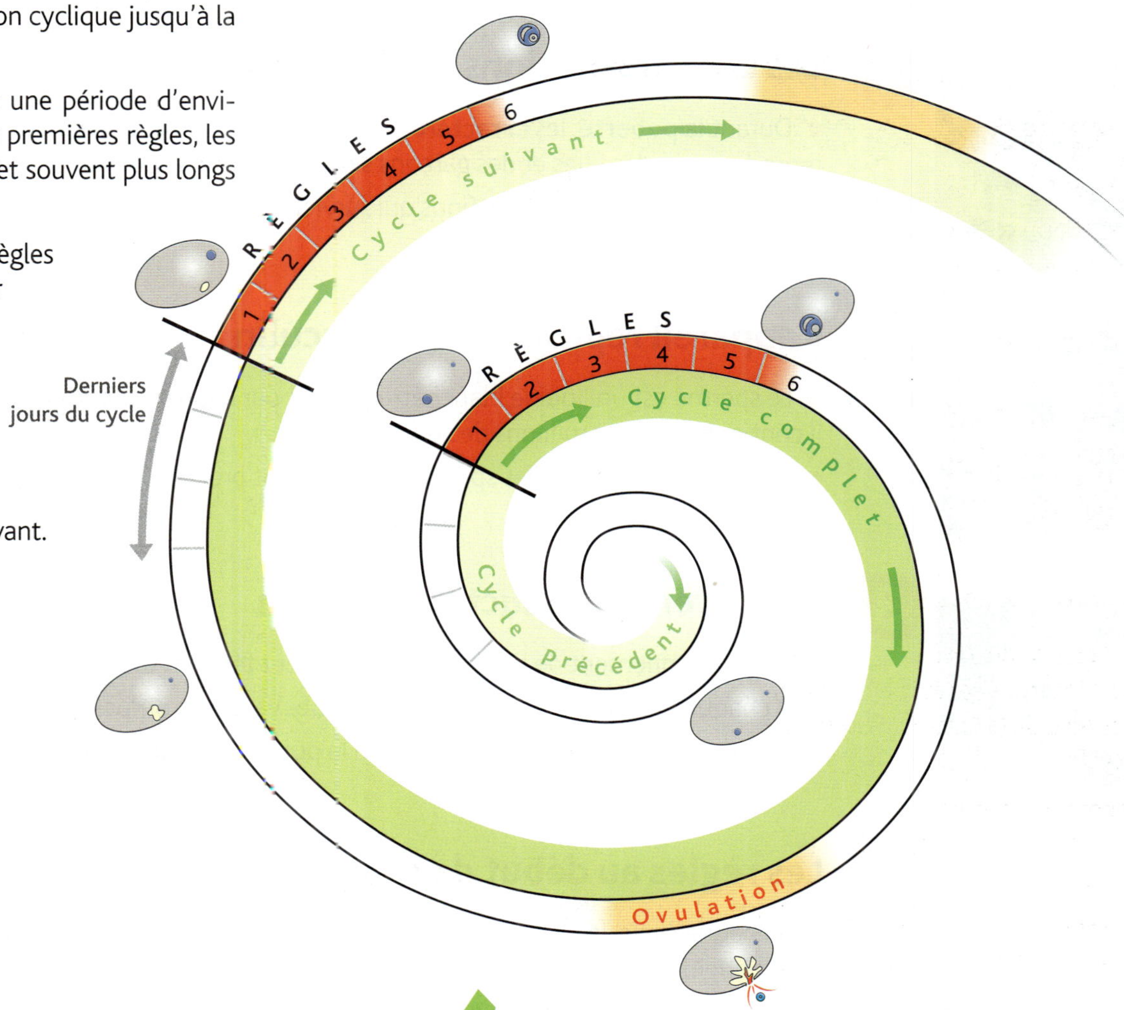

a Cycle des règles et des ovulations.

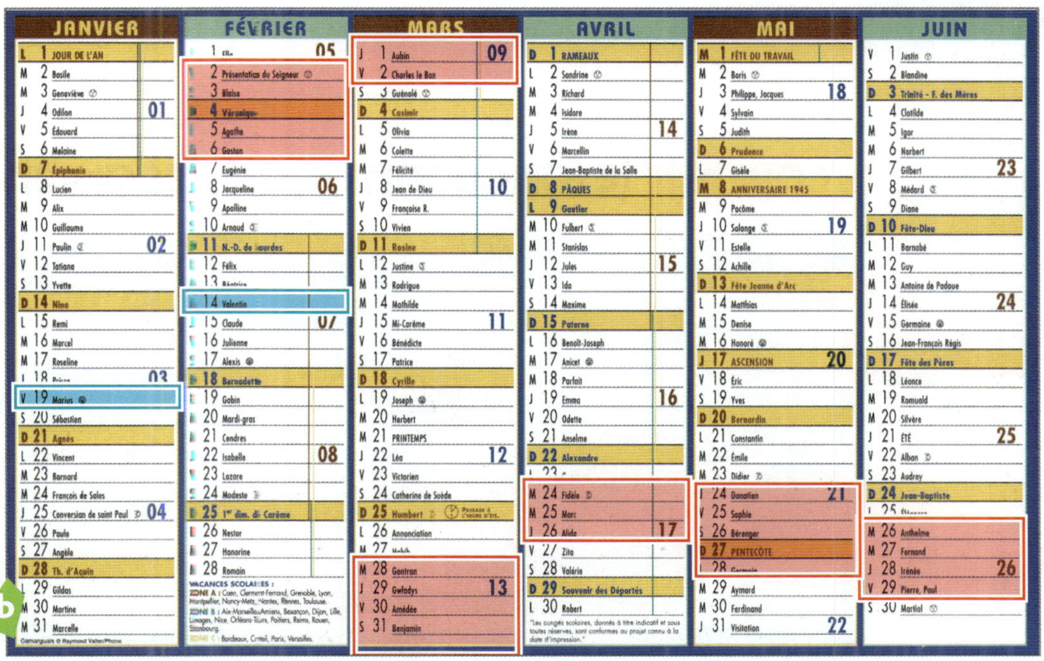

Période des règles

Période d'ovulation supposée

b Périodes de règles et d'ovulation d'une jeune femme.

BILAN

J'ai découvert, j'ai expliqué

1 Les transformations de la puberté

→ pages 130-131

- Durant la **puberté**, les **caractères sexuels secondaires** apparaissent, les organes reproducteurs des filles et des garçons se développent et deviennent fonctionnels.
- L'ensemble des transformations qui surviennent à la puberté rendent l'être humain capable de transmettre la vie.

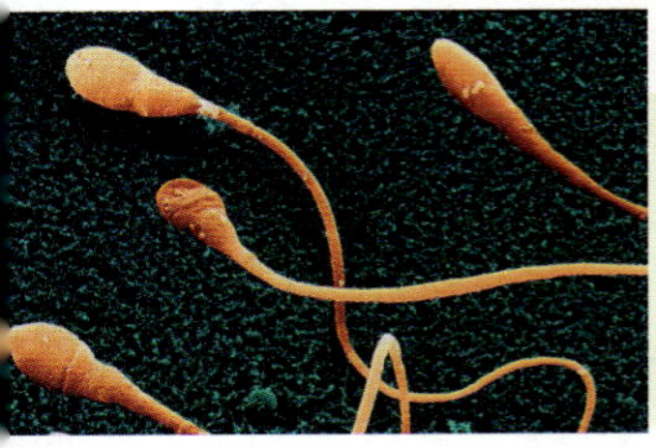

2 L'appareil reproducteur masculin

→ pages 132-133

- Le sperme est un liquide blanchâtre produit par l'appareil reproducteur masculin. Il contient plusieurs millions de **spermatozoïdes**.
- À partir de la puberté, les spermatozoïdes sont produits par les **testicules** durant toute la vie.

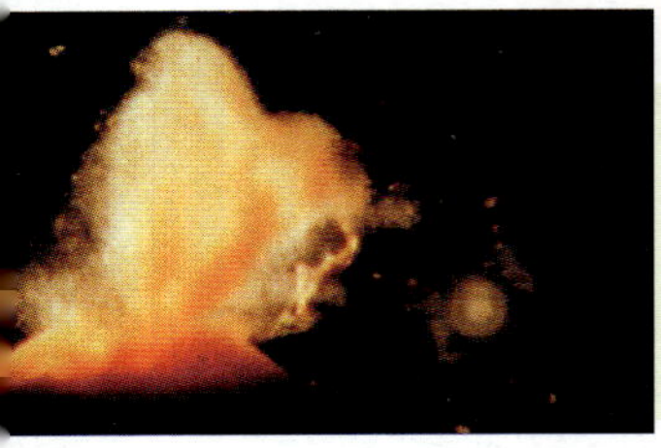

3 L'appareil reproducteur féminin

→ pages 134-135

- Le fonctionnement de l'appareil reproducteur féminin est cyclique.
- À chaque cycle, un **ovaire** expulse un **ovule** vers les trompes : c'est l'ovulation.
- Ce fonctionnement cyclique débute à la puberté et s'arrête à la **ménopause**.

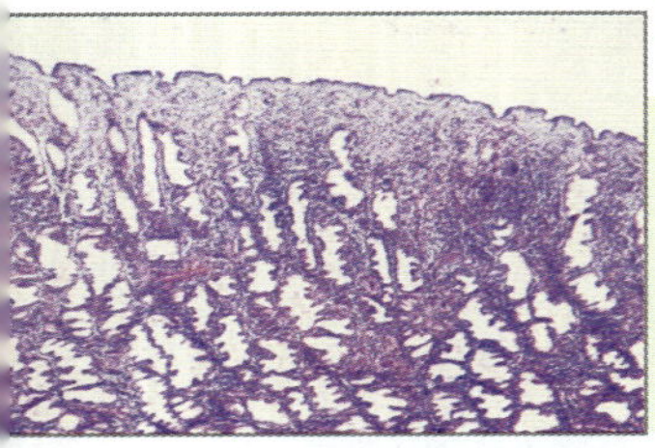

4 Les règles au début de chaque cycle

→ pages 136-137

- À chaque cycle, la couche superficielle de la paroi de l'utérus s'épaissit puis est éliminée : c'est l'origine des **règles**.
- Ce phénomène se déroule de manière cyclique de la puberté jusqu'à la ménopause.

J'ai compris le fonctionnement des organes reproducteurs

SOCLE COMMUN des connaissances

→ L'être humain devient apte à se reproduire à la puberté.

→ Au cours de la puberté, les caractères sexuels secondaires apparaissent et les organes reproducteurs deviennent fonctionnels.

→ À partir de la puberté, le fonctionnement des organes reproducteurs est continu chez l'homme et cyclique chez la femme jusqu'à la ménopause.

→ Les testicules produisent des spermatozoïdes.

→ À chaque cycle, un des deux ovaires livère un ovule. La couche superficielle de la paroi de l'utérus s'épaissit puis est éliminée (règles).

Je retiens par l'image

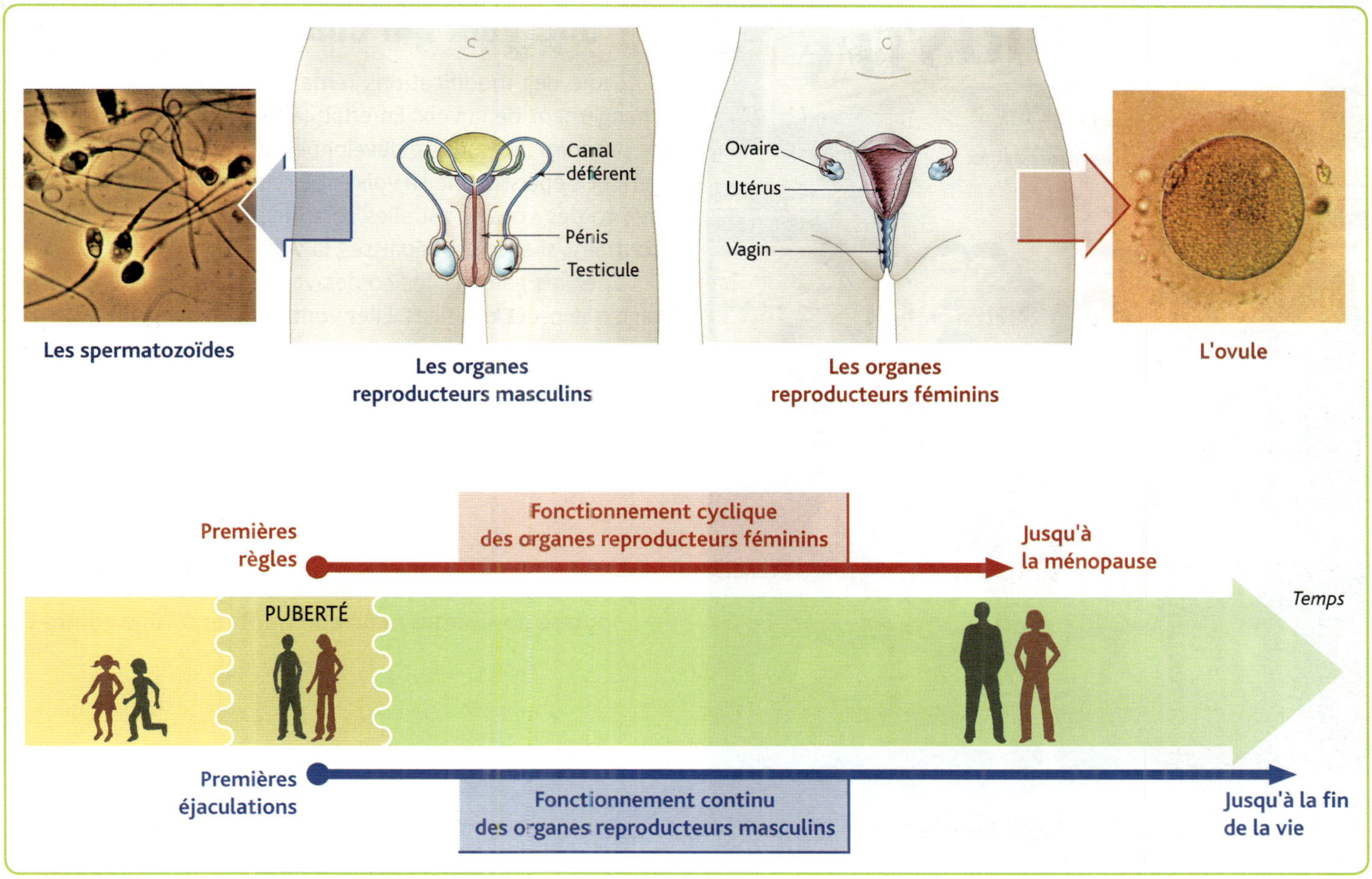

Je retiens par le texte

Le fonctionnement des organes reproducteurs

- La puberté est la période de la vie qui marque le passage de l'enfant à l'adulte. Des modifications physiques transforment le corps : il s'agit de l'ensemble des **caractères sexuels secondaires**.
- Des modifications physiologiques permettent aux organes reproducteurs de fonctionner. Les **testicules** produisent alors des **spermatozoïdes**, et les **ovaires** des **ovules**. Les premiers signes physiologiques de la **puberté** correspondent à l'émission de sperme chez les garçons et aux premières règles chez les filles.
- Chez les garçons, la production de spermatozoïdes par les testicules est continue, de la puberté jusqu'à la fin de la vie.
- Chez les filles, l'activité des organes reproducteurs est cyclique, de la puberté à la **ménopause**. À chaque cycle, un des deux ovaires libère un ovule : c'est l'ovulation. La couche superficielle de la paroi de l'utérus s'épaissit, puis est éliminée en provoquant un écoulement de sang : ce sont les **règles**.

Mots à retenir

Caractères sexuels secondaires : ensemble des caractères visibles qui permettent de différencier l'homme de la femme.

Ménopause : âge marqué par l'arrêt définitif des cycles des règles et des ovulations.

Ovaire : organe reproducteur de la femme.

Ovule : cellule reproductrice de la femme.

Puberté : période à partir de laquelle l'individu acquiert la capacité de se reproduire.

Règles : destruction de la couche superficielle de l'utérus s'accompagnant d'un écoulement de sang et marquant le début de chaque cycle.

Spermatozoïde : cellule reproductrice de l'homme.

Testicules : organes reproducteurs de l'homme.

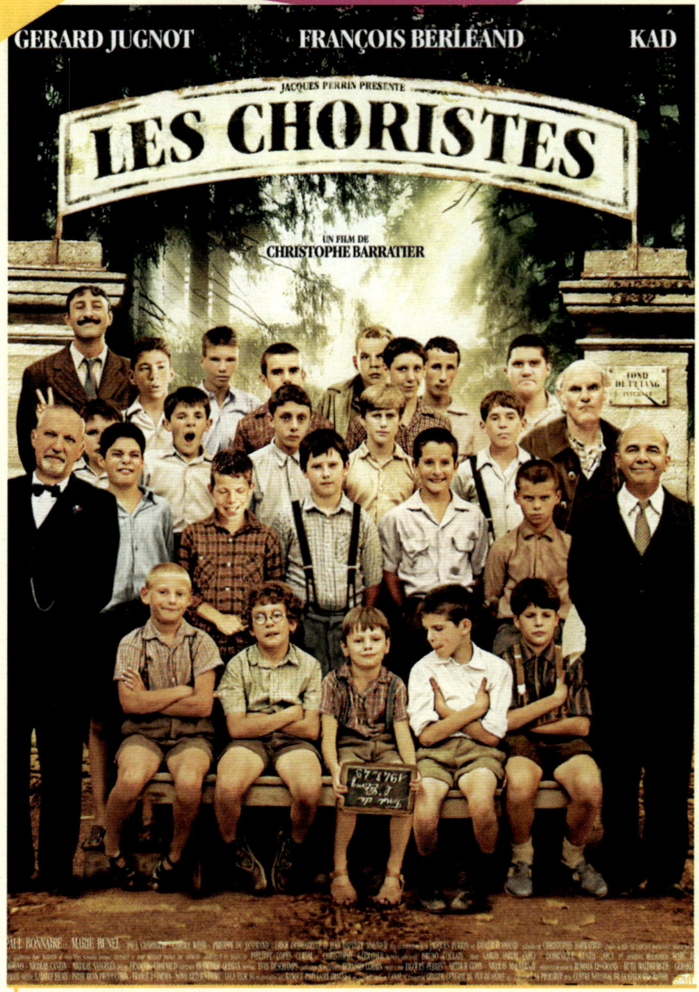

1. L'affiche du film « Les choristes » réalisé par C. Barratier (2004).

1 Une voix qui change à la puberté

L'une des modifications remarquable à la puberté est le changement de la voix. En effet, le larynx, organe permettant de produire des sons, se développe. Les cordes vocales s'allongent et s'épaississent. La voix est directement liée à l'épaisseur des cordes vocales ; si elles sont fines, la voix est aiguë ; au contraire, si elles sont épaisses, la voix est grave.

Chez les garçons, les cordes vocales s'épaississent davantage que celles des filles. Elles vont donc donner une voix plus grave.

En moyenne, la voix baisse d'un octave, mais cette baisse peut être plus ou moins importante suivant les individus.

→ Comment expliquer qu'un bon chanteur enfant puisse devenir un mauvais chanteur à l'âge adulte ?

◆ http://www.tasante.com/

2 L'acné : la guerre des boutons

À la puberté, la peau produit de manière excessive une substance grasse appelée sébum. Cet excès de sébum provoque l'obstruction des pores par lesquels il s'écoule normalement. Des boutons apparaissent sur le visage ou sur le torse. Le stress, une mauvaise alimentation, des expositions abusives au soleil peuvent aggraver la situation. Il est essentiel de suivre des règles d'hygiène strictes, de se laver régulièrement et soigneusement. Des traitements adaptés comme les antiacnéiques locaux, crèmes ou gels antiseptiques peuvent aider à faire disparaître ces boutons disgracieux.

→ En quoi les règles d'hygiène de vie permettent-elles de limiter l'acné ?

◆ http://www.filsantejeunes.com/Les-boutons-d-acne

2. La peau des adolescents est un souci quotidien.

3 Des spermatozoïdes anormaux

Le sperme peut contenir jusqu'à 40 % de spermatozoïdes anormaux sans que son pouvoir fécondant ne soit diminué. Il peut arriver cependant que ce pourcentage augmente ou que le nombre de spermatozoïdes contenus dans le sperme soit trop faible.

3. Un spermatozoïde à deux têtes (microscopie électronique à balayage).

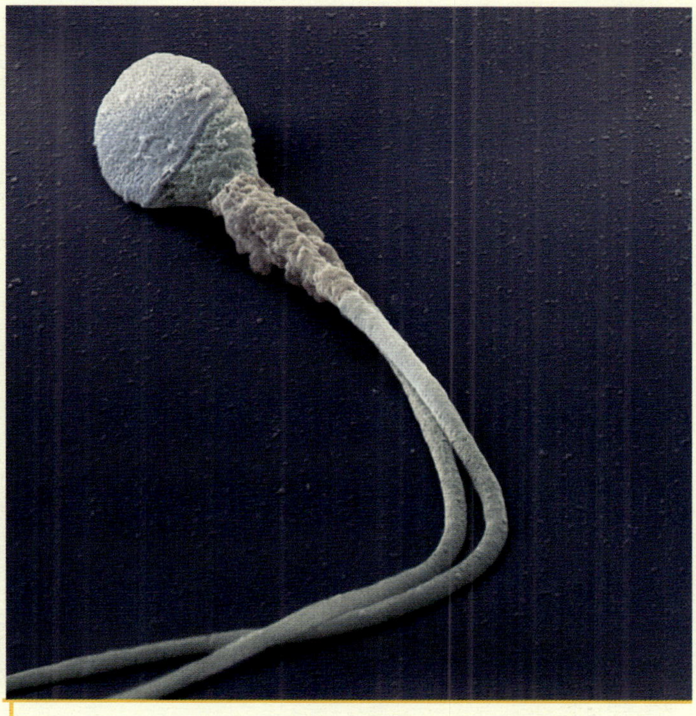

4. Un spermatozoïde à deux flagelles (microscopie électronique à balayage).

→ Ces anomalies ont-elles des conséquences sur la capacité de l'homme à se reproduire ?

◆ http://www.gyneweb.fr/sources/gdpublic/masculin/accueil.htm

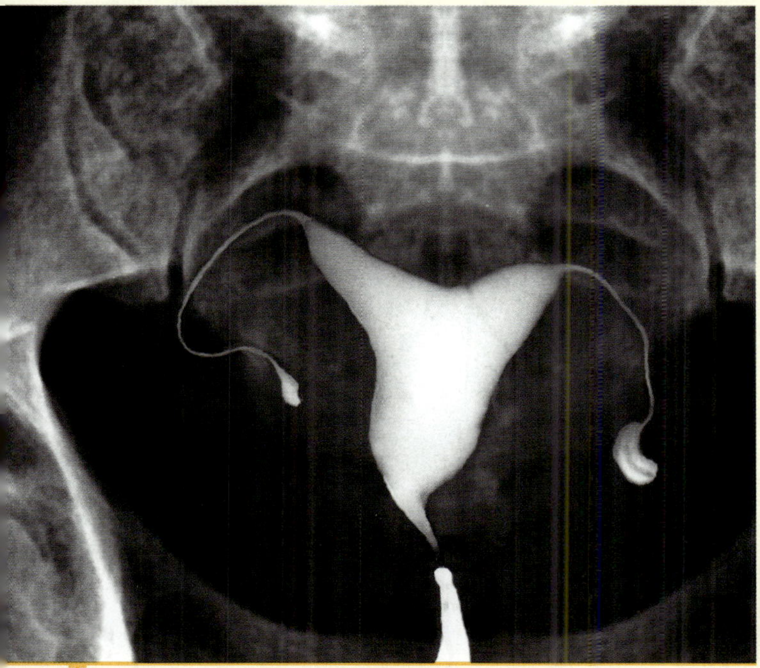

5. Radiographie d'un appareil génital normal.

◆ http://www.fertilityworld.org/home.asp

4 Un fonctionnement perturbé de l'appareil reproducteur féminin

Dans certains cas, par exemple lorsque certaines infections sexuellement transmissibles sont mal soignées, il peut arriver que les trompes se bouchent. L'injection par le col de l'utérus d'un produit opaque aux rayons X permet de voir l'état des trompes. Une trompe bouchée rend impossible le passage de tout liquide.

→ D'après vous, une trompe bouchée empêche-t-elle l'appareil reproducteur de fonctionner ?

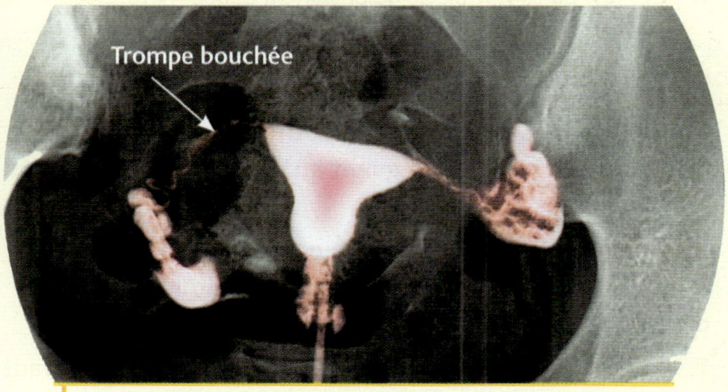

6. Radiographie d'un appareil génital montrant une trompe bouchée.

EXERCICES

SOCLE commun Je teste mes acquis

1 Rechercher des informations

Je réponds rapidement à chacune des questions.

a. Quelles transformations sont visibles chez les garçons à la puberté ?

b. Quelles transformations sont visibles chez les filles à la puberté ?

c. Comment s'appellent les cellules reproductrices mâles et femelles ?

d. Quelle est l'origine des règles ?

e. À quel moment du cycle se situent les règles ?

2 Construire des phrases

J'utilise les mots proposés.

Phrase 1 : caractères sexuels secondaires / puberté / organes reproducteurs / fonctionnels

Phrase 2 : testicules / sperme / spermatozoïdes

Phrase 3 : ovaire / ovule / ovulation

Phrase 4 : fonctionnement / organes reproducteurs / continu / cyclique

Phrase 5 : élimination / règles / couche superficielle / paroi de l'utérus

3 Comprendre l'histoire des idées

Des représentations historiques erronées

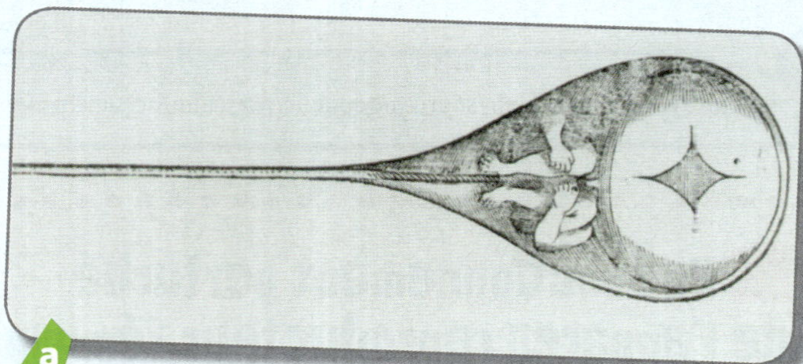

a Spermatozoïde contenant un minuscule bébé (Nicolas Hartsoeker, 1694).

En 1677, un étudiant affirme au professeur Antoni Van Leeuwenhoek (inventeur du premier microscope) avoir vu dans le sperme des animalcules (petits animaux) se déplaçant comme des têtards grâce à une queue.

Le scientifique hollandais se mit alors à observer toutes sortes de sperme d'animaux, dont celui de l'homme. Il pensait à l'époque qu'il s'agissait de minuscules êtres humains préformés.

Ce n'est qu'au XIXe siècle qu'on parlera de spermatozoïdes.

Haller, médecin et naturaliste Suisse (1708-1777), affirme dans son livre « Sur la formation du cœur dans le poulet » (1758) que les « parties essentielles » de l'embryon préexistent dans l'« œuf » vierge et sont « faites de tout temps ». Après que la semence mâle l'a stimulé par son odeur, le cœur commence à battre et à irriguer les différentes parties du fœtus.

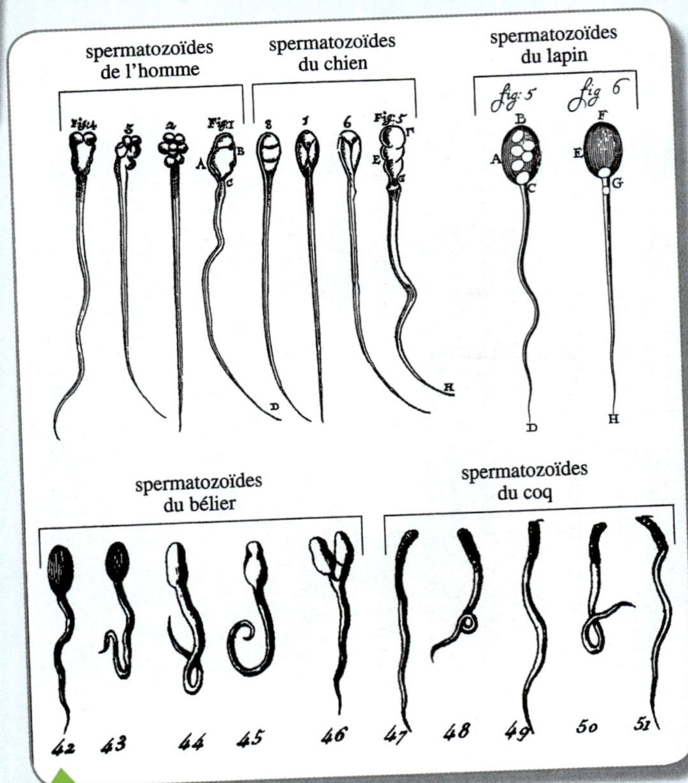

b Spermatozoïdes de l'homme, du chien, du lapin, du bélier et du coq.

Questions

1. I **Quelles sont les deux hypothèses qui s'opposent aux XVIIe et XVIIIe siècles quant au rôle des cellules reproductrices ?**

2. Ra **Comparez la représentation du spermatozoïde de Nicolas Hartsoeker avec une observation microscopique dans ce manuel. Quelles inexactitudes remarquez-vous ?**

3. Ra **Quel outil technique, qui aurait pu mettre en défaut ces hypothèses, manquait-il à l'époque?**

Je consolide mes acquis

4 Les appareils reproducteurs des souris

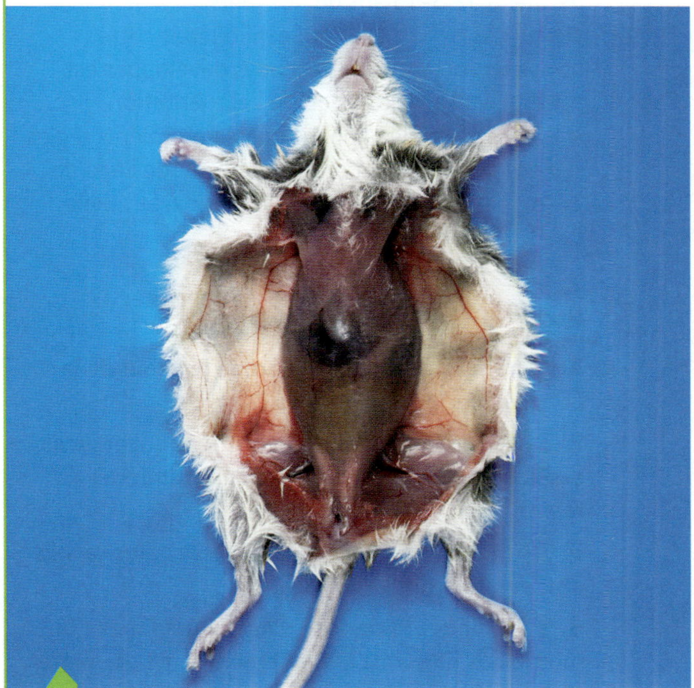

a Début de la dissection.

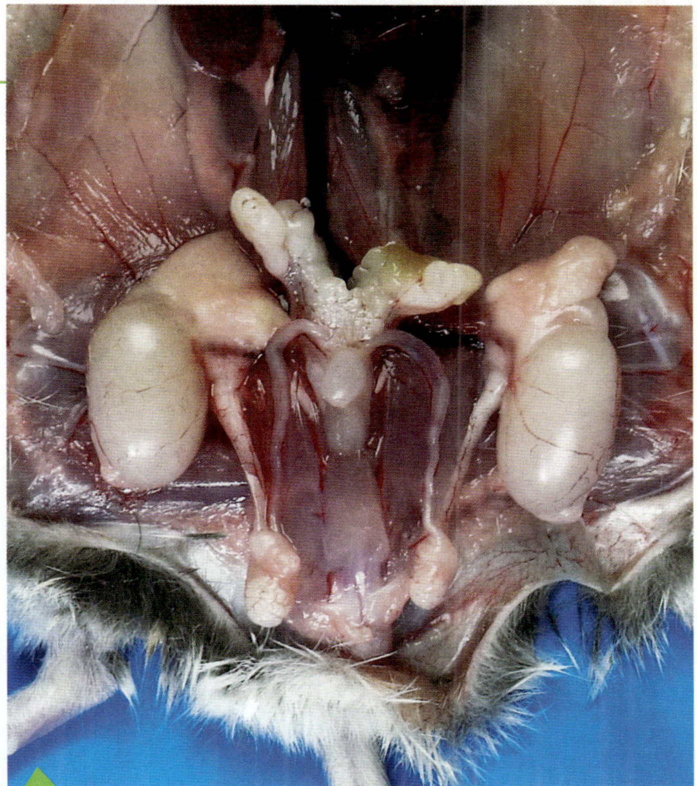

b L'appareil reproducteur d'une souris mâle.

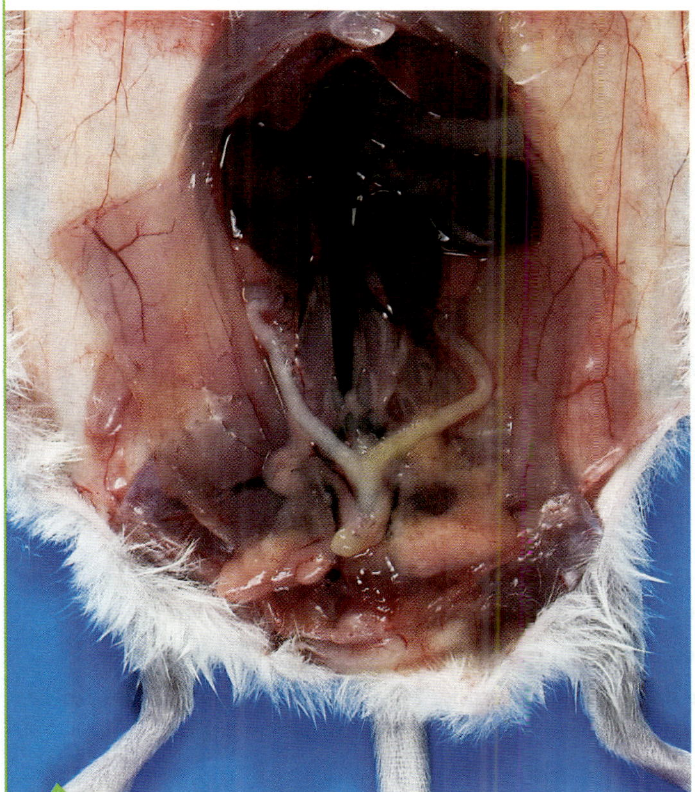

c L'appareil reproducteur d'une souris femelle

Un coup de pouce…
L'être humain et la souris étant deux mammifères, leurs appareils reproducteurs sont assez similaires.
Utilisez les pages 132 et 134 du manuel pour retrouver ces organes.

- La souris placée sur le dos est fixée à l'aide d'aiguilles.
- Une incision est réalisée dans la peau de l'abdomen au dessus de l'orifice urinaire, puis vers la bouche et les pattes pour pouvoir écarter.
- Les muscles de l'abdomen sont ensuite incisés et l'appareil digestif est coupé puis enlevé.
- L'os du bassin est sectionné pour dégager l'appareil reproducteur.

Questions

1. Ra **Repérez sur les photographies les organes de l'appareil reproducteur du mâle et de la femelle.**

2. Re **Réalisez au crayon de papier le dessin d'observation de l'un des deux appareils reproducteurs.**

3. Ra **Identifiez et légendez les différents organes qui le composent.**

5 Comprendre une étude statistique

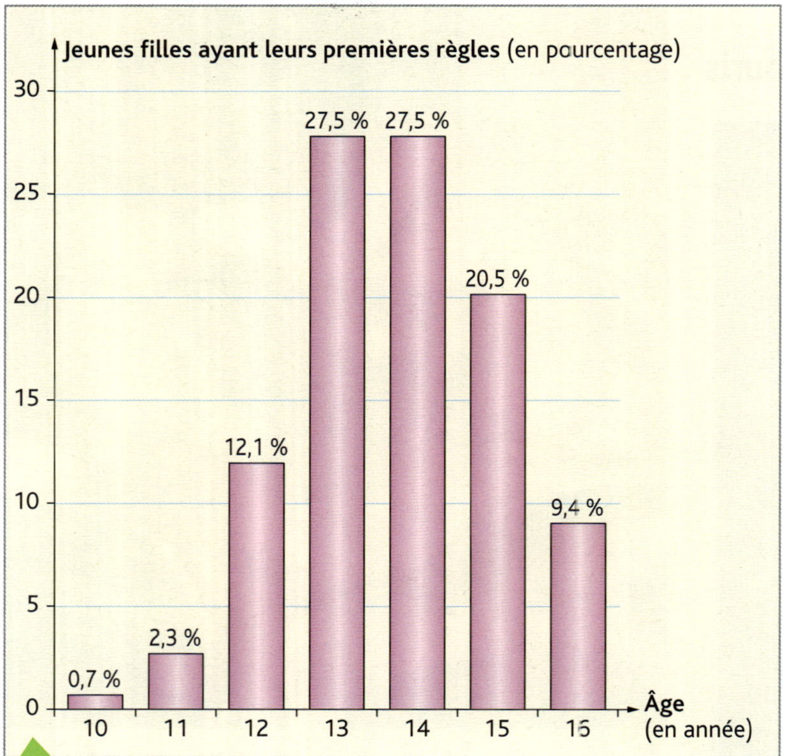

Âge d'apparition des premières règles.

- D'après diverses statistiques de pays d'Europe et des États-Unis, l'âge moyen des premières règles est passé de 16,5-17 ans au milieu du siècle dernier à 12,5-13 ans de nos jours.
- Une des hypothèses qui expliquerait cette baisse importante dans les pays développés est attribuée à l'amélioration de l'alimentation.
- L'âge moyen de l'apparition des premières règles semble actuellement stabilisé autour de l'âge de 13 ans un peu partout dans le monde, et quelle que soit la latitude.

Questions

1. I **Quel signe majeur marque le début de la puberté des jeunes femmes ?**

2. Ra **Proposez une autre hypothèse qui pourrait expliquer la variation de l'âge des premières règles.**

3. I **Indiquez à quel âge les filles les plus jeunes ont leurs premières règles.**

4. Ra **Indiquez la tranche d'âge pour laquelle la moitié des filles ont actuellement leurs premières règles.**

6 Une question d'échelle...

Sur ces clichés, spermatozoïde et ovule semblent avoir la même taille, mais l'image est trompeuse car les grossissements ne sont pas les mêmes...

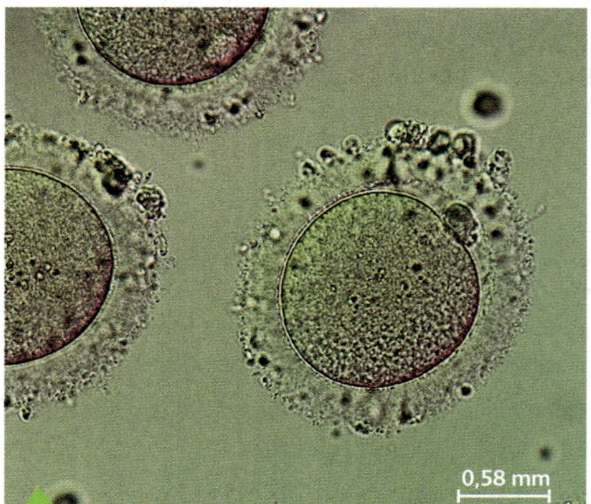

a Ovules humains.

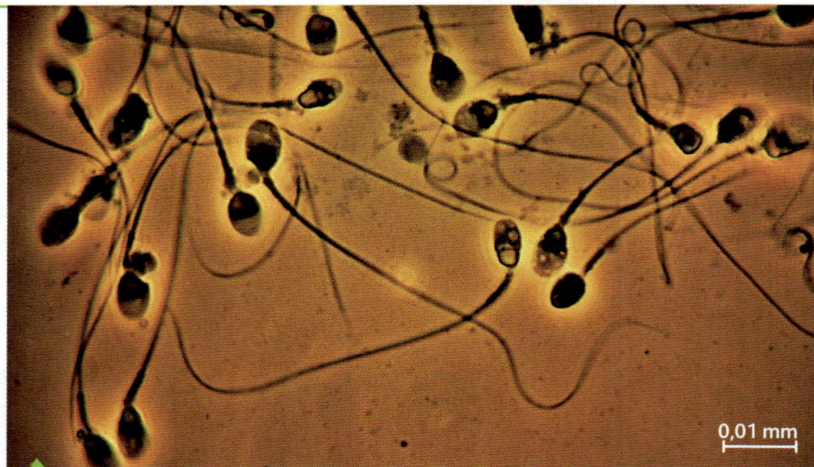

b Spermatozoïdes humains.

Questions

1. Re **Faites un schéma d'un spermatozoïde et légendez-le.**

2. Re **Faites de même pour un ovule.**

3. Ra **À l'aide de l'échelle, déterminez la taille réelle d'un spermatozoïde humain ainsi que celle d'un ovule humain. Donnez ces tailles en millimètre.**

4. Ra **Combien de fois l'ovule est-il plus grand que le spermatozoïde dans l'espèce humaine ?**

EXERCICES

Découvrir autrement

7 Réaliser une recherche Internet

Question

Trouvez :
- la durée de vie moyenne d'un spermatozoïde ;
- la durée de vie moyenne d'un ovule ;
- les causes de variation de l'âge moyen de la puberté.

- http://www.filsantejeunes.com/-Mon-corps-
- http://www.inrp.fr/Acces/biotic/procreat/determin/html/puberNor.htm

8 Le coin de l'artiste

Auguste RODIN (1840-1919)

Né à Paris, il commence le dessin à 10 ans et découvre la sculpture à 15. Par trois fois, il échoue au concours d'entrée de l'école des Beaux Arts. Il travaille alors comme ornemaniste (dessinateur de modèles d'ornements), et ce n'est qu'à l'âge de 40 ans que son talent est reconnu. L'État français lui commande alors la statue du « Baiser » pour l'exposition universelle de 1889.

L'original de cette statue est actuellement visible au musée Rodin à Paris. Mais la représentation d'origine en bronze est également visible au jardin des Tuileries, proche du Louvre dans le Ier arrondissement de Paris.

« Le baiser » : statue en marbre, 1888-1889, exposée au musée Rodin à Paris.

- http://www.musee-rodin.fr
- http://www.rodinhugo.com

Questions

1. I Quels sont les caractères sexuels secondaires présents sur chacun des personnages ?

2. Ra Que cherche à exprimer le sculpteur dans cette œuvre ?

3. Re Recherchez d'autres sculptures de Rodin et indiquez leurs points communs.

ENVIE DE SCIENCE

Pourquoi garçons et filles font-ils bande à part ?

Vers l'âge de 5-6 ans, et de façon plus affirmée vers 7-8 ans, les enfants préfèrent souvent jouer avec des copains du même sexe.

Les garçons jouent entre eux au foot et les filles de leur côté à la corde. Ils entrent alors dans ce que la psychanalyse appelle « la période de latence ». Le désir sexuel est mis en veilleuse, refoulé dans l'inconscient. La séparation entre les sexes semble alors accentuée, la pudeur se renforce.

Ce n'est qu'à l'entrée dans l'adolescence que les garçons recommencent à regarder plus attentivement les filles et inversement...

Une table de filles, une table de garçons...

UN MÉTIER Gynécologue

Gynécologue en consultation.

Le gynécologue est un médecin spécialisé dans le suivi du fonctionnement des organes féminins (appareil reproducteur, seins). Il joue un rôle essentiel dans la prévention et le dépistage des infections sexuellement transmissibles.

Il propose et met en œuvre les solutions les mieux adaptées pour une contraception.

Il veille aussi au bon déroulement de la grossesse.

FORMATION

Bac S + 10 ans d'études.
La spécialisation en gynécologie se fait après avoir été admis au concours de l'Internat, après 6 ans d'études en faculté de médecine.

- http://www.sante.gouv.fr
- http://www.conseil-national.medecin.fr

CHAPITRE 8

L'origine et le développement du nouveau-né

Les hommes et les femmes produisent des cellules reproductrices appelées respectivement spermatozoïdes et ovules. Parfois, leur rencontre conduit à la naissance d'un enfant.

- Comment l'enfant se forme-t-il à partir des cellules reproductrices ?
- Comment se développe-t-il dans l'organisme maternel ?

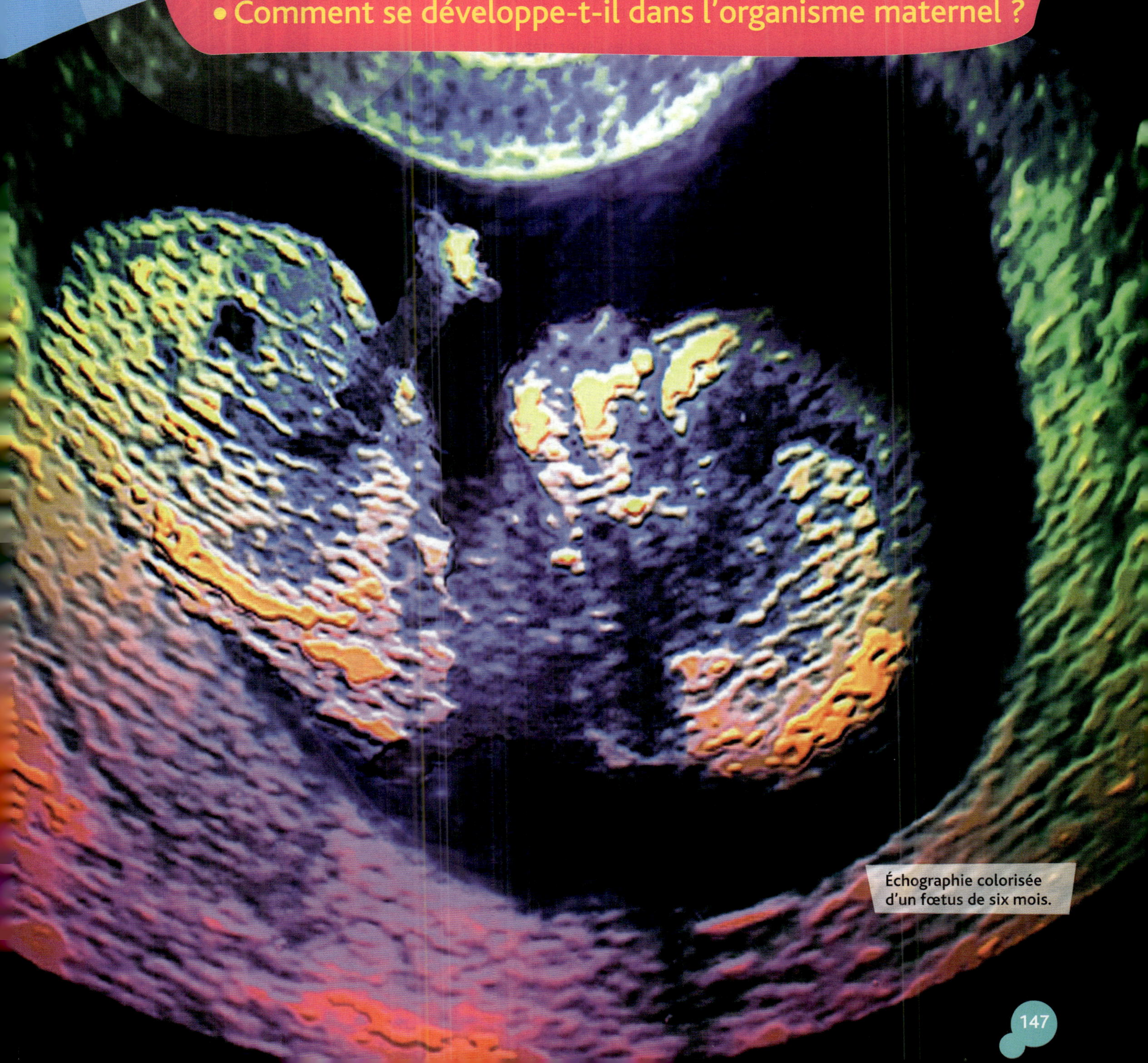

Échographie colorisée d'un fœtus de six mois.

1 Découvrir expliquer

La rencontre des cellules reproductrices

L'homme libère plusieurs millions de spermatozoïdes lors d'un rapport sexuel. Un seul s'unira à l'ovule pour donner un enfant.

→ **Comment se réalisent le rapprochement et l'union des cellules reproductrices humaines ?**

Je réponds aux questions

1 D'après le document 1, identifiez les différentes étapes du parcours des spermatozoïdes.

2 D'après les documents 1 et 2, situez le lieu de rencontre de l'ovule avec les spermatozoïdes.

3 En utilisant le document 2, expliquez comment se forme la cellule-œuf.

Je conclus

Je note sur un schéma de l'appareil reproducteur féminin le trajet des spermatozoïdes jusqu'à l'ovule.

J'apprends :
- *à m'informer à partir de photographies et de textes* I ;
- *à mettre en relation des données* Re ;
- *à réaliser un schéma fonctionnel* C .

Vocabulaire

Fécondation : union d'un spermatozoïde et d'un ovule.

Cellule-œuf : cellule unique issue de la fusion d'un ovule et d'un spermatozoïde.

1 Le trajet des spermatozoïdes

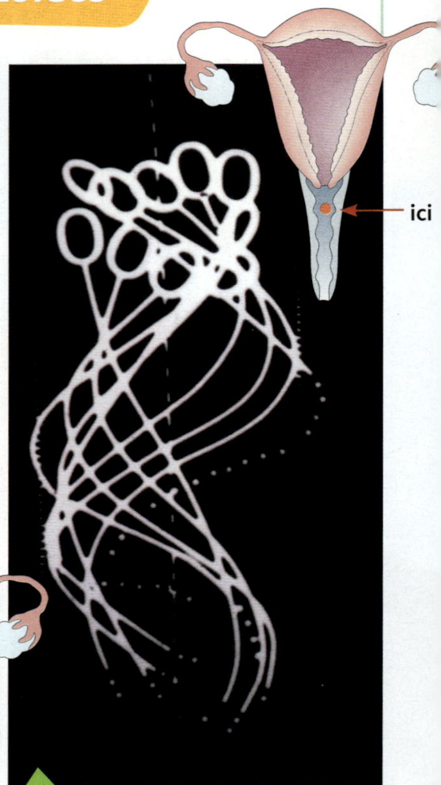

- Lors du rapport sexuel, l'homme introduit son pénis dans le vagin de la femme. Au moment de l'éjaculation, il y dépose quelques millilitres de sperme contenant près de 500 millions de spermatozoïdes.

- Le vagin constitue pour les spermatozoïdes un milieu très acide. Seule une faible proportion d'entre-eux pourront remonter jusqu'au col de l'utérus grâce aux mouvements de leur flagelle (1 000 battements pour une progression de 1 cm).

a **Mouvements d'un spermatozoïde** (photographie stroboscopique).

- Les spermatozoïdes doivent alors franchir le col de l'utérus qui sécrète une substance filamenteuse et collante : la glaire cervicale, plus ou moins infranchissable selon la période du cycle de la femme. Selon les cas, à peine une centaine de spermatozoïdes se retrouve enfin dans la cavité de l'utérus.

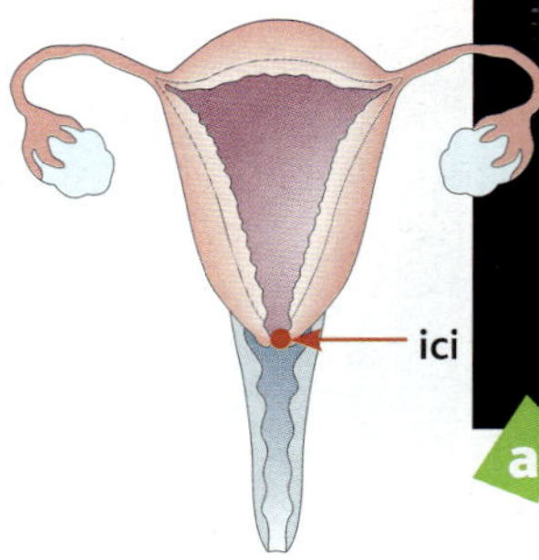

- Les spermatozoïdes remontent l'utérus et se dirigent dans la trompe où se produira la rencontre avec l'ovule, à condition que l'ovulation se produise au plus tard dans les deux ou trois jours. L'ovule ne vit que 24 à 48 heures.

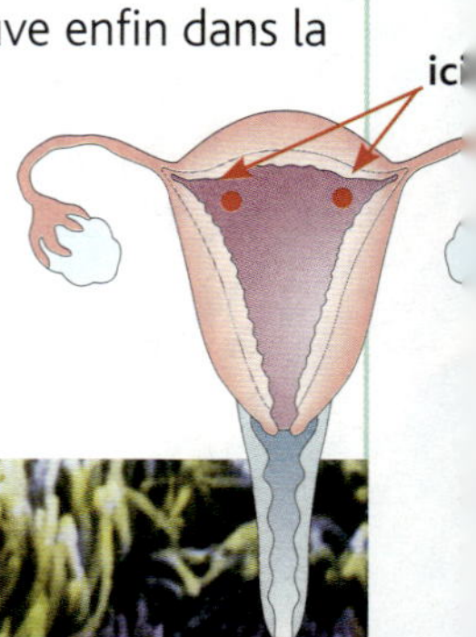

b **Des spermatozoïdes remontant les trompes.**

2 La rencontre des spermatozoïdes et de l'ovule

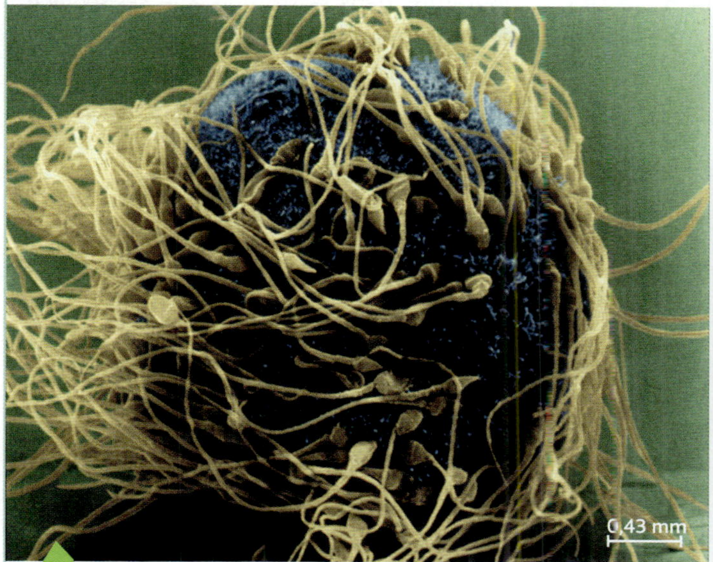

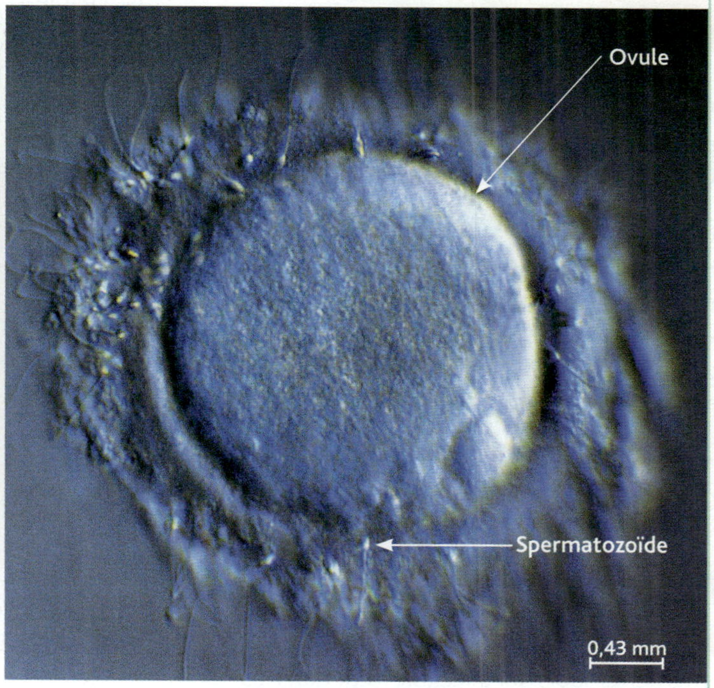

a **Les spermatozoïdes entourent l'ovule présent dans la trompe.**
À gauche : microscopie électronique à balayage ;
à droite : microscopie optique.

- Après avoir été brusquement expulsé de l'ovaire, l'ovule est happé par de longs cils situés à l'entrée de la trompe utérine. Il est alors progressivement conduit à l'intérieur de la trompe par les mouvements des cils vibratiles. Il y rencontrera la petite centaine de spermatozoïdes parvenus à ce niveau.

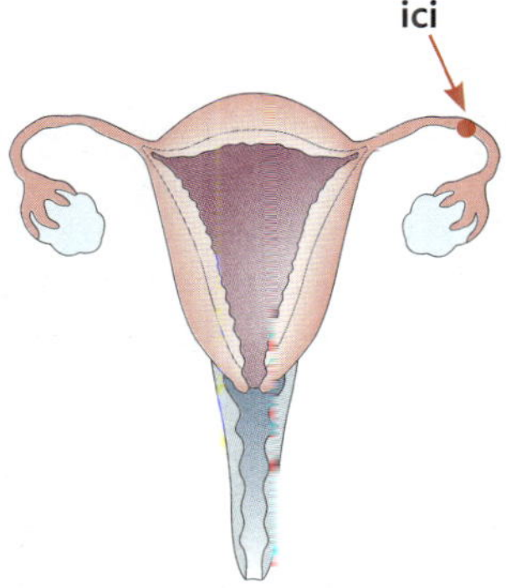

- Un seul spermatozoïde pénètre dans l'ovule : c'est la fécondation. Elle se produit en général entre 10 et 20 h après le rapport sexuel, mais on estime que la moitié des fécondations échoue. Dans l'espèce humaine, elle se déroule à l'intérieur de l'organisme féminin : il s'agit d'une fécondation interne.

- Une fois dans l'ovule, le spermatozoïde perd son flagelle puis son noyau s'enfonce dans l'ovule. Les deux noyaux se rapprochent et fusionnent. Une nouvelle cellule se forme : la cellule-œuf.

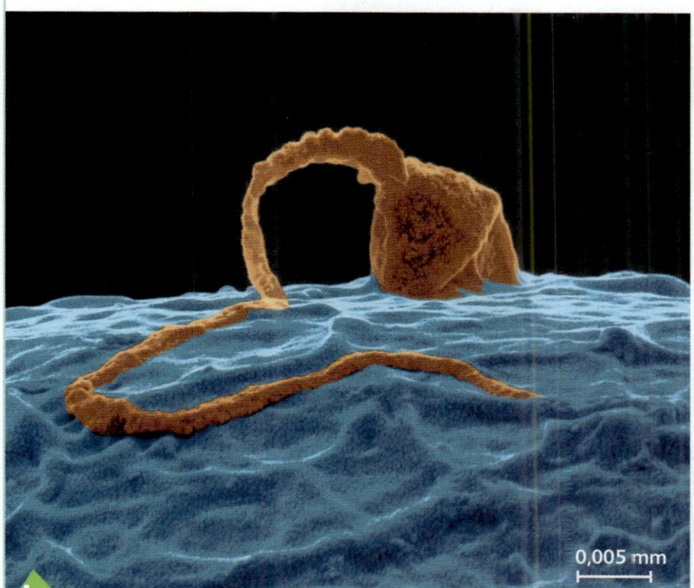

b **Un unique spermatozoïde pénètre dans l'ovule** (microscopie électronique à balayage).

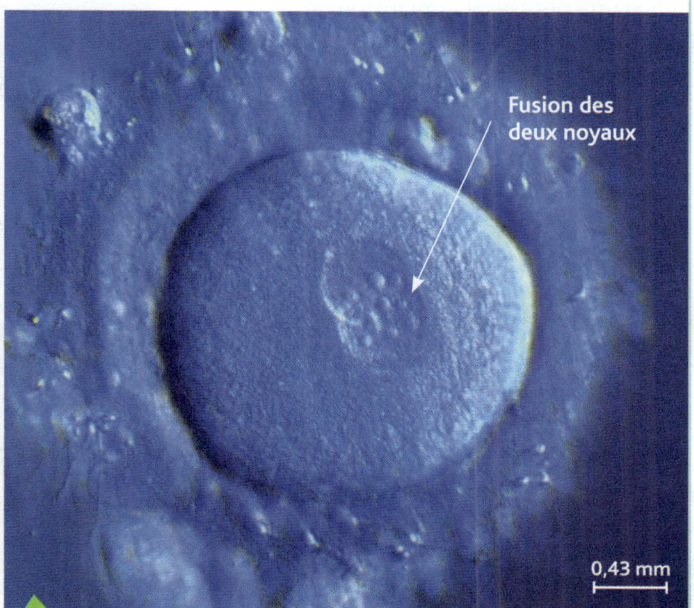

c **La fusion des noyaux et la formation de la cellule-œuf.**

2 Découvrir expliquer

Le début de la grossesse

La cellule-œuf issue de la fécondation va commencer son développement dans l'appareil reproducteur maternel : l'arrêt des règles est le signe qu'une grossesse débute.

→ Comment une grossesse commence-t-elle ?

Je réponds aux questions

1 D'après le document 1, repérez deux événements subis par la cellule-œuf dans les cinq jours qui suivent la fécondation.

2 En utilisant le document 2, proposez une définition du terme « implantation ».

3 Sur un schéma de l'appareil féminin vu en coupe, et en utilisant les documents 1 et 2, réalisez un schéma fonctionnel de la formation de la cellule-œuf jusqu'à son implantation.

Je conclus

Je rédige une phrase de conclusion en utilisant les mots : • cellule-œuf • division • embryon • implantation • arrêt des règles.

J'apprends :
- *à m'informer à partir de photographies, de textes et d'un schéma* I ;
- *à construire un schéma fonctionnel* C .

Vocabulaire

Embryon : nom donné au futur enfant pendant les 60 premiers jours de vie dans l'organisme maternel.

1 Une succession de divisions

La cellule-œuf ne reste pas longtemps dans la trompe. Elle se déplace jusqu'à la cavité de l'utérus grâce aux mouvements des cils vibratiles de la trompe. En se divisant plusieurs fois, la cellule-œuf devient un embryon encore protégé dans son enveloppe.

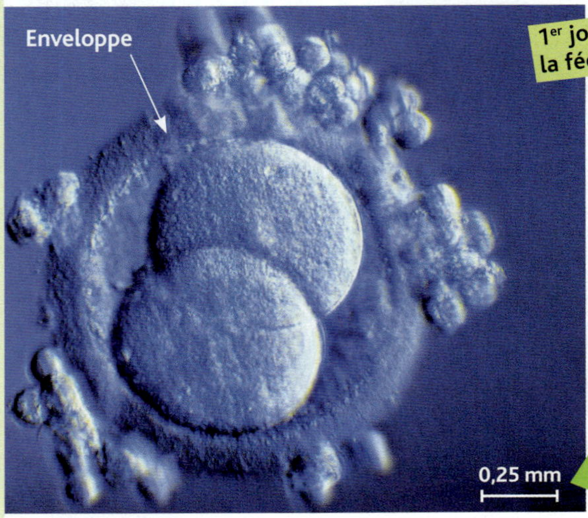

a L'embryon au stade deux cellules.

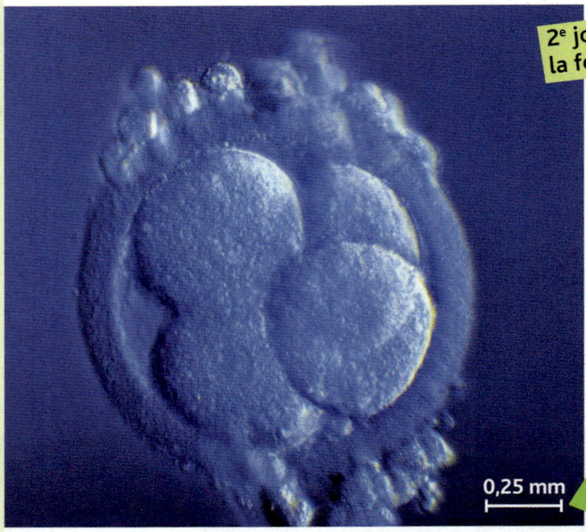

b L'embryon au stade quatre cellules.

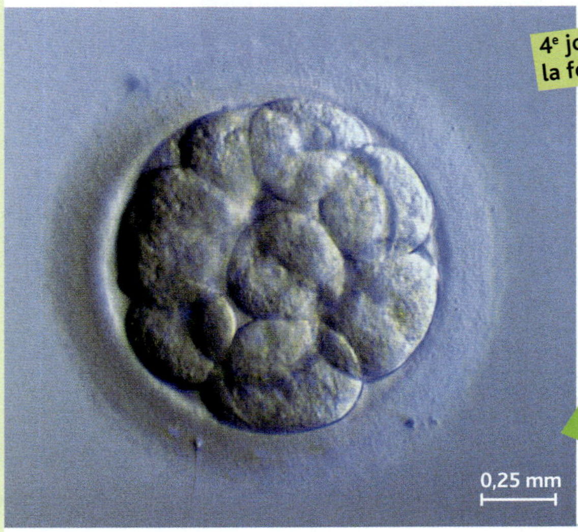

c L'embryon est un amas de cellules qui ressemble à une petite mûre.

2 L'implantation dans l'utérus

● L'embryon arrive dans la cavité de l'utérus quatre à six jours après la fécondation. Sept jours après la fécondation, l'embryon sort de son enveloppe et se fixe à la paroi de l'utérus : c'est l'implantation (ou nidation).

● Au neuvième jour, l'embryon produit une substance chimique qui bloque la destruction de la couche superficielle de la paroi de l'utérus et provoque l'arrêt des règles.

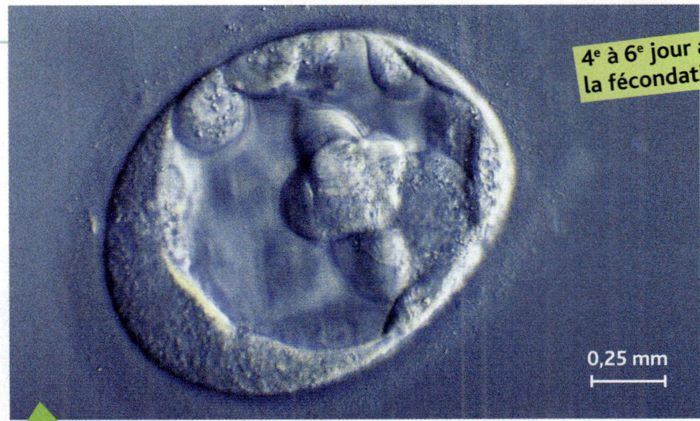

a **Embryon à son arrivée dans l'utérus.**

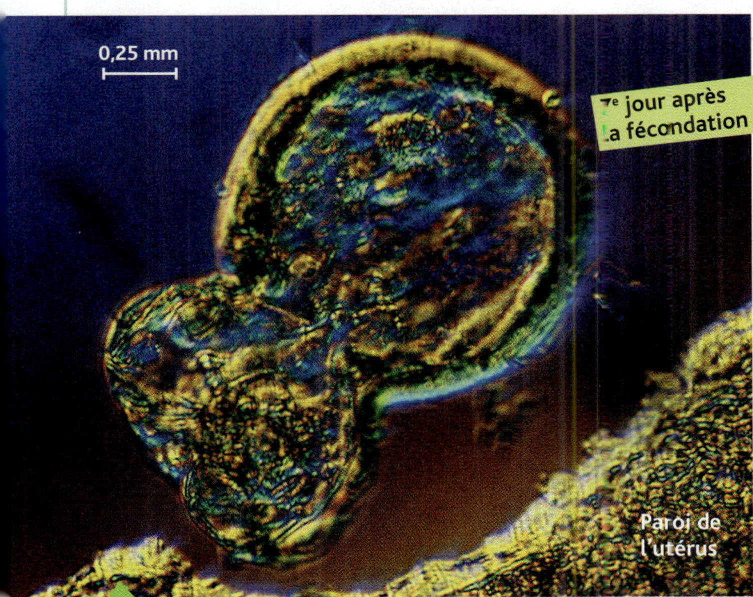

b **L'embryon sort de son enveloppe et va se fixer sur la paroi de l'utérus.**

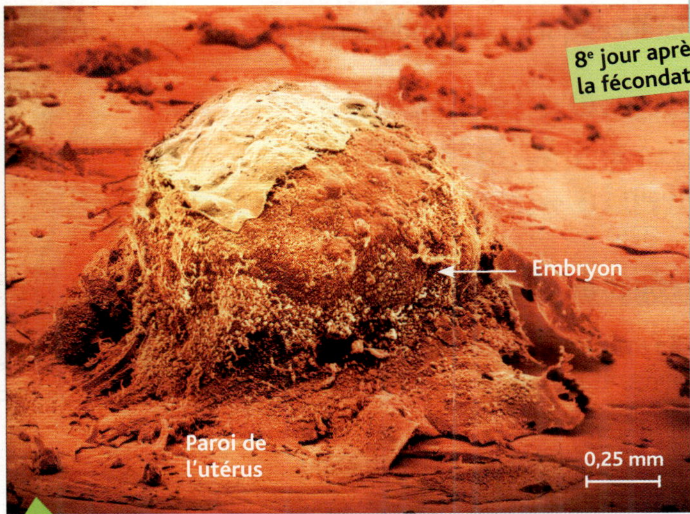

c **Une implantation en voie de réussite** (microscopie électronique à balayage).

3 De la fécondation à l'implantation

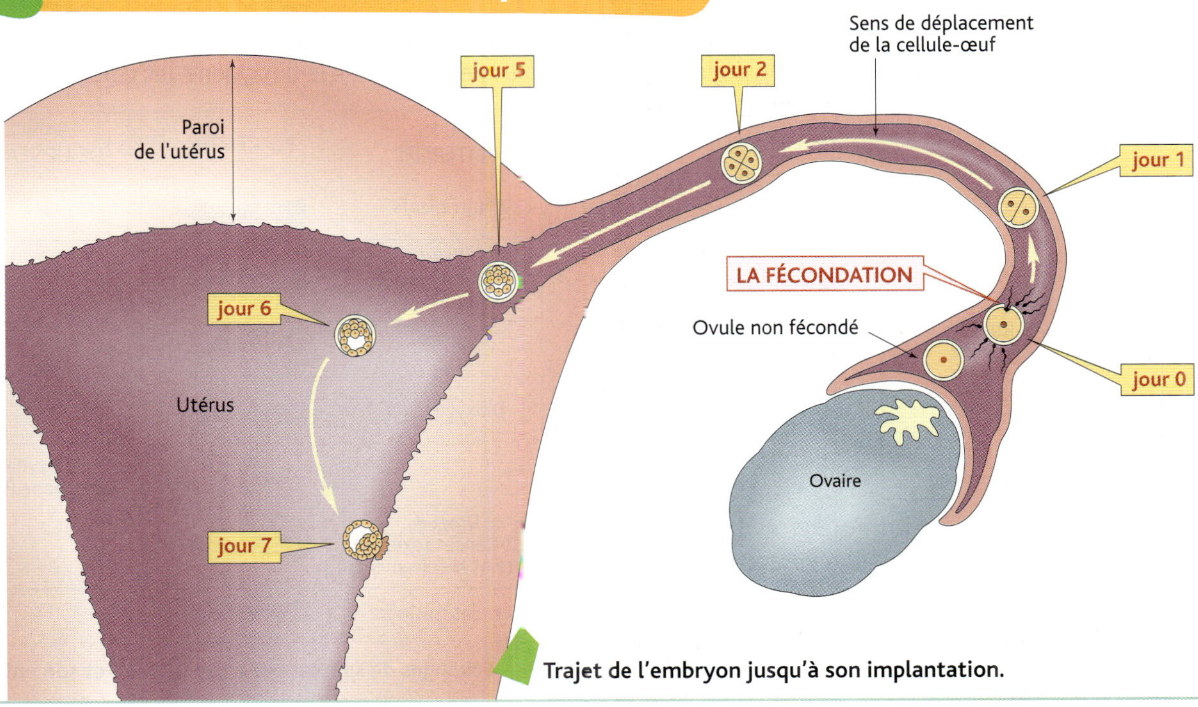

Trajet de l'embryon jusqu'à son implantation.

3 Découvrir expliquer

Le rôle du placenta

Une fois fixé dans la paroi de l'utérus, l'embryon a besoin de nombreuses substances pour évoluer progressivement en fœtus. De même, pour se développer jusqu'au moment de la naissance, le fœtus doit recevoir les substances qui lui sont indispensables.

→ **Comment le placenta assure-t-il les échanges entre la mère et l'enfant ?**

Je réponds aux questions

1 En utilisant le document 1, repérez certaines étapes du développement d'un futur être humain.

2 Expliquez le rôle du placenta et du cordon ombilical (doc. 2).

3 D'après le document 2, quelles sont les caractéristiques du placenta qui facilitent les échanges sanguins ?

Je conclus

J'explique les caractéristiques du placenta qui permettent les échanges de substances entre la mère et le fœtus.

J'apprends :
- *à m'informer à partir de photographies et de textes* I ;
- *à lire un tableau* I/Ra ;
- *à relier des informations pour expliquer* Ra .

Vocabulaire

Fœtus : nom donné à l'enfant à partir de la neuvième semaine après la fécondation et jusqu'à l'accouchement.

Liquide amniotique : liquide dans lequel baigne le fœtus.

1 Un nouvel être humain se forme

- Progressivement, les cellules s'organisent dans l'embryon et les différents organes apparaissent. Le cœur bat vers le 21e jour. Les ébauches des bras et des jambes apparaissent ensuite.

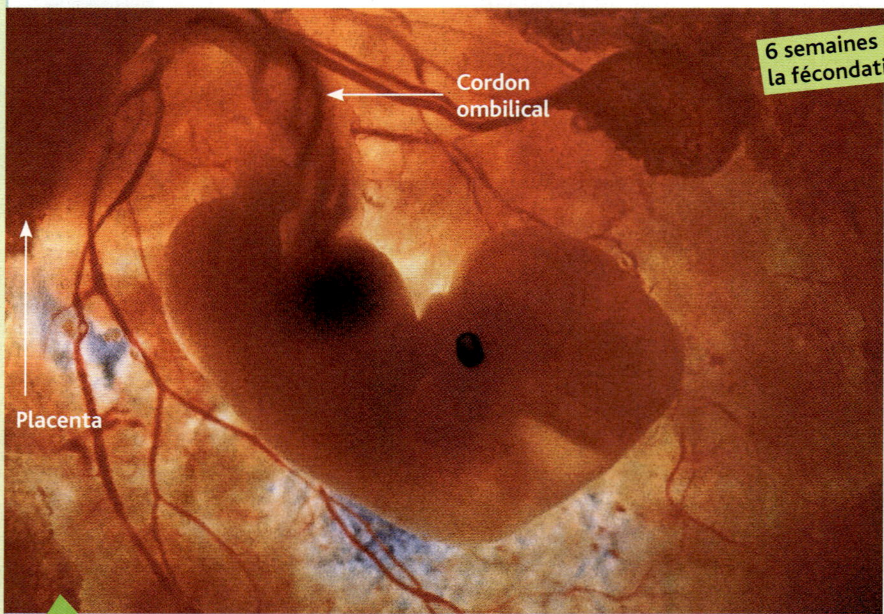

a **Un embryon de six semaines.** Il mesure environ 1 cm et pèse 1 à 2 g.

2 Le placenta : organe d'échanges

- Le placenta a l'aspect d'un disque de 20 cm de diamètre et 3 cm d'épaisseur. Il est comparable à un filtre interposé entre le sang fœtal et le sang maternel. La vitesse de circulation du sang y est très lente : les substances échangées ont ainsi le temps d'être filtrées.

- Le placenta arrête les éléments volumineux comme les bactéries. Il laisse passer des éléments plus petits comme le dioxygène, les glucides, les minéraux, les vitamines. Mais, il laisse aussi passer diverses drogues et substances toxiques. Ainsi, l'alcool risque de provoquer des malformations physiques et un retard mental du fœtus ; la caféine, et la nicotine peuvent réduire le développement du fœtus et augmenter le risque de naissance prématurée.

SANG MATERNEL	PLACENTA	SANG DE L'ENFANT
Nutriments	→	
Eau Sels minéraux Vitamines	→	
	←	Déchets
Dioxygène (O2)	→	
	←	Dioxyde de carbone (CO_2)
Drogues substances toxiques certains médicaments	→	
Certains microbes	→	

a **Échanges de substances entre la mère et son enfant.**

● Trois mois après la fécondation, tous les organes sont en place et sont fonctionnels : l'embryon devient un fœtus. Il mesure environ 5 cm et baigne dans le liquide amniotique. Son sexe est reconnaissable.

● Vers quatre mois et demi, il mesure déjà 20 cm et pèse 200 g. Son appareil circulatoire est achevé. Ses mouvements sont ressentis par la mère.

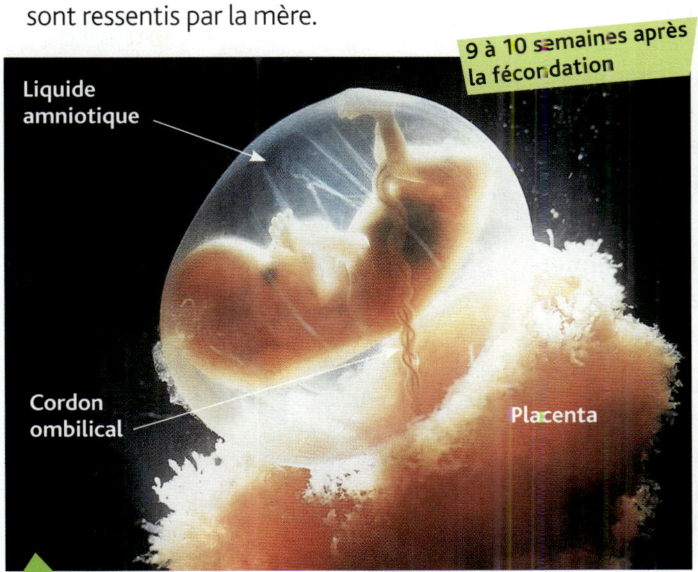

b **À environ 9-10 semaines : l'embryon devient fœtus** (5 cm ; 20 g).

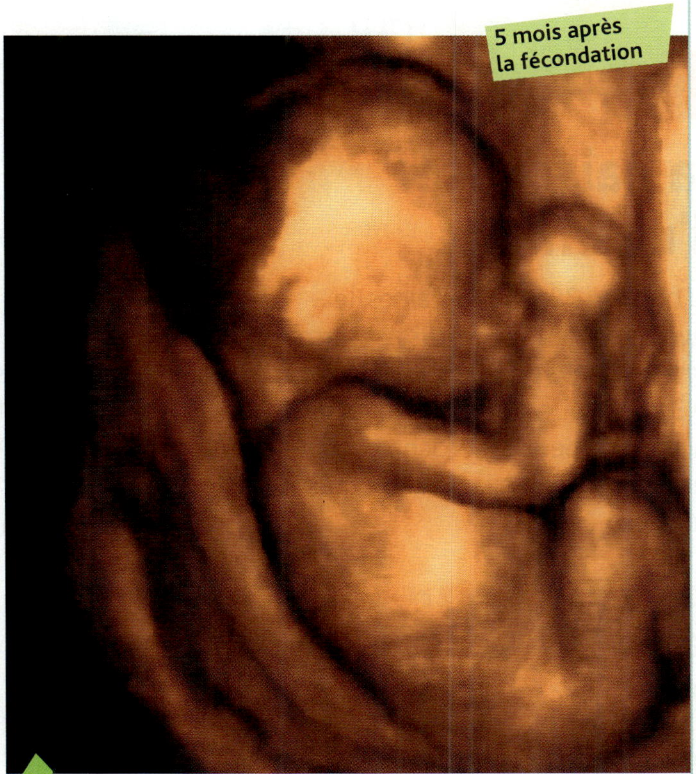

c **Un fœtus de 5 mois, il suce déjà son pouce et mesure 30 cm pour 400 g** (échographie en trois dimensions).

● Le placenta présente une grande surface d'échanges et contient de très nombreux vaisseaux sanguins. L'ensemble des replis, appelés villosités, qui le constituent représente une surface de 10 à 15 m^2. L'ensemble des vaisseaux correspond à un réseau d'environ 50 km de long.

● Le cordon ombilical assure le transport des substances échangées entre le placenta et l'enfant.

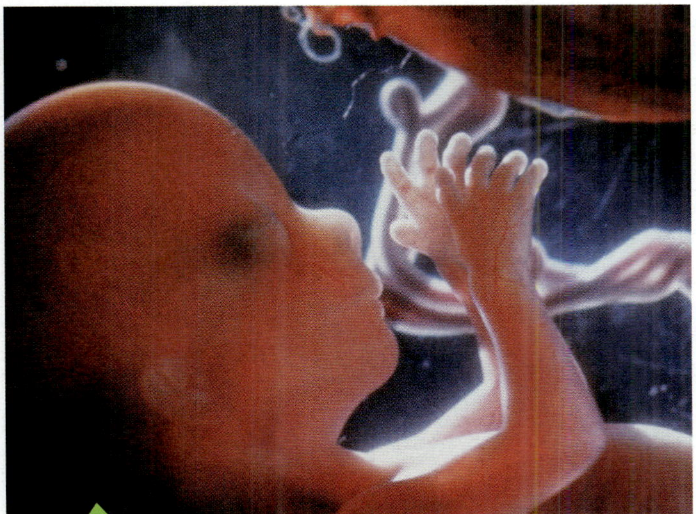

b **Cordon ombilical et placenta pour nourrir le fœtus.**

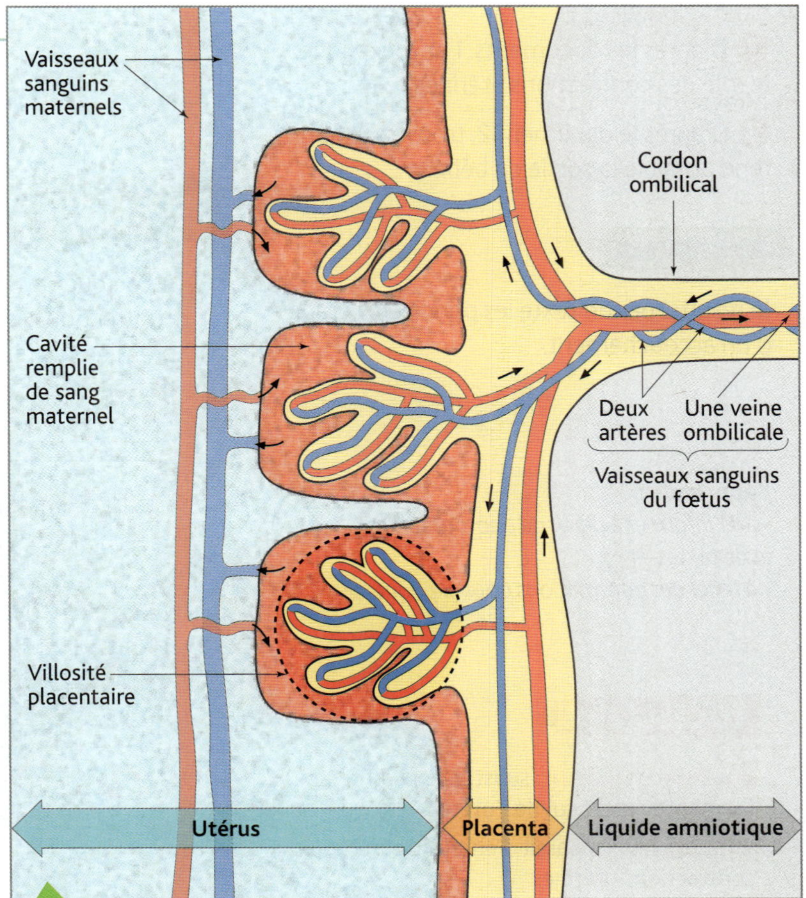

c **Schéma des villosités placentaires.**

4 **Découvrir expliquer**

La naissance d'un enfant

Au bout de 38 à 42 semaines, le développement du fœtus est terminé. Il mesure environ 50 cm et pèse près de 3 kg 500. L'enfant est prêt à naître, l'accouchement est proche, mais personne ne sait exactement quand il aura lieu.

→ **Comment se déroule l'accouchement pour la mère et son enfant ?**

Je réponds aux questions

1 D'après le document 1, identifiez les signes qui annoncent que l'accouchement va commencer.

2 D'après les documents 1 et 2, expliquez le rôle des contractions utérines.

3 D'après le document 2, trouvez ce qui rend possible la sortie du bébé.

Je conclus

Je résume par un texte les principales étapes d'un accouchement.

J'apprends :
- *à m'informer à partir de photographies et de textes* I ;
- *à relier des informations pour expliquer* Ra .

Vocabulaire

Bouchon muqueux : substance gluante et filamenteuse du col de l'utérus.

Monitoring : appareil d'enregistrement des contractions utérines.

Dilatation : ouverture du col de l'utérus.

1 Les premiers signes de l'accouchement

● La perte du **bouchon muqueux** qui obstruait l'entrée de l'utérus et la « perte des eaux » liée à la rupture de la poche contenant le liquide amniotique sont le plus souvent les tous premiers signes d'un accouchement.

● La mère ressent des douleurs dans l'abdomen qui correspondent aux contractions du muscle utérin. Faibles et espacées au début, elles deviennent plus intenses et plus fréquentes avec le temps.

● Les contractions permettent de pousser l'enfant vers le col de l'utérus qui se dilate.

● On pense aujourd'hui que c'est le bébé, et non la mère, qui amorce le processus de la naissance, en produisant des substances qui déclenchent les contractions.

a À quelques jours de l'accouchement.

2 L'expulsion du bébé

● Lorsque la **dilatation** du col de l'utérus est maximale, poussé par les contractions, le bébé franchit le bassin maternel, le plus souvent la tête la première. La relative élasticité des os du crâne non encore soudés facilite ce passage.

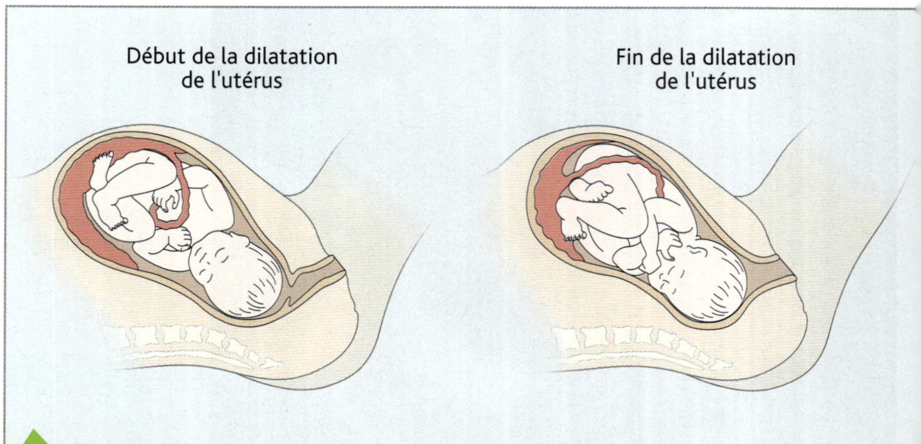

a Les différents moments de l'accouchement.

● À l'hôpital ou à la clinique, on place des capteurs sur le ventre de la mère : une sonde à ultrasons pour suivre le rythme cardiaque du bébé, ainsi qu'un monitoring pour surveiller la fréquence et l'intensité des contractions utérines.

● Le médecin contrôle aussi l'état d'avancement de l'accouchement en mesurant l'ouverture du col de l'utérus.

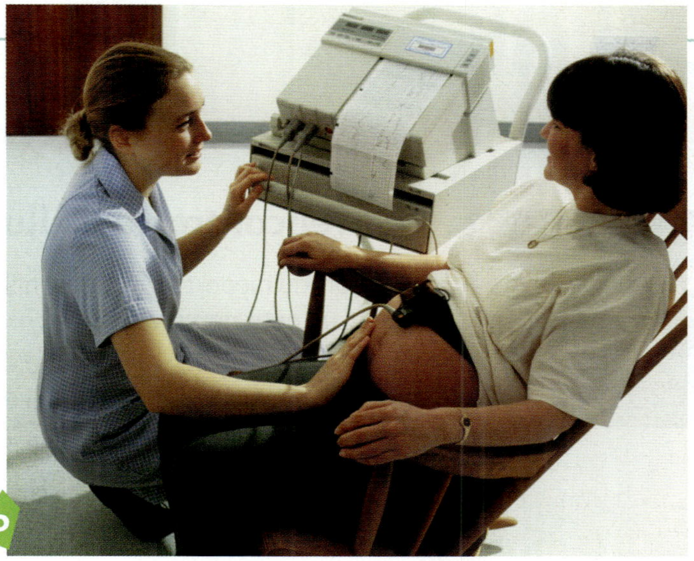

b Les capteurs sur le ventre de la future maman.

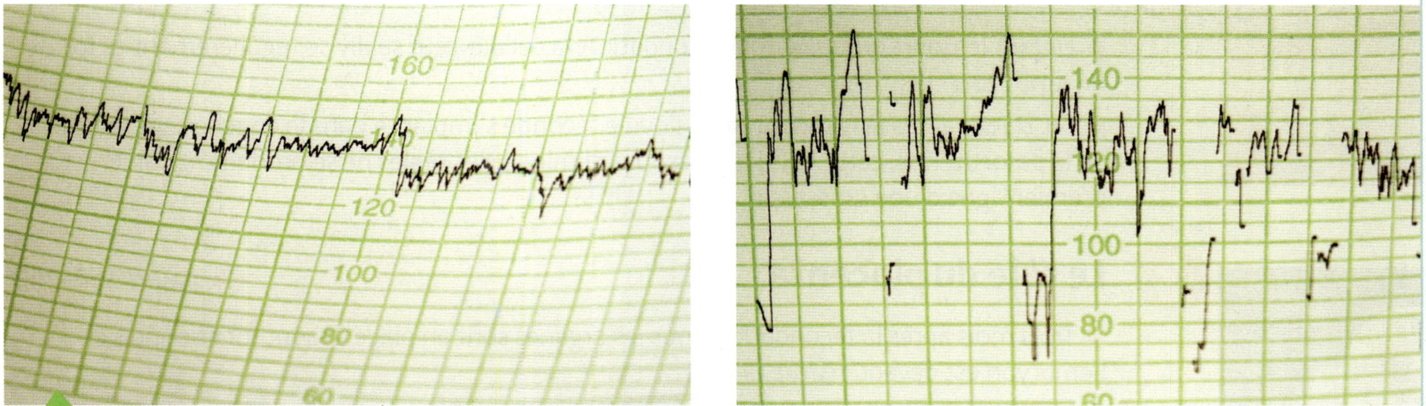

c Enregistrement des contractions, espacées et faibles à gauche ; fortes et très rapprochées à droite.

● Dès l'instant où le cordon est coupé, l'enfant respire et s'oxygène par ses propres moyens. C'est désormais à l'aide de son appareil digestif et de son appareil urinaire qu'il pourra se nourrir et éliminer ses déchets : une vie autonome commence. D'ultimes contractions utérines permettront d'expulser le placenta : c'est la délivrance.

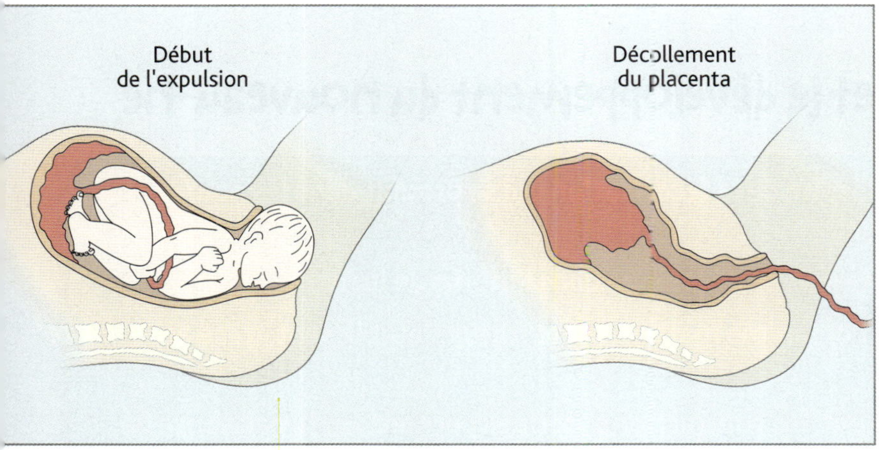

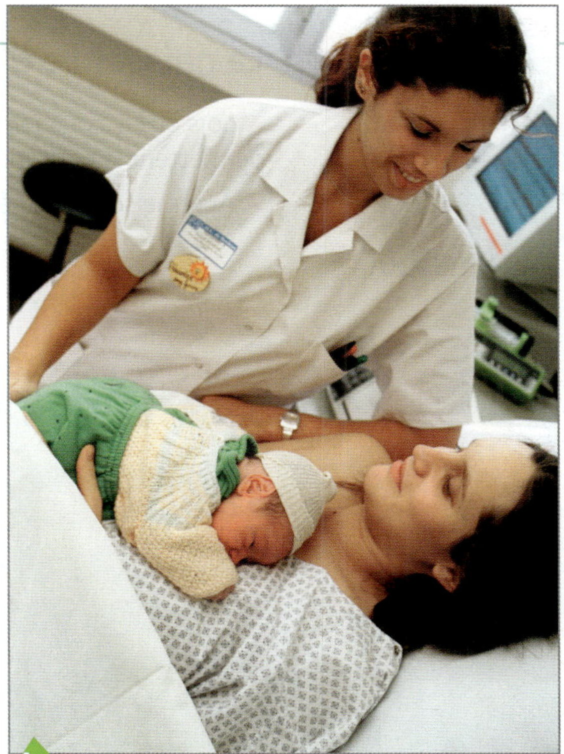

b Le nouvel environnement du nouveau-né.

BILAN

J'ai découvert, j'ai expliqué

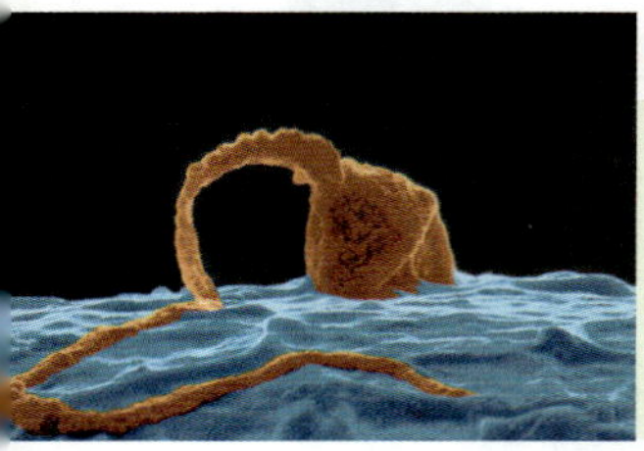

1 La rencontre des cellules reproductrices

→ pages 148-149

- Lors du rapport sexuel, des millions de spermatozoïdes sont déposés au fond du vagin. Seul un petit nombre arrive au niveau des trompes.
- La rencontre des spermatozoïdes et de l'ovule a lieu dans la partie supérieure d'une des deux trompes : c'est une **fécondation** interne.
- La fusion du noyau de l'ovule et de celui du spermatozoïde est à l'origine d'une nouvelle cellule : la **cellule-œuf**.

2 Le début de la grossesse

→ pages 150-151

- Durant les jours qui suivent la fécondation, la cellule-œuf se divise régulièrement et forme un **embryon**.
- Au 7e jour après la fécondation, si l'ovule fécondé s'implante dans la couche superficielle de la paroi utérine, cette dernière n'est pas éliminée : les règles ne se produisent pas. C'est le premier signe d'une grossesse.

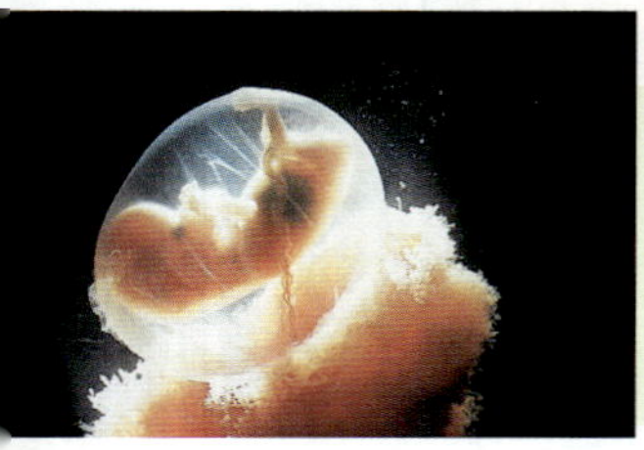

3 Le rôle du placenta

→ pages 152-153

- Trois mois après la fécondation, tous les organes sont en place et sont fonctionnels : l'embryon est devenu **fœtus**.
- Le **placenta** assure la nutrition de l'enfant par des échanges de substances entre le sang de la mère et le sang du fœtus durant la grossesse. Il permet également d'évacuer les déchets. Le placenta représente une grande surface d'échanges richement vascularisée.

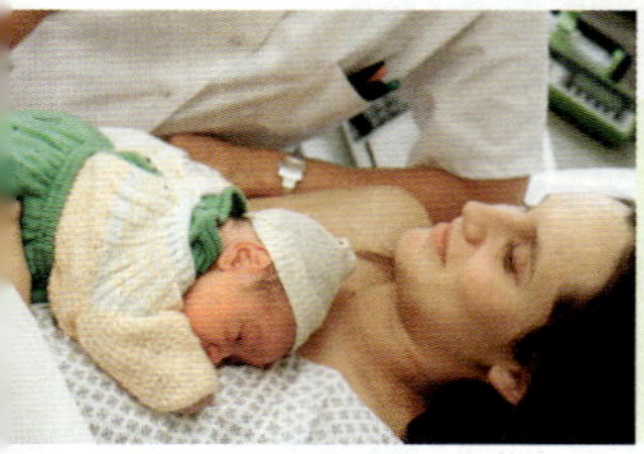

4 La naissance d'un enfant

→ pages 154-155

- Lors de l'accouchement, des contractions de l'utérus de plus en plus fortes et fréquentes permettent la naissance de l'enfant.
- Après la sortie du bébé, le placenta est expulsé : c'est la délivrance.

J'ai compris l'origine et le développement du nouveau-né

SOCLE commun des connaissances

→ L'embryon humain résulte de la fécondation qui se produit dans les heures suivant un rapport sexuel.

→ L'embryon s'implante puis se développe dans l'utérus de la mère.

→ Des échanges entre l'organime maternel et le fœtus s'établissent grâce au placenta.

→ Lors de l'accouchement, les contractions utérines permettent la naissance de l'enfant.

Je retiens par l'image

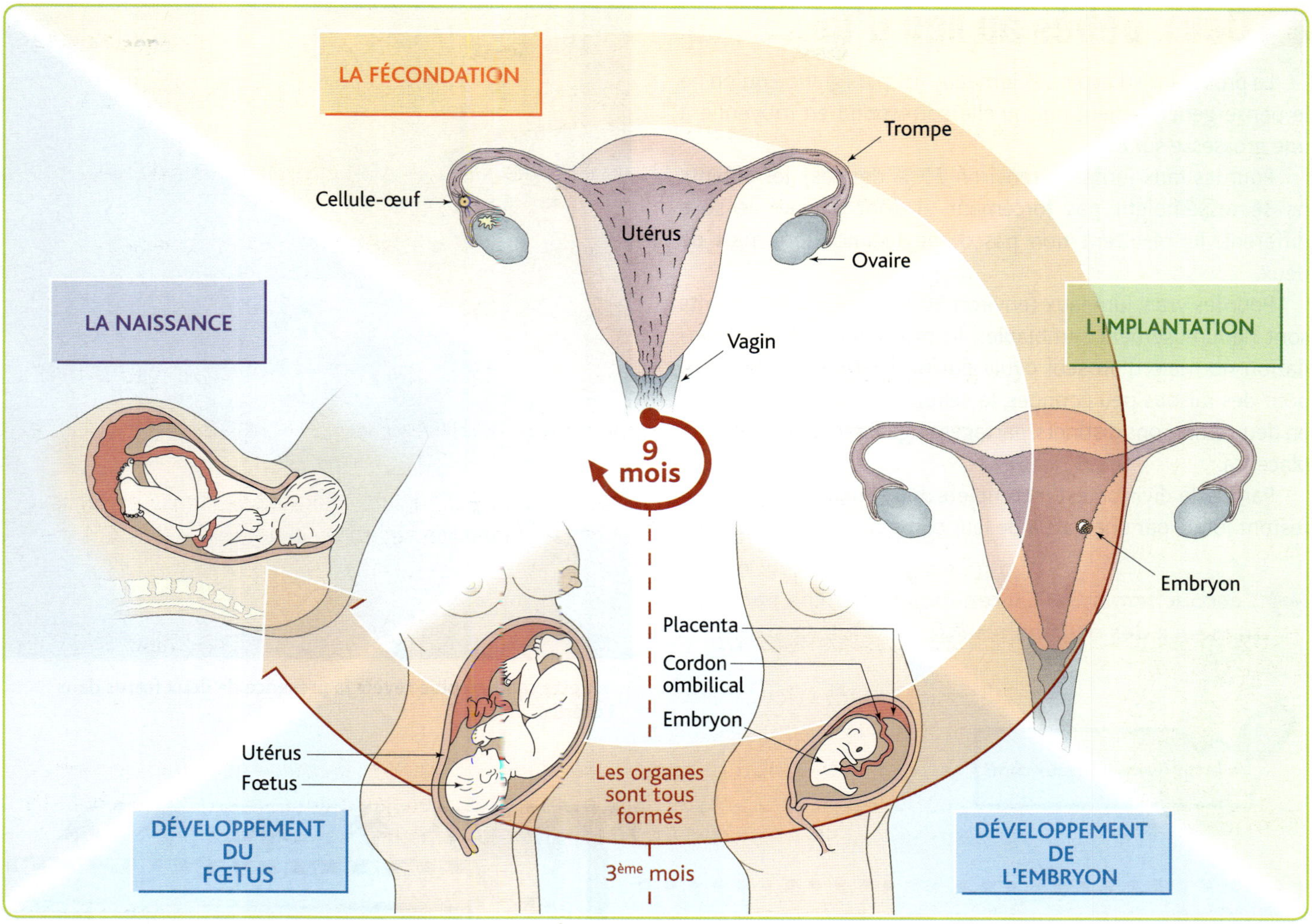

Je retiens par le texte

L'origine et le développement du nouveau-né

- À l'issue du rapport sexuel, les spermatozoïdes déposés dans le vagin remontent l'utérus et les trompes en direction des ovaires. Si un ovaire a expulsé un ovule, la **fécondation** a lieu dans la trompe : c'est une fécondation interne.
- La fusion des noyaux de l'ovule et du spermatozoïde est à l'origine d'une nouvelle cellule : la **cellule-œuf**.
- Par une suite de divisions, la cellule-œuf devient un **embryon** qui s'implante dans la paroi utérine : les règles alors ne se produisent plus. C'est le premier signe de la grossesse.
- Des échanges entre l'organisme maternel et le **fœtus** permettent d'assurer les besoins de ce dernier. Ces échanges se réalisent grâce au **placenta**, qui représente une grande surface richement vascularisée.
- Lors de l'accouchement, les contractions utérines et la dilatation du col de l'utérus permettent la naissance de l'enfant.

Mots à retenir

Cellule-œuf : cellule unique issue de la fusion d'un ovule et d'un spermatozoïde.

Embryon : stade de développement d'un organisme qui débute dès la fécondation et se poursuit jusqu'à ce que les différents organes soient formés.

Fécondation : union d'un spermatozoïde et d'un ovule.

Fœtus : nom donné au futur enfant, de la neuvième semaine après fécondation jusqu'à l'accouchement.

Placenta : organe d'échanges reliant la mère et l'enfant durant toute la grossesse.

DOSSIER

1 Deux bébés au lieu d'un...

La probabilité d'avoir des jumeaux est plus grande qu'on ne le pense généralement puisqu'elle correspond en moyenne à une grossesse sur 80.

Pour les faux jumeaux (environ 70 % des cas), les enfants ne se ressemblent pas forcément et sont parfois de sexe différent. Ils résultent non pas d'une fécondation, mais de deux.

Pour les vrais jumeaux (environ 30 % des cas), les enfants sont rigoureusement semblables. Ils proviennent de la fécondation normale d'un seul ovule par un spermatozoïde. Mais, pour des raisons peu connues, la cellule-œuf se divise ensuite en deux embryons distincts, partageant généralement le même placenta.

Parfois, la division est incomplète, les jumeaux ou jumelles restent joints par une partie de leur corps : il s'agit de siamois.

→ L'accouchement est-il rendu plus difficile par la présence des deux bébés ?

◆ http://www.jumeaux.com/

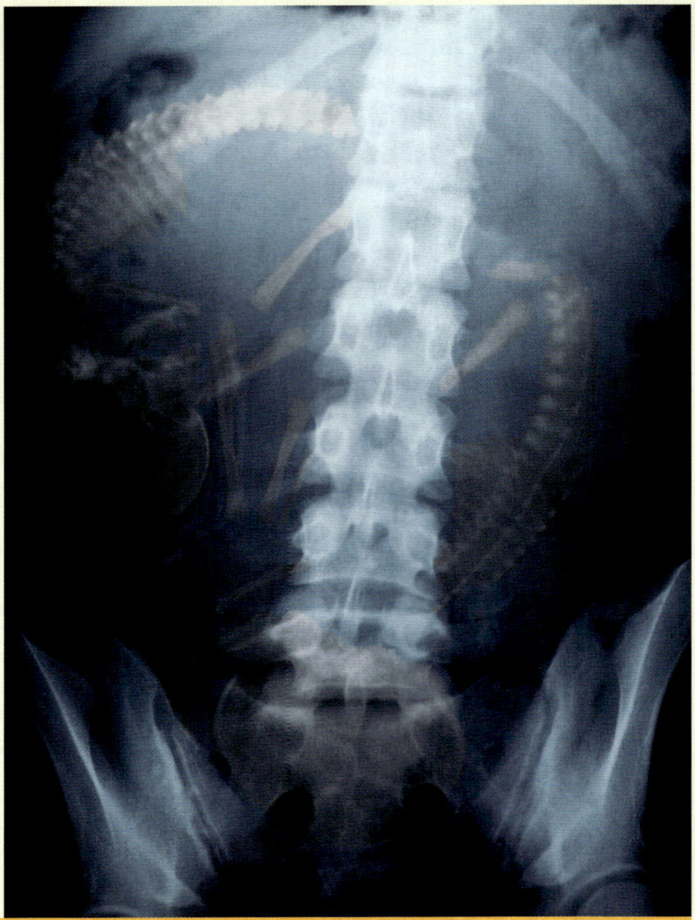

1. Cette radiographie révèle la présence de deux fœtus dans l'utérus.

2 La césarienne

Une césarienne peut être planifiée à l'avance ou pratiquée en urgence. Cette intervention est préférable en cas de bébé trop volumineux ou qui se présente autrement que par la tête.

Au moindre signe de détresse du fœtus (évalué par son rythme cardiaque sur le monitoring), on pratique en urgence cet acte chirurgical. C'est le cas lorsque le placenta se détache trop tôt de la paroi utérine, que le cordon ombilical est coincé entre l'utérus et la tête, ou que les contractions sont trop faibles.

Le chirurgien obstétricien pratique alors une ouverture de l'utérus de quelques centimètres dans le bas ventre de la mère. Ceci lui permettra de prélever directement l'enfant, sans passer par les voies naturelles.

Certains disent que cet acte doit son nom de « césarienne » en référence à Caïus Julius César, qui serait né de cette façon le 13 juillet 101 av. J.-C.

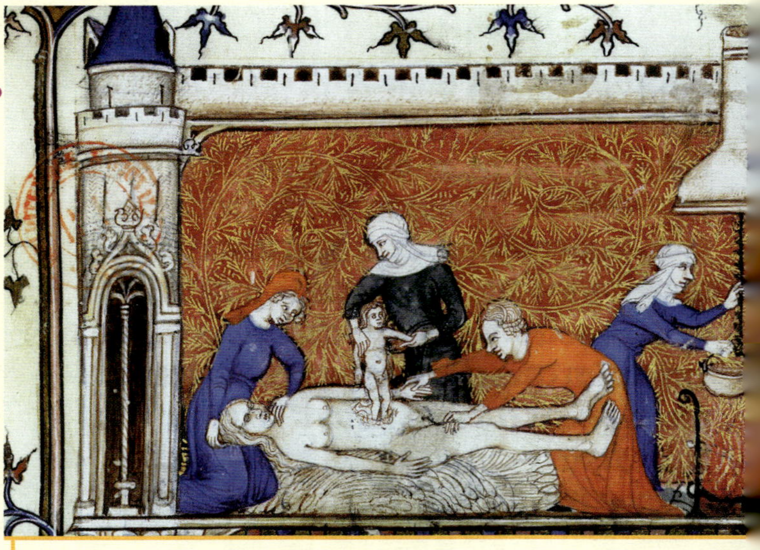

2. « La naissance de César », manuscrits occidentaux du Moyen Âge, Bibliothèque Nationale de France.

→ Par quels autres moyens peut-on faciliter un accouchement qui se révèle difficile ?

◆ http://www.france5.fr/maternelles/naissance/W00297/1/

3 La surveillance de la grossesse par échographie

La surveillance médicale de la grossesse est généralement prise en charge par des gynécologues, qui disposent de techniques modernes pour s'assurer que la mère supporte bien la grossesse, pour contrôler le développement du fœtus et pour préparer l'accouchement.

L'examen échographique est un acte rapide, indolore et sans danger. Un petit émetteur de vibrations sonores (ultrasons) est appliqué sur le ventre de la future mère. Une partie de ces vibrations est réfléchie par les organes du fœtus (peau, cœur, os...).

Un capteur récupère ces vibrations renvoyées par les organes du fœtus et de la mère. Un ordinateur analyse ces informations pour donner des images à l'écran. La forme du fœtus peut être observée, sa taille et son âge peuvent être évalués. Cet examen permet aussi de repérer d'éventuelles malformations.

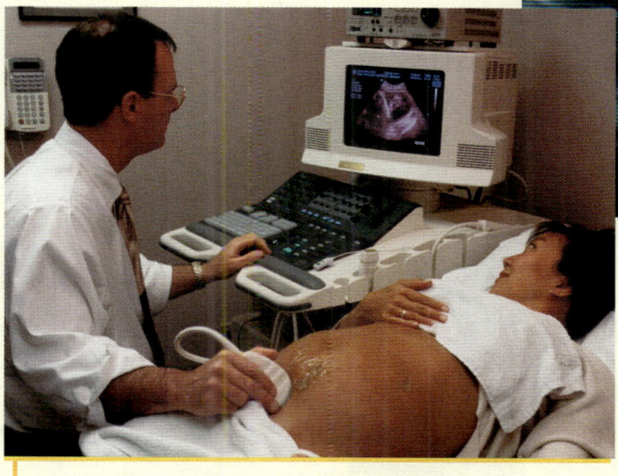

3. Un examen indolore : l'échographie.

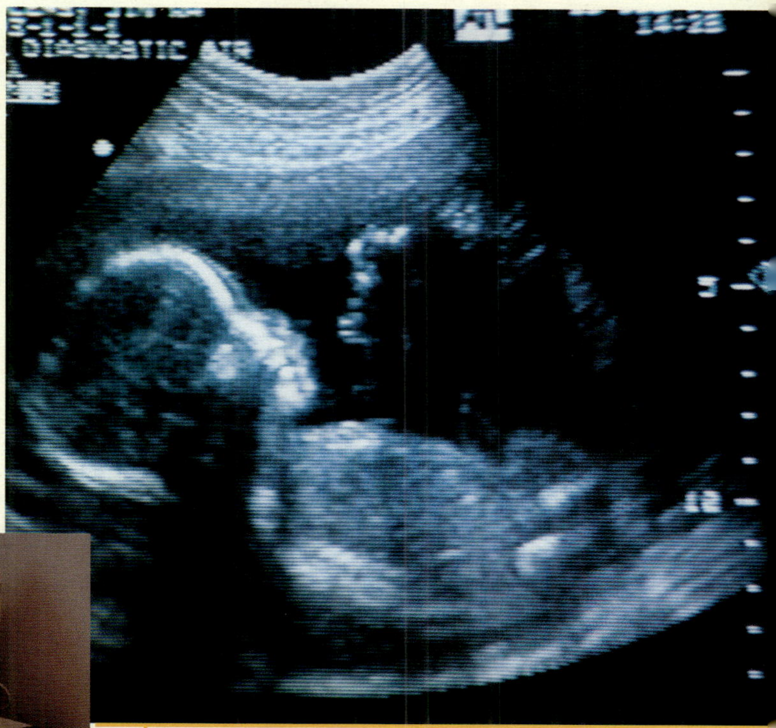

4. Une échographie d'un fœtus de quatre mois.

➜ Quand peut-on connaître avec certitude le sexe de l'enfant ?

4 D'où provient le liquide amniotique ?

Durant la grossesse, le fœtus mène une vie aquatique dans le liquide amniotique. Celui-ci permet non seulement d'amortir les pressions que subit l'abdomen de la mère, mais aussi de maintenir l'enfant à température constante. Le liquide amniotique hydrate le fœtus et le protège des infections.

Pendant les vingt premières semaines de grossesse, le fœtus participe peu à la formation de ce liquide, qui provient essentiellement de la partie liquide du sang maternel.

Ensuite, le fœtus prend une part plus active dans la formation de ce liquide qu'il avale. Ceci permet à ses reins, ses poumons et son appareil digestif de commencer à fonctionner. Le bébé produit de l'urine, perd des cheveux et des fragments de vernix (l'enduit blanc et gras qui recouvre la peau du fœtus à partir du septième mois). Avec le temps, le liquide jaunit et se trouble.

Ainsi, tout au long de la grossesse, le liquide amniotique évolue en volume et en composition. De 20 mL à cinq semaines, il passe à près de 1 L au huitième mois.

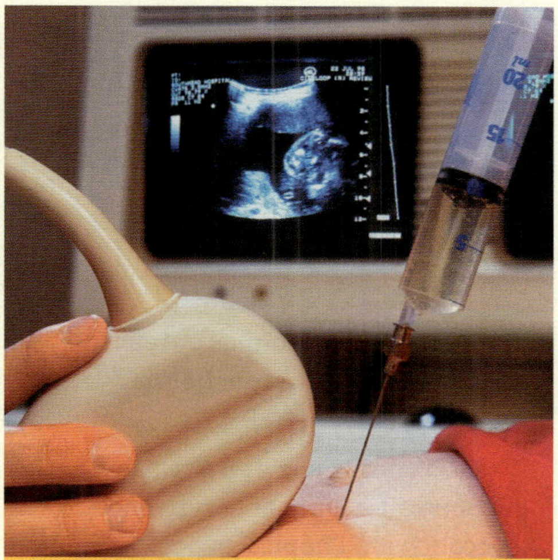

5. Une amniocentèse suivie par échographie.

➜ Quelles sont les fonctions de ce liquide dans lequel l'enfant se trouve durant la grossesse ?

EXERCICES

SOCLE COMMUN

Je teste mes acquis

1 Rechercher des informations

Je réponds rapidement à chacune des questions.

a. Où a lieu précisément la fécondation dans l'espèce humaine ?

b. Que devient la cellule-œuf après fécondation ?

c. Qu'est-ce que l'implantation de l'embryon ?

d. Quel est le rôle du placenta ?

e. Quels sont les signes du début de l'accouchement ?

2 Construire des phrases

J'utilise les mots proposés.

Phrase 1 : cellule-œuf / spermatozoïde / fécondation / ovule

Phrase 2 : signe / règles / grossesse / arrêt

Phrase 3 : cellule-œuf / divisions / embryon

Phrase 4 : placenta / sang maternel / sang fœtal / filtre / échanges

3 Comprendre une évolution des mentalités

Les accouchements au cours des siècles

Jusqu'au XIXe siècle, l'accouchement se déroule habituellement dans la pièce commune de la maison.

Bien que les maternités existent depuis le XVIIe siècle, seules les femmes réduites à la grande misère venaient y accoucher ; il était en effet inconcevable qu'un enfant naisse ailleurs qu'au foyer de ses parents. La femme accouchait rarement dans son lit, mais plutôt au chaud devant la cheminée, en adoptant la position qui lui convenait le mieux ou que la coutume locale avait fixée.

La préparation matérielle des accouchements était dérisoire, et l'improvisation souvent de mise.

Progressivement, le perfectionnement des soins a modifié les comportements : l'accouchement en milieu hospitalier s'est généralisé.

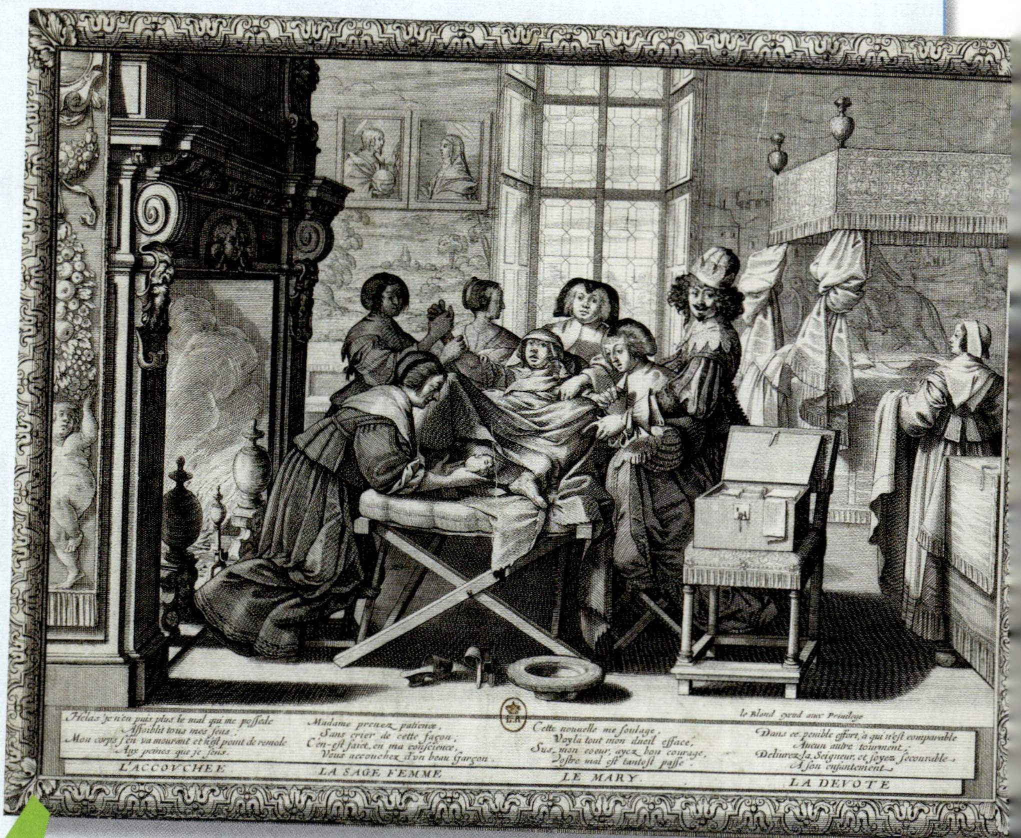

« L'accouchement », œuvre d'Abraham Bosse, 1633.

Questions

1. I **Quelles personnes entourent la jeune mère qui accouche à la maison ?**

2. Ra **Proposez une autre raison qui pourrait expliquer la réticence d'accoucher à l'hôpital avant le XXe siècle.**

3. Ra **De nos jours, pourquoi certaines femmes préfèrent-elles de nouveau accoucher à leur domicile ?**

Je consolide mes acquis

4 Retrouver un ordre chronologique

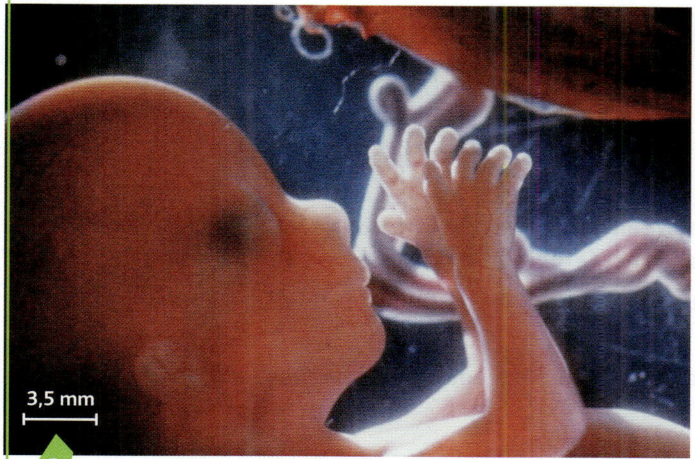

a

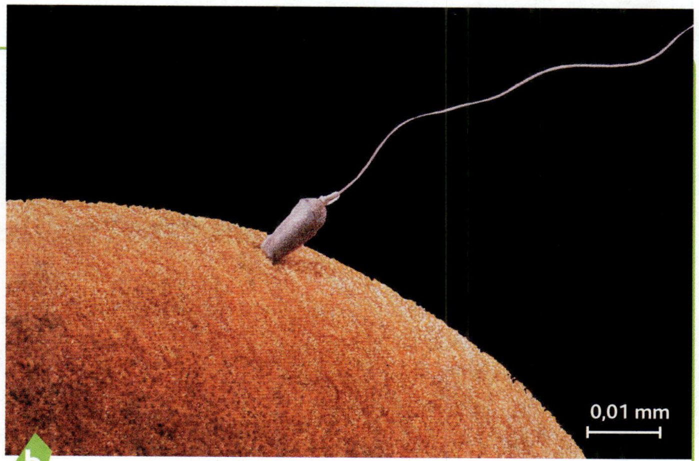

b

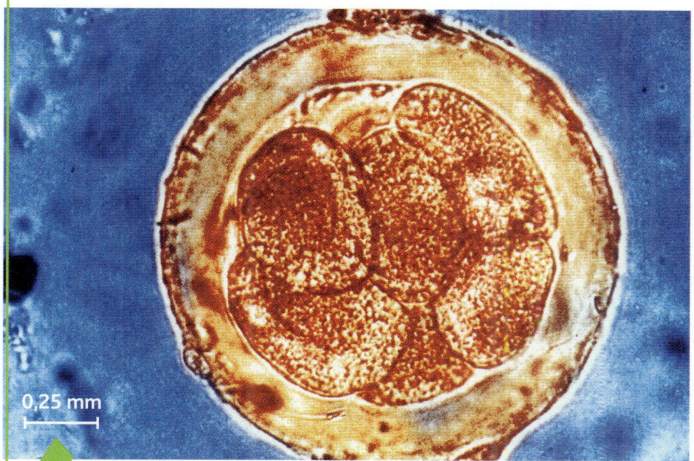

c

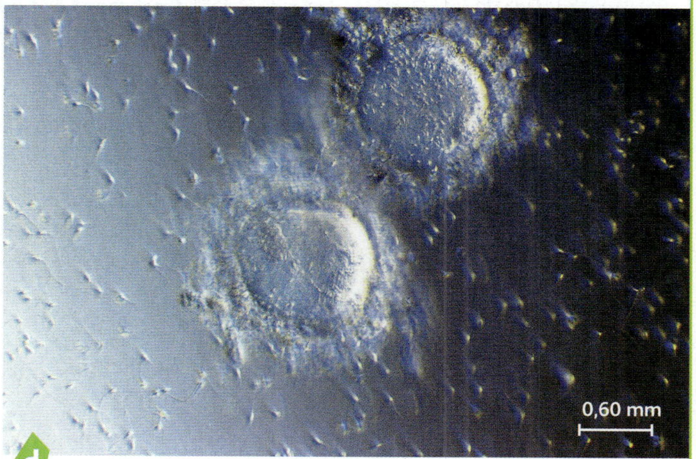

d

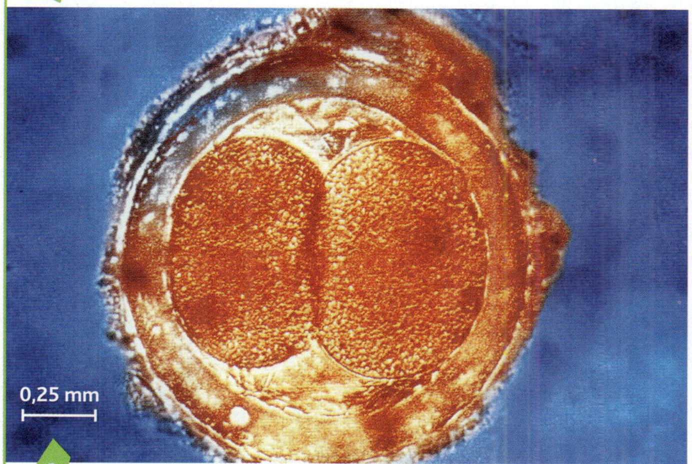

e

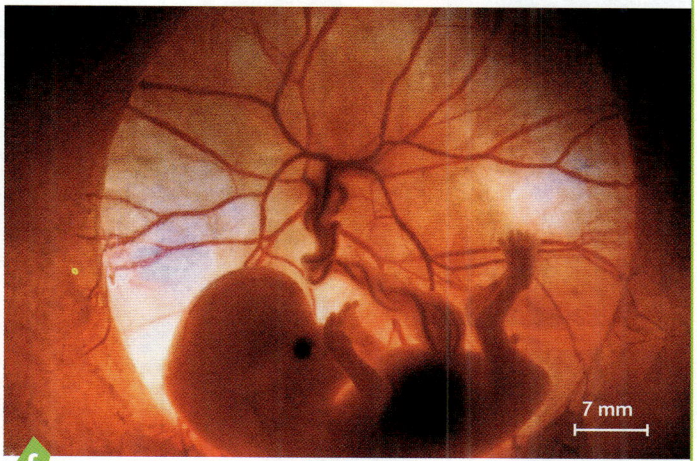

f

Un coup de pouce...
Utilisez les informations données au fil de ce chapitre.

Questions

1. Ra Classez ces documents dans un ordre chronologique.
2. Ra Donnez un titre à chacune de ces images.
3. Ra Expliquez par une phrase ce qui s'est produit entre chacun des documents.

5 La péridurale

Réalisez une recherche Internet sur le terme « péridurale », et répondez aux questions suivantes.

Questions

1. Que contient le liquide injecté ?

2. Où l'injection est-elle réalisée ?

3. Quels sont les effets recherchés ?

6 La croissance de l'enfant dans l'utérus

Grâce aux échographies, on peut suivre la croissance du bébé. Pour évaluer sa taille, on mesure la distance de l'extrémité de la tête jusqu'à la pointe du coccyx et on réalise un calcul pour estimer sa masse.

Questions

1. Re **À partir de ce tableau, réalisez un graphique représentant l'évolution de la masse de l'enfant au cours des neufs mois de la grossesse.**

2. Re **Réalisez un graphique représentant l'évolution de la taille de l'enfant au cours de la grossesse.**

3. Ra **Comment le bébé se procure-t-il les éléments nécessaires à son développement ?**

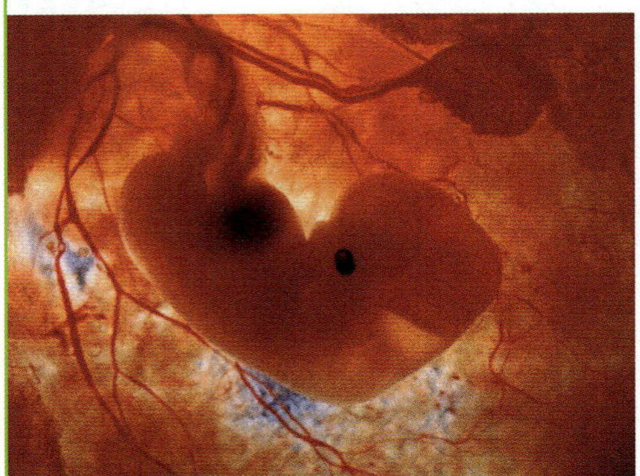

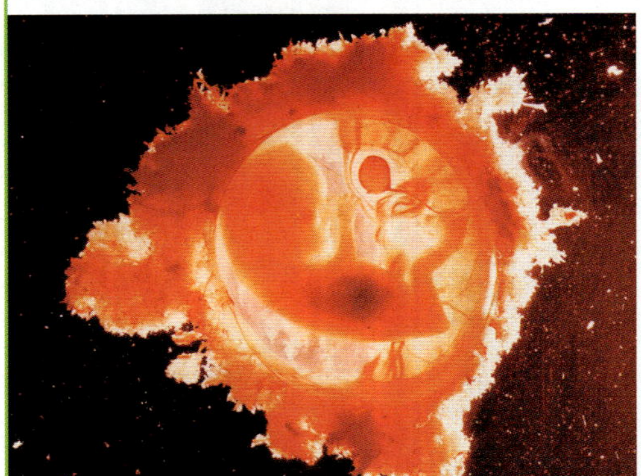

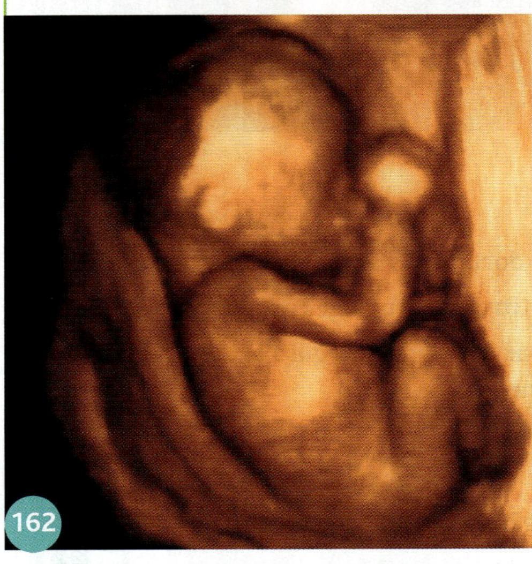

Mois de grossesse	Développement	Taille (en cm)	Masse (en gramme)
0 (2-3 semaines)	L'embryon se forme Ébauche de cœur et de cerveau	0,015	0,000 001
1	Ébauche des membres	0,5	0,02
2	Tous les organes sont en place	3,5	5
3	Le fœtus commence à bouger	8	30
4	La mère sent son bébé bouger	21	100
5	Le fœtus commence à sucer son pouce	28	250
6	Le fœtus perçoit les sons, ouvre les yeux	32	600
7	Le fœtus peut vivre hors de l'utérus à ce stade	40	1 200
8	Le fœtus prend une position tête en bas	43	2 100
9	L'accouchement	51	3 450

Tableau de croissance d'un enfant durant la grossesse.

Découvrir autrement

7 Rechercher des informations sur Internet

B2i

Question

Recherchez sur Internet des animations sur la fécondation ainsi que sur le développement d'un nouveau-né dans l'espèce humaine.

- http://lecerveau.mcgill.ca/flash/d/d_09/d_09_cr/d_09_cr_dev/d_09_cr_dev.html
- http://video.google.fr/videoplay?docid=7801601403639357303&q=f%C3%A9condation

8 Le coin de l'artiste

Léonard de VINCI (1452-1519)

Né à Vinci près de Florence, c'est un homme aux talents multiples. Il est à la fois peintre, sculpteur, orfèvre, musicien, architecte, physicien, astronome, géologue, géomètre, anatomiste, botaniste, alchimiste, visionnaire, inventeur, ingénieur mécanicien et militaire, horloger, urbaniste, et homme de génie multidisciplinaire et extrêmement prolifique.

Questions

1. Ra Compte tenu de l'époque, par quelle technique Léonard de Vinci a-t-il pu réaliser cette observation ?

2. Ra Quels éléments évoqués dans ce chapitre êtes-vous capable de reconnaître sur son dessin ?

1. I Recherchez d'autres dessins anatomiques de Léonard de Vinci et comparez leur exactitude avec des observations du XXIe siècle.

- http://artdevinci.free.fr
- http://www.vinci-closluce.com

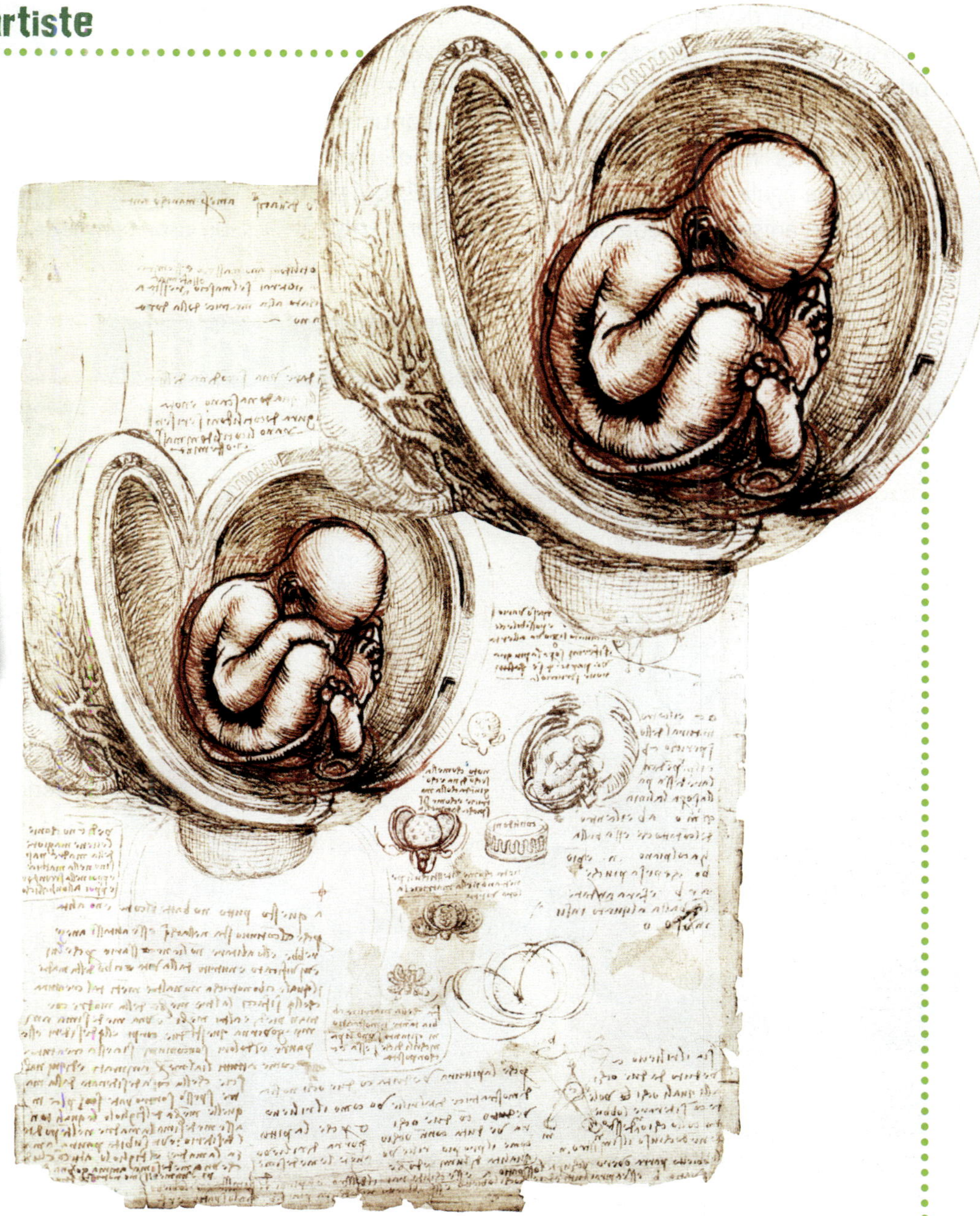

Planche anatomique, coupe d'un fœtus, dans « Notes et dessins sur la génération et le mécanisme des fonctions intimes ».

ENVIE DE SCIENCE

Le lait maternel

Une des nombreuses questions que se pose la future maman indécise au cours de la grossesse : « Vais-je allaiter mon enfant ou non ? ».

Le lait maternel est le seul aliment naturel et complet parfaitement adapté aux besoins de l'enfant puisque sa composition évolue au cours des semaines.

Dans les premiers jours, il est jaune et épais, chargé de purger l'appareil digestif du nouveau-né. Après quelques jours, il devient fluide et orangé, c'est le lait de transition riche en graisses et en sucres qui assure la prise de poids de l'enfant. Enfin, à la troisième semaine apparaît le lait mature, blanc bleuté, qui contient tous les éléments nécessaires à la croissance de l'enfant. Il renferme également des anticorps maternels qui protègeront l'organisme du bébé durant les premiers temps.

Un instant privilégié entre la mère et son enfant.

UN MÉTIER

Sage-femme

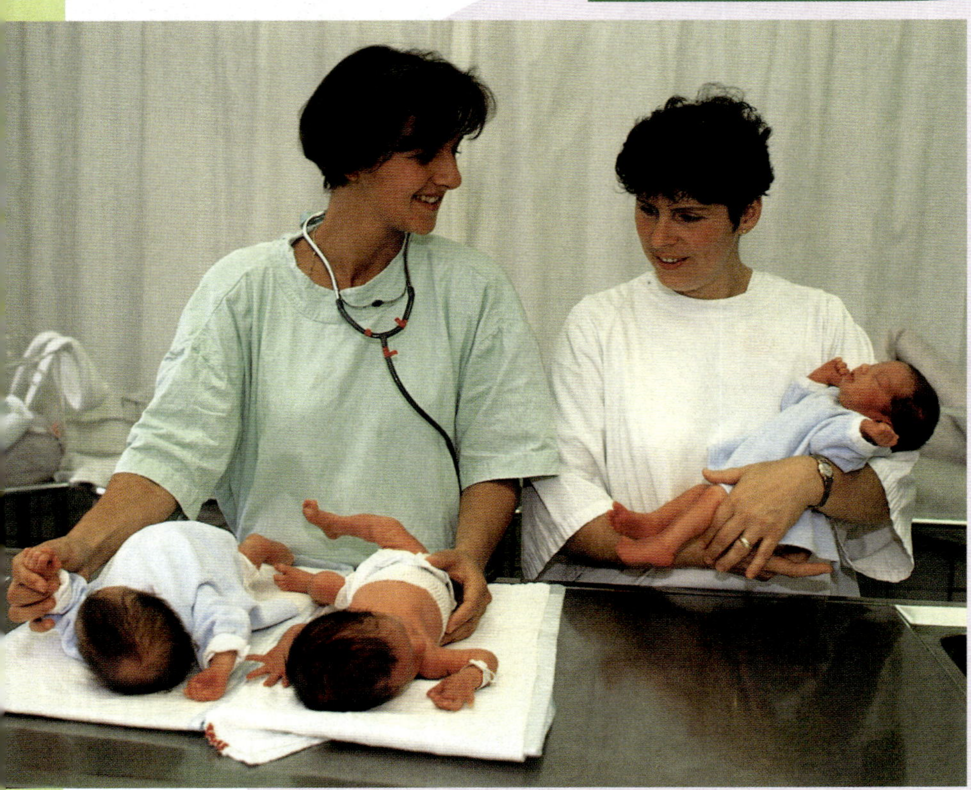

La sage-femme et la maman pour s'occuper de ces triplés de quelques jours.

Son champ de compétence s'étend de la surveillance de la femme enceinte à son accouchement et aux premiers soins du nouveau-né. Il est toutefois limité à une grossesse et un accouchement normaux ; un médecin doit obligatoirement prendre le relais en cas de grossesse ou accouchement difficile. La sage-femme assure le suivi médical de la grossesse, l'accompagnement psychologique de la future mère ainsi que les séances de préparation à l'accouchement.

Après la naissance, elle dispense les soins au nouveau-né et pratique, si nécessaire, les premiers gestes de réanimation. Elle surveille également la santé de la mère dans les premiers jours suivant la naissance, la conseille sur l'hygiène et l'alimentation du bébé.

FORMATION

Le diplôme d'État de sage-femme est un diplôme de l'enseignement supérieur délivré par les unités de formation et de recherche de médecine (facultés de médecine).

- http://onisep.fr
- http://www.ordre-sages-femmes.fr/

CHAPITRE 9

La contraception

Aujourd'hui, on peut choisir le moment d'avoir ou non un enfant : vie amoureuse et reproduction ne sont plus strictement associées. Il existe de nombreux moyens qui empêchent la conception d'un enfant non désiré : les contraceptifs.

• Quelles sont les différentes méthodes contraceptives ?

1 Découvrir expliquer

Différentes méthodes de contraception

L'efficacité des différentes méthodes de contraception est souvent liée à une bonne connaissance de leur mode d'action et de leurs conditions d'utilisation.

→ **Comment un contraceptif peut-il empêcher une grossesse ?**

Je réponds aux questions

1. Recherchez les moyens de contraception pouvant être obtenus avec ou sans prescription médicale.
2. Parmi les moyens de contraception présentés, lesquels permettent de se protéger des IST ?
3. Réalisez un tableau comparatif des différents moyens de contraception en précisant l'efficacité, la durée d'action, le mode d'obtention et le mode d'action.

Je conclus

Je relie chaque méthode de contraception à son mode d'action.

J'apprends :
- *à m'informer à partir de textes* I ;
- *à réaliser un tableau* Re.

Vocabulaire

Contraception : ensemble des méthodes ayant pour but d'éviter une grossesse.

Spermicide : substance détruisant les spermatozoïdes.

Hormones : substances libérées dans le sang par certains organes du corps humain et qui agissent sur d'autres organes en modifiant leur fonctionnement.

1 Empêcher la rencontre des cellules reproductrices

- Le préservatif masculin est une gaine en latex ou en polyuréthane qui se place sur le pénis en érection. Il présente une très bonne efficacité contraceptive lorsqu'il est utilisé correctement (précaution contre le déchirement du préservatif à l'ouverture de l'emballage et lors de sa mise en place, déroulement dans le bon sens...).
- Le préservatif féminin est une gaine en polyuréthane avec deux anneaux plus rigides. Le premier maintient le préservatif au fond du vagin, le deuxième repose sur la vulve et assure sa stabilité au cours du rapport sexuel.
- Ils sont disponibles librement et sans ordonnance dans les pharmacies, de nombreux commerces ou les distributeurs publics. Ils sont à usage unique.
- On peut aussi se les procurer gratuitement dans les centres de planification familiale ou auprès des infirmières scolaires.
- En plus de leur rôle dans la contraception, ils sont les seuls moyens permettant de se protéger des infections sexuellement transmissibles (IST) comme le Sida.

a Distributeur de préservatifs.

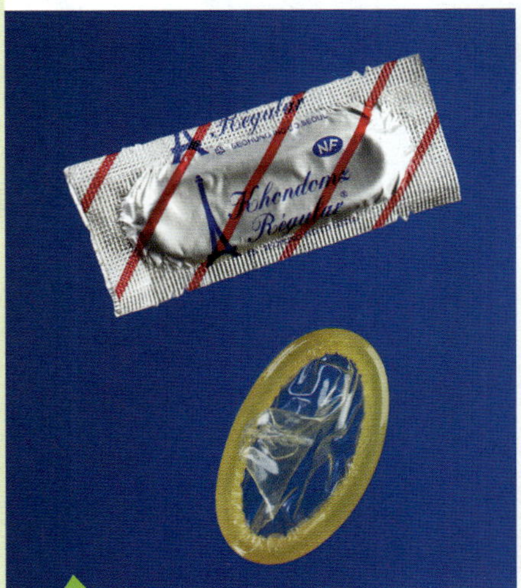

b Un préservatif masculin et son emballage.

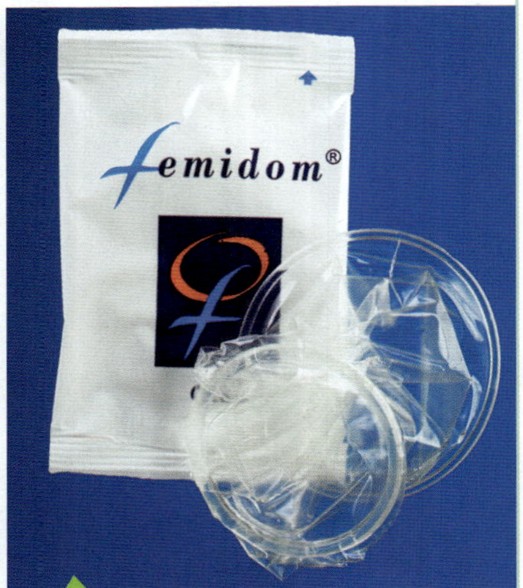

c Un préservatif féminin et son emballage.

- Le diaphragme, tout comme la cape cervicale, est un disque bombé que la femme introduit au fond de son vagin, avant un rapport sexuel, de manière à recouvrir le col de l'utérus. Ils sont en latex ou en silicone. Leur utilisation nécessite le conseil d'un médecin. Leur efficacité est bonne s'ils sont correctement mis en place et utilisés accompagnés d'un spermicide. Ils sont à usage unique, mais contrairement au préservatif, ils ne sont pas une protection contre les IST.

2 Empêcher la production d'ovules

Les méthodes hormonales

- Il existe plusieurs types de pilules qui se présentent sous la forme de plaquettes contenant de 21 à 28 comprimés. Lors de la première utilisation, la prise orale quotidienne débute le premier jour des règles et se termine à la fin de la plaquette. Les règles surviennent alors à partir du 21e jour. Sept jours plus tard, il faudra commencer une nouvelle plaquette. L'action contraceptive de la pilule est de 28 jours.
- Les pilules contiennent des hormones et sont très efficaces à condition de respecter la prise quotidienne à heure à peu près fixe.
- L'implant contraceptif se présente sous la forme d'un bâtonnet de quelques centimètres. Il est implanté sous anesthésie locale sous la peau du bras par un médecin. Il libère avec efficacité des hormones pendant trois ans.
- L'anneau vaginal se place au fond du vagin et libère des hormones pendant trois semaines. La femme observe ensuite une semaine sans la présence de l'anneau. C'est à ce moment-là que surviennent les règles.

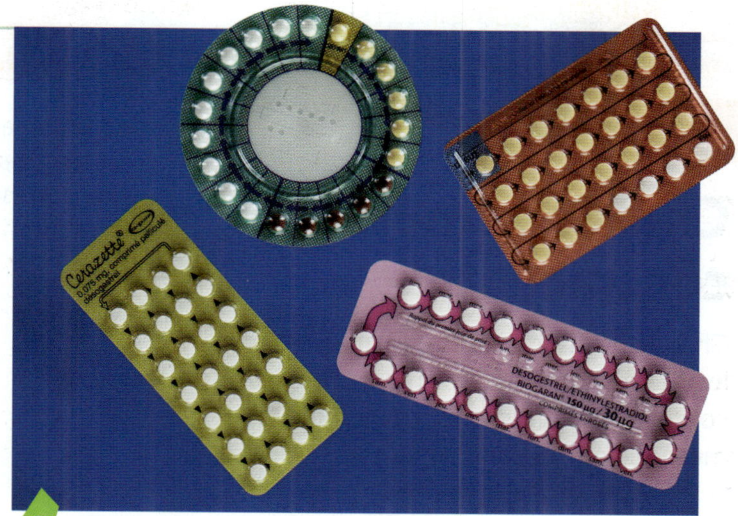

a La pilule sous toutes ses formes.

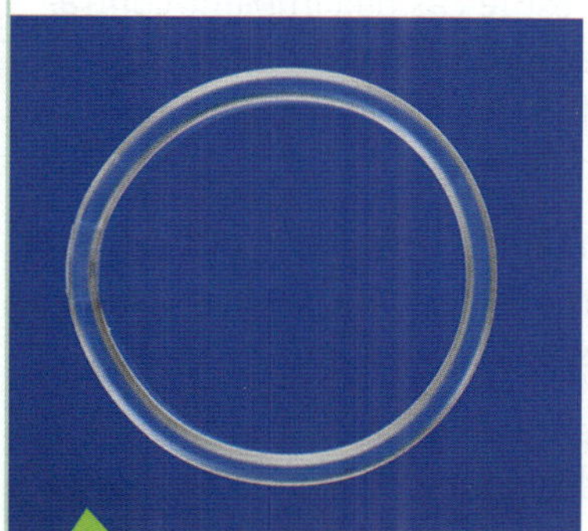
b L'anneau vaginal.

- Les différents contraceptifs hormonaux présentés empêchent la production d'ovules. Par ailleurs, ils agissent aussi sur le passage des spermatozoïdes au niveau du col de l'utérus. Ils sont délivrés sur ordonnance à la suite d'une consultation médicale.

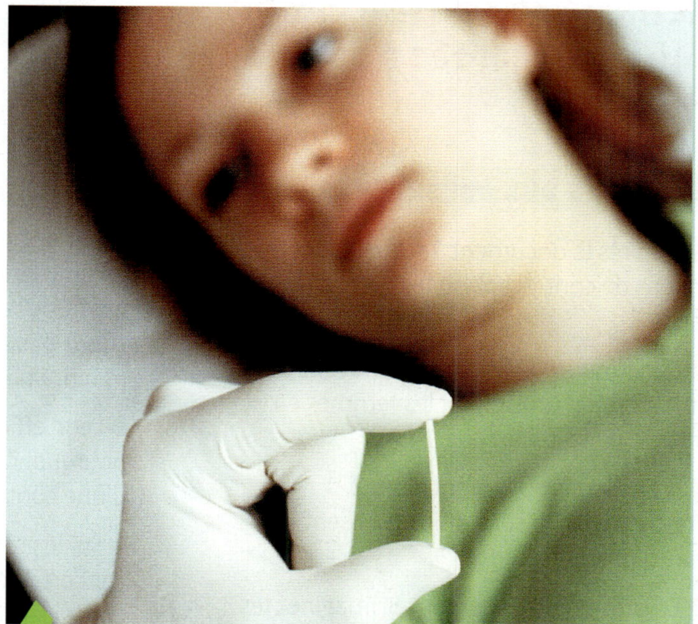
c Un implant contraceptif.

3 Empêcher l'implantation de l'embryon dans l'utérus

Le stérilet ou Dispositif Intra-Utérin (D.I.U.)

- Le stérilet est un petit objet de quelques centimètres souvent en forme de T, qui se place dans la cavité de l'utérus. La pose ou le retrait du stérilet s'effectue au cours d'une consultation médicale, et son efficacité est plus ou moins longue suivant les modèles (de un à cinq ans). C'est une méthode contraceptive très efficace dès sa mise en place.
- Certains stérilets sont recouverts de cuivre, d'autres libèrent des hormones.
- Le stérilet empêche l'implantation de l'embryon car il modifie les caractéristiques de l'utérus. Il exerce aussi une action sur le passage des spermatozoïdes dans l'utérus.

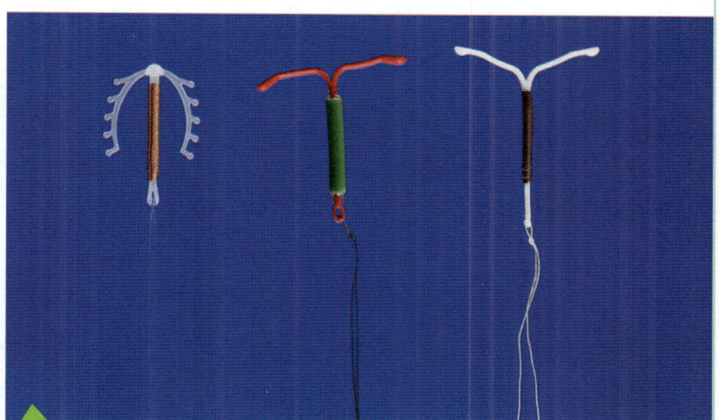
Les différents stérilets utilisés.

2 Découvrir expliquer

Choisir sa méthode contraceptive

Chaque méthode contraceptive a ses avantages et ses inconvénients ; bien les connaître permet à chacun de choisir la méthode qui lui convient.

→ **Comment choisir la méthode de contraception la mieux adaptée à sa situation ?**

Je réponds aux questions

1. D'après le document 1a, quels sont les moyens de contraception les plus utilisés en France ?
2. Déterminez quels sont les moyens de contraception utilisés par les femmes en fonction de leur âge (doc. 1b).
3. À partir des documents 1 et 2, déterminez les raisons qui conduisent au choix d'un contraceptif.
4. En utilisant le document 3, imaginez les questions que pourrait poser un médecin lors d'un entretien médical ayant pour but de choisir un mode de contraception.

Je conclus

J'indique les critères qui peuvent guider le choix d'un contraceptif.

J'apprends :
- *à m'informer à partir de textes et de graphiques* I.

Vocabulaire

Gynécologue : médecin spécialiste de l'appareil reproducteur de la femme.

1 Les modes de contraception choisis en France

- Au moment de l'enquête (baromètre santé 2005 INPES) en 2005, 76,6 % des femmes âgées de 25 à 44 ans déclarant avoir des rapports sexuels utilisaient un moyen de contraception.

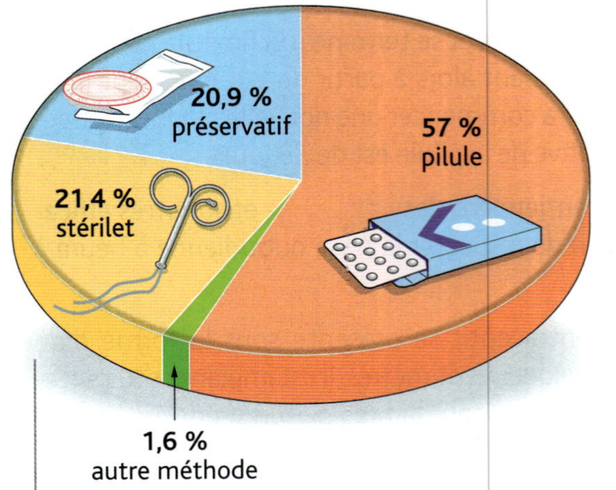

a **L'utilisation des différents contraceptifs en France.**

- Les autres méthodes correspondent à de nouveaux contraceptifs mis récemment à la disposition des femmes. C'est le cas de l'implant contraceptif, de l'anneau vaginal et du patch contraceptif. Ces méthodes ne nécessitent pas une prise quotidienne, et sont efficaces d'une semaine, pour le patch, à plusieurs années pour l'implant contraceptif.
- Leur efficacité est très bonne car ils limitent les risques d'oubli. C'est pourquoi ils séduisent de plus en plus de femmes en France, à la recherche d'une contraception moins contraignante et aussi efficace.
- Sur le graphique suivant, le total des pourcentages dépasse souvent 100 % car certaines femmes ont utilisé, au cours de l'année, plusieurs moyens de contraception différents.

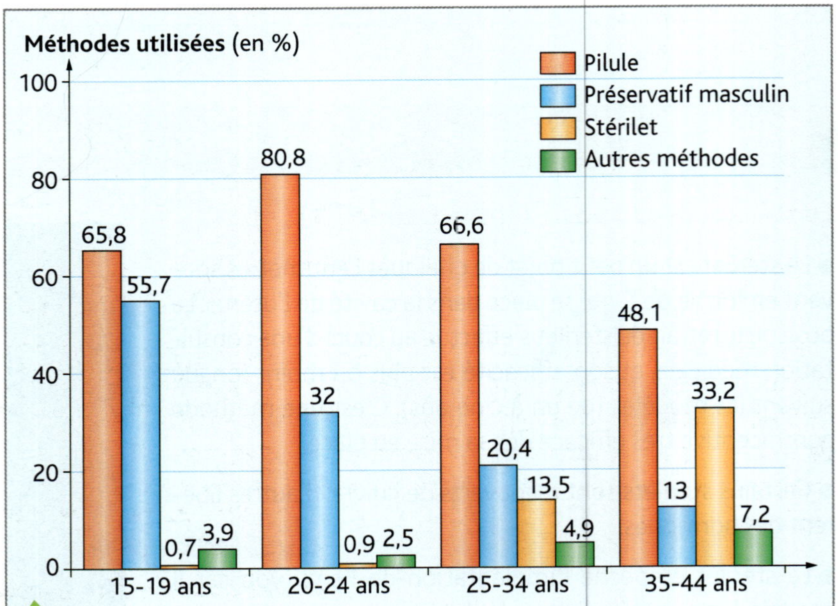

b **Le choix des contraceptifs par les femmes en fonction de leur âge (INPES).**

2 Une contraception au quotidien

- Antoine et Marie ont tous les deux 22 ans. Ils se connaissent depuis un an. Depuis le début de leur relation, ils utilisent des préservatifs comme mode de contraception. Aujourd'hui, ils ont le résultat de leur test de dépistage du Sida et autres infections sexuellement transmissibles. Ils ont réalisé ce test dans un centre de dépistage gratuit et anonyme. Dans quelques jours, Marie consultera son gynécologue dans le but d'obtenir la prescription de la pilule. Ils ont choisi ce contraceptif car il est facile d'utilisation et bénéficie d'une très bonne efficacité, lorsque l'on n'oublie pas de le prendre. De plus, s'ils le souhaitent, il leur suffira d'arrêter cette contraception pour avoir la possibilité d'attendre un enfant.

a Antoine et Marie.

b Pascale et Alexis.

- Pascale et Alexis ont 35 et 36 ans. Leur famille compte trois enfants mais aujourd'hui, ils n'en désirent plus d'autres. Lorsqu'elle n'attendait pas ses enfants, Pascale utilisait la pilule, mais elle souhaite maintenant un mode de contraception moins contraignant. C'est pourquoi, sur les conseils de son gynécologue, elle a choisi le stérilet pour la durée de son efficacité (jusqu'à cinq ans pour certains modèles).

3 Un rendez vous pour choisir

- Un rendez-vous avec un médecin s'impose pour bien choisir son contraceptif.

- Lors de l'entretien, le médecin va tenter de connaître la patiente et se renseigne sur sa relation amoureuse, ses habitudes, son état de santé, ses envies. En tenant compte de toutes ces informations, il est à même de proposer la méthode contraceptive la plus appropriée et d'en expliquer l'utilisation.

Une consultation pour faire son choix.

3 Découvrir expliquer

En cas d'urgence !

Malgré la diversité, l'efficacité et la facilité d'utilisation des méthodes contraceptives actuelles, il peut arriver qu'un oubli ou une mauvaise utilisation augmentent le risque d'une grossesse non désirée à l'issue d'un rapport sexuel. Dans de telles conditions, on peut avoir recours en urgence à la « pilule du lendemain ».

→ **Quelles sont les caractéristiques et les conditions d'utilisation de la « pilule du lendemain » ?**

Je réponds aux questions

1. D'après le document 1, dans quel cas utiliser la « pilule du lendemain » ?
2. Comment agit la « pilule du lendemain » ?
3. Où peut-on se procurer la « pilule du lendemain » (doc. 2) ?
4. À l'aide du document 3, précisez pourquoi on ne peut pas considérer la « pilule du lendemain » comme un moyen de contraception régulier.

Je conclus

Je détermine les conditions d'utilisation de la « pilule du lendemain ».

J'apprends :
- *à m'informer à partir de textes et de photographies* I ;
- *à relier des informations pour expliquer* Ra .

Vocabulaire

IVG : interruption volontaire de grossesse.

1 Utiliser la « pilule du lendemain »

- Dans le cas d'un rapport non protégé ou mal protégé (oubli de la pilule, rupture du préservatif), la pilule du lendemain permet de réduire les risques d'une grossesse non désirée et de limiter le recours à l'IV.G.
- La « pilule du lendemain » se présente sous la forme d'un comprimé unique. Elle doit être prise au plus tard trois jours après le rapport, mais il est conseillé de la prendre au plus tôt. En effet, son efficacité n'est que de 85 % lorsqu'elle est prise dans les 12 heures qui suivent le rapport, et tombe à 54 % lorsqu'elle est prise dans les 48 heures.

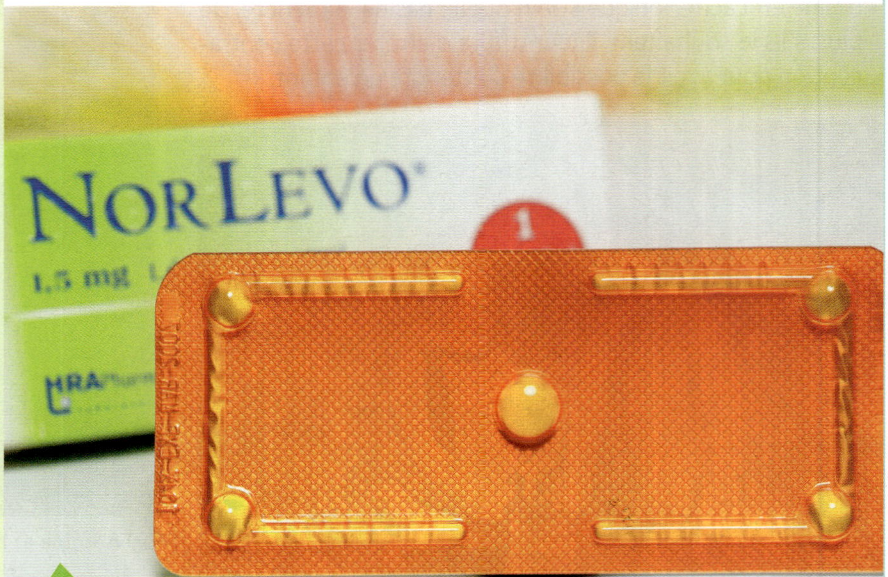

a La « pilule du lendemain ».

- La « pilule du lendemain » agit à différents niveaux de l'appareil reproducteur féminin grâce à des doses massives d'hormones :
– elle bloque ou retarde l'ovulation ① ;
– elle empêche la remontée des spermatozoïdes en modifiant les caractéristiques du col de l'utérus ② ;
– elle est un obstacle à l'implantation de l'embryon dans l'utérus en modifiant les caractéristiques de sa paroi interne ③.

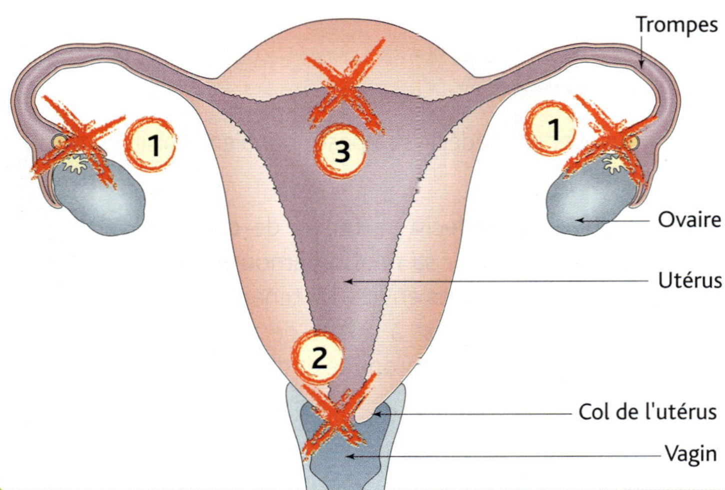

b Schéma de localisation des actions de la « pilule du lendemain ».

2 Se procurer la « pilule du lendemain »

a **« Une contraception d'urgence : la pilule du lendemain »** éditée par l'assurance maladie et le Cespharm (ordre national des pharmaciens).

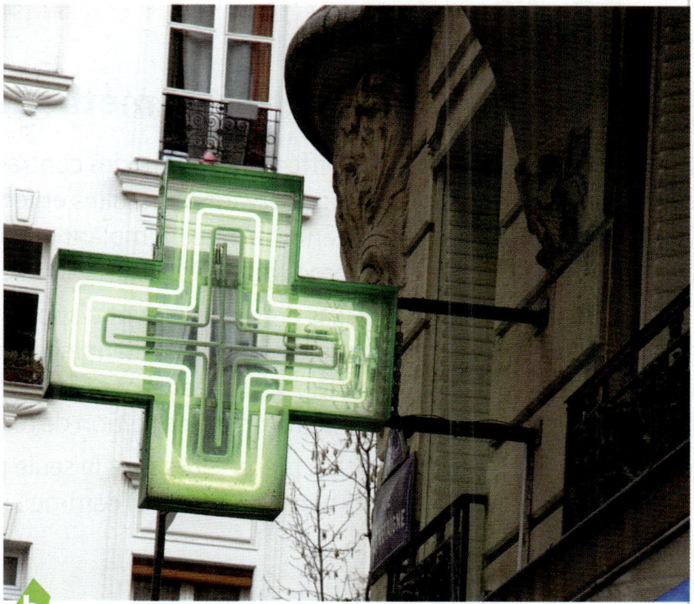

b **Pour se la procurer ou prendre conseil.**

● La « pilule du lendemain » peut être délivrée avec ou sans ordonnance en pharmacie. Toute mineure qui en fait la demande peut l'obtenir gratuitement auprès des infirmières scolaires, des centres du planning familial ou des pharmacies. On peut aussi se la procurer dans les services d'urgence des hôpitaux.

● Dans le cadre de cette distribution gratuite et anonyme, des informations complémentaires pourront être dispensées.

3 Et après son utilisation que faire...

● À la suite de son utilisation, il est indispensable de poursuivre une contraception efficace par l'emploi de préservatifs jusqu'à l'apparition des règles. Si celles-ci ne surviennent pas cinq à sept jours après la date attendue, un test de grossesse s'impose.

● La « pilule du lendemain » intervient dans une situation d'urgence et ne peut être considérée comme un contraceptif régulier. En effet, comme son efficacité dépend du moment de la prise, son utilisation à la place d'une contraception régulière conduit assez fréquemment à une grossesse non souhaitée. En outre, il n'est pas souhaitable d'utiliser des doses aussi massives d'hormones. Il est donc conseillé d'opter, sur les conseils d'un professionnel de la santé, pour une contraception régulière adaptée.

● Par ailleurs, il est fortement recommandé, en cas de rapport non protégé contre les IST, de réaliser un test de dépistage dans un centre gratuit et anonyme pour écarter tout risque.

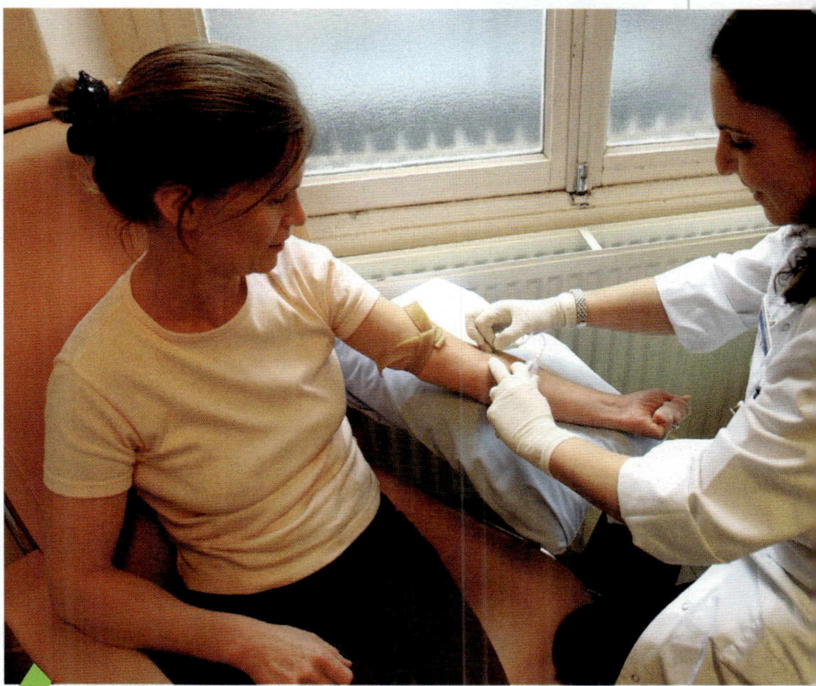

Un dépistage gratuit et anonyme.

BILAN

J'ai découvert, j'ai expliqué

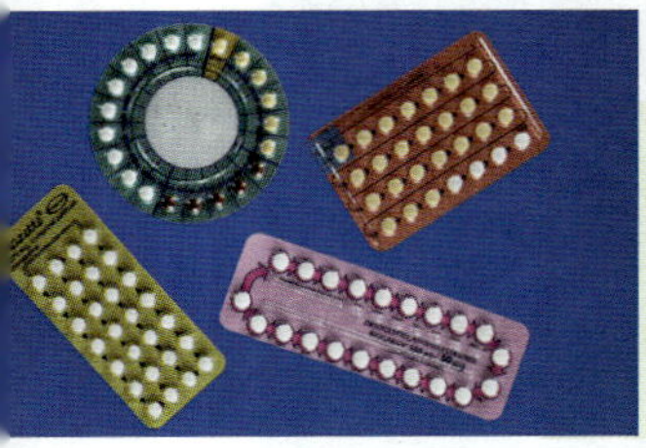

1 Différentes méthodes de contraception

→ pages 166-167

- Différentes méthodes contraceptives permettent d'éviter une grossesse non désirée. Les préservatifs masculins et féminins empêchent le passage des spermatozoïdes dans l'utérus. La pilule, l'implant et l'anneau vaginal qui contiennent des **hormones** empêchent la production d'ovules. Le stérilet empêche l'implantation de l'embryon dans l'utérus.
- Les préservatifs sont disponibles dans le commerce, mais on peut aussi se les procurer dans les centres du planning familial et auprès des infirmières scolaires. Les autres méthodes nécessitent une prescription médicale. Toutes ces méthodes de **contraception** sont efficaces à condition de respecter avec précision leur mode d'emploi.
- Les préservatifs sont la seule protection contre les **infections sexuellement transmissibles (IST)** comme le Sida.

2 Choisir sa méthode contraceptive

→ pages 168-169

- En France, les femmes utilisent principalement la pilule comme mode de contraception. Chez les jeunes, pilule et préservatif sont les plus employés.
- Mais chacun, en fonction de ses attentes et de son mode de vie, est libre de choisir le moyen de contraception qui lui est le mieux adapté. Pour cela, il doit tenir compte, avec les conseils d'un professionnel médical, des caractéristiques du contraceptif et de ses propres exigences.

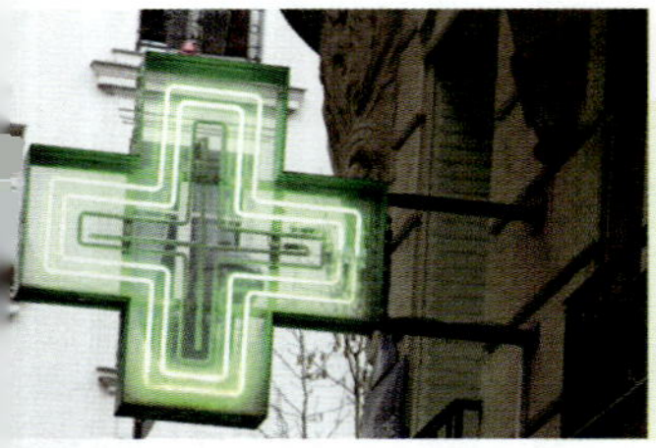

3 En cas d'urgence !

→ pages 170-171

- Dans certains cas (oubli d'un contraceptif ou accident intervenu au cours de son utilisation), on peut avoir recours à la « pilule du lendemain ». Elle est disponible sans prescription médicale dans les pharmacies et peut être délivrée gratuitement et anonymement aux mineures qui en font la demande.
- Dans tous les cas, la « pilule du lendemain » ne peut se substituer à un mode de contraception régulier et efficace car son activité est limitée au seul rapport ayant nécessité sa prise. En outre, il n'est pas souhaitable d'utiliser trop souvent des doses aussi massives d'hormones.

J'ai compris la contraception

SOCLE COMMUN des connaissances

→ La contraception représente l'ensemble des méthodes ayant pour but d'empêcher une grossesse en cas de rapport sexuel.

→ En cas d'urgence, il est possible d'éviter une grossesse non désirée par la prise rapide de la « pilule du lendemain ».

Je retiens par l'image

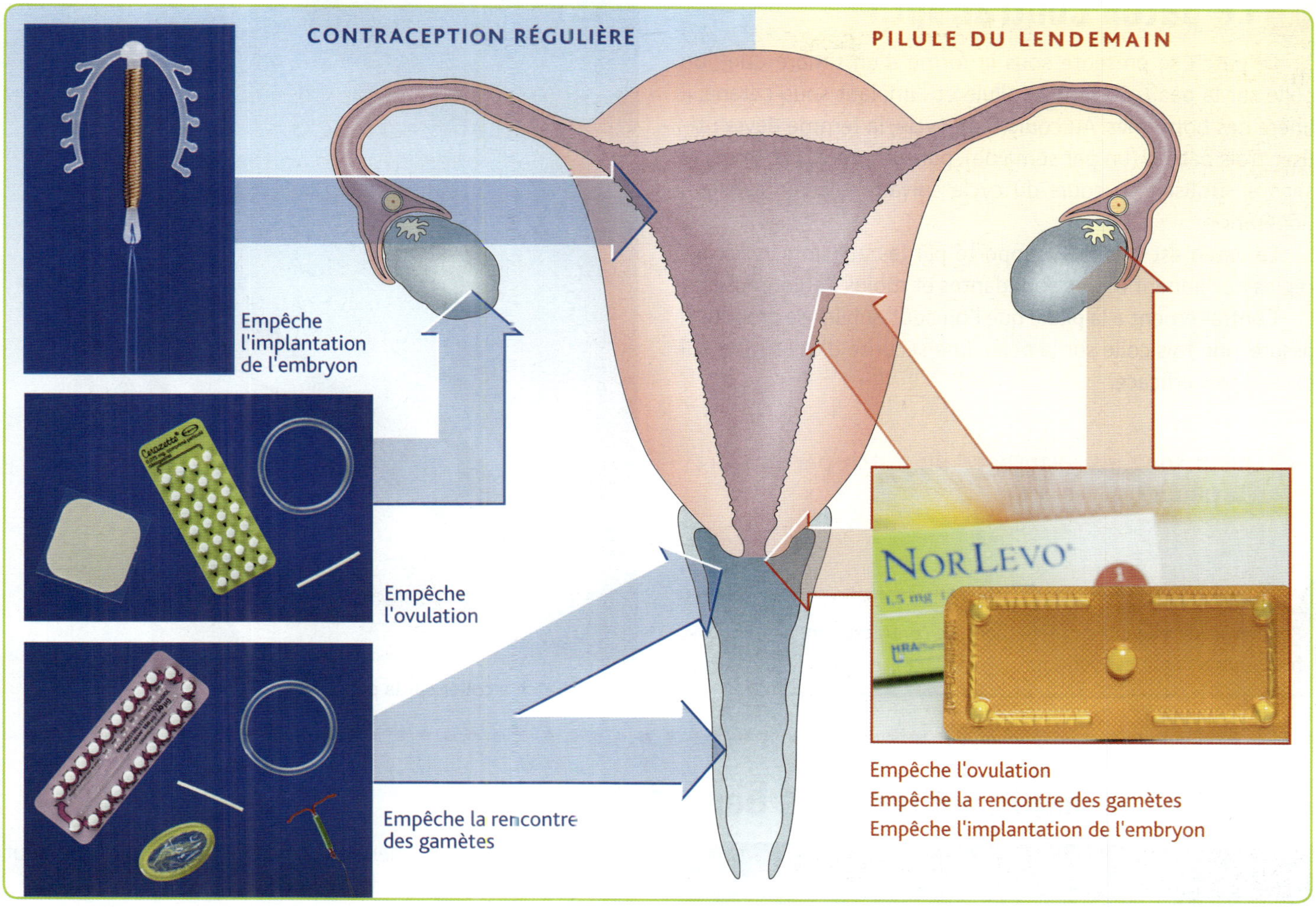

Je retiens par le texte

La contraception

- Les méthodes de **contraception** permettent aujourd'hui de choisir le moment d'avoir ou non un enfant. Il existe différents contraceptifs. Certains empêchent la production des cellules sexuelles, d'autres interdisent leur rencontre, alors qu'un dernier type, en modifiant les caractéristiques de la paroi de l'utérus, empêche l'embryon de s'implanter.
- L'efficacité des contraceptifs (préservatif, stérilet ou contraceptif libérant des **hormones**) dépend de leur bonne utilisation et de la connaissance de leurs caractéristiques.
- Seul le préservatif permet une protection efficace contre les **infections sexuellement transmissibles (IST)**.
- Le choix d'une méthode contraceptive peut s'effectuer sur les conseils d'un médecin. Celui-ci pourra proposer celle qui est la mieux adaptée à la situation.
- En cas d'urgence, il est possible d'avoir recours à la « pilule du lendemain » pour prévenir ou empêcher le déroulement d'une grossesse non désirée.

Mots à retenir

Contraception : ensemble des méthodes qui ont pour but d'éviter une grossesse.

Hormones : substances libérées dans le sang par certains organes du corps humain et qui agissent sur d'autres organes en modifiant leur fonctionnement.

IST : infections sexuellement transmissibles.

1 Le patch contraceptif

Le patch se présente sous la forme d'un timbre que l'on colle sur la peau. Comme la pilule et l'implant sous-cutané, il libère des hormones. Au cours d'un cycle, la femme devra utiliser trois patchs (un par semaine), puis attendre une semaine sans en utiliser. Au cours du cycle suivant, elle renouvellera l'opération.

Le patch est très bien supporté par les utilisatrices car les règles deviennent moins abondantes et moins douloureuses.

Contrairement à la pilule que l'on peut oublier de prendre, il assure, une fois collé sur la peau, une sécurité d'utilisation qui le rend très efficace.

→ **Quels sont les avantages du patch par rapport à la pilule ?**

Pour en savoir plus sur cette méthode de contraception.
http://www.contraceptions.org

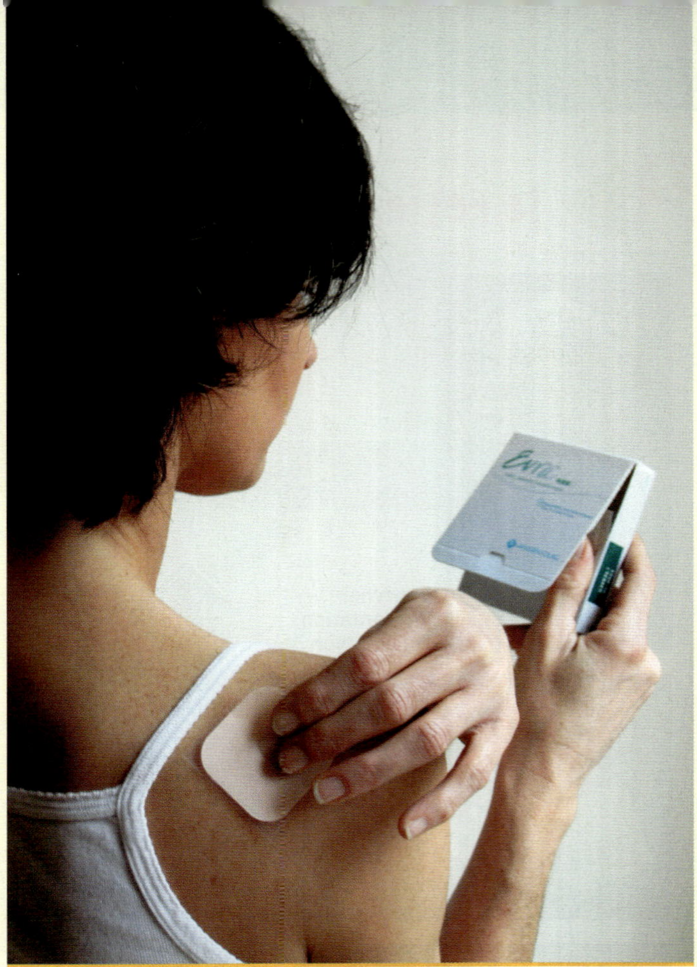

1. Le patch à coller sur la peau.

2 Tabac et pilule ne font pas bon ménage !!!

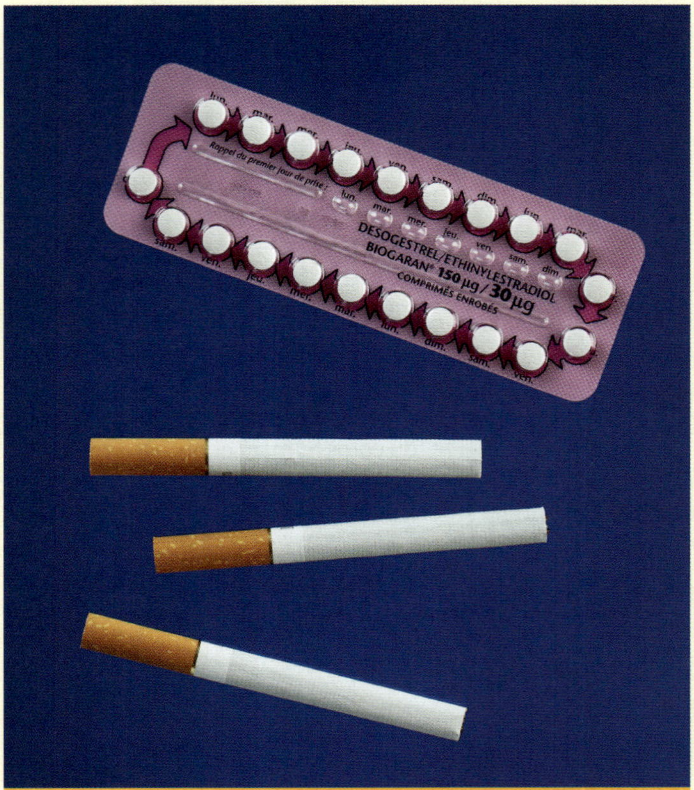

2. Un mélange à risque.

« Fumer nuit gravement à la santé », c'est ce que l'on peut voir écrit sur les paquets de cigarettes.

Mais voici peut-être une nouvelle raison de ne pas commencer ou d'arrêter de fumer.

Des études récentes ont montré que les femmes qui prennent la pilule et fument régulièrement voient leur risque d'accident cardio-vasculaire multiplié par sept. Par ailleurs, l'action combinée du tabac et des hormones contenues dans les pilules augmenterait les risques de cancer de l'utérus, des ovaires et de la vessie.

→ **Quels sont les risques d'associer pilule et tabac ?**

http://martinwinckler.com/

3 L'ovulation n'est pas prévisible

Une étude américaine menée sur deux cent vingt femmes a permis d'enregistrer les caractéristiques des cycles féminins. Au cours de ces cycles, on a mesuré les concentrations des hormones responsables du déclenchement de l'ovulation chez les femmes.

Seulement 30 % des femmes suivies étaient fertiles dans l'intervalle théorique du 10e au 17e jour appelé période de fécondité. L'ovulation des autres femmes suivies s'est déroulée avant ou après cette phase, et ceci malgré la présence de cycles réguliers. Les ovulations peuvent donc être précoces ou tardives. En conséquence, un rapport sexuel sans contraceptif situé en dehors de la période théorique de fécondité peut aussi provoquer une grossesse.

→ **Quelles sont les précautions à prendre pour se protéger d'une grossesse non désirée ?**

- http://www.contraceptions.org
- http://www.planning-familial.org

3. Prévoir la date d'ovulation.

4. Plantation d'hévéas en Indonésie.

4 L'histoire du préservatif

Le XXe siècle a vu l'apparition d'une maladie sexuellement transmissible, le Sida. Pourtant, l'utilisation du préservatif, qui permet de se protéger de toute transmission, ne date pas de cette période.

Elle remonte à l'Antiquité. Dans certaines fresques des tombeaux du temple de Karnak (en Égypte), on retrouve des hommes dont le sexe était recouvert d'un étui en lin. Plus tard, à l'époque des Romains, vessies et intestins de mammifères remplacèrent l'utilisation de tissus.

En 1843, Goodyear et Hancock inventent la vulcanisation, qui rend le caoutchouc élastique et résistant ; les préservatifs étaient alors lavables et réutilisables. Aujourd'hui, ils sont en latex ou en polyuréthane ce qui permet, tout en diminuant leur épaisseur, d'améliorer leur résistance. Chaque année, l'industrie du préservatif consomme des tonnes de latex, que l'on récupère sur des arbres appelés hévéas.

→ **Pourquoi les Hommes ont-ils cherché à utiliser des préservatifs, de l'Antiquité à nos jours ?**

EXERCICES

SOCLE commun

Je teste mes acquis

1 Rechercher des informations

Je réponds rapidement à chacune des questions.

a. Pourquoi le préservatif est-il le contraceptif le plus utilisé par les jeunes ?

b. Quels sont les modes d'action de la pilule ?

c. Quel moyen de contraception empêche l'implantation de l'embryon ?

d. Où peut-on se procurer la « pilule du lendemain » ?

e. Pourquoi la « pilule du lendemain » ne peut-elle pas être considérée comme un contraceptif à utiliser régulièrement ?

2 Construire des phrases

Je construis des phrases après avoir associé à chaque contraceptif un ou plusieurs modes d'action :

Phrase 1 : préservatif / utérus / spermatozoïdes

Phrase 2 : urgence / « pilule du lendemain » / rapport sexuel

Phrase 3 : utérus / stérilet / embryon

Phrase 4 : IST / contraceptif / préservatifs

Phrase 5 : choix / contraceptif / situation personnelle

3 Comprendre l'intérêt d'une étude statistique

L'efficacité des contraceptifs

Un rapport de l'Organisation Mondiale de la Santé (O.M.S.) édité en 2005 présente les résultats d'une étude réalisée sur l'efficacité des contraceptifs aux États-Unis.

Au cours de cette étude, des femmes utilisant ou non différents modes de contraception ont été suivies. Au bout d'un an, on a mesuré le pourcentage de femmes concernées par une grossesse.

La première colonne donne des valeurs correspondant à l'ensemble de la population féminine pour une méthode donnée.

La deuxième colonne concerne une population féminine dont on est sûr qu'elle utilise parfaitement la méthode contraceptive employée.

Méthodes contraceptives	Pourcentage de femmes ayant vécu une grossesse durant la 1re année d'utilisation du contraceptif	
	Ensemble de la population testée	Fraction de la population utilisant parfaitement sa méthode contraceptive
Aucune	85 %	85 %
Diaphragme	16 %	6 %
Préservatif feminin	21 %	5 %
Préservatif masculin	15 %	2 %
Pilule	8 %	0,3 %
Implant sous-cutané	0,05 %	0,05 %

Efficacité des contraceptifs.

Questions

1. I Ra **Comparez les cas où les femmes utilisent une méthode de contraception avec celui où les femmes n'en utilisent pas.**

2. I Ra **Quel est l'effet de l'utilisation d'une méthode contraceptive ?**

3. I Ra **Comparez les résultats obtenus par les deux populations testées utilisant un moyen de contraception. Expliquez les différences.**

4. I **Pilule et implant sous-cutané reposent sur le même principe contraceptif. Lequel ?**

5. I Ra **Comment expliquez-vous la différence des résultats obtenus pour ces deux contraceptifs ?**

6. Ra **Quels sont les avantages du préservatif par rapport aux autres moyens de contraception ?**

Je consolide mes acquis

4 L'utilisation de la pilule contraceptive

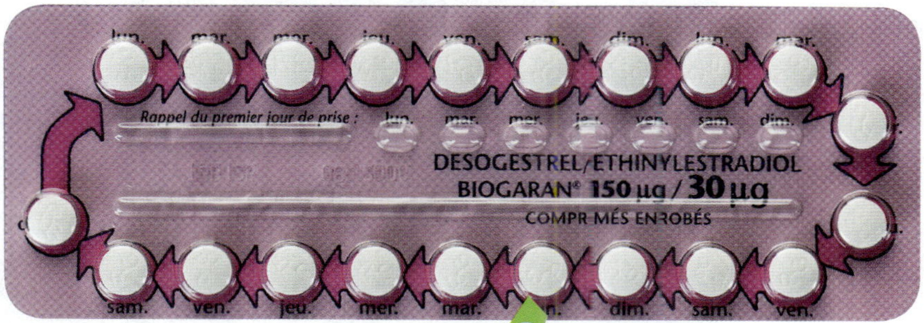

a Une plaquette de pilule.

2. DANS QUEL(S) CAS UTILISER CE MEDICAMENT

Ce médicament est un Contraceptif oral.
Ce médicament empêche l'ovulation. Il est préconisé dans le but d'éviter une grossesse.

3. ATTENTION !

- **Dans quel(s) cas ne pas utiliser ce médicament**

Ce médicament **ne doit pas être utilisé** dans les cas suivants:

- maladies du coeur et des vaisseaux sanguins: en particulier infarctus du myocarde, accident vasculaire cérébral, phlébite, embolie pulmonaire, hypertension artérielle, maladies des artères coronaires, des vaisseaux des yeux, des valves cardiaques et certains troubles du rythme cardiaque;
- diabète compliqué,
- maladies du foie sévères ou récentes;
- tumeurs malignes du sein, de l'utérus et tumeurs de l'hypophyse;
- saignements vaginaux d'origine non déterminée;
- porphyrie (maladie héréditaire avec accumulation de pigments dans l'organisme);
- connectivites (terme désignant un certain nombre de maladies rares);
- en association avec le ritonavir.

Ce médicament **ne doit généralement pas être utilisé,** sauf avis contraire de votre médecin dans les cas suivants:

- tabagisme;
- diabète non compliqué, quantité excessive de cholestérol et de triglycérides (graisses dans le sang), obésité;

b La notice d'utilisation de la pilule.

Questions

1. Ra Sur la plaquette, des jours sont notés. Dans quel but les a-t-on indiqués ?

2. Ra Pendant combien de jours consécutifs une femme va-t-elle prendre cette pilule ?

3. Ra Quel est l'évènement qui intervient à partir du 21ᵉ jour ?

4. Ra I D'après la notice, dans quels cas l'utilisation de ce contraceptif est-elle déconseillée ?

5. I Quelles recommandations peut-on proposer aux futures utilisatrices de la pilule contraceptive pour qu'elle soit la plus efficace possible ?

5 Réfléchir sur la contraception d'urgence

Raisons	Pourcentage
Absence de contraception	21,8 %
Problème lié au préservatif	32,5 %
Oubli de pilule	24,9 %
Autres raisons	2,7 %

a Les conditions de recours à la contraception d'urgence (baromètre santé 2005 INPES).

Sur l'année 2003/2004, 16 347 élèves sont venues à l'infirmerie de leur établissement scolaire pour demander une contraception d'urgence. Sur les 16 347 demandes, 8 535 ont justifié l'administration d'une contraception d'urgence par l'infirmière scolaire, une structure spécialisée (planning familial), ou un pharmacien.

b Demande et délivrances de la contraception d'urgence (baromètre santé 2005 INPES).

« Chez les jeunes filles de moins de 18 ans, trois grossesses sur cinq aboutissent à une IVG (interruption volontaire de grossesse), soit 13 400 IVG en 2004. Ce chiffre n'a pas baissé depuis dix ans. Cette situation n'est pas satisfaisante, sachant que les séquelles psychologiques sont plus graves chez les jeunes filles que dans le reste de la population féminine. En outre, le désarroi, les difficultés d'accès et le mauvais usage de la « pilule du lendemain » les conduisent souvent à recourir tardivement à l'IVG, ce qui comporte plus de risques… »

c Extrait de l'avis remis en décembre 2006 au gouvernement par le Haut Conseil de la Population et de la Famille.

Questions

1. I Ra D'après les informations apportées par les documents, pourquoi est-il nécessaire d'informer les adolescents sur la contraception d'urgence ?

2. Ra Pourquoi faut-il poursuivre des campagnes d'information régulières sur les contraceptions ?

3. Ra Quelles conséquences sur le nombre d'IVG en France devrait-on observer suite à la mise à disposition gratuite de la contraception d'urgence aux mineures qui en font la demande ?

4. C Ra Proposez des solutions qui permettraient de faire baisser le nombre d'IVG en France.

6 Le passage du col par les spermatozoïdes

Pour passer du vagin à l'utérus, les spermatozoïdes doivent circuler par un étroit conduit appelé col de l'utérus. Le long de la paroi de ce col, des glandes libèrent un liquide visqueux. Lors d'une visite chez le gynécologue, des prélèvements de ce liquide peuvent être réalisés, puis observés au microscope électronique.

Questions

1. I Comparez les prélèvements a et b.
2. Ra Expliquez en quoi, en période de fécondité, les caractéristiques du liquide visqueux sont favorables à la fécondation.
3. Ra Quelle différence observez-vous entre les prélèvements d'une femme ne prenant pas la pilule et celui réalisé chez une femme l'utilisant ?
4. Ra En plus du blocage de l'ovulation, quelle autre action contraceptive de la pilule est mise en évidence ?

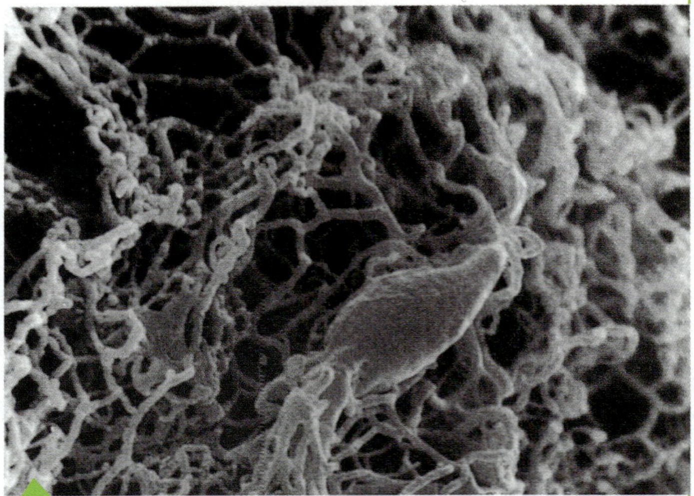

a En dehors de la période de fécondité.

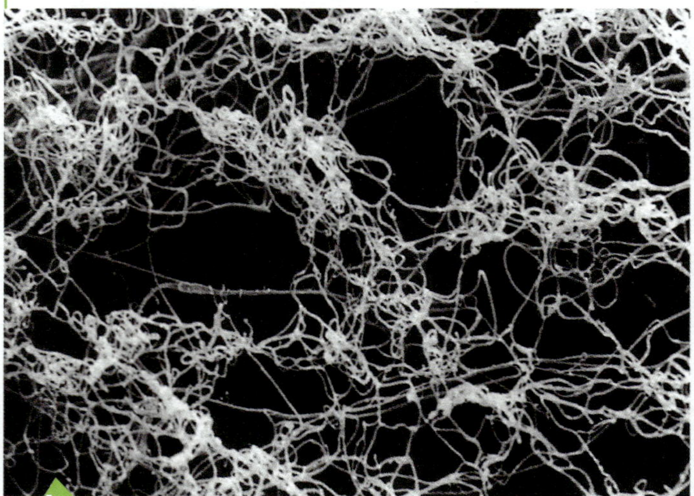

b Au cours de la période de fécondité.

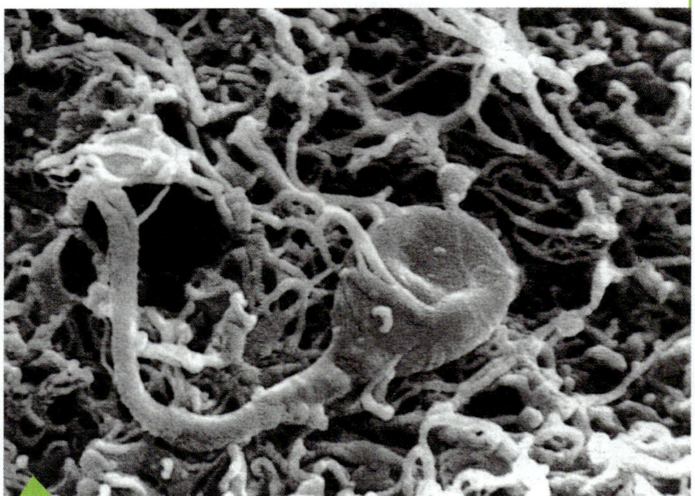

c Chez une femme prenant la pilule.

7 La publicité au service de la prévention

Questions

1. Ra Quel est le but de cette campagne publicitaire ?
2. Ra Déterminez à qui s'adresse cette affiche.
3. Re Réalisez une affiche d'information sur la contraception, avec un slogan s'adressant à des collégiens.

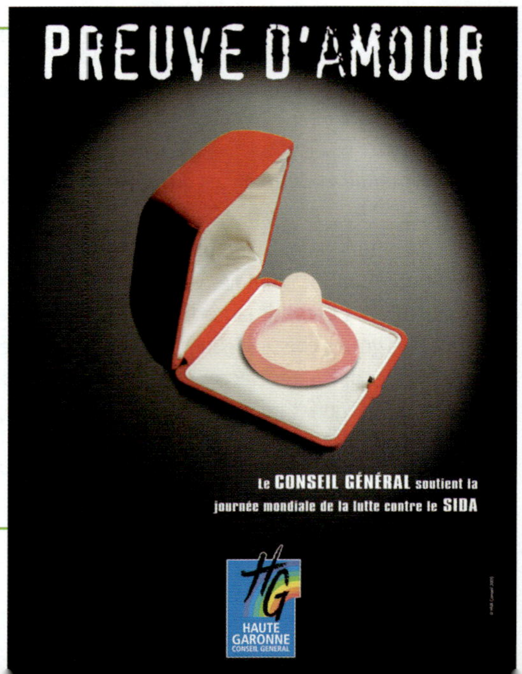

Découvrir autrement

8 La contraception sur mon PC

Le logiciel « reproduction » permet de réviser les caractéristiques et le fonctionnement de l'appareil génital féminin. Un des modules du logiciel illustre sur une coupe de l'appareil reproducteur féminin le mode d'action des différents contraceptifs : stérilet, pilule contraceptive, diaphragme et préservatif.

Question

Re **En utilisant un schéma de l'appareil reproducteur féminin, placez les différentes actions du stérilet permettant d'empêcher le début d'une grossesse.**

http://svt.ac-rouen.fr/biologie/uterus/uterus.htm

9 La recherche d'une contraception masculine efficace

Un contraceptif efficace doit empêcher de manière réversible la capacité de reproduction sans perturber l'activité sexuelle. Le contraceptif masculin idéal devra être efficace rapidement, réversible, facile d'utilisation et bon marché. Trois exemples de recherches réalisées pour la mise au point d'un contraceptif masculin sont ici présentés.

Questions

1. I **Pour chaque exemple, précisez quel est le mode d'action du contraceptif masculin que l'on pourrait mettre au point.**

2. Re **Recopiez le schéma de l'appareil génital masculin et localisez l'action contraceptive pour chaque exemple.**

3. I Ra **En reprenant le texte d'introduction présentant les caractéristiques d'un contraceptif efficace, expliquez, pour chacun des cas, pourquoi ces exemples ne sont pas satisfaisants.**

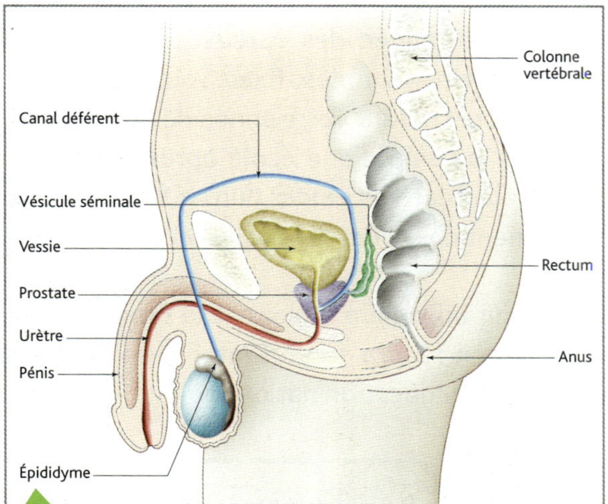

a Appareil génital masculin vu de profil et en coupe.

Premier exemple

Dans les années 50, une étude menée en Chine a révélé des taux très élevés de stérilité chez les cultivateurs de coton. Après des recherches, on a mis en évidence qu'une substance présente dans le coton, le gossypol, empêchait la maturation des spermatozoïdes et les rendait immobiles.

Dans 70 % des cas, les agriculteurs que l'on éloignait du contact du coton ont retrouvé une fertilité normale. Chez les autres, les effets du gossypol étaient irréversibles.

b Récolte de coton en Chine.

Deuxième exemple

Des injections régulières d'hormones entraînent chez les rats mâles un arrêt de la production des spermatozoïdes par les testicules. En partant de cette expérience, une étude a été menée par l'O.M.S. (Organisation Mondiale de la Santé) sur 271 hommes issus de sept pays différents. Après des injections hebdomadaires pendant trois mois, moins de 60 % des hommes suivis présentaient un sperme dépourvu de spermatozoïdes. Le traitement est réversible, on observe un retour à la normale trois ou quatre mois après l'arrêt du traitement. Par ailleurs, les injections ont eu d'autres conséquences comme une prise de poids, l'apparition d'acné, ou l'augmentation de la taille des seins.

Troisième exemple

La vasectomie correspond à une intervention chirurgicale au cours de laquelle on interrompt le passage des spermatozoïdes à travers les canaux déférents.

La stérilité des hommes qui ont subi cette opération est efficace au bout de trois semaines. À la suite d'une nouvelle opération, on peut rétablir le passage à travers ces canaux, mais seulement 40 % des hommes retrouvent leur capacité à procréer.

ENVIE DE SCIENCE

Le préservatif à l'épreuve des tests

Aujourd'hui, les préservatifs en latex subissent avant leur sortie d'usine une batterie de tests. Ils sont, entre autres, remplis de 300 mL d'eau et suspendus pendant trois minutes pour vérifier l'absence de fuite. Mais le test le plus spectaculaire est celui dit « du gonflage » où l'on remplit le préservatif d'air jusqu'à éclatement. Les résultats sont éloquents : un préservatif peut contenir 40 litres d'air avant d'éclater.

La norme N.F. ou C.E. présente sur l'emballage garantit que le préservatif a passé les tests avec succès.

La fabrication des préservatifs.

UN MÉTIER Infirmière scolaire

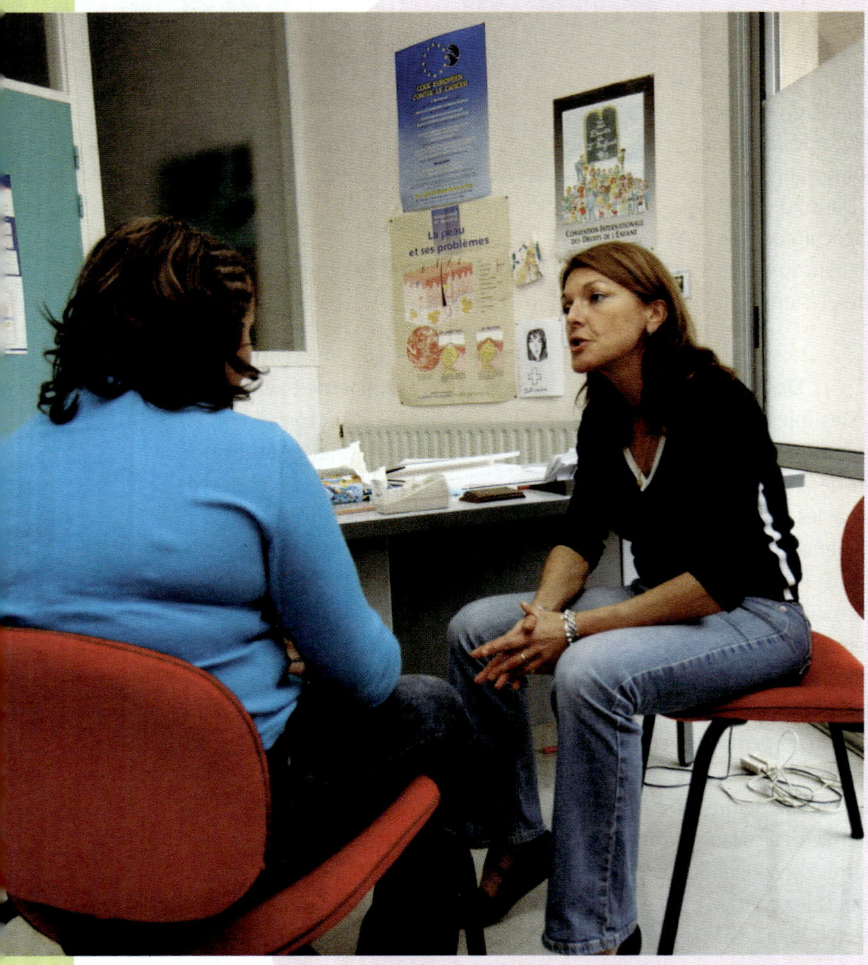

Une infirmière en consultation avec une adolescente.

L'infirmière scolaire veille à la prévention et au dépistage des élèves, pour leur bien-être et leur réussite. Elle assure aussi l'éducation à la santé au sein des établissements scolaires. C'est un interlocuteur privilégié au sein d'un établissement scolaire, car elle est à l'écoute des problèmes des élèves, tant physiques que psychologiques, pour apporter les soins et les conseils les mieux adaptés.

FORMATION

Pour passer le concours d'entrée dans les écoles d'infirmières, il faut avoir au moins 17 ans au 31 décembre de l'année des épreuves mais aucune limite d'âge supérieur n'est fixée. Vous pouvez tenter ce concours durant votre année de terminale ou le préparer au sein d'une école après l'obtention d'un baccalauréat. Les études durent trois ans, elles comprennent des cours théoriques et des stages en situation.

Pour devenir infirmière scolaire, à la fin des études d'infirmière, il faudra se présenter à un concours spécifique de l'éducation nationale.

- http://www.infirmiers.com/carr/scolaire.php
- http://www.onisep.fr

JE M'ÉVALUE SOCLE commun

PARTIE 3

La transmission de la vie chez l'Homme

J'ai compris l'organisation et le fonctionnement des appareils reproducteurs

TEST Je suis capable de relier les organes reproducteurs à leurs fonctions.

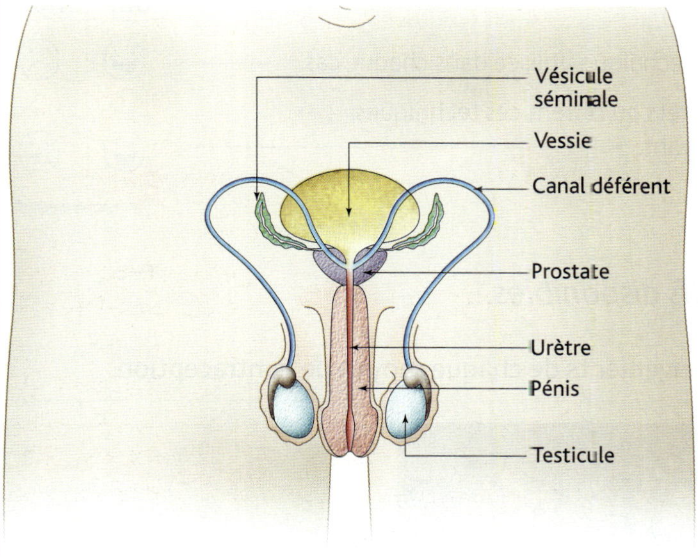

Appareil reproducteur de l'homme dans la cavité abdominale.

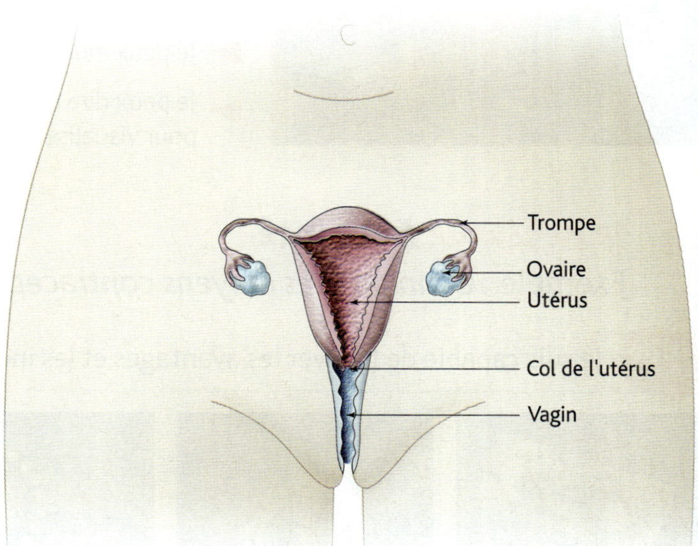

Appareil reproducteur de la femme dans la cavité abdominale.

		oui	non
A	Quels organes produisent les cellules reproductrices chez l'homme ?	☺	☹
B	Quels organes produisent les cellules reproductrices chez la femme ?	☺	☹
C	Quel est l'organe qui produit le sang évacué au moment des règles ?	☺	☹
D	Quel est le trajet des spermatozoïdes dans l'appareil reproducteur féminin ?	☺	☹
E	Dans quel organe l'embryon s'implante-t-il ?	☺	☹
F	Quel est l'organe qui permet la nutrition de l'embryon ?	☺	☹
G	Quels sont les avantages d'utiliser un préservatif masculin ?	☺	☹

JE M'ÉVALUE SOCLE commun

Je m'intéresse aux progrès des sciences et des techniques

Exemple : *Savoir s'informer à partir de différentes techniques modernes d'investigation.*

TEST Je suis capable de reconnaître les techniques utilisées pour obtenir les images suivantes.

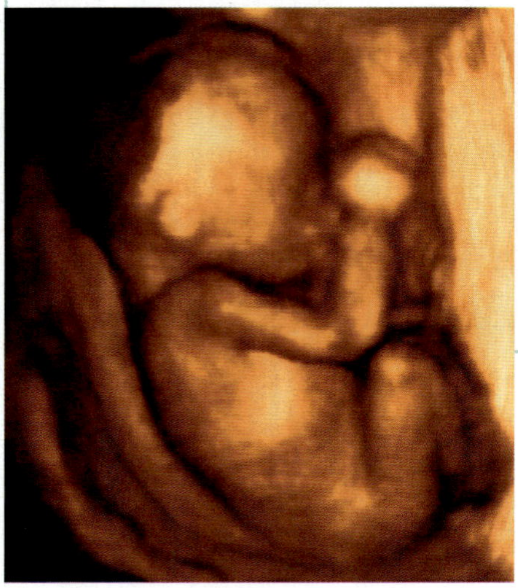
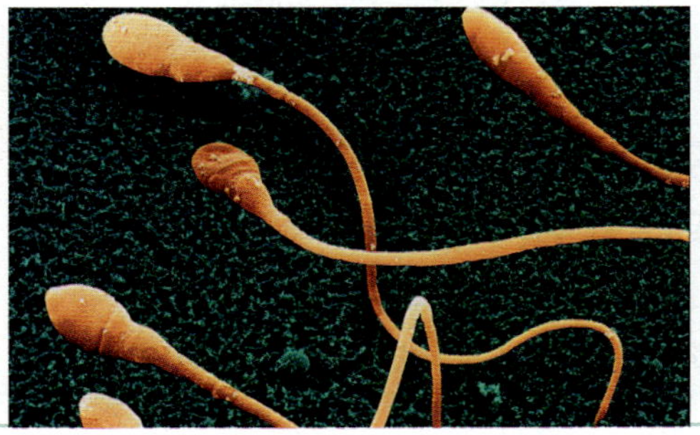
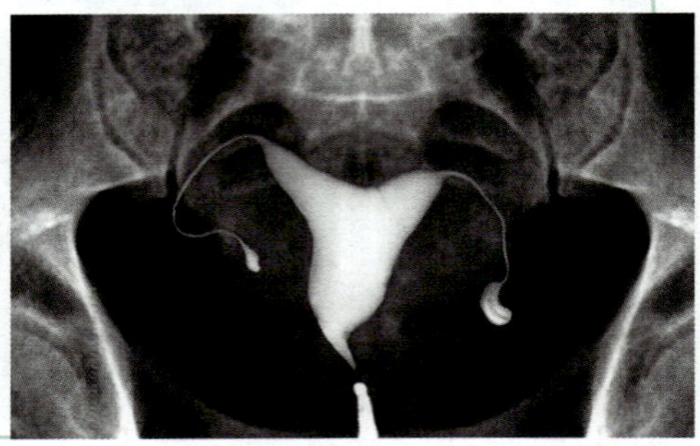

	oui	non
Je peux indiquer la technique utilisée dans chaque cas.	☺	☹
Je peux dire les intérêts qu'offrent ces techniques pour visualiser le vivant.	☺	☹

Je m'éduque à la santé

Exemple : *Connaître les moyens contraceptifs disponibles.*

TEST Je suis capable de trouver les avantages et les inconvénients de chaque moyen de contraception.

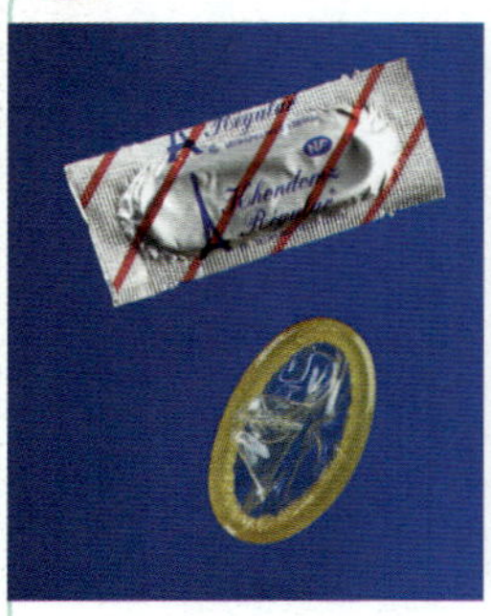
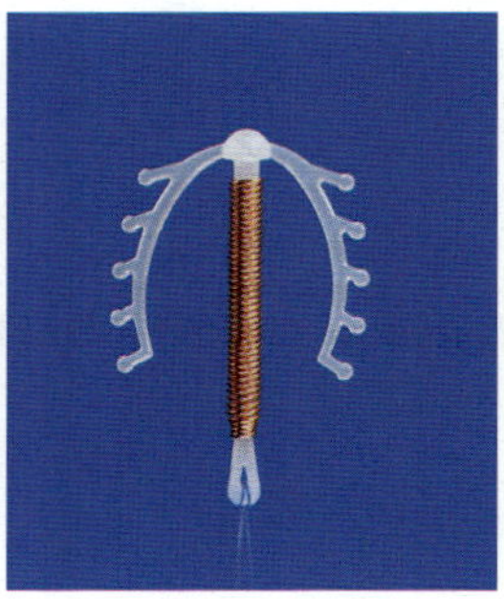
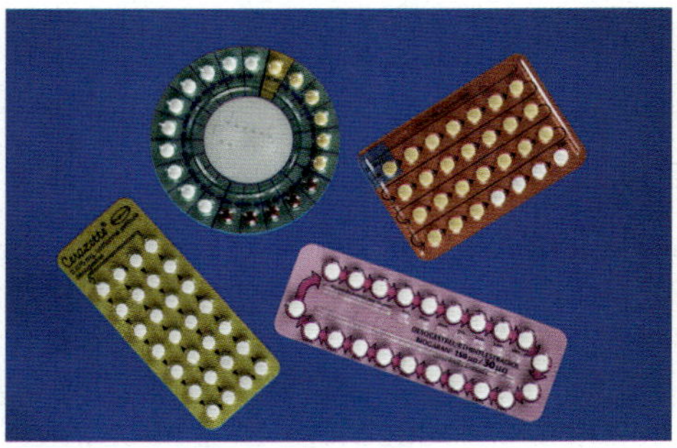
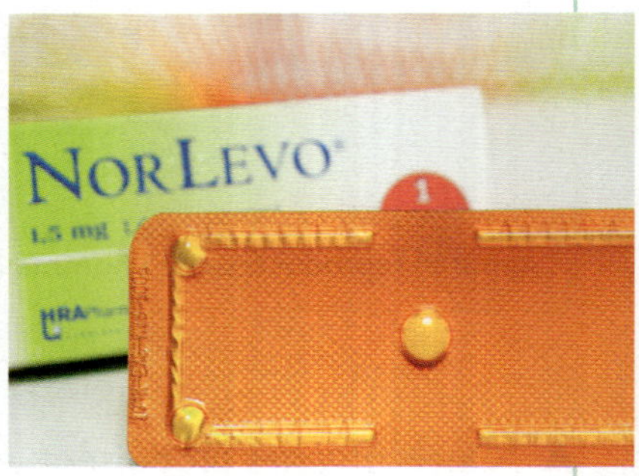

	oui	non
Je suis capable d'indiquer le mode d'action pour chaque moyen contraceptif.	☺	☹
Je suis capable de faire la différence entre la « pilule » et la « pilule du lendemain ».	☺	☹
Je suis capable de désigner le moyen contraceptif qui limite les risques d'oubli.	☺	☹
Je suis capable de désigner le moyen contraceptif qui protège des IST.	☺	☹

Mon score Je fais le compte de mes ☺ et de mes ☹.

RELATIONS AU SEIN DE L'ORGANISME

PARTIE

4

La maîtrise du geste. Benjamin Bodnar à la finale junior de skateboard, en février 2004 à Kuala Lumpur, (Malésie).

j'ai déjà vu

AU PRIMAIRE

1 Les mouvements du corps

- Au niveau d'une articulation, les os s'emboîtent parfaitement et permettent de rendre le squelette mobile.
Les muscles sont attachés aux os à leurs deux extrémités par des tendons.
- Selon les muscles qui se contractent, le membre effectue soit une flexion, soit une extension. Les contractions coordonnées des muscles permettent un mouvement.

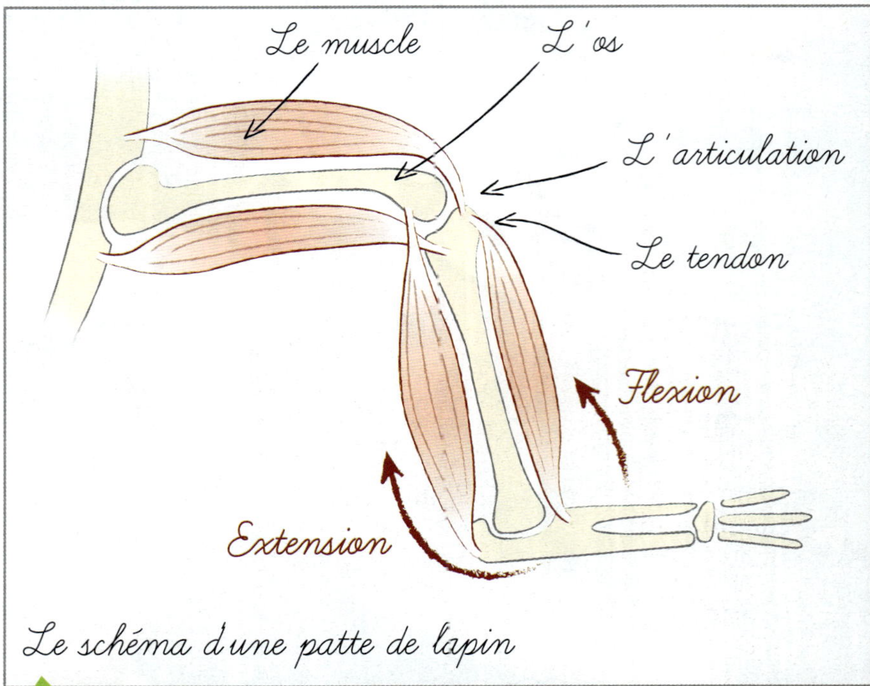

a Le fonctionnement des articulations et des muscles.

2 Les organes des sens

Grâce aux organes des sens, un être vivant reçoit de son environnement des informations. Elles sont traitées par le cerveau et lui permettent d'agir.

Nos cinq sens. b

CHAPITRE 10

La commande du mouvement

Les mouvements du corps sont souvent des réponses à des informations de notre environnement captées par nos organes des sens. Lors d'un mouvement, de nombreux organes fonctionnent ensemble et permettent à l'organisme une réponse adaptée à chaque situation.

• Comment la commande du mouvement est-elle assurée au sein de l'organisme ?

Des mouvements coordonnés en musique. Tanith Belbin et Benjamin Agosto, médaille d'argent lors des Jeux Olympiques en 2006 à Turin (Italie).

1 Découvrir expliquer

Le déclenchement d'un mouvement

Un mouvement est souvent déclenché par des stimulations provenant de notre environnement (lumière, son, odeur...).

→ **Comment ces stimulations peuvent-elles être à l'origine d'un mouvement ?**

Je réponds aux questions

1. Quel est l'organe des sens sollicité dans chacun des cas présentés aux documents 1 et 2 ?
2. Quelles sont les réponses de l'individu aux stimulations de l'environnement d'après les documents 2 ?
3. Montrez qu'un objet peut stimuler plusieurs récepteurs et provoquer la même réponse (doc. 2a et 2c).

Je conclus

J'indique comment un mouvement peut être déclenché.

J'apprends :
- *à m'informer à partir de documents* I ;
- *à mettre en relation des informations pour expliquer* Ra .

Vocabulaire

Ouie : fonction sensorielle liée à la perception des sons.

Récepteur : organe captant des stimulations de l'environnement.

Stimulation : modification de notre environnement déclenchant une réponse de l'organisme.

Effecteur : organe effectuant le mouvement.

1 Percevoir des stimulations de l'environnement

Dans la vie de tous les jours, la vue et l'ouie sont particulièrement sollicitées. L'œil et l'oreille sont des organes des sens appelés récepteurs.

a Regarder un objet.

b Écouter une mélodie.

2 Répondre aux stimulations de l'environnement

D'autres récepteurs sensoriels peuvent également être sollicités et répondre à des **stimulations** extérieures. La perception de ces stimulations peut être à l'origine des mouvements du corps. Les muscles mis en jeu sont appelés **effecteurs** du mouvement.

b Se diriger vers un camarade sans le voir.

d Goûter du jus de citron.

a Se diriger vers un objet.

c Se diriger les yeux bandés.

e Éviter un obstacle les yeux bandés.

2 Découvrir expliquer

La transmission de l'information

Nous avons vu qu'un mouvement peut répondre à une stimulation de l'environnement. Il est donc nécessaire que l'information soit transmise des organes sensoriels aux muscles qui effectuent le mouvement.

→ **Comment l'information reçue est-elle transmise aux muscles ?**

Je réponds aux questions

1 Identifiez les liens qui existent entre l'œil, les centres nerveux et les muscles (doc. 1).

2 En comparant les documents 2a et 3, expliquez comment la tumeur entraîne la perte de la vue de l'individu.

3 En comparant les documents 2b et 3, expliquez comment l'accident a entraîné la paralysie des membres inférieurs.

4 Pour chacun des cas (doc. 2), déterminez quel type de nerfs et de messages nerveux ont été affectés.

Je conclus

J'explique comment le message nerveux est transmis de l'organe des sens aux muscles.

J'apprends :
- *à m'informer à partir d'une dissection* I ;
- *à relier des données pour expliquer* Ra.

Vocabulaire

Système nerveux : ensemble des organes intervenant dans la communication nerveuse.

Nerf : structure conduisant les messages nerveux.

Tumeur : zone où le nombre des cellules est anormalement élevé.

1 Un lien indispensable entre les organes

La dissection d'un petit vertébré comme la souris permet de mettre en évidence son **système nerveux**. Les **nerfs**, fins cordons blancs, relient organes des sens, centres nerveux (cerveau, moelle épinière) et muscles.

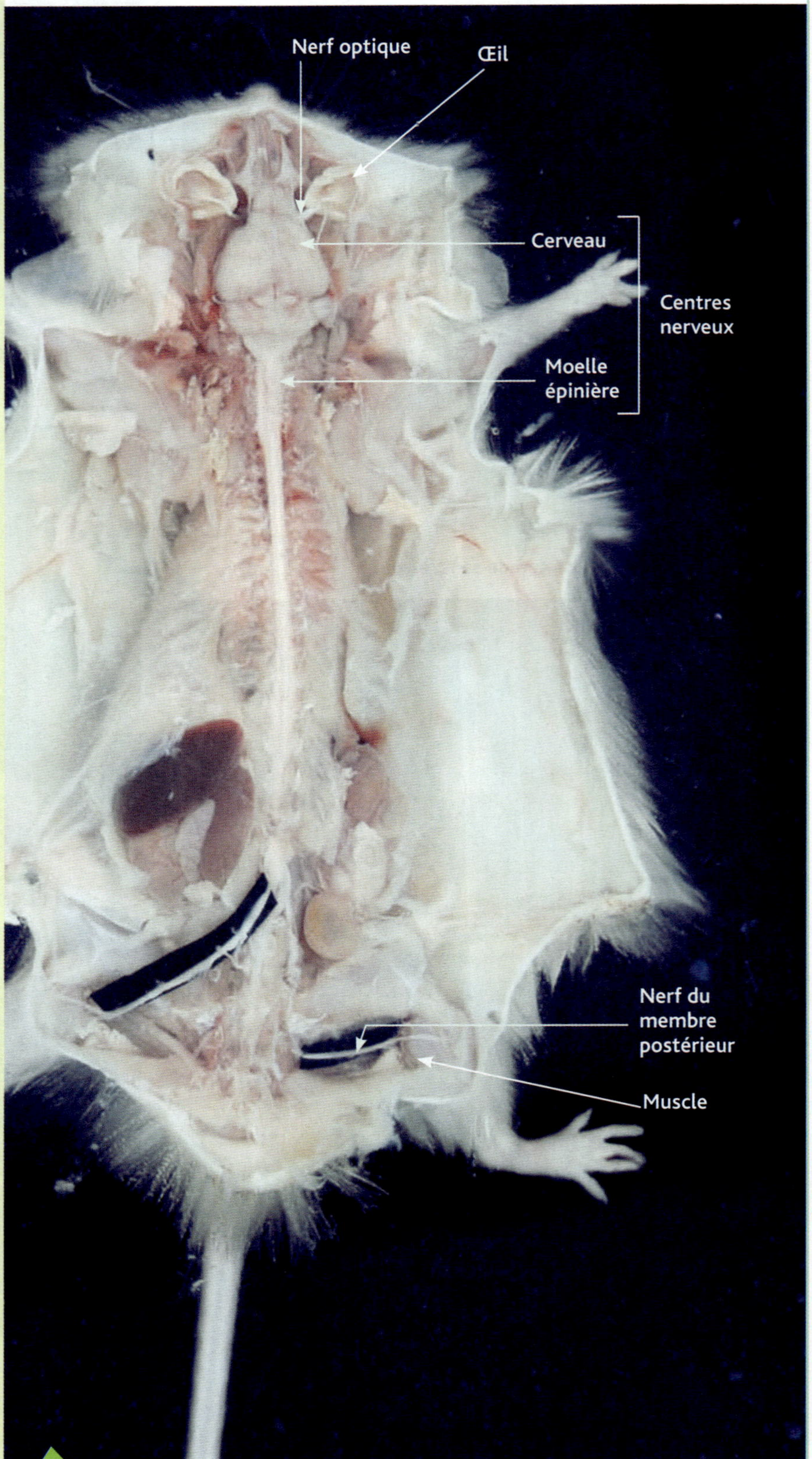

Dissection du système nerveux de souris.

2 Des perturbations dans la transmission de l'information

● Les stimulations reçues par les organes sensoriels donnent naissance à des messages nerveux. Ces messages sensitifs sont transmis aux centres nerveux par les nerfs sensitifs. La commande du mouvement est assurée par des messages moteurs transmis aux muscles par des nerfs moteurs.

● Chez un individu devenu aveugle, des examens ont montré que ses yeux étaient en parfait état. Mais grâce au scanner, les médecins ont pu visualiser la présence d'une tumeur, sur les deux nerfs optiques.

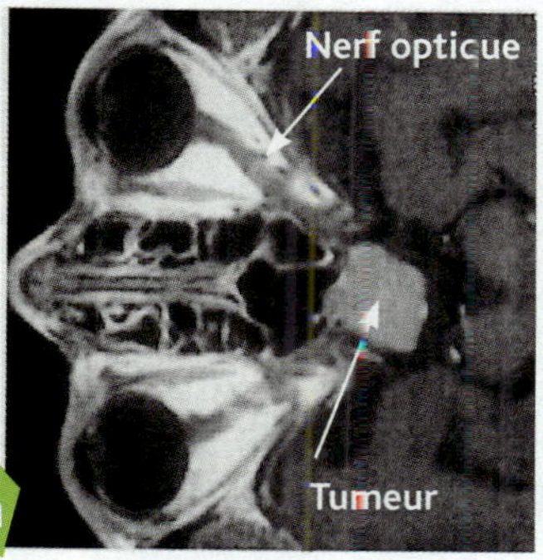

a **Repérage de la tumeur.**

● Lucas, 16 ans, roule en scooter sans casque pour venir au collège. À 60 km/h en ville, il percute une voiture qui roule en sens inverse. Les pompiers arrivent sur place mais Lucas ne peut plus bouger les jambes et n'a plus de sensation dans tout le bas du corps. À l'hôpital, les médecins pensent à une compression du nerf sciatique qui relie la moelle épinière aux muscles de la jambe. Les médecins ne savent pas encore s'il retrouvera l'usage de ses jambes.

b **Les conséquences d'un accident grave.**

3 Un logiciel de simulation

Télécharger le logiciel

◆ http://www.ac-creteil.fr/svt/tp/Tp5/MVT-CMD/proposition-cmd.htm

● À l'approche d'une personne, une grenouille effrayée s'enfuit. Cette réaction est le résultat du fonctionnement de son système nerveux et de ses muscles.

● À partir de nombreuses expériences réelles, on a mis au point un logiciel grâce auquel il est possible de simuler la destruction d'un nerf, du cerveau ou de la mœlle épinière d'une grenouille virtuelle et d'observer le comportement de cette grenouille.

a **Comportement d'une grenouille saine.**

Guide d'utilisation

- Cliquer sur jouer la scène pour voir le comportement de la grenouille saine.
- Cliquer sur la paire de ciseaux pour modifier l'état de la grenouille.
- Amener les ciseaux sur l'endroit que vous souhaitez léser puis relâcher.
- Valider pour revenir à l'écran principal.
- Jouer la scène pour voir le comportement de la grenouille modifiée.

b **Section du nerf optique.**

c **Section du nerf moteur.**

d **Comportement de la grenouille modifiée.**

3 Découvrir expliquer

La communication dans le cerveau

Le cerveau reçoit continuellement de nombreux messages nerveux sensitifs provenant des organes des sens.
Il élabore une réponse, le message nerveux moteur, qui est transmise jusqu'aux muscles.

→ **Comment s'effectue la communication dans le cerveau ?**

Je réponds aux questions

1 Donnez les principales caractéristiques de l'organisation des cellules nerveuses dans le cerveau (doc. 1).

2 Expliquez ce qui doit se passer dans le cerveau pour que la personne réponde à la question posée (doc. 2).

3 Comment s'effectue la transmission d'un message nerveux dans une synapse (doc. 3) ?

Je conclus

J'explique comment se fait la communication dans le cerveau.

J'apprends :
- *à m'informer à partir d'observations microscopiques* I ;
- *à mettre en relation imagerie médicale et textes pour expliquer* Ra .

Vocabulaire

Neurone : cellule nerveuse pouvant créer et conduire des messages nerveux.

Synapse : zone de communication entre deux neurones. Du grec « *syn* » = ensemble, et « *haptein* » = toucher, saisir.

1 Le cerveau, des milliards de cellules

- Le cerveau est constitué de milliards de cellules particulières appelées neurones. Ces neurones forment un réseau serré.

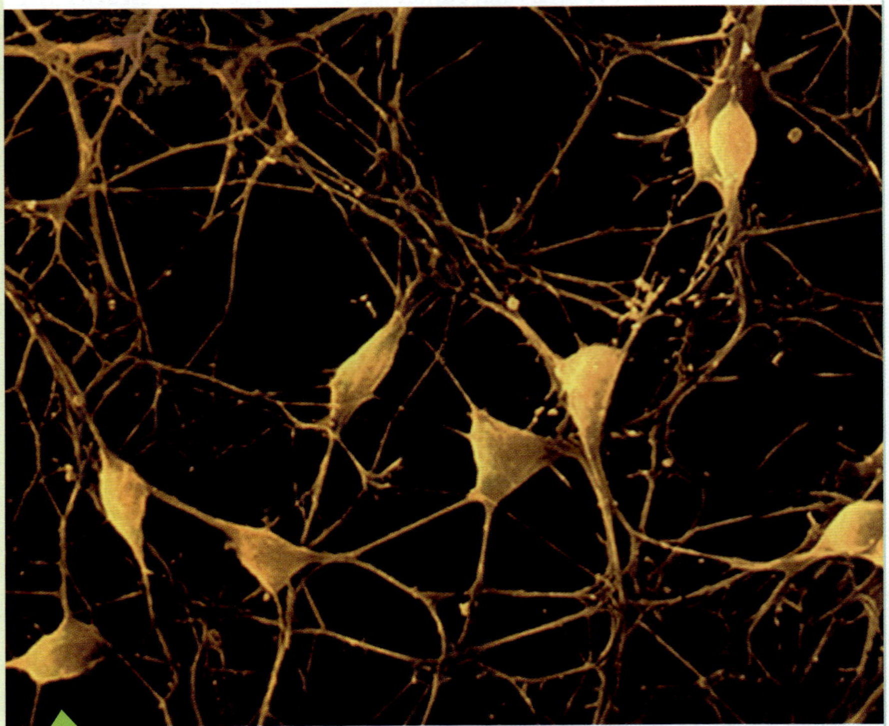

a **Un réseau de neurones** (microscopie électronique à balayage x 800).

- Les neurones sont des cellules indépendantes les unes des autres. Cependant, chacune d'elles est en contact avec des milliards d'autres neurones grâce à des prolongements cytoplasmiques.

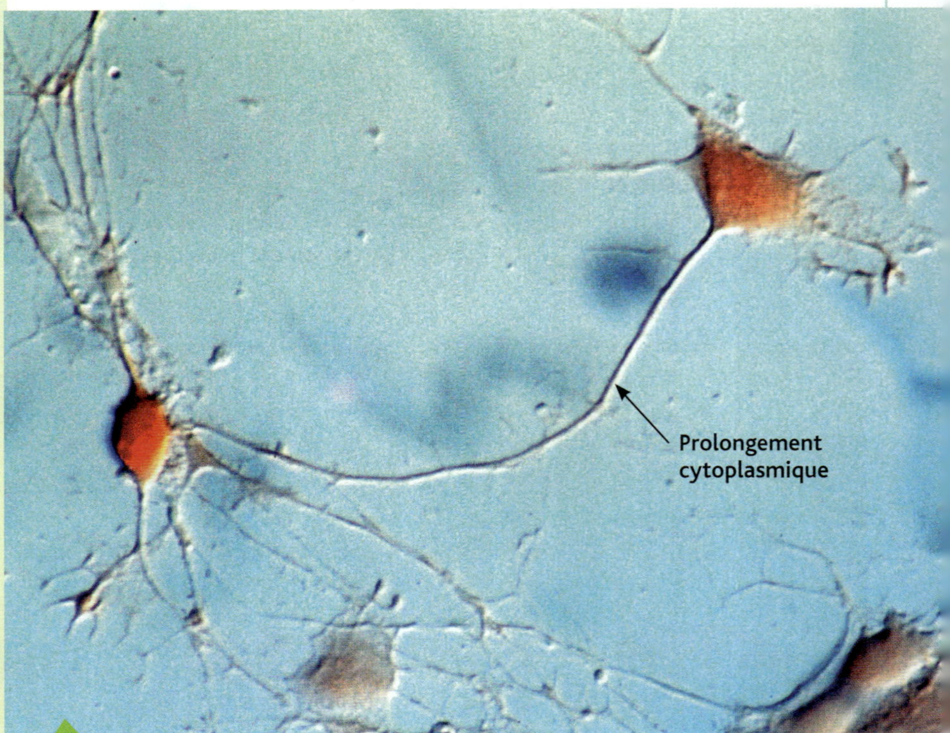

b **Le neurone : une cellule particulière** (microscopie électronique à balayage x 800).

2 Le cerveau, des zones actives

● Par des techniques mesurant la quantité de sang qui circule dans le cerveau, on peut visualiser l'activité des zones du cerveau. Sur les documents suivants, les zones jaunes, rouges et blanches représentent les régions où les neurones du cerveau sont activés par le stimulus.

● Les enregistrements ont été réalisés alors qu'un individu écoutait une question ①, puis lorsqu'il lisait le document pour trouver la réponse ② et enfin, lorsqu'il répondait à la question posée ③.

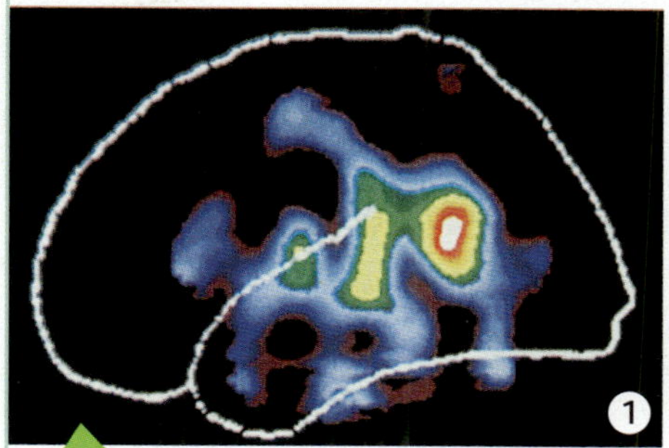

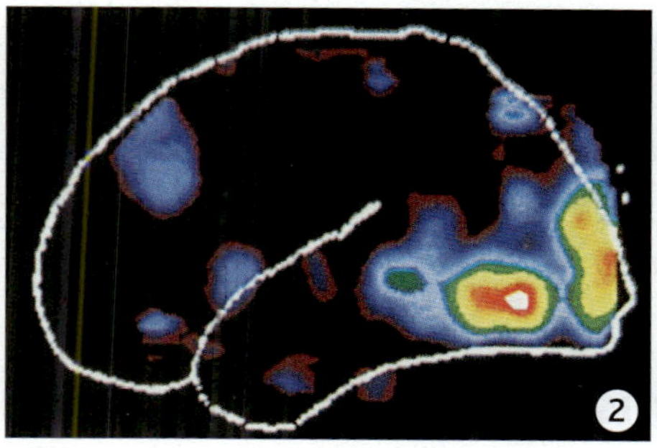

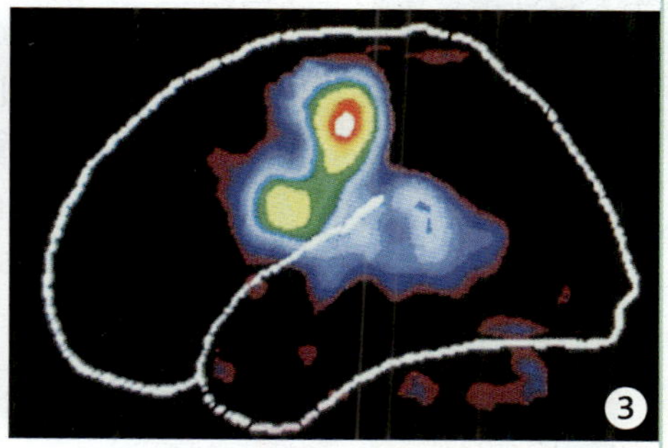

Des images de l'activité du cerveau.

3 Une communication entre deux neurones

● Les neurones sont le support de la transmission des messages nerveux. Pour que les messages soient transmis dans tout le réseau, il faut qu'ils puissent passer d'un neurone à l'autre. Chaque neurone étant indépendant, cette transmission ne peut se faire qu'au niveau des zones de « contact » appelées synapses.

● Lorsque le message nerveux arrive au niveau de la synapse, il provoque la libération de messagers chimiques dans le mince espace qui sépare les deux neurones (environ 10 à 40 μm). Ces messagers chimiques agissent sur le neurone suivant qui envoie à son tour un nouveau message nerveux.

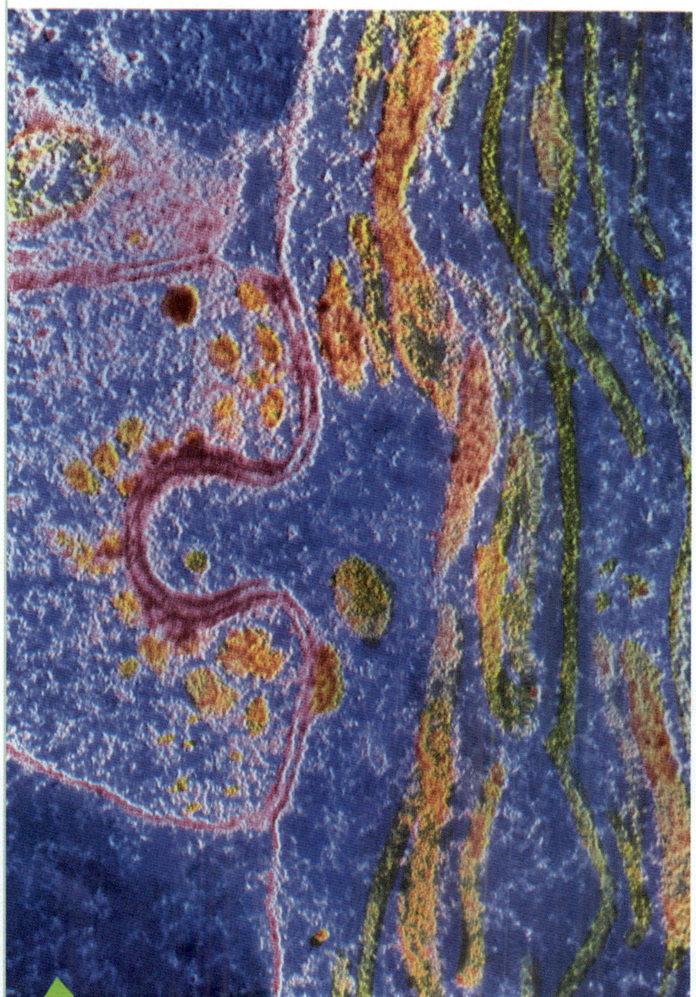

a **Une synapse entre deux neurones** (microscopie électronique à transmission colorisée x 45 000).

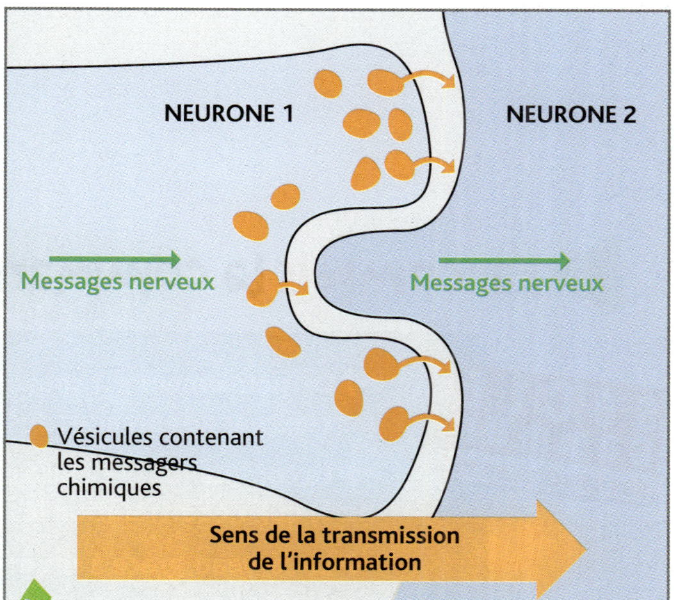

b **Schéma d'interprétation du fonctionnement d'une synapse.**

BILAN

J'ai découvert, j'ai expliqué

1 Le déclenchement d'un mouvement

→ pages 186-187

- De nombreuses **stimulations** extérieures en provenance de notre environnement sont reçues par nos organes des sens.
- Les yeux, la bouche, le nez, les oreilles et la peau sont des **récepteurs** qui reçoivent ces stimulations.
- La perception de stimulations par nos organes des sens peut déclencher les mouvements de différents muscles, les **effecteurs**.

2 La transmission de l'information

→ pages 188-189

- Les organes sensoriels (récepteurs) sont reliés aux **centres nerveux** (cerveau et moelle épinière) par des **nerfs sensitifs** qui transmettent un **message nerveux sensitif.**
- Les centres nerveux sont reliés aux muscles (effecteurs) par des **nerfs moteurs** qui transmettent un **message nerveux moteur.**
- À partir d'un message nerveux sensitif, les centres nerveux élaborent un message nerveux moteur.

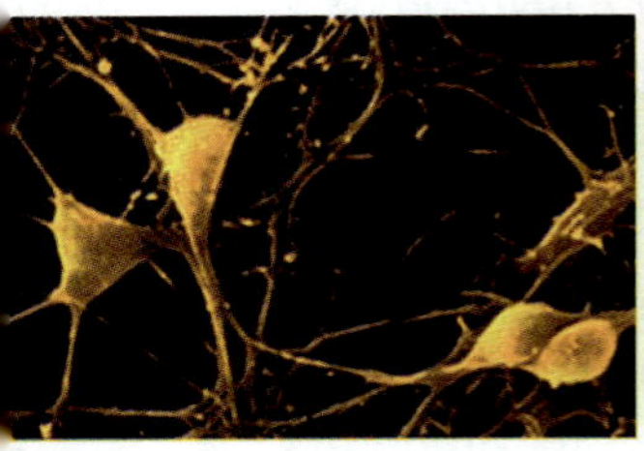

3 La communication dans le cerveau

→ pages 190-191

- Le cerveau est constitué de plusieurs milliards de cellules particulières : les **neurones**. Ces cellules sont organisées en réseau, chaque neurone est ainsi relié à des milliers d'autres neurones.
- En fonction de ce que l'on fait (écouter, lire, parler…), une communication s'établit entre les différentes zones activées du cerveau.
- Les messages nerveux circulent le long des neurones et sont transmis de neurone en neurone au niveau des **synapses** par l'intermédiaire de messagers chimiques.

J'ai compris la commande du mouvement

SOCLE commun des connaissances

→ **Le mouvement est souvent déclenché en réaction aux stimulations extérieures perçues par nos organes des sens.**

→ **La commande nerveuse est assurée par le système nerveux (centre nerveux et nerf) qui met en relation les organes sensoriels et les muscles.**

→ **Le cerveau, grâce à ses milliards de neurones, reçoit les messages nerveux sensitifs et élabore les messages nerveux moteurs.**

Je retiens par l'image

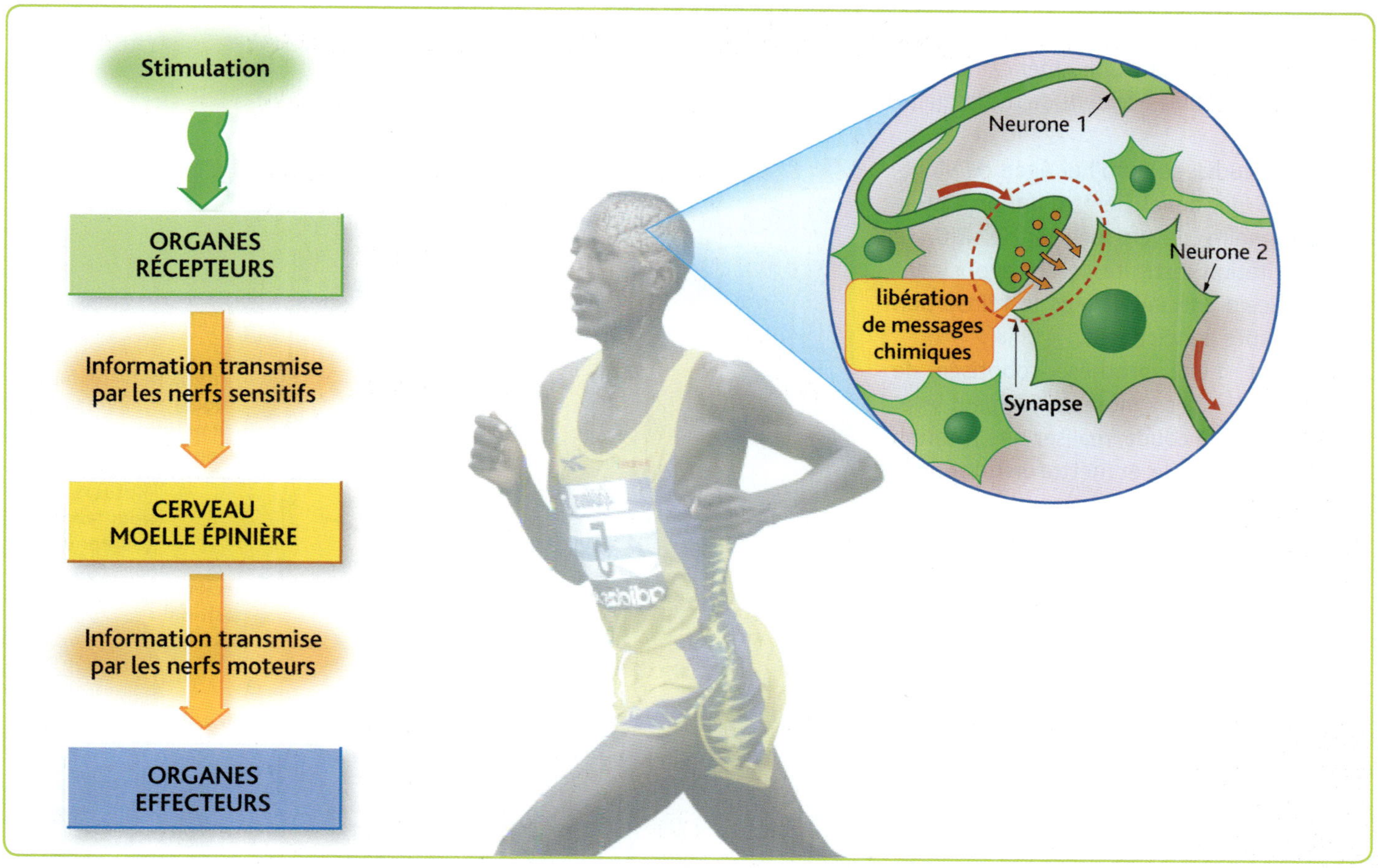

Je retiens par le texte

La commande du mouvement

- La commande du mouvement est assurée par le système nerveux (cerveau, moelle épinière et nerfs) qui met en relation les organes des sens et les muscles.
- Les organes sensoriels sont des **récepteurs** qui reçoivent les **stimulations** extérieures de l'environnement et transmettent un **message nerveux sensitif** jusqu'aux **centres nerveux** par les **nerfs sensitifs**.
- Les centres nerveux (cerveau, moelle épinière) élaborent des **messages nerveux moteurs** qui sont transmis aux muscles, organes **effecteurs** du mouvement, par les **nerfs moteurs**.
- Le passage de la perception des stimulations à la commande du mouvement nécessite une communication entre les **neurones** du cerveau.
- Les messages nerveux circulant le long des neurones sont transmis d'un neurone à l'autre par la libération de messagers chimiques au niveau des **synapses**.

Mots à retenir

Centres nerveux : cerveau et moelle épinière.

Effecteur : organe effectuant le mouvement.

Message nerveux moteur : message nerveux transmis des centres nerveux aux muscles.

Message nerveux sensitif : message nerveux transmis des récepteurs aux centres nerveux.

Nerf sensitif : nerf conduisant le message nerveux des récepteurs aux centres nerveux.

Nerf moteur : nerf conduisant le message nerveux des centres nerveux aux muscles.

Neurone : cellule nerveuse.

Récepteur : organe sensible aux stimulations extérieures.

Stimulation : modification de notre environnement déclenchant une réponse de l'organisme.

Synapse : zone de communication entre deux neurones.

1 Une prothèse contrôlée par la pensée

Il y a deux ans, la jeune Américaine Claudia Mitchell a été victime d'un terrible accident de moto qui lui a coûté son bras gauche.

Mais Claudia, aujourd'hui âgée de vingt-six ans, a pu bénéficier d'un prototype révolutionnaire développé par le RIC, le « Rehabilitation Institute of Chicago », centre américain spécialisé dans la réinsertion des personnes handicapées.

Il s'agit d'une prothèse robotisée de 4,5 kg, équipée de six moteurs. Elle peut lever le bras, fléchir le coude, réaliser une rotation à hauteur de l'épaule, et mettre en rotation le poignet et fermer la main.

Cette prothèse donne à Claudia la possibilité d'effectuer des gestes volontaires de la même façon qu'elle pouvait le faire auparavant avec son bras.

Une intervention chirurgicale a permis de retrouver dans l'épaule les nerfs qui innervaient le membre disparu, pour les rediriger vers les muscles de la poitrine.

Lorsque l'ordre de fermer la main est donné par le cerveau (1), le message nerveux correspondant emprunte la moelle épinière (2) et les nerfs moteurs (3) ainsi reliés à ces muscles (4).

Leur contraction stimule des électrodes (5) qui, placées à leur surface, envoient des signaux électriques au module de traitement des informations (6) de la prothèse ; la commande est alors assurée et la main se referme.

→ **Comment Claudia Mitchell contrôle-t-elle la prothèse par la pensée ?**

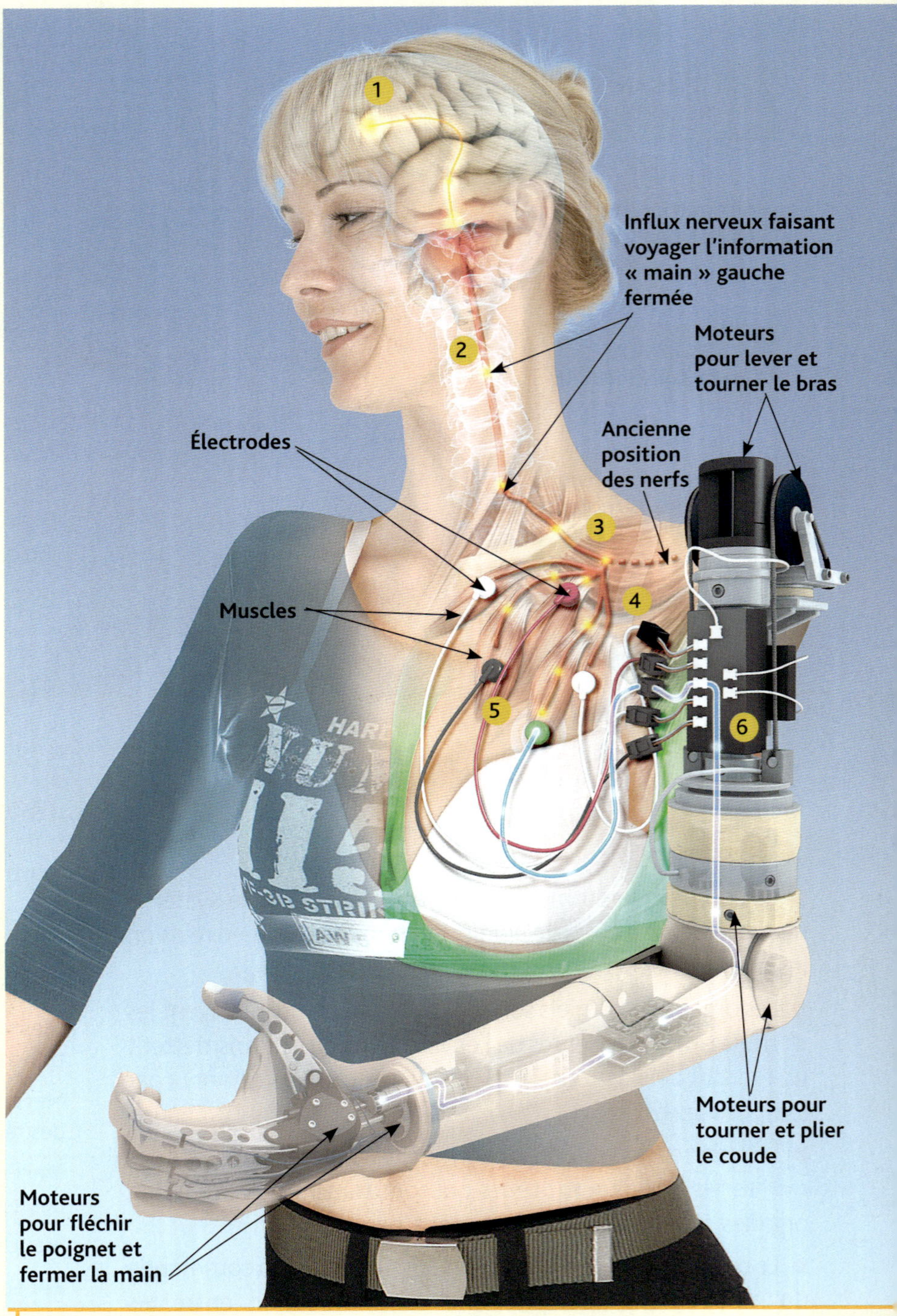

1. Un bras bionique.

http://www.doctissimo.fr/html/sante/mag_2001/mag0105/dossier/sa_3092_homme_bionique.htm

2 Un espoir contre la maladie de Parkinson

Découverte en 1817 par un médecin britannique qui lui donna son nom, la maladie de Parkinson touche quatre millions de personnes dans le monde. Sur les cent à cent vingt mille parkinsoniens probables en France, seuls quatre-vingt mille sont connus et suivis.

La maladie de Parkinson résulte de la destruction de neurones du cerveau. La personne est alors atteinte de tremblements. Ses mouvements sont ralentis, mal contrôlés et coordonnés.

Pour limiter ces tremblements et compenser la perte de neurones, des scientifiques peuvent dans certains cas implanter dans le cerveau de l'individu des électrodes de stimulation, ainsi qu'un pace maker qui envoie des impulsions électriques et rétablit le fonctionnement normal du système. Les tremblements sont alors arrêtés et l'individu contrôle à nouveau ses mouvements.

→ **Comment peut-on limiter les effets de la maladie ?**

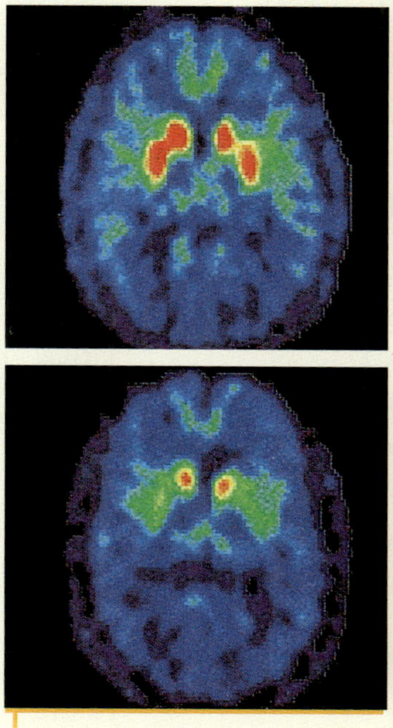

2. Les atteintes du cerveau par la maladie (en bas).

3. Michael J. Fox, acteur célèbre atteint de la maladie de Parkinson.

◆ http://www.franceparkinson.fr/maladie.php

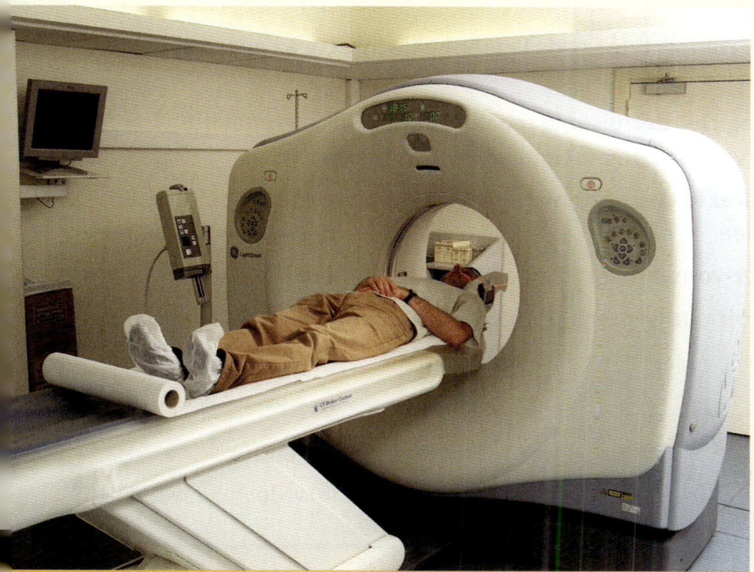

4. Un examen au scanner.

◆ http://www.cea.fr/jeunes/themes/la_radioactivite/l_imagerie_medicale

◆ http://www.laradioactivite.com/pages/02_medecin/02_appareillages/03_tep.htm

3 Le scanner, un outil performant

Le premier scanner à rayons X a été inventé par un ingénieur britannique, Godfrey Newbold Hounsfield. Cet appareil fut présenté pour la première fois en 1972 et son inventeur a obtenu le prix Nobel de médecine en 1979.

L'appareil se compose d'un anneau à l'intérieur duquel se trouve un tube à rayons X, et d'une couchette sur laquelle le patient est allongé et pénètre dans le centre de l'anneau.

Derrière le pupitre de commande se trouve le personnel médical ; il est séparé du reste de la pièce par une vitre plombée.

Le tube envoie des rayons X en tournant autour du corps du patient. Assisté d'un système informatique, le scanner permet d'obtenir des images en coupes fines de tout le corps. Les rayons X traversent la peau sans douleur et permettent de visualiser les organes internes du patient au fur et à mesure qu'il progresse au travers de l'anneau.

Cet examen présente l'avantage de donner des informations très précises sur les organes étudiés. De l'extérieur du corps, on peut donc « découper » un organe en tranches ou le reconstruire en trois dimensions.

→ **Quels sont les intérêts médicaux du scanner ?**

EXERCICES

SOCLE COMMUN **Je teste mes acquis**

1 Rechercher des informations

Je réponds rapidement à chacune des questions.

a. Quels sont les organes qui reçoivent des stimulations de l'environnement ?

b. Quels sont les effecteurs du mouvement ?

c. Quels sont les deux types de messages nerveux ?

d. Comment s'appellent les cellules nerveuses?

e. Comment deux cellules nerveuses se transmettent-elles un message nerveux au niveau d'une synapse ?

2 Construire des phrases

J'utilise les mots proposés.

Phrase 1 : mouvement / stimulations / environnement / organes des sens / déclencher

Phrase 2 : centres nerveux / message nerveux sensitif / nerf sensitif / récepteur

Phrase 3 : message nerveux moteur / centres nerveux / nerf moteur / muscle

Phrase 4 : neurones / messagers chimiques / synapse / message nerveux

3 Comprendre le rôle de la moelle épinière

B2i

Travailler avec un logiciel de simulation

À l'approche d'une personne, la grenouille, effrayée, s'enfuit. Grâce au logiciel, il est possible de simuler la destruction de la moelle épinière d'une grenouille virtuelle et d'observer le comportement de l'animal.

a Réaction normale de fuite de la grenouille.

Questions

1. I **Décrivez le comportement de la grenouille intacte à l'approche d'une personne.**

2. Re **Grâce au logiciel, détruisez la moelle épinière de la grenouille virtuelle et observez son comportement.**

3. I Ra **Comparez le comportement de la grenouille saine et celui de la grenouille modifiée.**

4. Ra **Que pouvez-vous dire du rôle de la moelle épinière ?**

5. Ra **Quelle(s) critique(s) pouvez-vous faire sur l'utilisation d'un logiciel de simulation ?**

Guide d'utilisation

- Cliquer sur jouer la scène pour voir le comportement de la grenouille saine.
- Cliquer sur la paire de ciseaux pour modifier l'état de la grenouille.
- Amener les ciseaux sur la moelle épinière puis relâcher.
- Valider pour revenir à l'écran principal.
- Jouer la scène pour voir le comportement de la grenouille modifiée.

Télécharger le logiciel

◆ http://www.ac-creteil.fr/svt/tp/Tp5/MVT-CMD/proposition-cmd.htm

b Destruction de la moelle épinière.

c Réaction de la grenouille modifiée.

Je consolide mes acquis

4 De la réception des stimulations au mouvement

Formule 1, le Grand Prix d'Australie en 2005.

Lors d'une course de formule 1, il ne faut surtout pas perdre de temps au départ. Dès que le feu passe au vert, le pilote doit appuyer sur la pédale d'accélération pour s'élancer sur le circuit.

Questions

1. I **Quels sont la stimulation et l'organe des sens sollicités lors du départ ?**

2. I **Quels sont les organes effecteurs qui permettent d'appuyer sur l'accélérateur ?**

3. Ra C **Recopiez le schéma fonctionnel du trajet du message nerveux depuis la stimulation jusqu'à la réponse et complétez-le.**

5 Une expérience historique de Magendie

François Magendie (1783-1855) est un scientifique qui a effectué de nombreux travaux sur le mouvement.
Il a été le premier à réaliser des expériences pour comprendre le rôle des nerfs moteurs dans le mouvement.

Questions

1. I **À partir des dessins, indiquez les résultats de l'expérience.**

2. Ra **Concluez sur le rôle des nerfs moteurs dans un mouvement.**

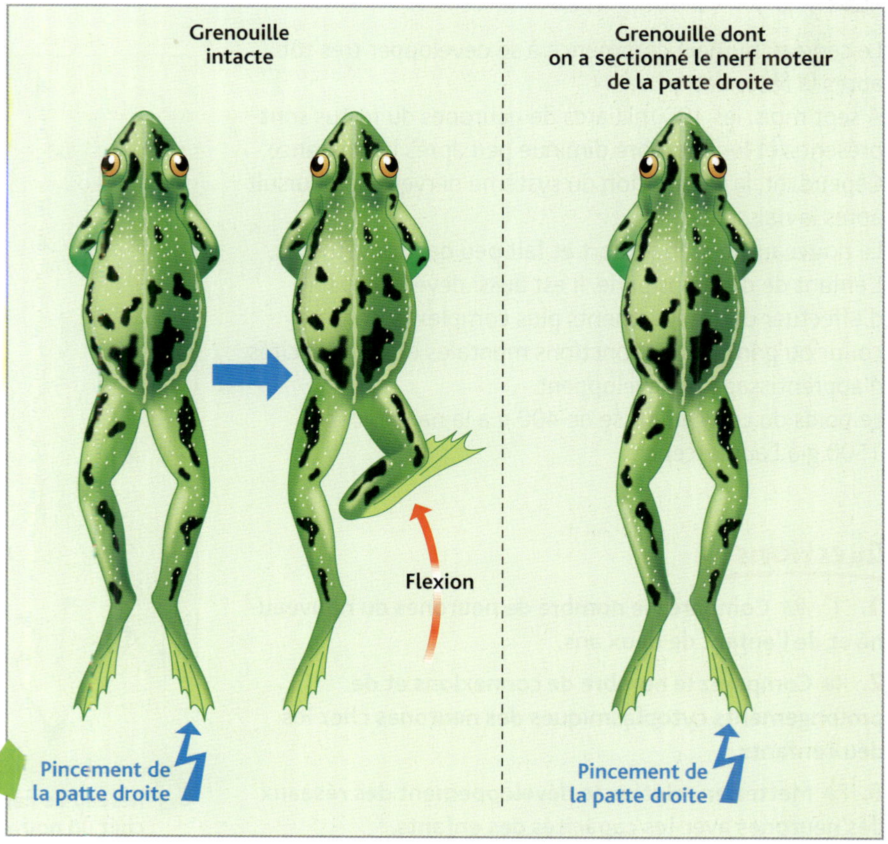

Schématisation de l'expérience de Magendie.

6 Une communication entre neurones

- À la fin du XIXe siècle, deux scientifiques confrontent leur théorie sur la communication des neurones dans le cerveau. Le premier, Camillo Golgi, pense que les neurones constituent un réseau filamenteux continu alors que le deuxième scientifique, Santiago Ramon y Cajal, pense que les neurones sont bien en réseau, mais séparés les uns des autres par un petit espace.
- Aujourd'hui, le microscope électronique permet d'obtenir des images fines de la zone située entre deux neurones. On peut donc aisément trancher entre ces deux théories.

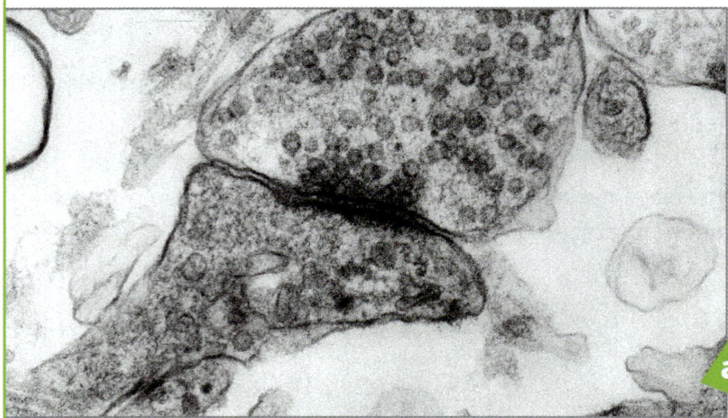

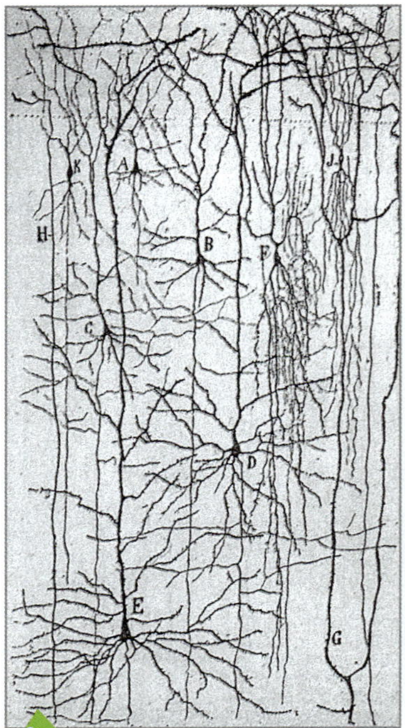

b **Un réseau de neurones d'après Cajal.**

a **Une zone au niveau de deux neurones.** Microscope électronique (x 25 000).

Questions

1. C **Faites un schéma de la photographie a et placer les légendes : neurone 1, neurone 2.**

2. Ra **Comment s'appelle la zone entre deux neurones ?**

3. Ra **Quelle théorie est validée par les observations au microscope électronique ?**

4. C **Rédigez un court texte expliquant comment le message nerveux est transmis d'un neurone à un autre.**

7 Des réseaux étonnants de neurones

Le cerveau humain commence à se développer très tôt après la fécondation.
À sept mois, les 100 milliards de neurones du fœtus sont présents, et leur nombre diminue peu après la naissance. Cependant, la maturation du système nerveux se poursuit après la naissance.
Le nouveau-né mange, dort et fait peu de mouvements. L'enfant de deux ans parle. Il est aussi devenu capable d'effectuer des mouvements plus complexes, comme courir ou grimper. Ses fonctions mentales et ses capacités d'apprentissage se développent.
Le poids du cerveau passe de 400 g à la naissance à 1500 g à l'adolescence.

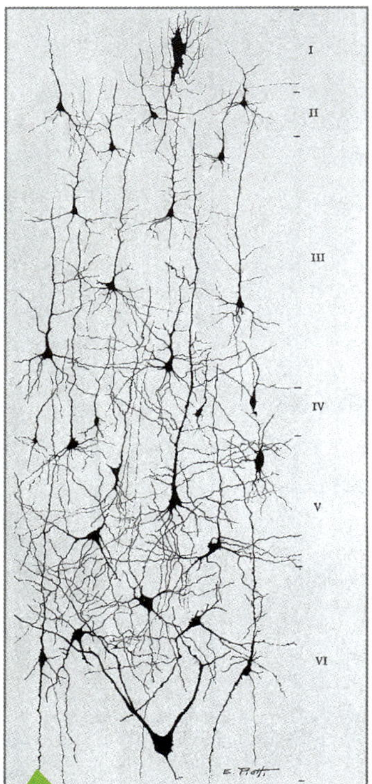

a **Réseau de neurones chez un nouveau-né.**

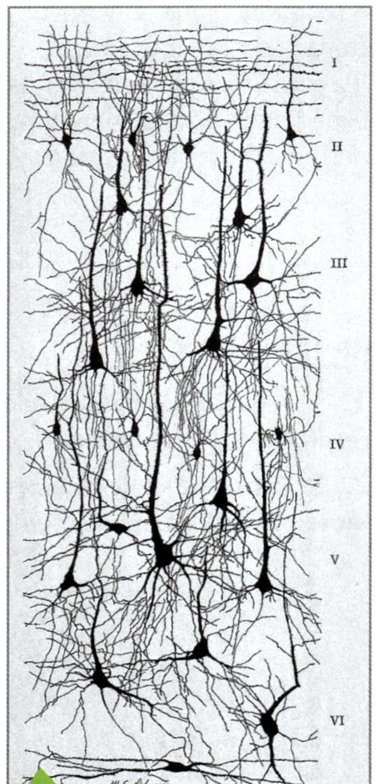

b **Réseau de neurones chez un enfant de deux ans.**

Questions

1. I Ra **Comparez le nombre de neurones du nouveau-né et de l'enfant de deux ans.**

2. Ra **Comparez le nombre de connexions et de prolongements cytoplasmiques des neurones chez les deux enfants.**

3. Ra **Mettez en relation le développement des réseaux des neurones avec les capacités des enfants.**

Découvrir autrement

8 Des maladies du système nerveux

Questions

1. I Re Faites une recherche sur Internet pour les maladies suivantes :
• otite • épilepsie • hépatite • Alzheimer • acouphènes • paludisme.
2. I Retrouvez celles qui touchent le système nerveux.

9 Le coin de l'artiste

Lubin BAUGIN
(1610-1663)

Né en France à Pithiviers (Loiret) dans une famille aisée ; ses natures mortes, œuvres de jeunesse, comptent parmi les plus belles et les plus énigmatiques du genre en France.

La Nature morte à l'échiquier marque une étape dans la progression du peintre. Elle représente les plaisirs de sa jeunesse. Cette œuvre fut donnée au musée du Louvre en 1935.
La répartition des objets est traitée avec un grand sens de l'espace. Les lignes jouent un rôle important dans la suggestion de la perspective.

Nature morte à l'échiquier. Huile sur bois 55 x 73 cm, Musée du Louvre, Paris.

Questions

1. I À quels sens font appel :
– le pain et le vin ?
– la mandoline ?
– les œillets ?
– le miroir ?
– la bourse, le jeu de carte et l'échiquier ?
2. Ra Ce tableau porte un autre titre, pouvez-vous trouver lequel ?

◆ http://www.augustins.org/fr/exposition/lb/nature/accueil.htm
◆ http://mucri.univ-paris1.fr/mucri10/article.php3?id_article=93

ENVIE DE SCIENCE

Un squelette au secours des personnes âgées et handicapées

Il existe des prothèses externes qui amplifient la force naturelle des individus. Il s'agit d'une combinaison fixée au niveau des membres et de la taille par une armature métallique articulée et animée par des pistons. Elle est reliée à des capteurs disséminés sur la peau qui enregistrent en temps réel les muscles stimulés dans le mouvement. Un microordinateur anime les pistons adéquats pour qu'ils impriment exactement à la combinaison le mouvement effectué par l'individu. Cette prothèse s'adresse à des patients atteints de déficiences musculaires, aux handicapés et aux personnes âgées afin de leur redonner de l'autonomie.

- http://www.altivis.fr/02-Un-exosquelette-motorise-pour.html
- http://www.automatesintelligents.com/actu/030831_actu.html

Un squelette pour aider les personnes à se déplacer.

UN MÉTIER Neurochirurgien

Médecin spécialiste, le neurochirurgien pratique des interventions chirurgicales sur le cerveau, la moelle épinière et les nerfs de personnes atteintes de maladies neurologiques ou de lésions du système nerveux.

Il doit connaître les techniques d'intervention chirurgicale à mettre en œuvre selon les besoins des patients et les opérer avec toute la minutie qui s'impose pour obtenir la meilleure amélioration possible de leur état.

Il se préoccupe des soins nécessaires avant et après l'opération, et suit le processus de la guérison du patient.

FORMATION

Bac scientifique, puis études de médecine en université (6 ans), suivies d'une formation de spécialisation (5 ans).

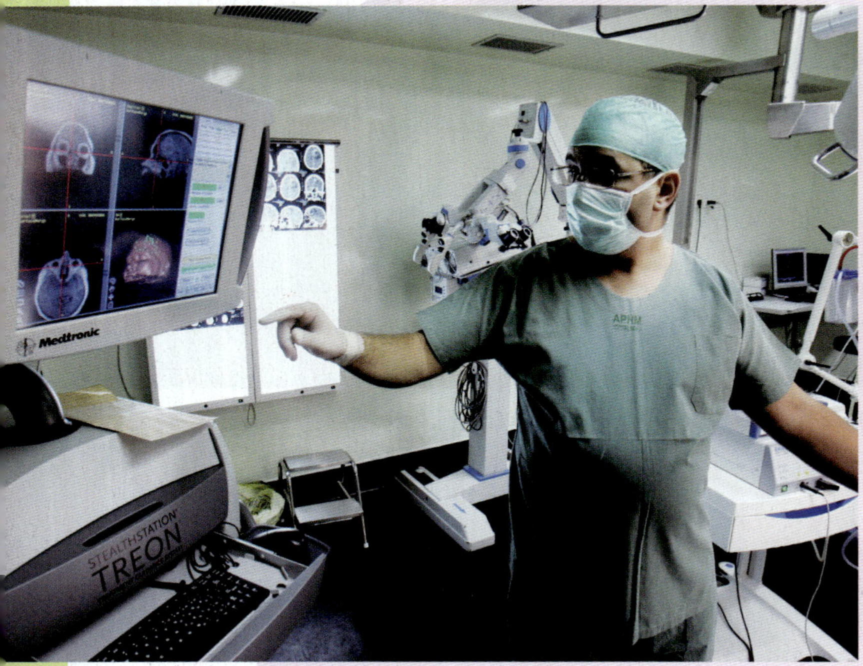

Neurochirurgien vérifiant la position d'une tumeur grâce à un système assisté par ordinateur.

- http://w3med.univ-lille2.fr/format/suaio/shema-etude-medecine.pdf

CHAPITRE 11

Les perturbations du système nerveux

L'organisme d'un individu est soumis à de nombreuses agressions liées à son environnement ou à son comportement. De telles situations peuvent perturber le fonctionnement du système nerveux.

• Comment certaines situations peuvent-elles perturber le fonctionnement du système nerveux ?

Une situation agressive pour le système nerveux.

1 Découvrir expliquer

Les effets du bruit sur le système nerveux

La proportion de la population française atteinte de surdité ne fait qu'augmenter et les jeunes en sont de plus en plus atteints.

→ **Comment le bruit peut-il détériorer l'ouïe et perturber l'organisme ?**

Je réponds aux questions

1 Quelles sont les conséquences d'une musique trop forte sur les cellules sensorielles et l'audition (doc. 1)?

2 D'après les résultats de vos mesures du son (doc. 2), identifiez au moins deux lieux du collège dont le niveau sonore dépasse 70 dB.

3 Indiquez les conséquences sur l'organisme d'une exposition fréquente à un niveau sonore moyen de 70 dB (doc. 2c).

4 Identifiez au moins deux situations du quotidien qui perturbent le système nerveux (doc. 2c), et envisagez des solutions.

Je conclus

J'explique comment le bruit peut perturber la perception des sons et l'organisme.

J'apprends :
- *à m'informer à partir de documents* I ;
- *à relier des données pour expliquer* Ra ;
- *à réaliser des mesures* Re .

Vocabulaire

Décibels : unité de mesure de la puissance sonore (abréviation : dB).

1 Des décibels dangereux pour la santé

● Les sons sont des vibrations de l'air, captées par le pavillon de l'oreille et transmises au tympan qui va vibrer à son tour. Ces vibrations parviennent jusqu'aux cellules réceptrices contenues à l'intérieur de l'oreille et sont transformées en message nerveux sensitif. L'oreille compte entre 20 000 et 30 000 cellules réceptrices.

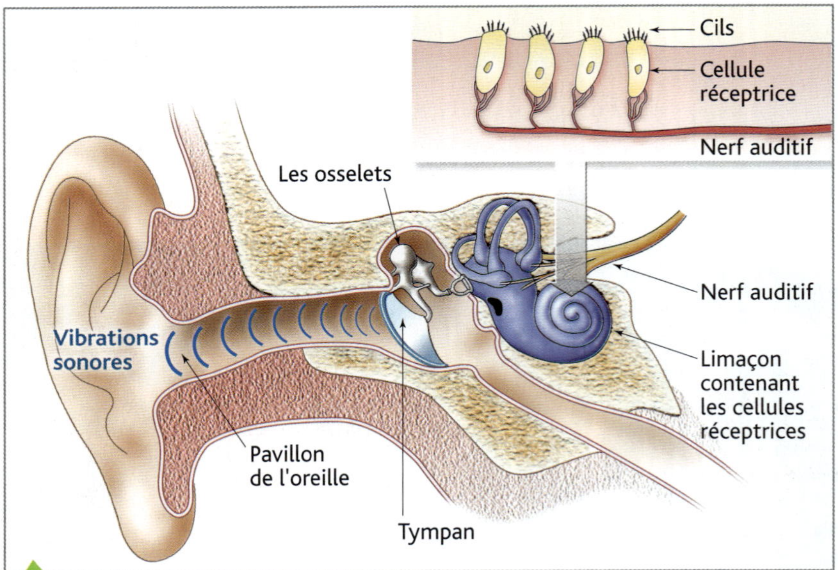

a **Anatomie interne de l'oreille.**

● La musique forte des baladeurs, des enceintes de discothèques et des concerts peut causer des dommages irréversibles aux cellules réceptrices de l'oreille. L'audition peut être définitivement modifiée par une exposition à des niveaux sonores élevés (130 décibels) pendant quelques minutes.

● Les cellules sensorielles des oreilles sont munies de cils qui vibrent sous l'effet des sons et produisent un message nerveux sensitif conduit jusqu'au cerveau. Des sons trop forts détruisent irrémédiablement ces cils qui ne peuvent se renouveler. Il n'y a plus de récepteur ni de message nerveux sensitif : l'individu devient sourd.

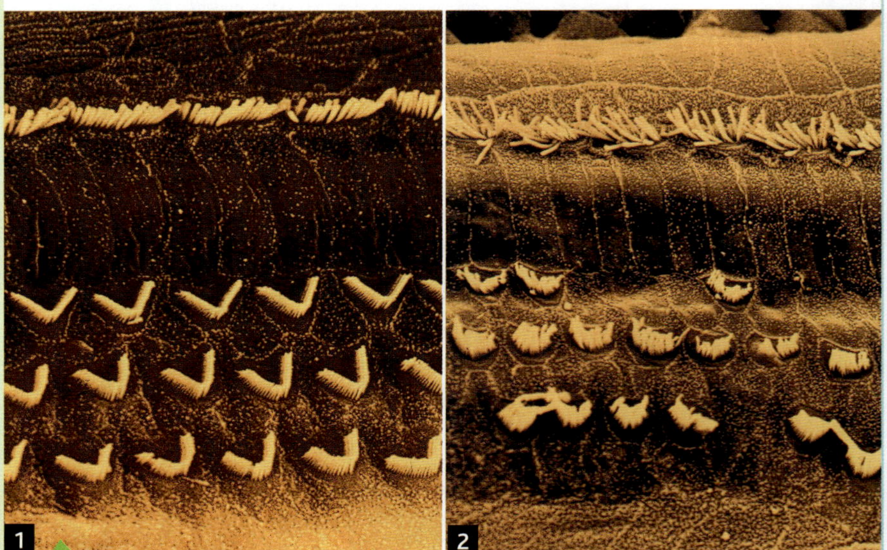

b **Récepteurs sensoriels de l'oreille** (MEB x 10 000) : 1. cils intacts ; 2. cils détruits.

2 Les bruits de notre environnement

- Le sonomètre est un appareil qui mesure la puissance sonore en décibels. Plus le son est fort, plus le nombre de décibels est élevé.

- On mesure les sons dans différents endroits du collège. Les résultats sont présentés dans le tableau.

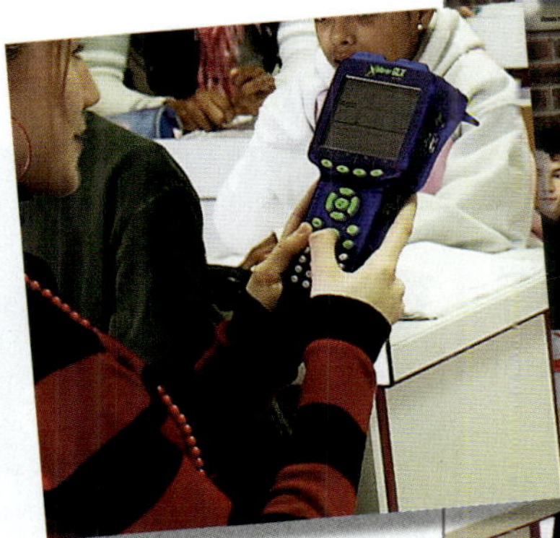

a Mesurer les bruits dans le collège.

Guide de manipulation

- Choisir le capteur son.
- Revenir au sommaire en appuyant sur le bouton « maison ».
- Choisir le tableau pour y indiquer les endroits des mesures.
- Lancer les mesures en appuyant sur « play ».
- Appuyer sur le drapeau pour chaque enregistrement de mesure du son.
- Appuyer sur « fin » pour terminer les prises de sons.

Lieux dans le collège	Nombre de décibels
Cantine	93
CDI	60
Cour	105
Couloir avec les élèves	83.9
Salle de classe	66

b Les mesures du son dans différents endroits du collège.

- Une exposition fréquente à des niveaux sonores moyens (70-80 décibels) perturbe l'organisme en entraînant fatigue, manque d'attention, troubles du sommeil,…

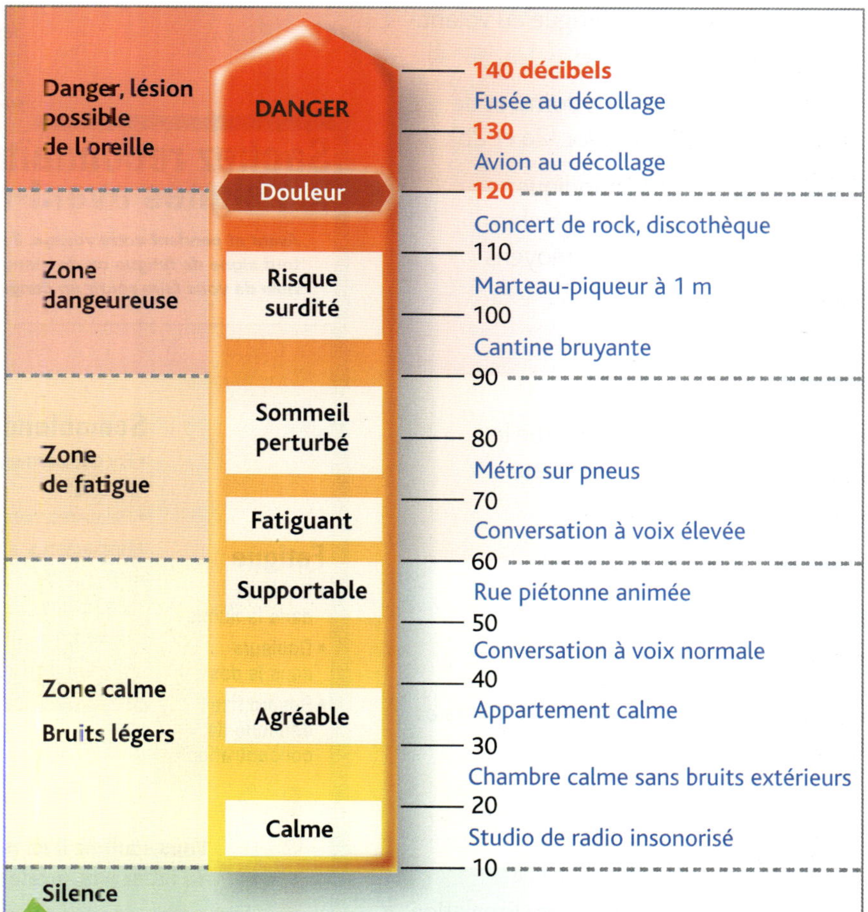

c Échelle des bruits en décibels.

2 Découvrir expliquer

Les effets de la fatigue sur le système nerveux

La fatigue, intellectuelle ou physique, peut perturber la perception de l'environnement et provoquer des réactions inappropriées de l'organisme.

→ **Comment la fatigue peut-elle perturber le fonctionnement du système nerveux ?**

Je réponds aux questions

1. D'après le document 1, indiquez les signes annonçant la fatigue, et une conséquence possible de la fatigue au volant.

2. Comparez les temps de réaction de l'individu ayant correctement dormi et de l'individu privé de sommeil (doc. 2a et 2b).

3. D'après le document 2c, indiquez au moins trois effets de la fatigue chez l'adolescent, et au moins deux moyens d'y remédier.

Je conclus

J'indique en quoi la fatigue perturbe le fonctionnement du système nerveux.

J'apprends :
- *à m'informer à partir de documents* I ;
- *à utiliser un logiciel* Re ;
- *à mettre en relation des données expérimentales pour expliquer* Ra .

Vocabulaire

Temps de réaction : délai entre la stimulation de l'individu et sa réponse.

1 Fatigue et conduite

- Afin de déterminer les causes lors d'accidents de la route, les enquêteurs recherchent la présence d'alcool ou de drogues dans le sang du conducteur, analysent les traces de freinage éventuel sur la chaussée, et estiment la vitesse du véhicule.

- Dans 15 à 30 % des cas, aucune trace de freinage ni aucune substance toxique ne sont détectées chez le conducteur, ce qui laisse supposer que celui-ci s'est endormi au volant et a quitté la chaussée.

- La prévention routière effectue une campagne de mise en garde contre les premiers signes de fatigue au volant. Dès leur apparition, il est recommandé de s'arrêter pour se reposer.

a Un accident probablement dû à la fatigue.

Conduite nocturne et activité festive

Si vous êtes amené à conduire en fin de nuit (soirée entre amis, discothèque…), sachez que vous courez – et faites courir à autrui – un danger extrême, spécialement si vous avez consommé de l'alcool. **L'addition de la fatigue et de l'alcool multiplie par sept les risques d'accident.**

Si vous êtes obligé de conduire la nuit, ne buvez pas la moindre goutte d'alcool et réduisez au minimum la durée de conduite. La solution la plus sûre : **choisissez un transport en commun.**

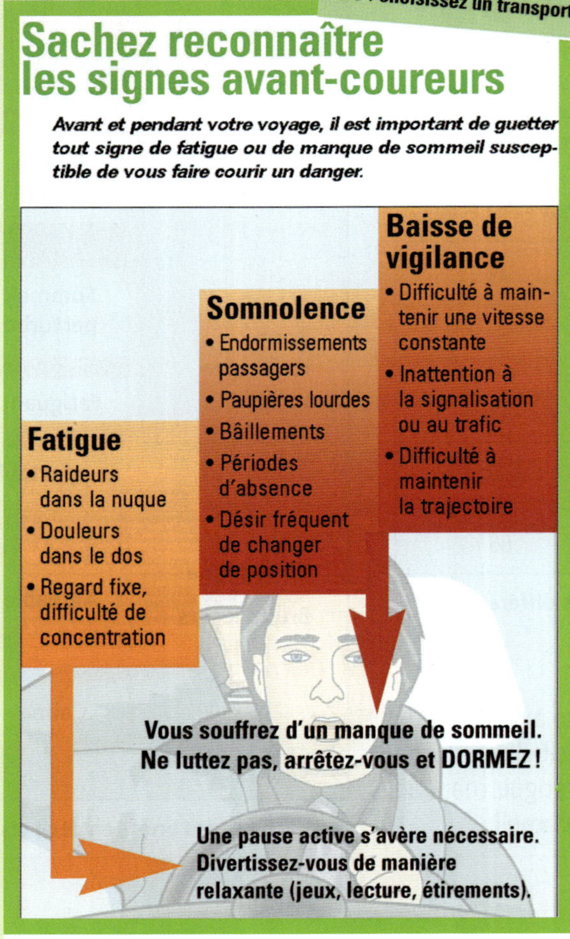

b Les signes précurseurs de la fatigue.

2 Fatigue et réactions de l'individu

- La fatigue se traduit par une baisse de la vigilance et de l'attention de l'individu, et donc un temps de réaction plus long.

- Il est possible, par un montage ExAO, de mesurer le temps de réaction d'un élève face à un stimulus visuel. Un « buzzer » est placé entre les mains d'un élève ; un autre allume la lampe sans ête vu. Dès que l'élève voit la lampe s'allumer, il doit appuyer sur le buzzer. Le logiciel mesure alors son temps de réaction et la force avec laquelle il appuie sur le buzzer.

Guide de manipulation

- Brancher la console sur l'ordinateur.
- Placer le capteur de lumière sur la console.
- Configurer les paramètres de départ retardé.
- Appuyer sur « démarrer ».

a Dispositif expérimental.

- Des tests ont été menés sur dix jeunes de 20-25 ans, volontaires et en bonne santé. Les temps de réaction ont été testés sur ces individus reposés ou privés de sommeil pendant 24 h.

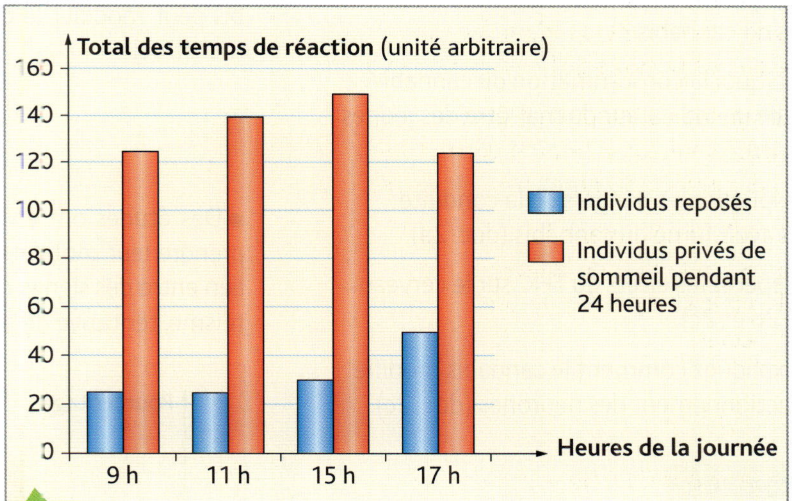

b **Les résultats expérimentaux** (D'après Sécurité routière, juillet 2004).

- Le manque de sommeil chez les adolescents entraîne un état de somnolence qui a un impact négatif sur les apprentissages, les émotions et le comportement. Le tableau rassemble quelques effets de la fatigue ainsi que des moyens d'y remédier.

Effets de la fatigue	Moyens de lutter contre la fatigue
✷ Altération du raisonnement logique ✷ Diminution de la mémoire à court terme ✷ Diminution de la vitesse de traitement des informations par le cerveau. Augmentation du nombre d'erreurs ✷ Augmentation de l'irritabilité. Chute des notes scolaires ✷ Diminution de la coordination motrice	✷ Minimum de 8 à 9 heures de sommeil par nuit ✷ Avoir un sommeil régulier : mêmes heures de coucher et de lever chaque jour ✷ Éviter les stimulants le soir : café, jeux vidéo, télévision ✷ Dormir dans une chambre calme et avec une température confortable

c **La fatigue chez l'adolescent.**

3 Découvrir expliquer

Les effets du cannabis sur le système nerveux

Le cannabis est la substance illicite la plus consommée par les jeunes adultes (1,2 million de consommateurs français réguliers en 2005).

→ **Comment le cannabis peut-il perturber le fonctionnement du système nerveux ?**

Je réponds aux questions

1. D'après le document 1, quels sont les effets du cannabis ?
2. En quoi la consommation du cannabis est-elle un indicateur du mal-être des jeunes (doc. 1b) ?
3. Expliquez les dangers de la conduite après avoir fumé du cannabis (doc. 2a).
4. Repérez les effets du THC sur le cerveau (doc. 2b et 2c).
5. Expliquez comment le cannabis modifie le fonctionnement des neurones (doc. 2c).

Je conclus

J'explique comment le cannabis perturbe le fonctionnement du système nerveux.

J'apprends :
- *à m'informer à partir de textes, d'un graphique et de photographies* I ;
- *à relier des données pour expliquer* Ra .

Vocabulaire

Drogue : substance qui, en agissant sur le système nerveux, modifie les réactions de l'individu.

Dépendance : envie irrépressible, impossible à contrôler.

1 La consommation de cannabis

- Le cannabis est une **drogue** illicite issue de la plante du même nom. Cette plante contient une substance appelée THC qui agit sur le cerveau et modifie les perceptions de l'individu.
- La loi française interdit la consommation, la culture, la vente, et même la simple détention de cannabis.
- Le cannabis entraîne une sensation de détente et de plaisir, une augmentation du rythme cardiaque, un ralentissement des réflexes, un gonflement des vaisseaux sanguins (yeux rouges), une stimulation de l'appétit et une perte de salive.
- La consommation régulière de cannabis peut entraîner des cancers précoces du poumon.
- Des études ont aussi montré qu'une consommation régulière de cannabis diminuait le nombre de spermatozoïdes et réduisait leur mobilité.
- Chez la femme, le cannabis peut modifier le cycle menstruel.

a Dépliant du Comité français d'éducation pour la santé (CFES).

- Des études ont été menées sur des jeunes de 12-13 ans afin de comprendre leur motivation à essayer le cannabis. Ces études recherchent un lien entre des signes de mal-être de l'adolescent (dégoût de l'école, absentéisme, tentative de suicide) et la consommation de cannabis.

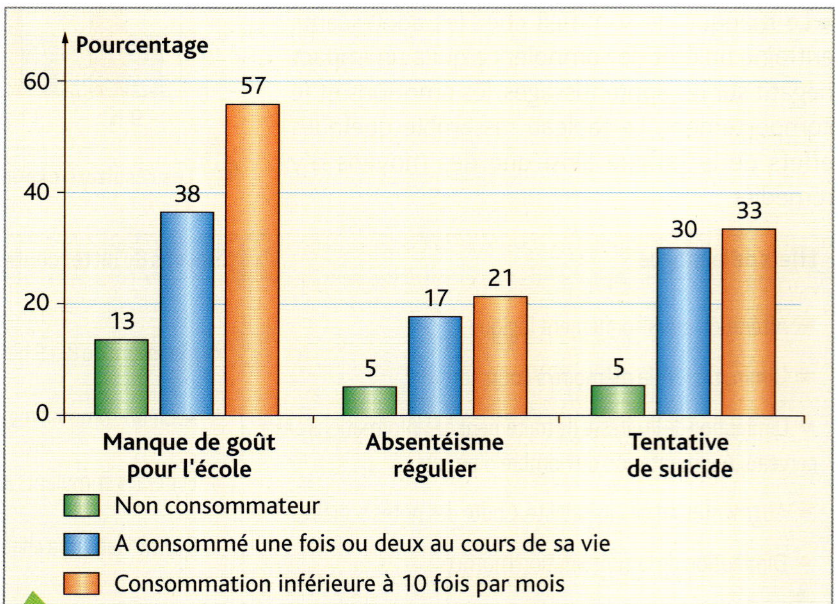

b Le cannabis, un indicateur de mal-être chez les jeunes.

2 Cannabis et troubles du comportement

a **Une campagne de prévention de la sécurité routière contre la consommation de cannabis.**

● La consommation de cannabis altère aussi la mémoire à court terme, provoque des hallucinations, des troubles de la motricité et de la coordination. Elle peut déclencher des troubles de la personnalité, une impression de confusion et des crises d'angoisses.

● La prévention routière met en place une campagne contre les effets du cannabis au volant. En effet, les fumeurs de cannabis ont des difficultés à se concentrer sur la route. Leur temps de réaction est plus long et ils apprécient mal les distances. Leur perception visuelle et leurs réflexes sont modifiés, ce qui est dangereux en cas de conduite.

● L'imagerie médicale permet de visualiser les zones activées par la fixation du THC sur le cerveau. Ces zones activées correspondent aux zones colorées en jaune et rouge.

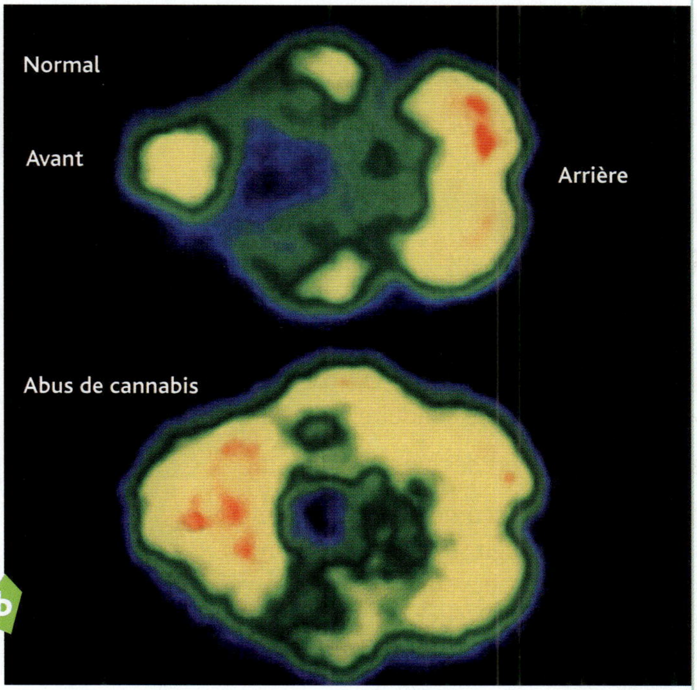

b **Coupe horizontale du cerveau d'un individu sans et avec consommation de cannabis.**

● Le THC, substance active du cannabis, se fixe sur certaines cellules du cerveau et peut y rester plusieurs semaines. La communication au niveau des synapses est perturbée car le THC modifie la quantité de messagers chimiques libérés par les cellules nerveuses.

● Le THC entraîne également la libération d'un autre messager chimique impliqué dans le sentiment de plaisir ; l'individu cherche à renouveler cette sensation, ce qui le conduit à la dépendance.

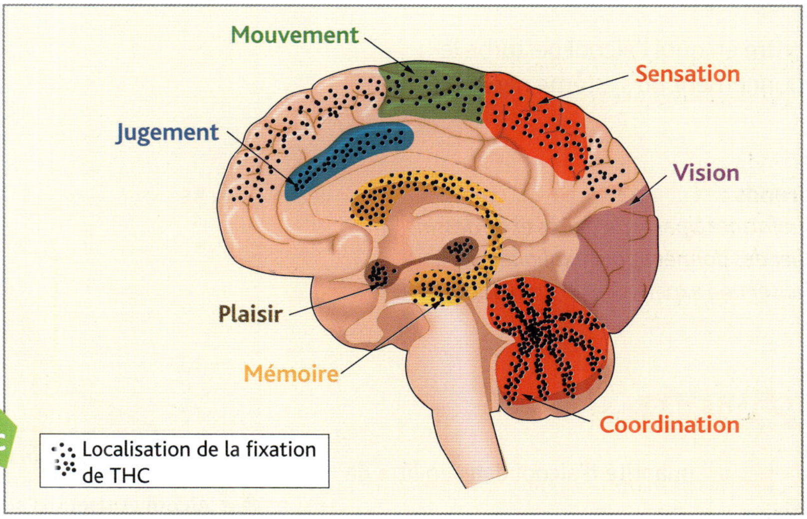

c **Les actions du cannabis sur le cerveau.** Les points noirs localisent la fixation du THC sur les zones du cerveau, modifiant son activité.

4 Découvrir expliquer

Les effets de l'alcool sur le système nerveux

En France, la consommation d'alcool est un problème de santé publique et serait directement responsable de 23 000 décès par an, devenant ainsi la seconde cause de mortalité.

→ Comment l'alcool peut-il modifier le fonctionnement du système nerveux ?

Je réponds aux questions

1 D'après le document 1, indiquez comment évolue le risque d'accident de la route avec la consommation d'alcool.

2 En quoi une alcoolémie de 0,5 g/L est-elle un risque en cas de conduite (doc. 2a) ?

3 Qu'illustre le port des lunettes (doc. 2b) ?

4 En utilisant le document 2c, expliquez comment l'alcool agit sur le cerveau d'un individu et quelles peuvent en être les conséquences dramatiques.

Je conclus

Je montre en quoi l'alcool perturbe le fonctionnement du système nerveux.

J'apprends :
- *à m'informer à partir de textes et de dessins* I ;
- *à relier des données pour expliquer* Ra ;
- *à réaliser une expérience de simulation* Re .

Vocabulaire

Alcoolémie : quantité d'alcool dans un litre de sang.

1 La consommation d'alcool

- L'alcoolisme est une des principales causes des drames familiaux et sociaux. L'alcool peut entraîner des comportements de violence allant jusqu'aux agressions sexuelles, homicides et suicides. Des études montrent que 54 % des femmes battues imputent l'agressivité de leur conjoint à l'alcool.

- En France, la production, la vente et l'usage d'alcool sont réglementés par la loi. Mais des études ont révélé une augmentation de la consommation régulière et excessive d'alcool chez les jeunes mineurs. Le premier contact avec l'alcool a lieu de plus en plus tôt, même si la loi interdit la vente d'alcool aux mineurs.

a L'alcool : un produit courant, pourtant dangereux.

- La loi française interdit la conduite quand le conducteur présente une alcoolémie qui atteint ou dépasse 0,5 g d'alcool par litre de sang. Malheureusement, l'alcool est l'une des principales causes d'accidents mortels de la route chez les jeunes de 18 à 24 ans.

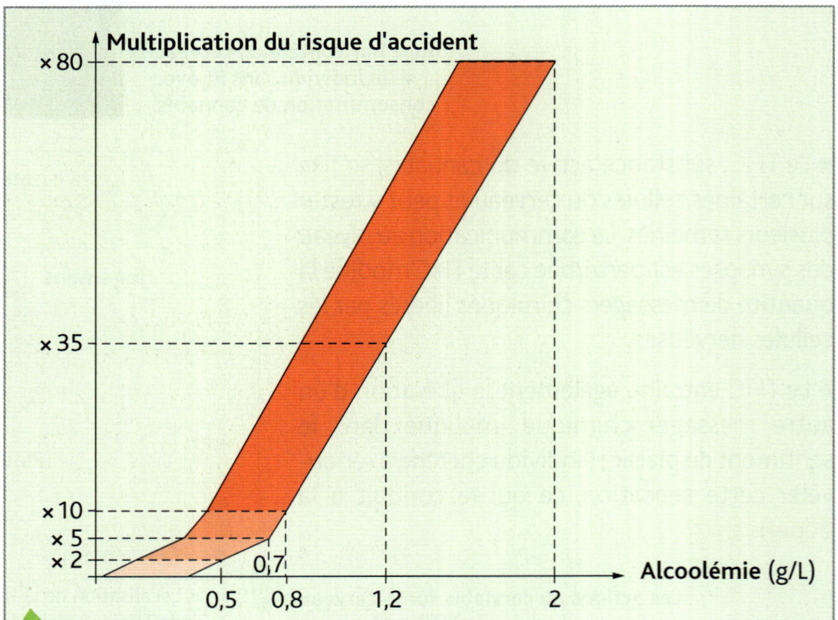

b Alcool et risque d'accidents de la route.

2 L'alcool et ses effets

- L'alcool consommé passe rapidement dans le sang. En quelques minutes, il le transporte dans tout l'organisme. Après une consommation d'alcool, l'individu présente des troubles de l'équilibre. Son champ visuel est rétréci, sa vision se trouble. Les distances sont mal évaluées et les automatismes de conduite perturbés.

- On a mesuré le temps de réaction face à un stimulus visuel d'un conducteur sobre et d'un conducteur ayant bu de l'alcool. La distance d'arrêt est augmentée de 6 m.

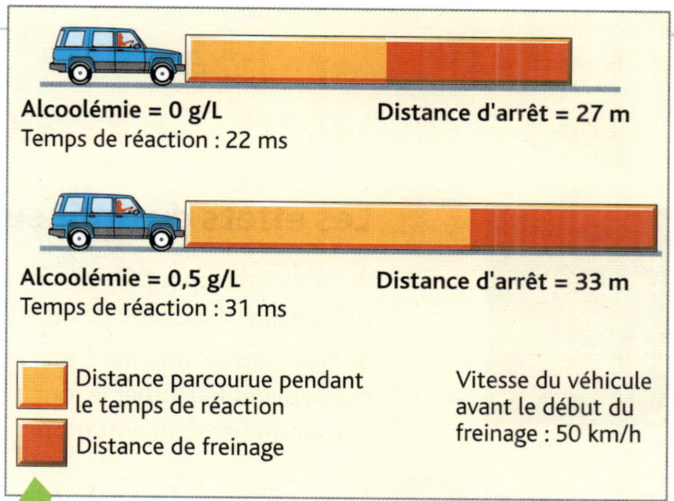

a **Les effets de l'alcool sur la conduite.**

- Sans danger pour l'individu, on peut simuler un état d'ivresse en portant des lunettes particulières. Des élèves réalisent un parcours balisé par une cinquantaine de plots. Le nombre de plots renversés est comptabilisé pour chaque élève, avec ou sans lunettes.

État de l'élève	Nombre de plots renversés
Sans lunette simulant l'état d'ivresse	0
Avec lunette simulant l'état d'ivresse	16 plots en moyenne

b **Simuler l'état d'ivresse.**

- L'imagerie médicale permet de mettre en évidence les zones du cerveau qui sont modifiées en cas d'absorption d'alcool. L'alcool agit sur les neurones, modifie les messagers chimiques et empêche leurs actions sur certaines régions du cerveau impliquées dans les prises de décision et de jugement de l'individu.

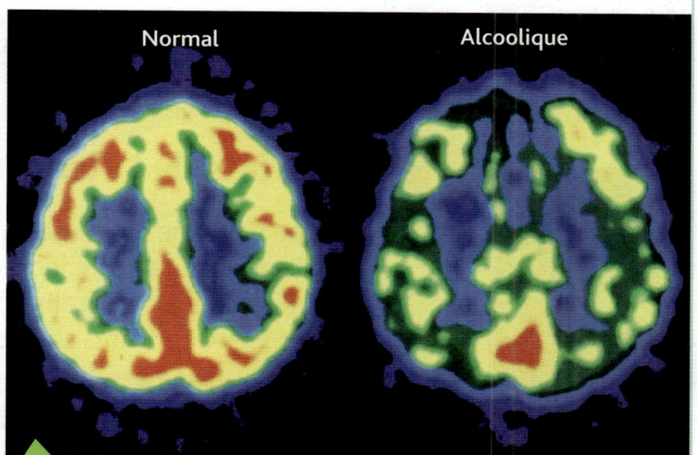

c **L'action de l'alcool sur le cerveau.** Les zones rouges et jaunes correspondent aux zones actives, les zones bleues et vertes aux zones peu ou pas actives.

- L'alcool entraîne aussi l'accumulation d'une substance qui se fixe anormalement sur les neurones et active les zones de plaisir du cerveau. L'individu va donc rechercher à réactiver continuellement cette zone et la dépendance à l'alcool se crée. À ce titre, l'alcool peut donc être considéré comme une drogue.

- L'alcool agit également sur d'autres messagers chimiques en empêchant leur action et aboutit à une perte de contrôle de soi, une perturbation du jugement.

BILAN

J'ai découvert, j'ai expliqué

1 Les effets du bruit sur le système nerveux

→ pages 202-203

- Des sons trop forts peuvent endommager les récepteurs sensoriels des oreilles de façon irréversible : l'individu devient sourd.
- Notre environnement est rempli de **nuisances sonores** plus ou moins intenses qui peuvent perturber le fonctionnement du système nerveux et entraîner fatigue et manque de concentration.

2 Les effets de la fatigue sur le système nerveux

→ pages 204-205

- La **fatigue** est à l'origine de nombreux accidents de la route car elle altère la perception de l'environnement. Elle se manifeste par certains signes très reconnaissables comme des raideurs dans la nuque ou des bâillements et augmente les temps de réaction des individus.
- Chez les adolescents, le manque de sommeil peut perturber la scolarité en diminuant la concentration et le raisonnement. Il est donc fondamental de préserver une bonne qualité de sommeil.

3 Les effets du cannabis sur le système nerveux

→ pages 206-207

- Le **cannabis** est une drogue interdite en France. Il agit sur de nombreux organes du corps tels que les poumons, le cœur ou les organes reproducteurs et peut entraîner des maladies graves.
- Le cannabis agit sur le système nerveux et modifie les perceptions et les réactions de l'individu. Le THC contenu dans le cannabis se fixe sur certaines zones du cerveau, modifie l'action des messagers chimiques au niveau des synapses, et perturbe ainsi les messages envoyés aux effecteurs.

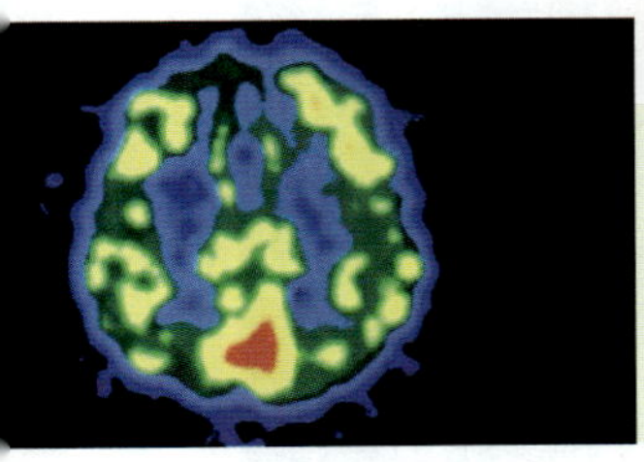

4 Les effets de l'alcool sur le système nerveux

→ pages 208-209

- L'**alcool** est une des causes principales d'accidents mortels de la route. La loi française interdit la conduite à tout individu dont l'alcoolémie atteint ou dépasse 0,5 gramme d'alcool par litre de sang. En cas d'absorpton d'alcool, la vitesse de réaction de l'individu est ralentie et les risques d'accidents augmentent avec l'alcoolémie.
- L'alcool modifie les messagers chimiques des synapses, et perturbe ainsi les messages nerveux envoyés aux effecteurs.
- L'abus d'alcool est un des principaux facteurs liés à la violence. En effet, l'alcool modifie les perceptions et le comportement de l'individu en agissant sur son cerveau.

J'ai compris les perturbations du système nerveux

SOCLE commun des connaissances

→ Le fonctionnement du système nerveux peut être perturbé dans certaines circonstances (fatigue, bruit excessif...) et par la consommation de certaines substances (alcool, cannabis...).

Je retiens par l'image

Je retiens par le texte

Les perturbations du système nerveux

- Le fonctionnement du système nerveux peut être perturbé par des **nuisances sonores**, la **fatigue** ou la consommation de certaines substances comme l'**alcool** ou le **cannabis**.
- Les récepteurs sensoriels peuvent être gravement altérés par des sons de trop forte puissance : l'individu devient sourd.
- Les perturbations du système nerveux sont provoquées par des modifications de l'action des messagers chimiques dans les synapses du cerveau. Les relations entre les organes récepteurs et les effecteurs ne fonctionnent plus correctement.

Mots à retenir

Alcool : substance qui, bien qu'autorisée par la loi, perturbe le fonctionnement du système nerveux.

Cannabis : drogue interdite et dangereuse contenant des substances agissant sur le système nerveux et modifiant les réactions et les perceptions de l'individu.

Fatigue : état de l'organisme qui entraîne un ralentissement des réactions et des perceptions de l'individu.

Nuisances sonores : sons d'intensité variable qui perturbent le fonctionnement du système nerveux et qui peuvent entraîner la surdité de l'individu.

1. **Des cristaux d'amphétamine** (microscope optique, lumière polarisée et analysée).

1 Les amphétamines : du médicament au dopant

Les amphétamines sont des substances psycho-actives qui stimulent le système nerveux. Ce sont des substances proches de certains messagers chimiques naturellement présents dans notre cerveau, qui stimulent certaines zones du cerveau impliquées dans l'éveil.

Utilisés sous contrôle médical, ces médicaments agissent positivement sur la santé de l'individu.

Utilisées abusivement pour diminuer la sensation de faim ou augmenter les performances de l'individu, ces substances engendrent des dépendances et amènent à des consommations de plus en plus importantes.

Les amphétamines sont les dopants les plus connus dans le domaine sportif. Elles augmentent les capacités de l'individu, stimulent le système cardio-vasculaire et diminuent les effets de douleur et de fatigue. Mais elles sont aussi à l'origine d'un grand nombre de décès.

- http://www.sfa-ispa.ch/DocUpload/id_Amphetamines_F.pdf
- http://www.cyes.info/cirdd/dopage/effets_dopage.php#narcotiques

→ Quels sont les dangers d'un abus de certains médicaments ?

2 Des sons anti-jeunes

Les Anglais ont inventé un appareil qui émet un son strident et désagréable uniquement perçu par les jeunes, empêchant ainsi leur regroupement dans les rues, les cages d'ascenseur ou devant les magasins.

Des études ont montré que les pertes auditives sur les fréquences les plus aiguës (8 000 à 20 000 hertz) commencent dès l'âge de 20-25 ans. En effet, avec l'âge, l'oreille adulte ne peut plus percevoir les sons en dessous de 20 000 hertz. C'est précisément dans cette zone que l'appareil « anti-jeunes » émet un bruit strident, que seule une oreille jeune et en bonne santé peut entendre.

2. **Des essais réalisés en Angleterre.**

- http://fr.gizmodo.com/2006/06/14/

→ Comment l'appareil « anti-jeunes » empêche-t-il le regroupement de jeunes dans certains lieux ?

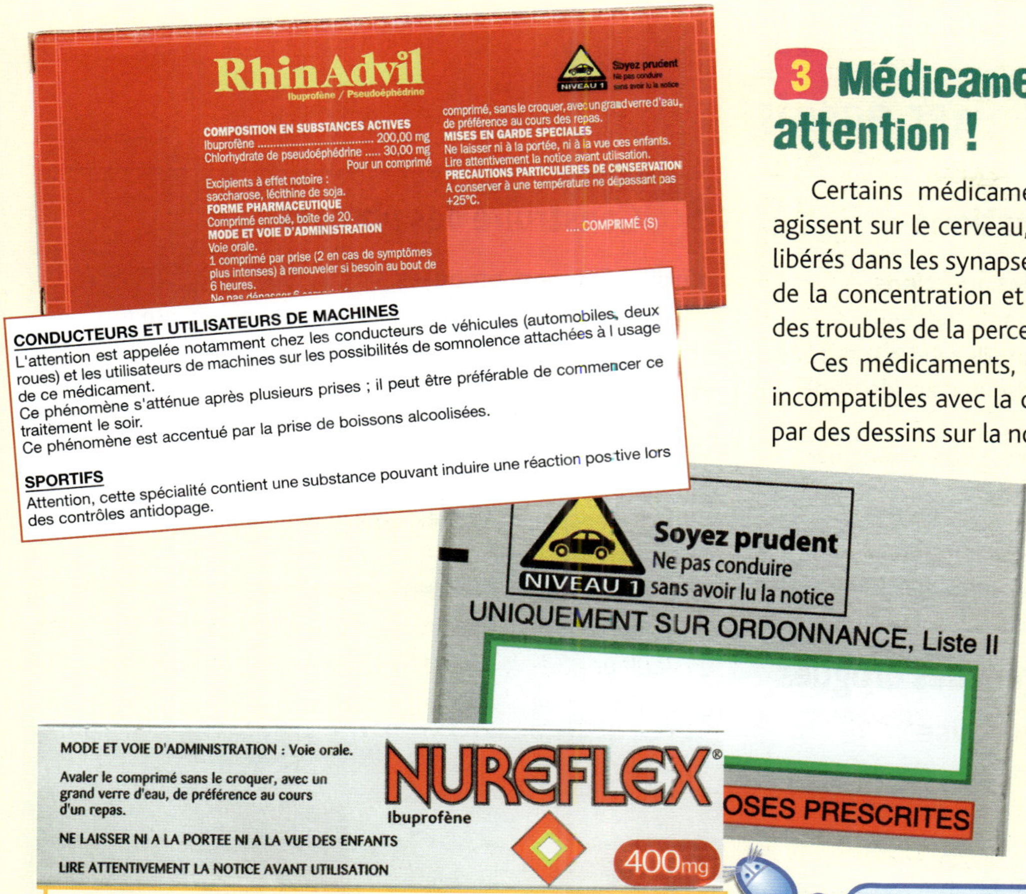

3. Des notices de médicaments.

3 Médicaments au volant : attention !

Certains médicaments contiennent des substances qui agissent sur le cerveau, en modifiant les messagers chimiques libérés dans les synapses. Ils peuvent entraîner une diminution de la concentration et de la vigilance de l'individu, ainsi que des troubles de la perception.

Ces médicaments, parfois vendus sans ordonnance, sont incompatibles avec la conduite d'un véhicule et sont signalés par des dessins sur la notice d'utilisation.

➜ **Pourquoi est-il important de lire une notice de médicaments ?**

- http://www.prevention.ch/medicamentsauvolant.htm
- http://www.zerotracas.com/securite_routiere/medicament_conduite_345.html

4 Une incroyable histoire de cerveau

En 1848, Phineas Gage travaille à la construction des chemins de fer du Vermont. Tout à coup, une explosion fait sauter sa barre à mine qui lui transperce le crâne. John Harlow, médecin, soigne Phineas, et contre toute attente, celui-ci se rétablit.

Deux mois après l'accident, il est sur pied. Mais ce n'est plus le même homme : autrefois calme et décidé, il est devenu agressif, bagarreur, sans compassion et incapable de prendre des décisions.

Personne n'a compris à l'époque son changement de comportement. Dans les années 90, une scientifique est parvenue à calculer précisément la trajectoire de la barre et a montré que les régions cérébrales nécessaires à la motricité et au langage n'ont jamais été touchées. En revanche, celles des émotions et de la prise de décision ont été dévastées.

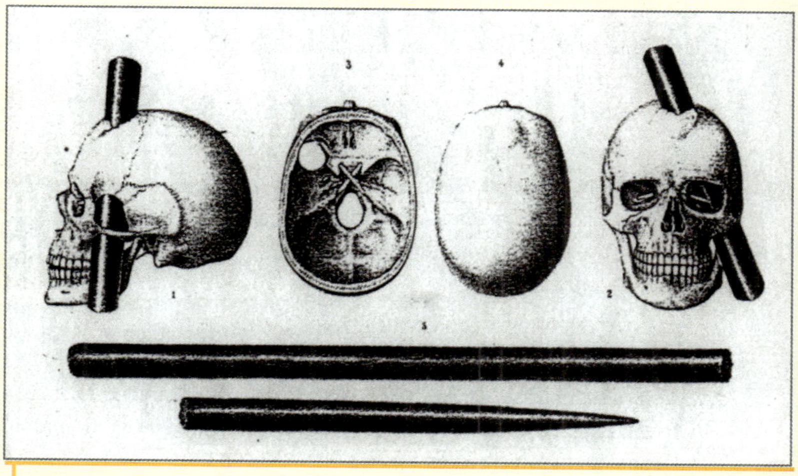

4. Reconstitution du passage de la barre à mine.

➜ **Que nous apprend l'histoire de Phineas Gage sur le rôle du cerveau dans le comportement ?**

- http://www.111101.net/Writings/index.php?http://www.111101.net/Writings/Essays_Research/La_Recherche/martine_meunier.php

EXERCICES

SOCLE COMMUN Je teste mes acquis

1 Rechercher des informations

Je réponds rapidement à chacune des questions.

a. Citez un facteur qui perturbe le système nerveux.
b. Comment les sons trop forts peuvent-ils rendre sourd ?
c. Pourquoi l'alcool augmente-t-il le risque d'accidents de la route ?
d. Comment expliquer que l'alcool puisse être à l'origine de violence ?
e. Comment agit le cannabis au niveau du cerveau ?
f. Quel est l'effet commun des drogues sur le cerveau ?

2 Construire des phrases

J'utilise les mots proposés.

Phrase 1 : fatigue / temps de réaction / augmente / individu
Phrase 2 : alcool / perception / environnement / modifie / comportement
Phrase 3 : récepteurs sensoriels / décibels / destruction / entraîner
Phrase 4 : cannabis / messagers chimiques / synapse / perturbation

3 Comprendre les dangers des drogues

L'ecstasy, une pilule dangereuse

Une plaquette du Comité Français d'Éducation pour la Santé (CFES).

L'ecstasy est décrite comme la pilule de la fête. Euphorie, excitation, relaxation, sensation de bien-être, résistance à la fatigue et au sommeil sont les effets recherchés.

Mais elle provoque aussi anxiété, augmentation de la tension artérielle, accélération du rythme cardiaque et contraction des muscles de la mâchoire. La peau devient moite, la bouche sèche.

Cette drogue entraîne des hallucinations en augmentant la libération des messagers chimiques dans certaines synapses.

Quelques heures après la consommation d'ecstasy, la modification des messagers chimiques peut se traduire par une sensation de manque qui intervient sur le comportement et l'humeur de l'individu. Il devient alors agressif.

Questions

1. Ra **Quelles sont les raisons qui poussent certaines personnes à prendre de l'ecstasy ?**

2. I **Quels sont les effets physiques de la consommation d'ecstasy sur l'organisme ?**

3. Ra **Comment cette drogue agit-elle sur les cellules nerveuses ?**

Je consolide mes acquis

4 Les dangers de l'alcool

- L'alcool modifie la perception de l'environnement chez un individu. Celui-ci a plus de difficultés à se situer dans l'espace et à se déplacer. Il contrôle également difficilement ses mouvements.
- Le test de Ricossay sert à évaluer la capacité de l'individu à coordonner le fonctionnement des muscles de sa main. On a effectué ce test chez un individu sobre, c'est-à-dire qui n'a pas bu d'alcool, et chez un individu ivre.
- On a également mesuré la force musculaire d'un individu adulte sobre et d'un individu alcoolique. Un adulte moyen, qui n'a pas bu, soulève une masse de 67,5 kg, alors qu'une personne alcoolique, de corpulence équivalente à l'individu non alcoolique, ne soulève qu'une masse de 60 kg.

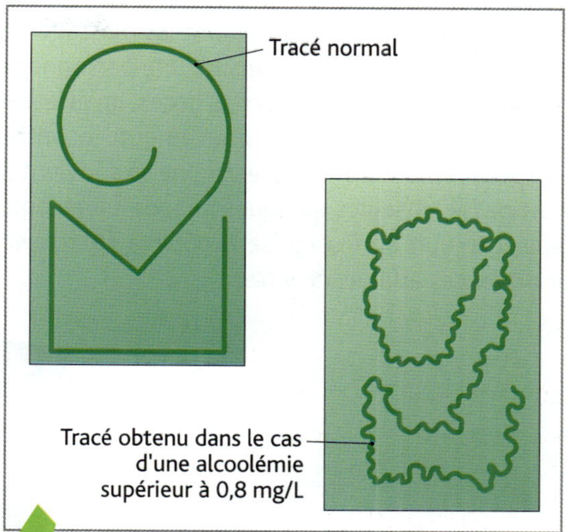

Les tracés obtenus.

Questions

1. Ra **Comparez les tracés du test de Ricossay d'un individu sobre et ceux d'un individu alcoolique.**

2. Ra **Comment expliquez-vous le tracé d'un individu alcoolique ?**

3. I **Quelle est la conséquence de la consommation d'alcool sur la force musculaire d'un individu ?**

5 Bruit et sommeil

- Le sommeil assure à l'individu le repos indispensable au bon fonctionnement de son organisme. Il comprend plusieurs stades qui se succèdent au cours de la nuit. La première partie du sommeil assure surtout le repos physique du corps. Dans la deuxième partie de la nuit, le sommeil, appelé sommeil paradoxal, correspond à la réparation de l'activité nerveuse.
- Des bruits dont l'intensité est supérieure à 45 décibels peuvent perturber le sommeil nocturne et provoquer des réveils plus ou moins fréquents : le rythme cardiaque et les mouvements des muscles du corps augmentent.
- Mal reposé, l'individu passe la journée suivante dans un état de fatigue important ; il est de mauvaise humeur, et ses capacités de travail sont amoindries.

Test	Pourcentage de réussite après un sommeil normal	Pourcentage de réussite après une privation de sommeil
Le sujet doit sortir d'un paquet les cartes qu'on lui nomme	100	40
Le sujet doit trier rapidement les cartes	100	24
Le sujet joue au tennis de table	100	0
Le sujet lance des fléchettes sur une cible	100	3

Les effets de la privation de sommeil.

Questions

1. I **Indiquez quelles sont les perturbations du sommeil provoquées par le bruit.**

2. Ra **Un mauvais sommeil perturbe-t-il les activités de la journée suivante ? Justifiez la réponse.**

3. Ra **En utilisant le document 2c de la page 203, indiquez les bruits capables de réveiller un adulte.**

6 Le GHB, une drogue dangereuse

Le GHB est naturellement produit par le cerveau. C'est aussi un produit utilisé lors des anesthésies car il inactive certaines parties du système nerveux en modifiant les messagers des synapses. Versé dans une boisson à l'insu d'une personne, le GHB n'a ni goût ni odeur. Il entraîne, à certaines doses, un effet sédatif. La personne devient somnolente, a des mouvements incontrôlés et devient temporairement amnésique. Elle ne se souvient plus de ce qui s'est passé, et seules quelques images lui reviennent en mémoire plusieurs jours après la prise. Le GHB a été mis en cause dans de nombreuses affaires de viols.

Le GHB ou drogue du violeur.

Questions

1. I **Quels sont les effets du GHB ?**

2. I **Comment agit le GHB sur le système nerveux ?**

3. Ra **Pourquoi la victime ne se rend-elle pas compte qu'elle absorbe du GHB ?**

4. Ra **Quel comportement pourrait éviter d'absorber du GHB à son insu ?**

7 Une campagne « Zéro alcool pendant la grossesse »

- Un nouveau logo va faire son apparition sur les bouteilles d'alcool, afin de sensibiliser les consommatrices durant leur grossesse. Le petit pictogramme sera appliqué sur toutes les bouteilles d'alcool, vin et bière compris, accompagné d'une mise en garde :

> « La consommation de boissons alcoolisées pendant la grossesse même en faible quantité peut avoir des conséquences graves sur la santé de l'enfant ».

- Une consommation d'alcool peut avoir des effets graves à long terme sur le fœtus et l'enfant, en particulier sur le développement mental de l'enfant. Une consommation épisodique ou même très modérée d'alcool peut provoquer un accouchement prématuré, des retards de croissance du fœtus, des troubles psychiques et comportementaux chez l'enfant. Une étude de l'INSERM en 2001 a montré qu'entre 700 et 3 000 enfants ont été atteints d'un syndrome d'alcoolisation fœtale grave, qui est la première cause non génétique de handicap mental chez l'enfant.

Questions

1. Ra **Pourquoi la campagne « zéro alcool pendant la grossesse » a-t-elle été lancée par le gouvernement ?**

2. I **Quels sont les risques de boire de l'alcool chez la femme enceinte ?**

3. Ra **D'après vos connaissances, expliquez comment l'alcool consommé par la mère agit sur le fœtus.**

4. Ra **D'après vous, le logo choisi est-il pertinent ? Justifiez votre réponse.**

Découvrir autrement

8 Des champignons hallucinogènes

Certains champignons ont des propriétés hallucinogènes : ils contiennent des substances qui agissent sur le système nerveux. L'individu a alors la conviction de voir un objet alors que celui-ci n'existe pas.

Questions

1. Recherchez sur Internet le nom des principaux champignons hallucinogènes.

2. Recherchez leurs effets immédiats et leurs effets à long terme sur l'organisme.

9 Le coin de l'artiste

Louis WAIN (1860-1939)

Né à Londres en 1860, Louis Wain est un artiste qui obtint un franc succès en illustrant des livres et des cartes postales représentant des chats. En 1917, après la mort de sa sœur, des troubles mentaux apparurent. Louis Wain fut interné pour schizophrénie en hôpital psychiatrique en 1917.

À partir de 1920, ses dessins de chats se transformèrent en raison de sa maladie, et les déformations des dessins reflétèrent sa perception terrifiante du monde.

La schizophrénie est une maladie dans laquelle l'individu vit dans son monde, peut avoir des hallucinations, des délires et des perturbations des pensées.

Chats caléidoscopes de Louis Wain. En haut à gauche : chat électrique ; en haut à droite : chat en motifs de Parsley ; en bas à gauche : motif de chat en vert ; en bas à droite : motif de chat en bleu.

Questions

1. Ra **Comment expliquez-vous les modifications de sa perception des chats au cours du temps ?**

2. I **Expliquez ce qui rend ses tableaux terrifiants.**

ENVIE DE SCIENCE

Chocolat et neurones

On connaît plus de 300 substances contenues dans le chocolat. Parmi celles-ci, on en a identifié certaines qui pourraient provoquer des effets de dépendance comme la caféine, par exemple. Mais ces substances se retrouveraient en trop faible quantité pour avoir un quelconque effet sur l'organisme. Récemment, un messager chimique naturellement produit par le cerveau, l'anandamide, a été isolé dans le chocolat. Il agit au même niveau que le THC, principe actif du cannabis, et active les mêmes parties du cerveau que certaines drogues. L'anandamide du chocolat pourrait donc peut-être expliquer le sentiment de bien-être éprouvé par les personnes « accro » au chocolat !

- http://www.cybersciences-junior.org/junior/fr/information/echos_des_labos/corps_humain/chocolat_et_neurones.html

Le chocolat, une action étonnante sur les neurones.

UN MÉTIER Acousticien

Acousticien mesurant le bruit dans un atelier.

- http://www.onisep.fr
- http://reseau-tee.net/Forum/met/25-fich-met.pdf
- http://www.eicar.fr/VF/formations/BTS/son/index.php

L'acousticien est le spécialiste des sons, de leur propagation et des matériaux isolants. Il intervient dans la construction de bâtiments pour prévenir les problèmes de nuisances sonores. Il intervient également lors de la construction de salles de concerts, d'auditorium... pour que les sons se propagent le mieux possible, sans écho.

La loi bruit a été votée en décembre 1992. Le bruit sur le lieu de travail est aussi réglementé par cette loi. L'acousticien intervient partout, mesure le bruit et revient installer le matériel isolant. Il intervient pour le compte d'entreprises, de collectivités locales, ou d'associations dans le cas de la construction d'infrastructures génératrices de bruit (aéroport, ligne TGV...).

FORMATION

Baccalauréat scientifique suivi d'un BTS audiovisuel, option son ou filière des grandes écoles pour être ingénieur AVI (Acoustique et vibrations industrielles).

CHAPITRE 12

Le déclenchement de la puberté

À partir de la puberté, les organes sexuels commencent à fonctionner. Cela s'accompagne, chez l'adolescent, de nombreuses autres modifications, visibles ou non.

• Quelle est l'origine des transformations qui apparaissent chez les adolescents à la puberté ?

Groupe d'adolescents de 15 ans.

1 Découvrir expliquer

Le développement des testicules et des ovaires

À la puberté, les organes reproducteurs commencent à fonctionner, garçons et filles deviennent capables de se reproduire.

→ Comment le développement des organes reproducteurs est-il déclenché à la puberté ?

Je réponds aux questions

1 Comment évolue la masse des organes reproducteurs à la puberté (doc. 1) ?

2 Proposez une hypothèse pour expliquer ce qui déclenche le fonctionnement des organes reproducteurs à la puberté (doc. 2).

3 En quoi le document 3 permet-il de valider l'hypothèse émise sur le rôle des substances libérées par le cerveau ?

Je conclus

J'établis la relation entre le développement des organes reproducteurs et la présence de certaines substances dans le sang.

J'apprends :
- *à m'informer à partir d'un texte* I ;
- *à relier les données d'un graphique et d'un tableau pour expliquer* Ra .

Vocabulaire

Concentration sanguine : quantité d'une substance présente dans le sang par unité de volume.

1 La croissance des organes reproducteurs

La puberté est marquée par de profonds changements de l'individu. L'aspect du corps change, les organes génitaux se développent.

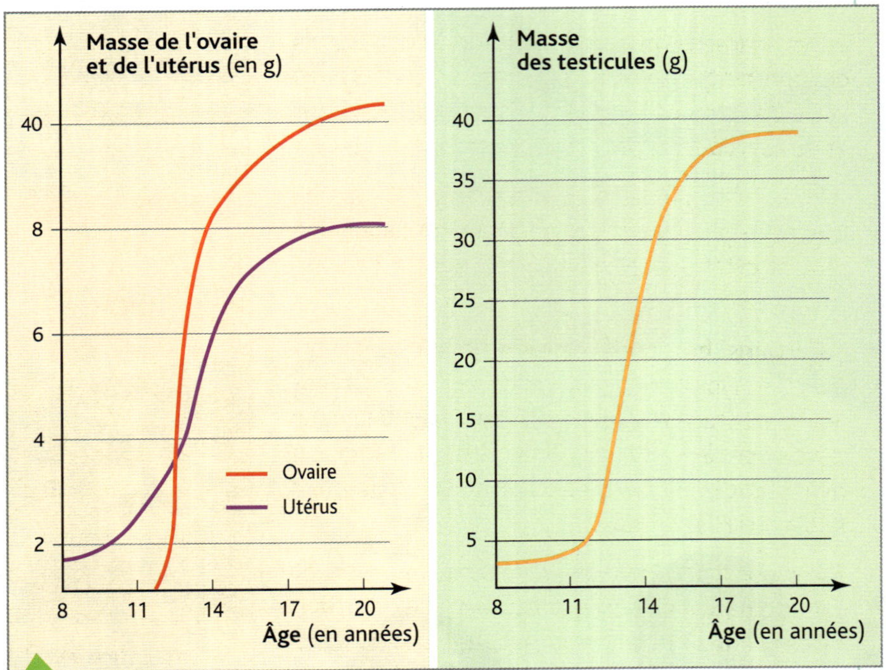

Évolution de la masse des organes reproducteurs au cours de la puberté.

2 Des substances libérées par le cerveau

- L'hypophyse est une petite glande située sous le cerveau. Ses cellules spécialisées libèrent différentes substances dans le sang, en particulier LH et FSH.
- Des analyses du sang prélevé chez des adolescents permettent de suivre l'évolution de la concentration sanguine de ces deux substances pendant la puberté.

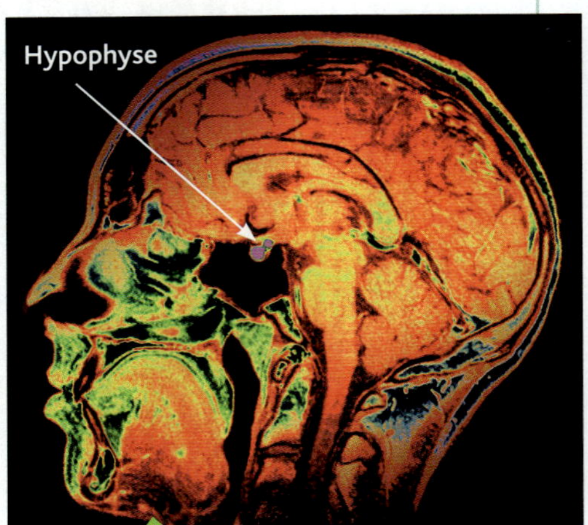

a Coupe du cerveau montrant l'hypophyse.

	Période	LH	FSH
Fille	Début de la puberté	1	1,1
	Fin de la puberté	4,5	3
Garçon	Début de la puberté	0,8	1
	Fin de la puberté	4	3,1

b Évolution de la concentration de LH et FSH.

Les résultats de l'analyse sanguine sont exprimés en unité arbitraire par litre de plasma. Le plasma est la partie liquide du sang.

3 Des perturbations au cours de la puberté

- Chez certaines jeunes filles, les organes génitaux peuvent commencer à fonctionner très tôt. Les règles apparaissent alors avant l'âge de neuf ans.
- Des examens médicaux approfondis ont permis de montrer que ces cas de puberté précoce étaient liés à des quantités anormalement élevées de LH et de FSH libérées par l'hypophyse.
- Pour limiter ce développement trop précoce, les médecins prescrivent un médicament capable de réduire cette libération, freinant ainsi le déroulement de la puberté.
- Certains hommes, atteints d'une anomalie appelée hypogonadisme, possèdent des testicules de petite taille, qui ne se sont pas beaucoup développés à la puberté. On a pu montrer que leur hypophyse produisait une quantité anormalement faible de LH et de FSH.
- Lorsque cette maladie est détectée au cours de la puberté, les médecins prescrivent des injections de ces deux substances pour compenser le déficit de leur propre production.

a Une puberté précoce.

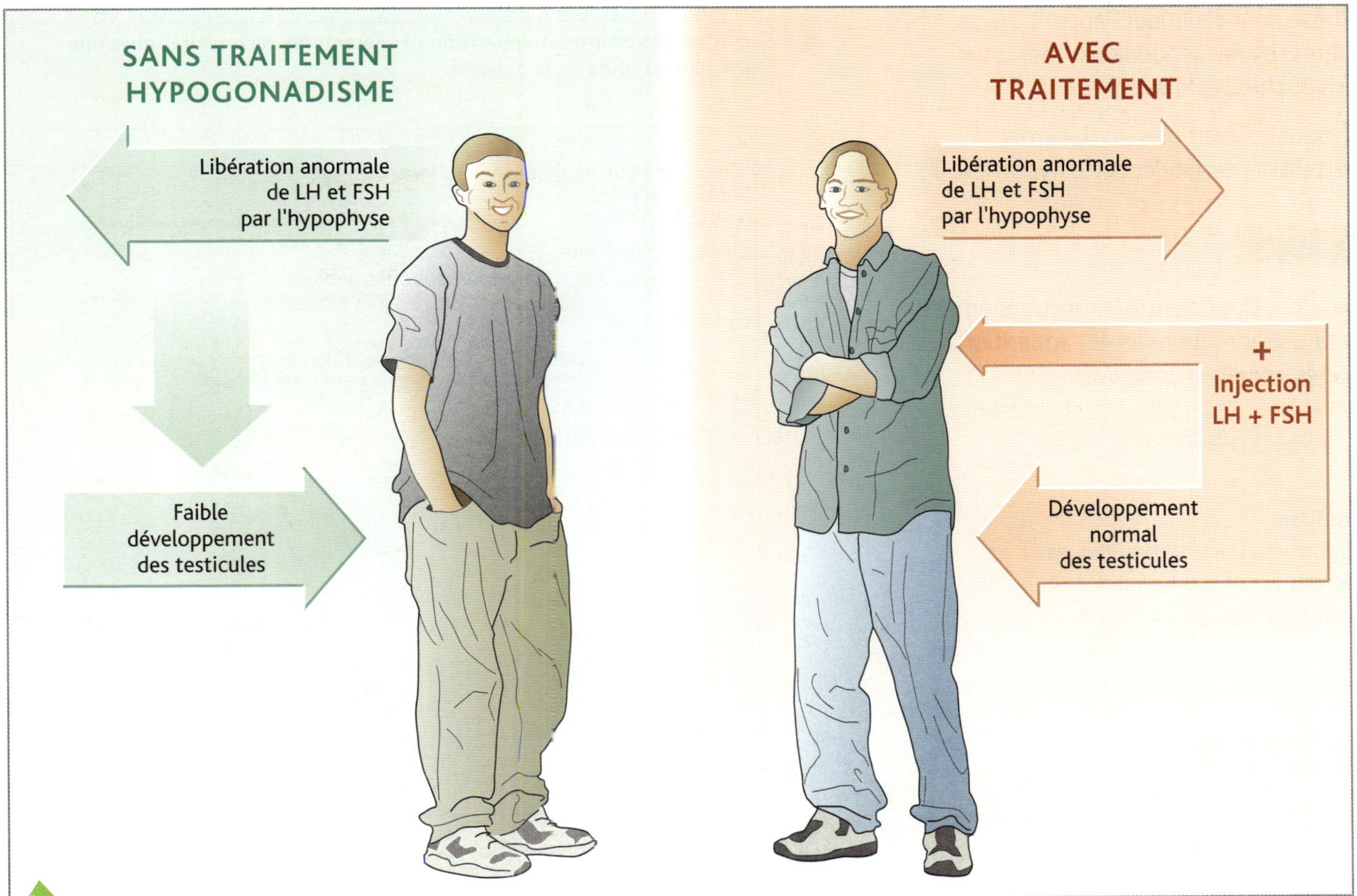

b Soigner l'hypogonadisme.

2 Découvrir expliquer

L'apparition des caractères sexuels secondaires

À la puberté, le développement des organes reproducteurs s'accompagne de transformations morphologiques et physiologiques : ce sont les caractères sexuels secondaires.

→ **Comment expliquer l'apparition des caractères sexuels secondaires à la puberté ?**

Je réponds aux questions

1 D'après le document 1, proposez une hypothèse pour expliquer l'apparition des caractères sexuels secondaires chez les garçons et chez les filles.

2 En quoi les exemples du document 2 permettent-ils de valider cette hypothèse ?

Je conclus

J'établis une relation entre le fonctionnement des organes reproducteurs et l'apparition des caractères sexuels secondaires.

J'apprends :
- *à m'informer à partir de graphiques* I ;
- *à relier des données pour valider une hypothèse* Ra .

Vocabulaire

Sécrétion : production et libération d'une substance par un organe.

Castration : acte chirurgical consistant à enlever les organes reproducteurs mâles.

1 Des résultats d'analyses de sang

- Chez la femme, les œstrogènes sont des substances fabriquées par les ovaires et libérées dans la circulation sanguine.
- Chez l'homme, les testicules produisent et libèrent dans le sang de la testostérone.
- Les sécrétions en provenance des organes reproducteurs sont exprimées en unités arbitraires (U.A.).

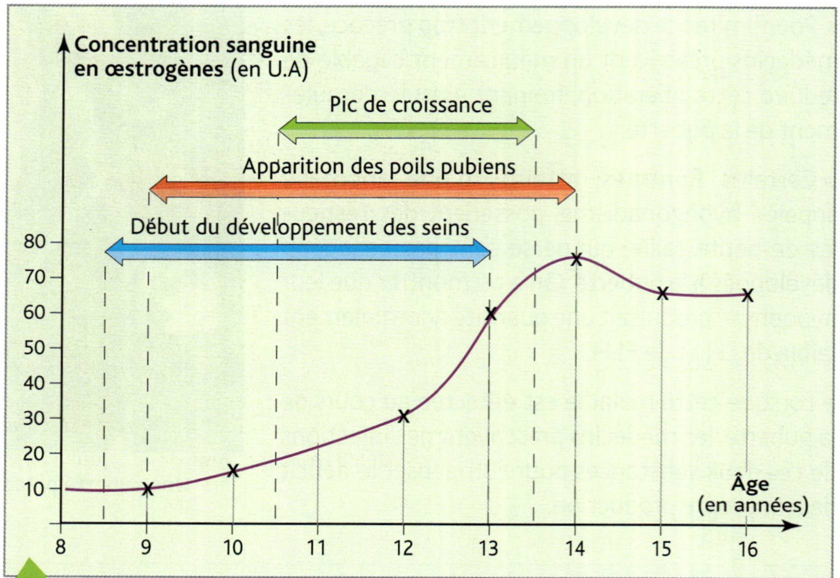

a Sécrétion des ovaires et apparition des caractères secondaires chez une jeune fille au cours de la puberté.

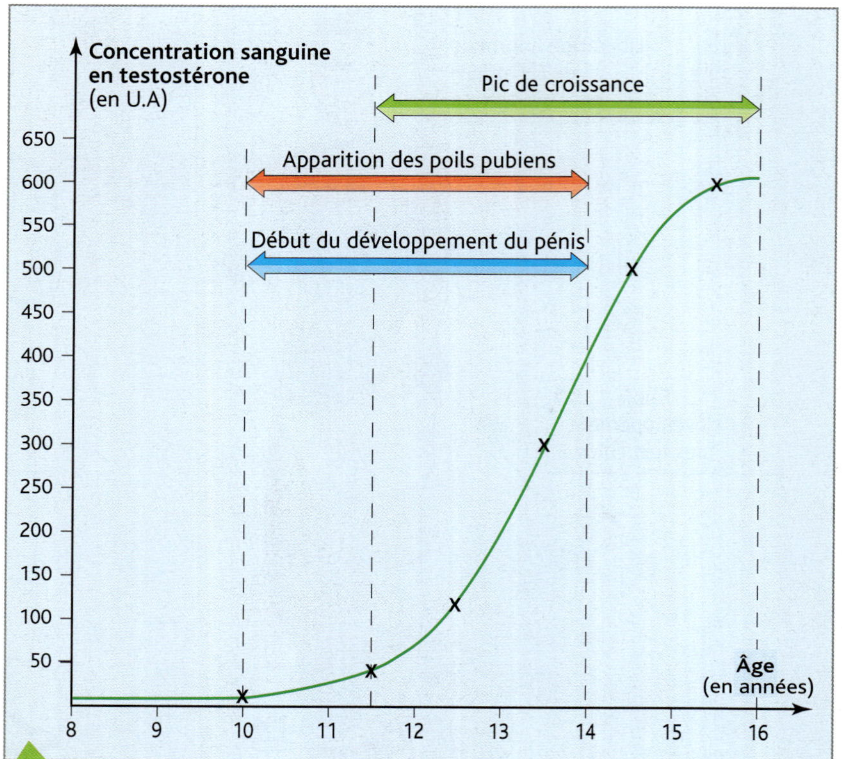

b Sécrétion des testicules et apparition des caractères secondaires chez un jeune garçon au cours de la puberté.

2 Des troubles de la puberté visibles chez les femmes et les hommes

- Chez certaines athlètes pratiquant la gymnastique rythmique et sportive de manière intensive, on a constaté des troubles de la puberté. Les cycles de l'ovaire et de l'utérus chez ces jeunes filles sont souvent irréguliers ou absents, ce qui se traduit parfois par l'absence de règles. Par ailleurs, ces gymnastes présentent souvent des troubles de croissance : petite taille, retard de la croissance des seins, maigreur anormale et faible développement de la pilosité.

- Les analyses de sang révèlent souvent que les substances libérées par les ovaires ne sont pas produites en quantité suffisante.

a **Une gymnaste chinoise aux Jeux Olympiques d'Athènes en août 2004.**

b **Stefano Dionisi jouant le rôle de Farinelli, un castrat célèbre.**

- Les castrats étaient des chanteurs de sexe masculin ayant subi la castration avant leur puberté. Ils pouvaient ainsi conserver durant leur vie d'adulte le registre aigu d'une voix d'enfant. Les enfants qui ont subi cette opération sont souvent longilignes et imberbes (c'est-à-dire sans barbe) à l'âge adulte.

- Le film *Farinelli* (de Gérard Corbiau, 1994) relate la vie d'un des castrats les plus connus du XVIIIe siècle, le chanteur italien Carlo Broschi (1705-1782), dit Farinelli.

3 Découvrir expliquer

L'action des ovaires sur l'utérus

Comme nous l'avons vu, les règles chez la femme correspondent à l'élimination cyclique de la couche superficielle de l'utérus.

→ **Comment expliquer l'évolution cyclique de l'utérus ?**

Je réponds aux questions

1. Précisez l'organe responsable des variations de la paroi de l'utérus de la souris à chaque cycle (doc. 1).
2. Quelles sont les informations apportées par le document 2 ?
3. Montrez, à partir du document 3, que l'évolution de l'utérus et le fonctionnement des ovaires sont cycliques.
4. À partir des documents 3 et 4, expliquez comment les règles sont déclenchées.

Je conclus

J'explique la relation existant entre les ovaires et la couche superficielle de l'utérus.

J'apprends :
- *à m'informer à partir de résultats expérimentaux* I ;
- *à relier des données pour expliquer* Ra ;
- *à utiliser un logiciel* Re .

Vocabulaire

Cyclique : permet de qualifier un ensemble d'événements se reproduisant dans un même ordre et se répétant dans le temps.

Ablation : opération au cours de laquelle on enlève un organe.

Greffe : opération au cours de laquelle on implante un organe.

1 Des expériences pour comprendre

Chez les souris femelles comme chez la femme, la paroi interne de l'utérus subit des variations d'épaisseur cycliques. Elle s'épaissit au cours du cycle puis, contrairement au cas de la femme, elle disparaît progressivement sans provoquer l'apparition de règles.

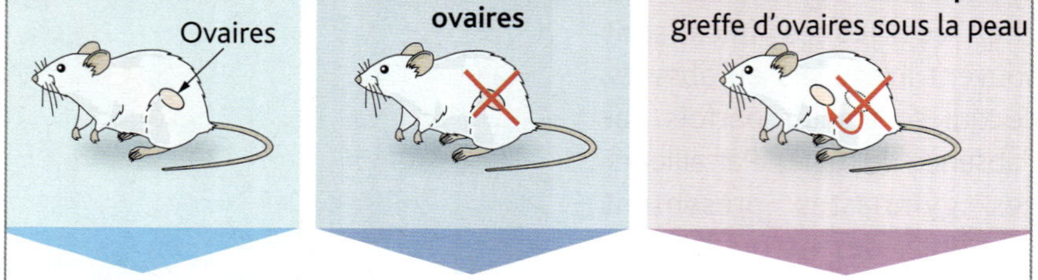

Souris témoin	Ablation des deux ovaires	Ablation des ovaires puis greffe d'ovaires sous la peau
Résultats fournis par l'observation de l'utérus au cours des jours suivants		
Modifications cycliques de l'utérus	Aucune modification cyclique de l'utérus	Modifications cycliques de l'utérus

Des expériences sur des souris.

2 Un logiciel de simulation pour comprendre

Le logiciel « Modsim hormones » permet de tester des hypothèses sur le mode d'action des ovaires sur l'utérus.

Guide de manipulation
- Réaliser une ablation, une greffe ou des injections sur une souris.
- Comparer le résultat avec la deuxième souris qui sert de témoin.

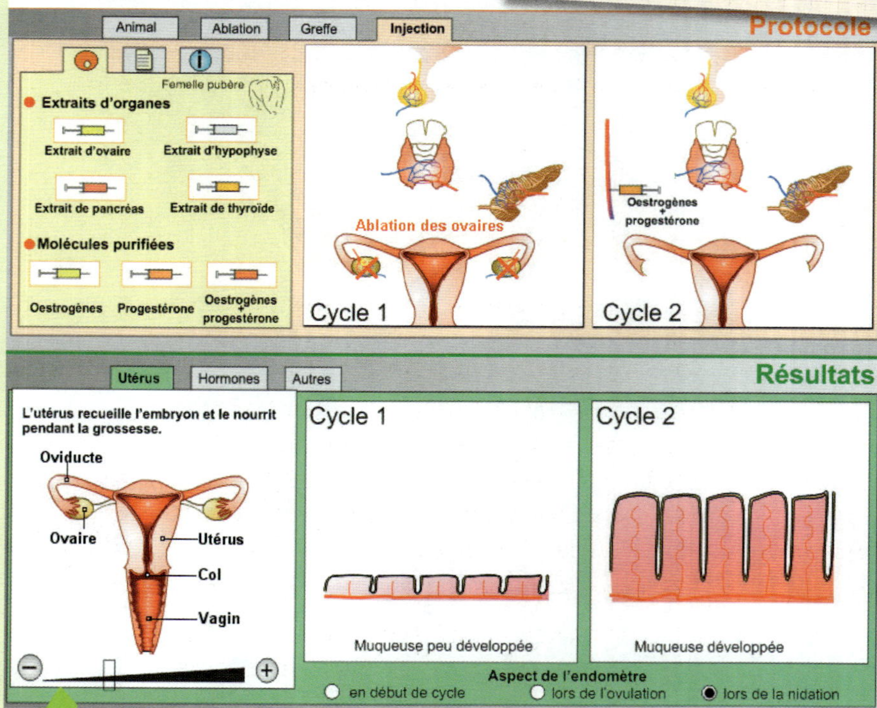

Modsim hormones : un logiciel d'expériences.

3 Les caractéristiques de l'utérus et le fonctionnement des ovaires

Les ovaires produisent et libèrent dans la circulation sanguine des œstrogènes et de la progestérone. Ces deux substances agissent sur la couche superficielle de l'utérus.

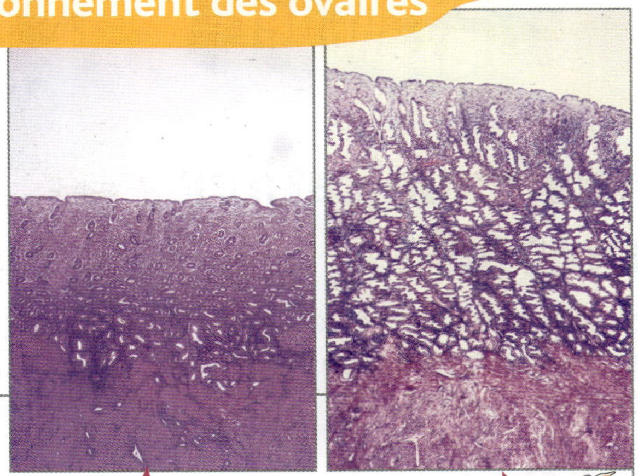

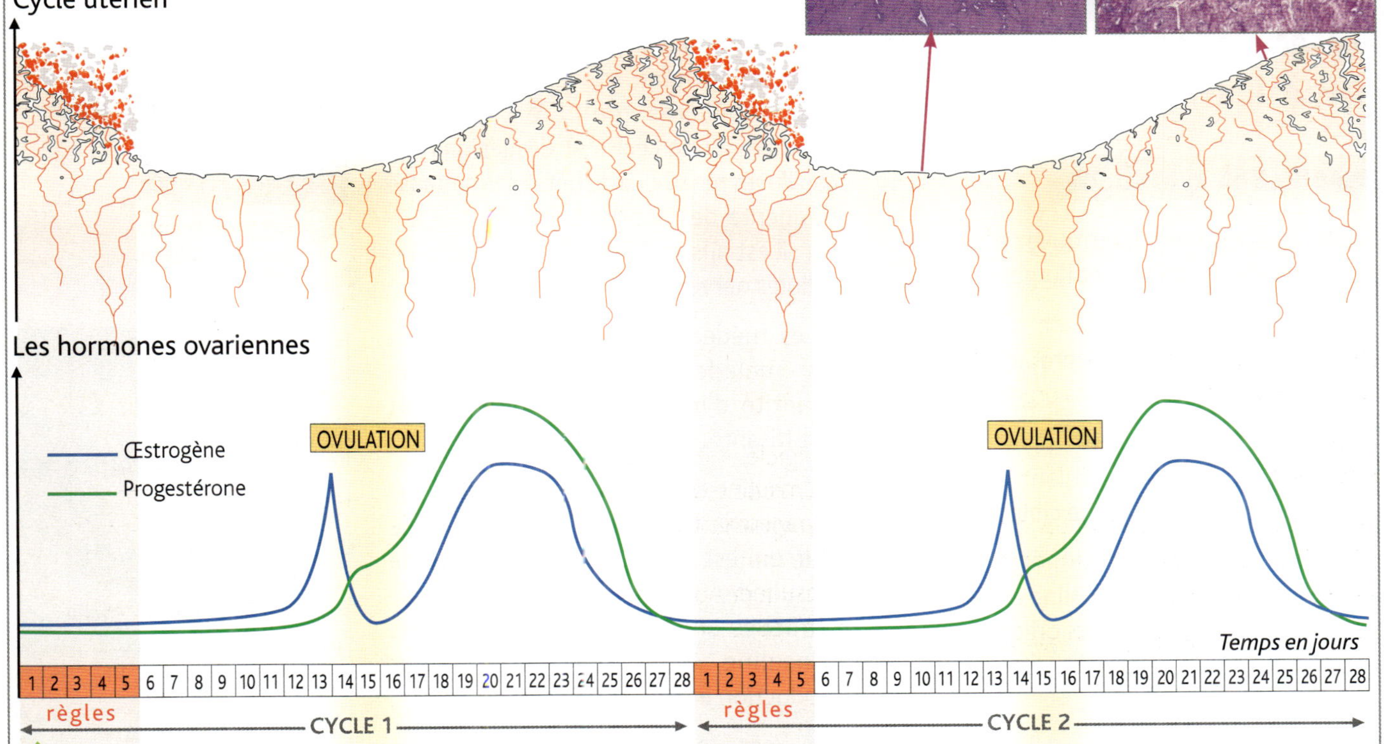

La relation entre la sécrétion des substances ovariennes et les caractéristiques de l'utérus chez la femme.

4 Œstrogène, progestérone et grossesse

- En pharmacie, une femme peut se procurer un test de grossesse qui lui permettra de savoir si elle est enceinte. Les ovaires de la femme enceinte libèrent une grande quantité d'œstrogènes et de progestérone. Cette sécrétion abondante est due à une hormone (hCG) fabriquée par l'embryon tout de suite après la fécondation. C'est l'hCG qui est mise en évidence par les tests de grossesse. Par ailleurs, ce sont les concentrations importantes de ces deux substances qui empêchent la modification de la paroi de l'utérus et la venue des règles.

- Lorsque la femme n'est pas enceinte, les concentrations d'œstrogènes et de progestérone diminuent pendant la fin du cycle. Les règles apparaissent alors et un nouveau cycle commence.

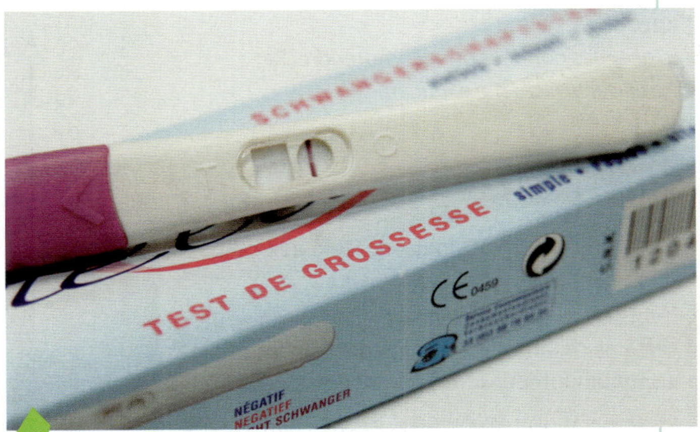

Un test de grossesse.

4 Découvrir expliquer

La communication hormonale

Les transformations observées à la puberté sont dues à des substances appelées des hormones.

→ Comment s'établit la communication hormonale ?

Je réponds aux questions

1. À partir du document 1, retrouvez pour l'insuline l'organe producteur et l'organe cible.
2. De même, indiquez l'organe producteur de l'hormone de croissance et les organes cibles (doc. 2).
3. Comment les hormones circulent-elles de l'organe producteur à l'organe cible (doc. 1 et 2) ?
4. Quels sont les effets de l'insuline et de l'hormone de croissance sur leurs organes cibles respectifs (doc. 1 et 2) ?

Je conclus

Je réalise un schéma de la communication hormonale en utilisant les mots :
• hormone • organe producteur • organe cible
• vaisseaux sanguins.

J'apprends :
- *à relier des données pour comprendre* Ra ;
- *à réaliser un schéma explicatif* C .

Vocabulaire

Glucose : nutriment indispensable aux cellules de l'organisme.

Hormone : substance libérée dans le sang par certains organes et qui agit sur d'autres organes en modifiant leur fonctionnement.

Organe cible : organe dont le fonctionnement est modifié par une ou plusieurs hormones.

1 L'insuline

- Chez l'homme, la quantité de glucose par litre de sang, ou glycémie, est très stable, entre 0,8 et 1 g/L. Le foie joue un rôle principal de régulateur en stockant ou en libérant le glucose nécessaire.
- Chez les personnes atteintes de diabète, cette stabilité est perturbée. La glycémie est souvent trop élevée ; on parle alors d'hyperglycémie. Cette maladie, lorsqu'elle n'est pas soignée, entraîne souvent des lésions des capillaires de l'œil pouvant conduire à une cécité et des lésions des capillaires rénaux. Le diabète est une cause fréquente des accidents cardiovasculaires ; il est aussi à l'origine d'atteintes des cellules nerveuses.
- Les médecins ont montré que chez les malades hyperglycémiques, la quantité d'insuline dans le sang était insuffisante.
- L'insuline est une hormone libérée par le pancréas. Elle agit, entre autres, sur le foie, qui est l'organe cible principal de l'insuline. Aussi, les malades hyperglycémiques ont recours à des injections d'insuline pour compenser leur production insuffisante.
- Il est possible d'injecter une insuline modifiée (insuline « marquée ») pour savoir sur quels organes agit cette hormone. Lors de ces examens, on retrouve ainsi une quantité très importante d'insuline dans le foie.

a Un traitement pour le diabète.

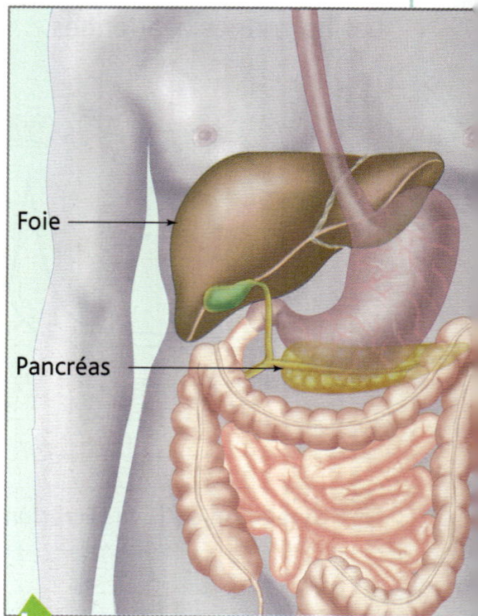

b Le pancréas et le foie : des organes de l'appareil digestif.

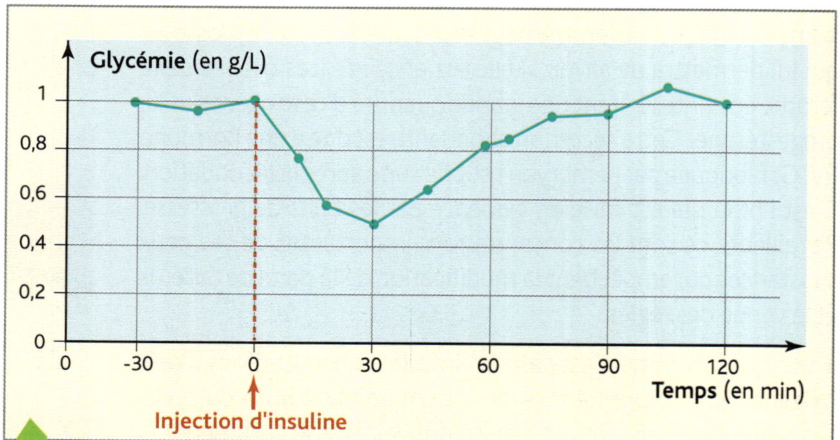

c Effet d'une injection d'insuline sur la glycémie.

2 L'hormone de croissance

● Grâce à des radiographies, on peut suivre la croissance de la main d'un individu. On peut ainsi comparer la taille globale de la main, mais aussi celle des différents os qui la constituent. On constate ainsi que la croissance de la main est assurée par la croissance en longueur des os.

● Le nanisme se caractérise par une taille anormalement petite. L'origine de ce trouble de la croissance peut être une libération dans le sang d'une quantité trop faible d'hormone de croissance par l'hypophyse. En effet, cette hormone favorise l'allongement des os à leurs extrémités.

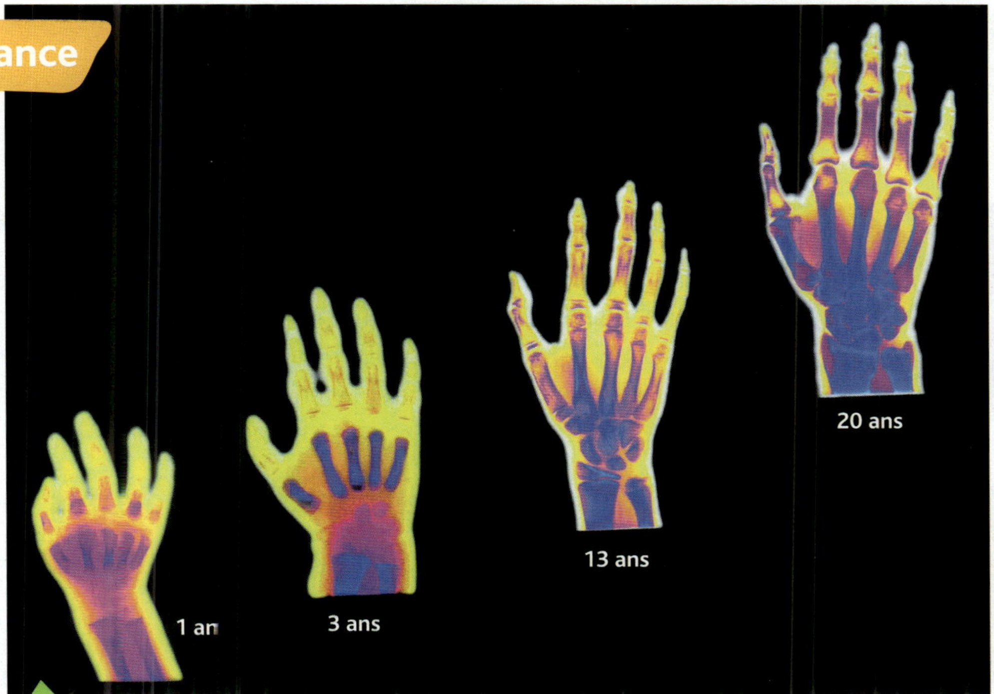

a Radiographie de la main entre un an et vingt ans.

● Lorsque l'on se rend compte suffisamment tôt qu'un enfant ne produit pas assez d'hormone de croissance, on peut lui en injecter dans le sang. En compensant la faible production naturelle de cette hormone sécrétée par l'hypophyse, les injections permettent une reprise de la croissance.

b Les acteurs de l'émission télévisée « Fort Boyard ».

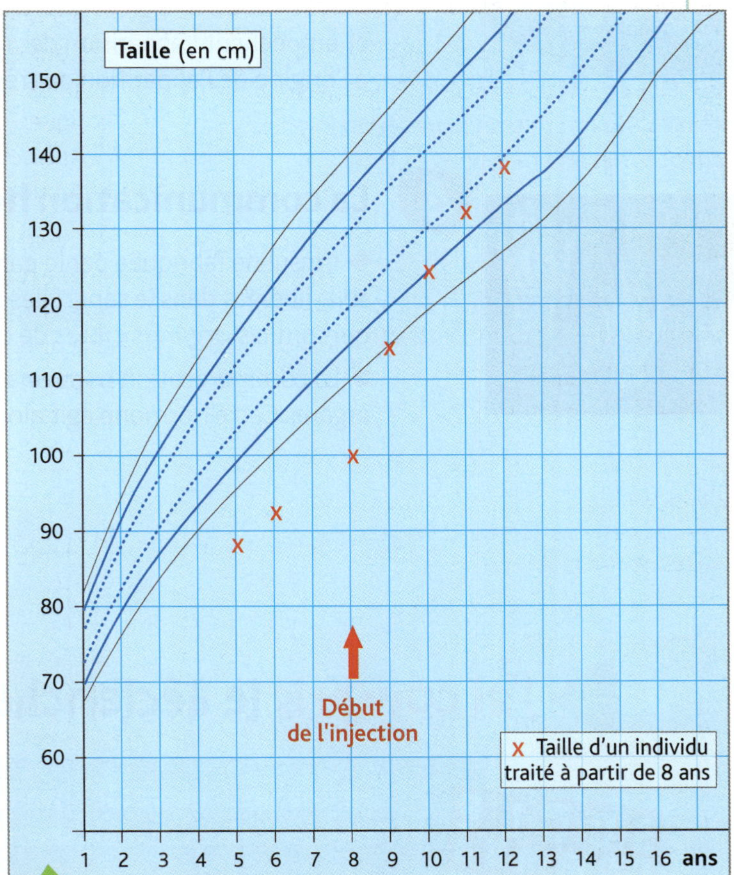

c Effet du traitement médical (courbes de croissance du carnet de santé).

BILAN

J'ai découvert, j'ai expliqué

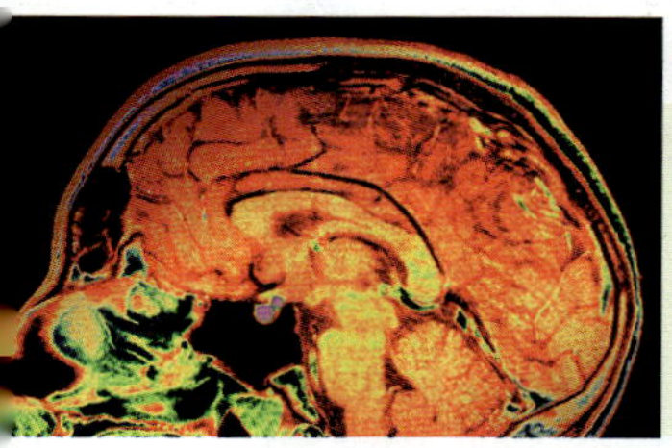

1 Le développement des testicules et des ovaires → pages 220-221

- La croissance des testicules et des ovaires est sous la dépendance de certaines substances fabriquées par le cerveau (hypophyse).
- À la puberté, l'augmentation de la sécrétion dans le sang de LH et FSH par le cerveau déclenche la croissance et le fonctionnement des organes reproducteurs.

2 L'apparition des caractères sexuels secondaires → pages 222-223

- L'apparition des caractères sexuels secondaires est sous la dépendance des testicules et des ovaires.
- À la puberté, les testicules produisent de la testostérone et les ovaires des œstrogènes. Ces substances, libérées dans le sang, sont à l'origine des transformations observables à la puberté.

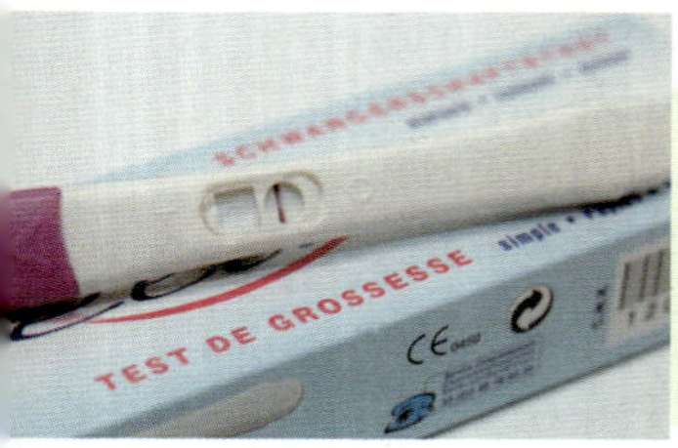

3 L'action des ovaires sur l'utérus → pages 224-225

- Les variations **cycliques** de la paroi de l'utérus dépendent des quantités de progestérone et d'œstrogènes libérées dans le sang par les ovaires.
- Au début d'une grossesse, les substances libérées par les ovaires augmentent fortement et empêchent l'apparition des règles. C'est la diminution de leur concentration qui est à l'origine de l'apparition des règles.

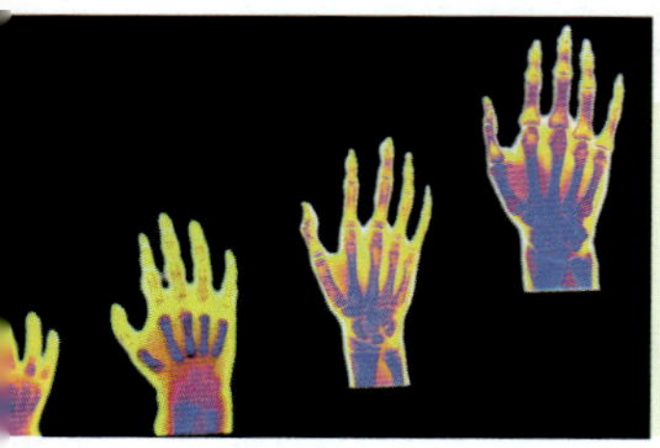

4 La communication hormonale → pages 226-227

- L'insuline fabriquée par le pancréas et l'hormone de croissance fabriquée par l'hypophyse sont libérées dans le sang. Elles modifient respectivement le fonctionnement du foie et des os qui sont les **organes cibles** de ces **hormones**.
- La communication hormonale est due à la libération dans le sang d'une hormone par un organe. Cette hormone agit alors sur le fonctionnement d'un organe cible.

J'ai compris le déclenchement de la puberté

SOCLE COMMUN des connaissances

→ **Les testicules et les ovaires libèrent des hormones qui déclenchent l'apparition des caractères sexuels secondaires.**

→ **De manière générale, une hormone est une substance fabriquée par un organe, libérée dans le sang, et qui agit sur le fonctionnement d'un autre organe : l'organe cible.**

Je retiens par l'image

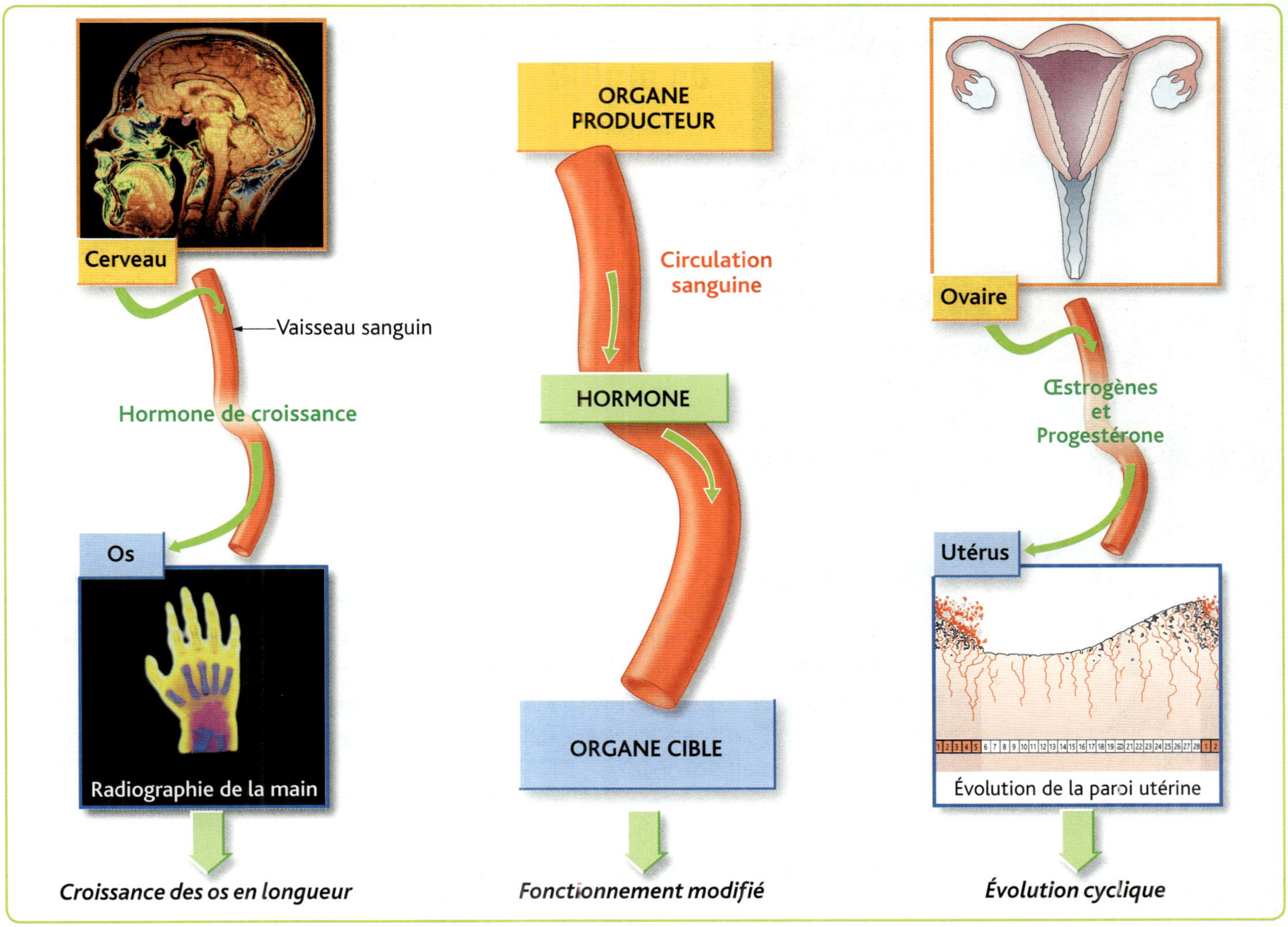

Je retiens par le texte

Le déclenchement de la puberté

- À la puberté, les différentes transformations qui s'opèrent dans le corps d'un adolescent sont principalement dues à une communication hormonale entre organes. Il s'agit d'**hormones** (LH et FSH) produites par le cerveau qui agissent, chez les garçons, sur les testicules, et chez les filles, sur les ovaires.
- En réponse, ovaires et testicules produisent à leur tour des hormones (œstrogènes, progestérone et testotérone) qui déterminent la formation des caractères sexuels secondaires.
- Les hormones libérées par les ovaires sont également responsables des variations **cycliques** de la couche superficielle de la paroi de l'utérus. La diminution des quantités de ces hormones libérées dans le sang déclenche les règles.
- Les hormones sont des substances fabriquées par des organes producteurs et libérées dans la circulation sanguine. Elles agissent sur des **organes cibles** en modifiant leur fonctionnement.

Mots à retenir

Cyclique : permet de qualifier un ensemble d'événements se reproduisant dans le même ordre et se répétant dans le temps.

Hormone : substance fabriquée par un organe, libérée dans le sang, et qui agit sur le fonctionnement d'un organe cible.

Organe cible : organe dont le fonctionnement est modifié par une ou plusieurs hormones.

1. Yao Ming.

1 Etre un géant : un problème de taille!

Les géants et les nains doivent leurs différences physiques à une même hormone : l'hormone de croissance. Dans le cas du gigantisme, une sécrétion anormalement élevée d'hormone de croissance par l'hypophyse peut être à l'origine de tailles extrêmes. C'est le cas pour certains basketteurs jouant en NBA (le championnat de basket américain), comme Gheorghe Muresan, ancien pivot de 2 m 31, ou plus récemment Yao Ming et Shawn Bradley, dont le sommet du crâne culmine respectivement à 2 m 26 et 2 m 28.

→ Mise à part une grande taille, quelles sont les autres caractéristiques du gigantisme ?

- http://www.doctissimo.fr/html/sante/encyclopedie/sa_669_acromegal.htm
- http://www.fr.wikipedia.org/wiki/Gigantisme
- http://www.fr.wikipedia.org/wiki/Acromégalie
- http://www.vulgaris-medical.com/encyclopedie/acromegalie-181.html

2 Le diabète des femmes enceintes

Pendant la grossesse, les besoins en insuline d'une femme enceinte augmentent. Si la fabrication d'insuline reste insuffisante, un dérèglement du contrôle de la glycémie apparaît : c'est le diabète gestationnel.

Pour aider ces femmes à maintenir leur glycémie à un niveau normal et permettre ainsi un développement normal du fœtus, il est parfois nécessaire d'avoir recours à des injections d'insuline.

Dans la grande majorité des cas, le diabète gestationnel disparaît après l'accouchement.

→ Comment les femmes enceintes peuvent-elles prévenir l'apparition du diabète gestationnel ou en limiter les effets ?

2. Un suivi régulier des femmes enceintes.

- http://www.diabete.fr
- http://www.diabetenet.com
- http://www.diaborne.com/page1597.asp

3 Des hormones pour se doper

Les injections de testostérone sur les sportifs permettent d'augmenter leur masse musculaire, leur force physique et leur résistance à la fatigue. Ils deviennent ainsi capables de supporter des entraînements plus intenses.

Cependant, l'utilisation de la testostérone est dangereuse pour la santé. Elle est connue pour augmenter les risques de cancers et d'accidents cardio-vasculaires.

Dans les centres de dépistage, à partir du sang ou de l'urine des athlètes, on vérifie que les performances sportives n'ont pas été influencées par le dopage.

3. Laboratoire de dépistage du dopage.

- http://www.dopage.com
- http://www.santesport.gouv.fr
- http://www.doctissimo.fr/html/dossiers/sports/dopage.htm

→ Pourquoi certains sportifs utilisent-ils la testostérone comme dopant ?

4 L'invention de la pilule

C'est en 1956, que le Dr Grégory Pincus a créé la première pilule contraceptive. Cette pilule fut testée sur des femmes volontaires de Puerto Rico. Les premiers résultats ne furent pas satisfaisants car les effets secondaires étaient trop importants.

En effet à l'époque, un seul comprimé contenait pratiquement autant d'hormones que dans une plaquette actuelle.

L'idée fondamentale de la pilule contraceptive est de simuler chez la patiente l'état hormonal de la femme enceinte. Aussi contient-elle des œstrogènes et de la progestérone de synthèse : deux hormones libérées en grande quantité dans le sang par les ovaires de la femme enceinte. La prise orale va bloquer les ovulations de la femme utilisant la pilule.

En l'absence d'ovule émis par la femme, la fécondation est impossible. C'est pourquoi la pilule est aujourd'hui considérée comme un très bon contraceptif.

→ À la ménopause, les ovaires arrêtent la production de ces hormones. Pourquoi propose-t-on alors aux femmes ménopausées un traitement contenant des hormones ovariennes de synthèse ?

- www.menopause-infoconseil.com.fr
- www.menopauseafem.com

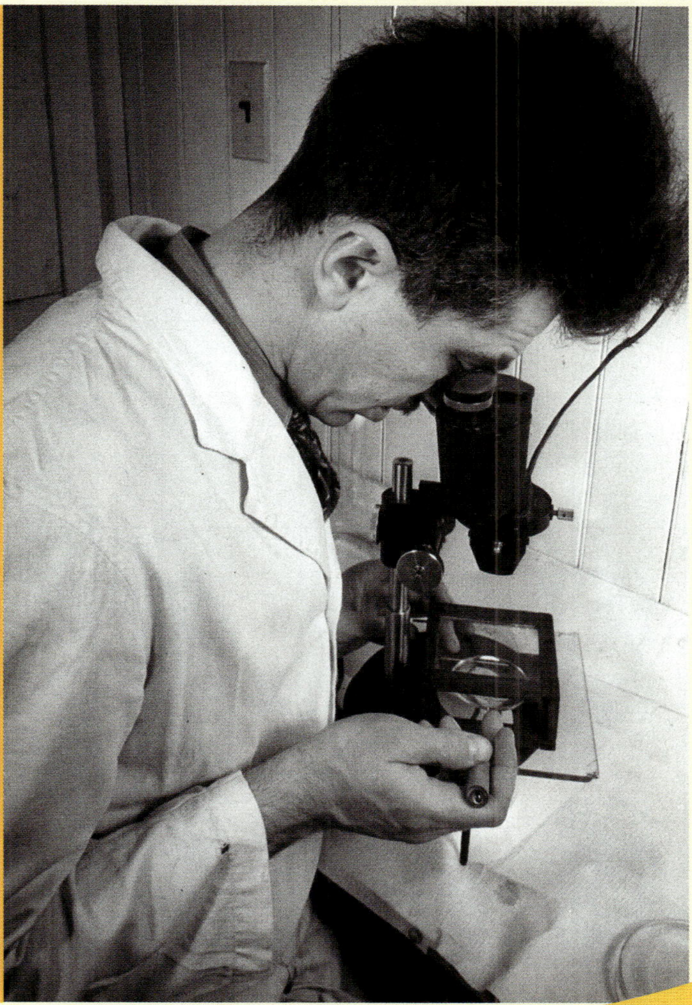

4. Le professeur Pincus dans son laboratoire.

EXERCICES

SOCLE commun

Je teste mes acquis

1 Rechercher des informations

Je réponds rapidement à chacune des questions.

a. Pourquoi les organes sexuels des filles et garçons commencent-ils à fonctionner à la puberté ?

b. Quels sont les organes responsables de l'apparition des caractères sexuels secondaires chez les filles et les garçons ?

c. Comment expliquer le déclenchement des règles ?

d. Comment un organe peut-il agir sur le fonctionnement d'un autre organe ?

2 Construire des phrases

J'utilise les mots proposés.

Phrase 1 : ovaire / puberté / cerveau / croissance

Phrase 2 : caractères sexuels secondaires / testicules / garçons / testostérone

Phrase 3 : ovaire / utérus / hormones

Phrase 4 : hormone de croissance / hypophyse / organes cibles / os

Phrase 5 : organe cible / organe producteur / sang / hormones

3 Comprendre une étude statistique

Le suivi de la croissance des enfants

L'évolution de la croissance d'un individu depuis la naissance jusqu'à la taille adulte peut être suivie sur le carnet de santé.

Une mesure régulière de la taille de l'enfant permet de tracer une courbe pour mieux évaluer son rythme de croissance.

De nombreuses mesures réalisées sur un grand nombre d'enfants (données statistiques) ont permis aux scientifiques de construire deux courbes de croissance servant de référence et permettant de détecter d'éventuelles anomalies.

Une croissance dite normale et harmonieuse se situe entre ces deux courbes. Cependant ces courbes ne sont que des modèles statistiques. Ce n'est pas parce que la courbe de croissance d'un enfant sort de cette référence que son développement est anormal ; il nécessite seulement une surveillance attentive.

Âge (années)	3	4	5	6	7	8	9	10	11	12	13	14	15	16	17
Taille de Tom (en cm)	94	100	108	112	120	125	130	136	142	146	152	160	168	175	180
Taille de Paul (en cm)	85	88	91	95	98	102	105	108	110	115	118	122	125	128	130

a Évolution de la taille de Tom et Paul.

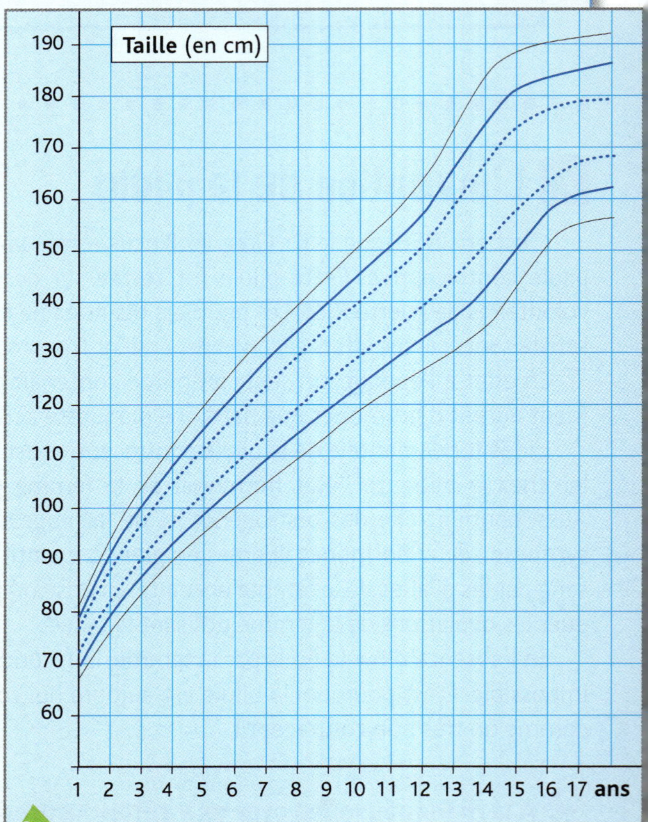

b Les courbes de croissance du carnet de santé.

Questions

1. I **Comment a-t-on obtenu les courbes de référence du document b ?**

2. I **Comment évolue la taille des garçons pendant les dix-sept premières années ?**

3. Re **Sur un graphique comparable au document b, tracez les courbes de croissance de Tom et Paul.**

4. Ra **L'un des deux adolescents souffre d'un trouble de croissance. Lequel ?**

5. Ra **Quel traitement médical pourrait peut-être lui permettre de retrouver une taille plus conforme à son âge ?**

Je consolide mes acquis

4 La production du lait

- L'accouchement déclenche chez la femme la production de lait par les seins (glandes mammaires). Ceux-ci sont constitués de petits sacs appelés alvéoles, disposés en cercle autour du mamelon.
- Le lait fabriqué au niveau des alvéoles se déverse dans des canaux qui le conduisent jusqu'au mamelon.
- L'éjection du lait fait intervenir un double mécanisme. Au moment de la tétée, le nourrisson stimule les terminaisons nerveuses du mamelon qui sont en relation avec des régions du cerveau. En réaction, cette stimulation provoque la libération d'une substance appelée ocytocine, libérée par l'hypophyse dans la circulation sanguine. L'ocytocine provoque la contraction des alvéoles, engendrant la libération du lait au niveau du mamelon.

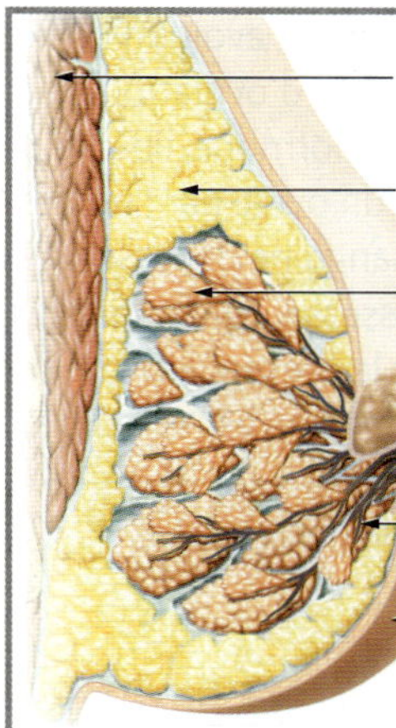

L'anatomie du sein.

Questions

1. I Ra **Pourquoi peut-on considérer que l'ocytocine est une hormone ?**

2. I Ra **Quels sont les différents messages permettant la libération du lait ?**

3. Re **Schématisez les différentes étapes nécessaires à la libération du lait.**

4. Ra **Pourquoi considère-t-on que le bébé provoque lui-même la sortie du lait de la mère durant la tétée?**

5 Le passage de la puberté

Jeux d'enfants sur une plage.

Questions

1. I Ra **Précisez pourquoi on peut affirmer que les garçons sur la photographie n'ont pas encore atteint l'âge de la puberté.**

2. Ra **Après la puberté, quelles seraient les transformations observables chez eux ?**

3. I **Quelles hormones sont responsables, chez les garçons et les filles, des transformations se déroulant à la puberté ?**

4. Ra **Quels sont les organes responsables de la libération dans le sang de ces hormones ?**

6 Hormones, ovulation et grossesse

● Les tests d'ovulation sont disponibles en pharmacie sans ordonnance et permettent de repérer la période de fécondité pour les couples désirant avoir un enfant. Ils indiquent, 24 à 48 h à l'avance, la date d'ovulation en fonction de la concentration en LH. Cette hormone, libérée par le cerveau, provoque la libération d'un ovule par l'un des deux ovaires lorsque sa concentration sanguine dépasse une certaine valeur.

● Les tests de grossesse, également disponibles en pharmacies, détectent la présence d'une hormone uniquement libérée lorsque la femme est enceinte.

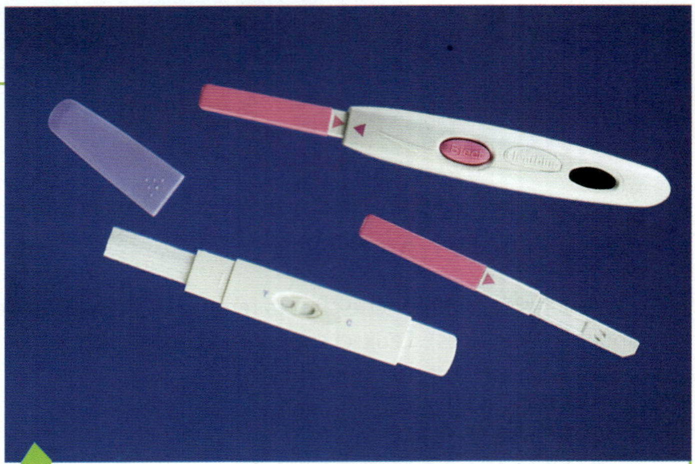

a Test d'ovulation (en bas) et test de grossesse (en haut).

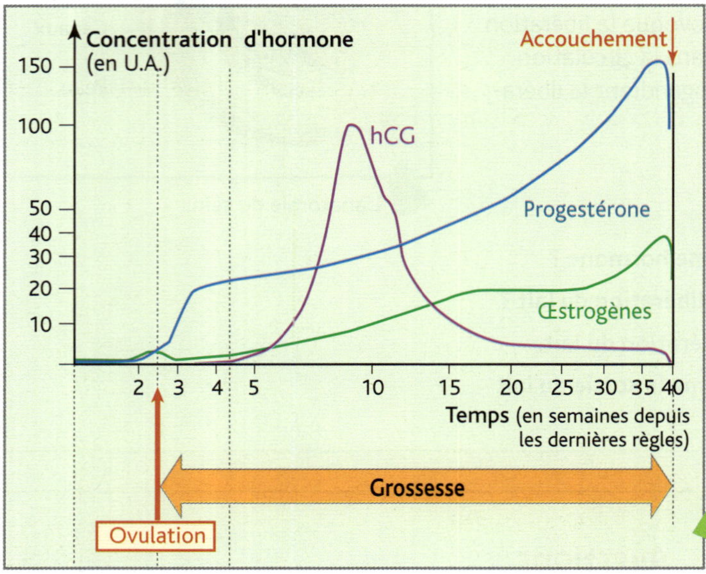

b Évolution des concentrations sanguines de certaines hormones chez une femme au cours de sa grossesse.

Questions

1. I Ra **En utilisant le texte et le graphique, précisez quelles sont les hormones détectées respectivement par le test de grossesse et le test d'ovulation.**

2. I Ra **À partir du texte et de vos connaissances, expliquez pourquoi la LH peut être considérée comme une hormone.**

3. Re **Réalisez un schéma en utilisant les expressions • organe cible • organe producteur • circulation sanguine et hormones.**

4. Ra **Complétez votre schéma avec les termes associés au test d'ovulation : LH • ovaires • ovulation • hypophyse.**

7 Harem et eunuques

Les eunuques étaient de jeunes garçons castrés avant la puberté, que l'on destinait à la garde des Harems sous l'empire ottoman au XIIIe siècle.
Ils étaient souvent de grande taille, longilignes, parlaient avec une voix aigue et possédaient un pénis de petite taille.

Questions

1. I **Quel organe, par son absence, est responsable de l'apparence des eunuques ?**

2. Ra **Précisez le nom de l'hormone libérée naturellement par cet organe et le nom de l'organe sur lequel elle agit.**

3. I Ra **De quel exemple, développé au sein du chapitre, le cas des eunuques peut-il être rapproché ?**

« Le gardien du harem », huile sur toile, Raphaël Ambros, 1885.

Découvrir autrement

8 La commande du cycle de l'utérus

À l'adresse Internet ci-dessous, on peut visualiser la commande du cycle de l'utérus par l'ovaire.

Question

À partir des animations proposées, comparez l'évolution des caractéristiques de l'utérus et des sécrétions d'œstrogènes et de progestérone en provenance des ovaires.

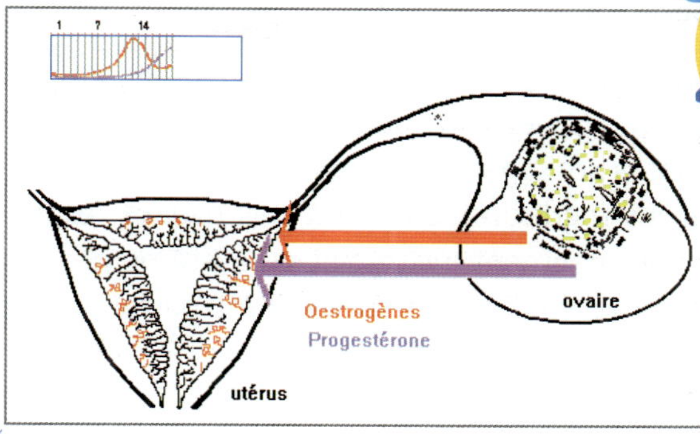

◆ http://www.ac-amiens.fr/pedagogie/svt/info/logiciels/cycles/anim_decomp/index.html

9 Le coin de l'artiste

Jonathan SWIFT (1667-1745)

Né le 30 novembre 1667 à Dublin, il effectue ses études à l'excellent Trinity College de Dublin. Auteur de satires sur la folie et l'orgueil de l'Homme, Swift fut, par ses écrits, très engagé dans les débats politiques et littéraires de son époque.

Les Voyages de Gulliver est un roman satirique écrit par Jonathan Swift en 1721. Dans la première partie de ce livre appelée « Voyage à Lilliput », on voit Gulliver, chirurgien de marine, naviguer vers Bristol. Après un naufrage, il se retrouve sur l'île de Lilliput où les habitants passent leur temps à faire la guerre pour des motifs futiles.

Gulliver et les Lilliputiens, lithographie d'Offterdinger, 1882.

Questions

1. I **Comparez la taille des Lilliputiens et celle de Gulliver.**

2. Ra **De quels personnages, vus à travers le chapitre, pourrait-on rapprocher les Lilliputiens d'une part, et Gulliver d'autre part ?**

ENVIE DE SCIENCE

Sauver bébé

Grâce aux progrès de la médecine, on peut aujourd'hui sauver de plus en plus de prématurés (enfants qui naissent avant la 38e semaine de grossesse). Pour les grands prématurés, les médecins redoutent des risques respiratoires, un développement incomplet du système nerveux et d'autres complications qui surviennent parfois dès la naissance.

Le diagnostic précoce d'un accouchement prématuré pourrait permettre de le retarder pour que l'enfant finisse son développement avant de naître.

Or, ces dernières années, on a remarqué qu'une hormone, la CRH, était libérée par le placenta en plus grande quantité chez des femmes ayant mis au monde un enfant prématurément.

En tentant de bloquer la libération de cette hormone, les médecins espèrent ainsi arriver à limiter les naissances prématurées.

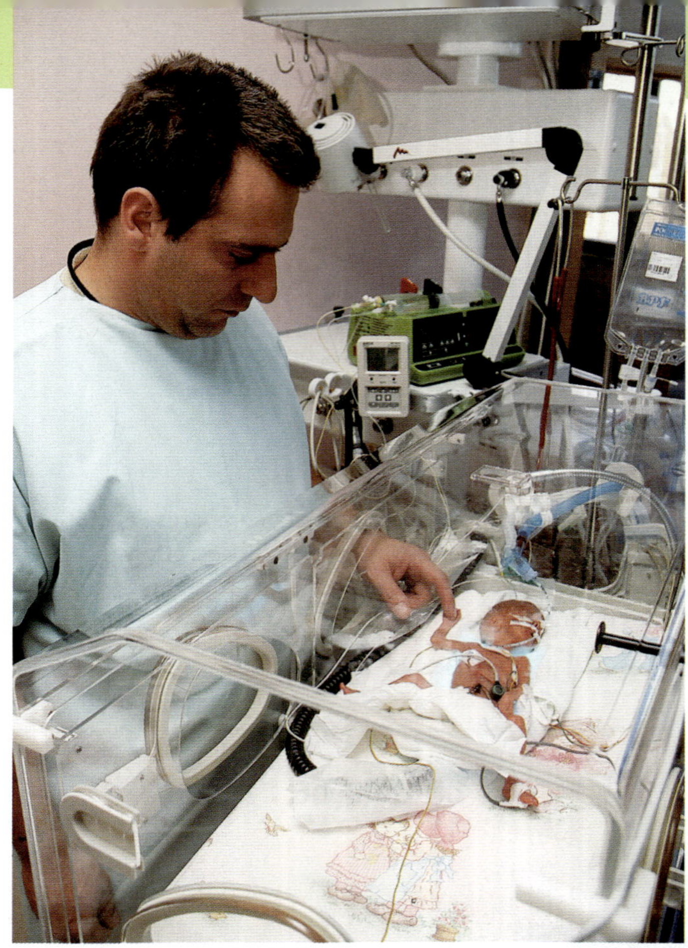

Un bébé prématuré dans une couveuse.

UN MÉTIER Endocrinologue

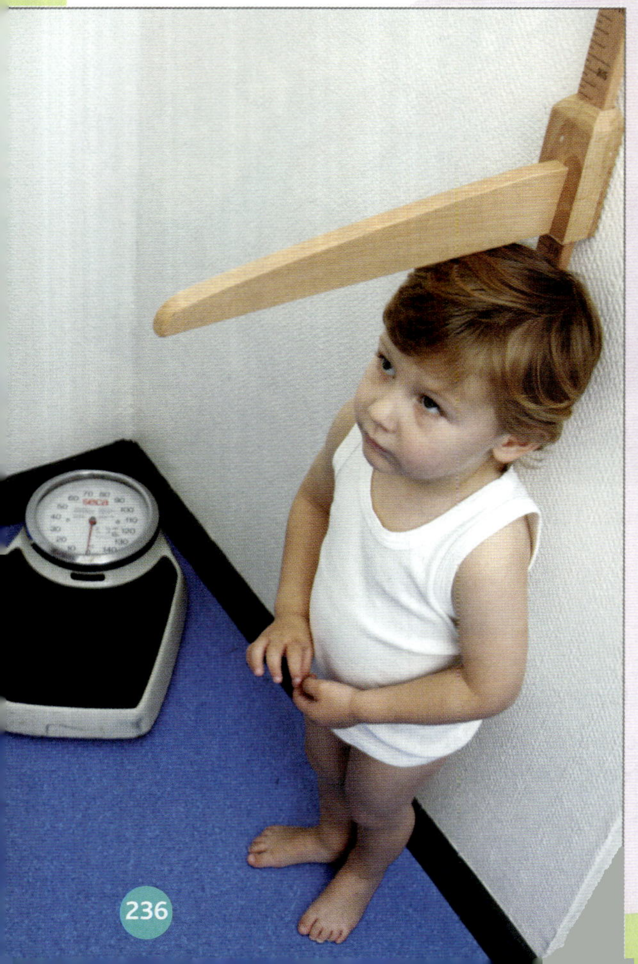

Chez l'endocrinologue, le spécialiste des hormones.

Les endocrinologues sont les médecins spécialisés dans le traitement des maladies des organes qui fabriquent et libèrent les hormones.

En plus de l'hypophyse, des testicules, des ovaires et du pancréas, ils s'intéressent au fonctionnement d'autres organes comme la thyroïde et les glandes surrénales, qui eux aussi produisent des hormones.

De par le rôle très important des hormones dans le fonctionnement de l'organisme, les endocrinologues peuvent intervenir dans des domaines aussi variés que la régulation de la glycémie (diabète), la croissance, la grossesse...

FORMATION

Un bac S prépare efficacement à aborder des études de médecine. À l'issue de la première année, les futurs médecins passent un concours. Comme tous les médecins spécialistes, l'endocrinologue devra, pour se former, réaliser dix années d'études en médecine au cours desquelles il réalisera des stages pratiques à l'hôpital, en alternance avec des cours théoriques.

- http://www.onisep.fr
- http://www.ameq.qc.ca/visiteurs.htm

JE M'ÉVALUE SOCLE commun

PARTIE 4
Relations au sein de l'organisme

J'ai compris les relations au sein de l'organisme

TEST Je suis capable de comparer la communication nerveuse et la communication hormonale.

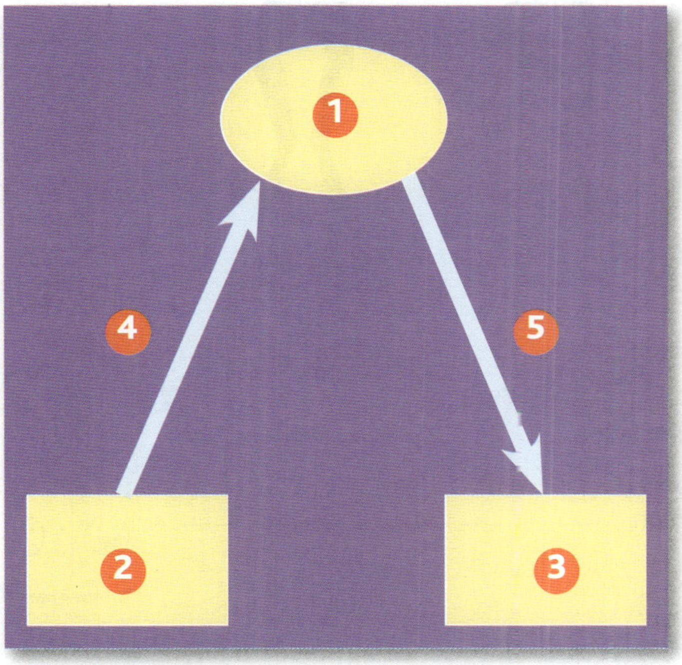

La communication nerveuse.

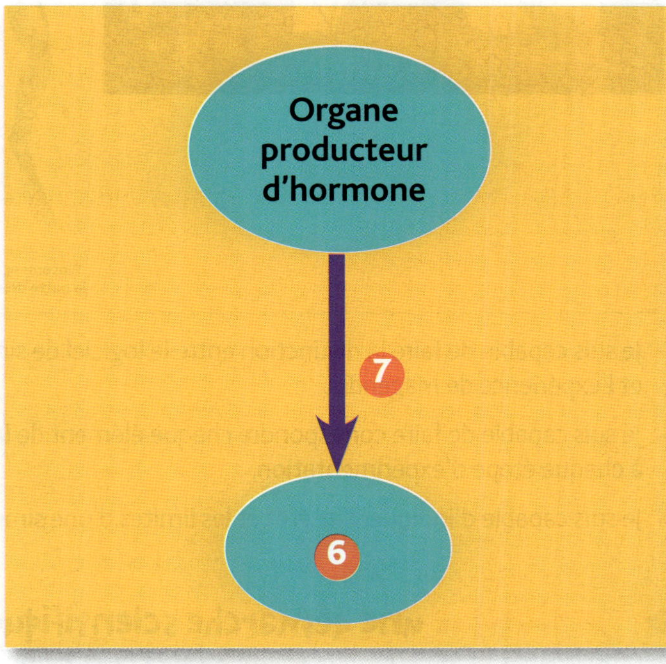

La communication hormonale.

	oui	non
A J'indique les légendes correspondant aux différents numéros (tous les noms doivent être donnés).	☺	☹
B Je donne le nom des cellules spécialisées contenues en grand nombre dans 1	☺	☹
C Je précise la façon dont ces cellules communiquent entre elles.	☺	☹
D J'indique la principale différence existant entre le mode de communication nerveux et hormonal.	☺	☹
E Sur les schémas de la communication nerveuse, j'indique à quel niveau agissent les nuisances sonores.	☺	☹

JE M'ÉVALUE SOCLE commun

Je développe mon esprit critique

Exemple : *Savoir distinguer une simulation de la réalité.*

TEST Je suis capable d'utiliser un logiciel de simulation et de critiquer les résultats en les comparant à la réalité.

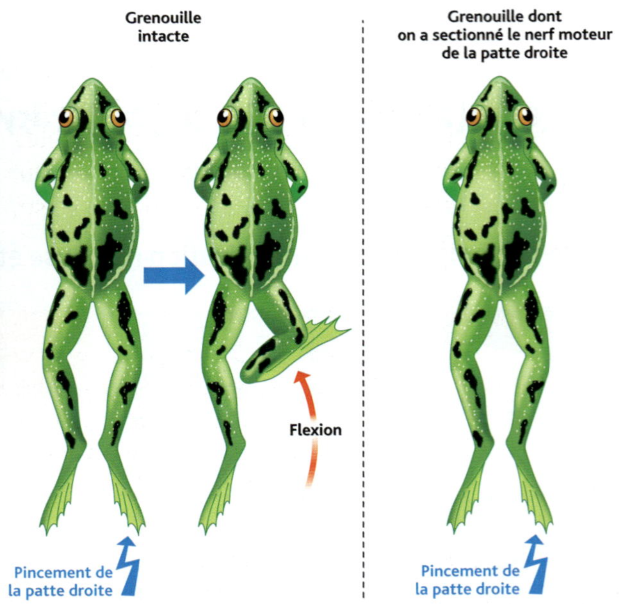

	oui	non
Je suis capable de faire la distinction entre le logiciel de simulation et l'expérience de Magendie.	☺	☹
Je suis capable de faire correspondre chaque élément de la simulation à chaque étape d'expérimentation.	☺	☹
Je suis capable d'indiquer l'intérêt et les limites d'une simulation.	☺	☹

Je pratique une démarche scientifique

Exemple : *Confronter une idée à des faits.*

TEST Je suis capable d'imaginer un protocole expérimental pour tester une hypothèse.

Les castrats étaient des chanteurs de sexe masculin ayant subi la castration avant leur puberté. Ils pouvaient ainsi conserver durant leur vie d'adulte le registre aigu d'une voix d'enfant. Les enfants qui ont subi cette opération sont souvent longilignes et imberbes (c'est-à-dire sans poils) à l'âge adulte.

	oui	non
Je suis capable de trouver **une idée** (hypothèse) pour expliquer les modifications dues à la castration **(les faits)**.	☺	☹
Je suis capable d'imaginer un protocole expérimental pour tester cette idée.	☺	☹
Je suis capable de confronter les résultats de ce test à l'idée pour savoir si elle les explique.	☺	☹

Mon score Je fais le compte de mes ☺ et de mes ☹.

Fiche méthode 1

Utiliser un Système d'Informations Géographiques en ligne

Principe

Un Système d'Informations Géographiques (S.I.G) est un logiciel ou un site Internet qui permet d'accéder à de nombreuses informations sur notre planète, et de les afficher sous forme de « couches » superposables.
Il permet par exemple de visualiser des photographies satellites ou aériennes, des cartes géologiques, des informations sur les séismes, les volcans, le climat, la démographie, etc.
Les principaux S.I.G utilisables gratuitement sont :

- Google Earth : http://earth.google.com/
- Nasa World Wind: http://worldwind.arc.nasa.gov/
- Géoportail (IGN) : http://www.geoportail.fr/
- Infoterre (BRGM) : http://infoterre.brgm.fr/

Matériel utilisé

- Un micro-ordinateur relié à Internet en haut débit.
- Logiciels installés : Google Earth, Nasa World Wind (le géoportail ne nécessite aucune installation).
- Plug-in.

Mise en œuvre

- Lancer le logiciel ou le site Internet.
- Sélectionner la zone géographique à étudier.
- Faire apparaître les différentes « couches » d'informations souhaitées.

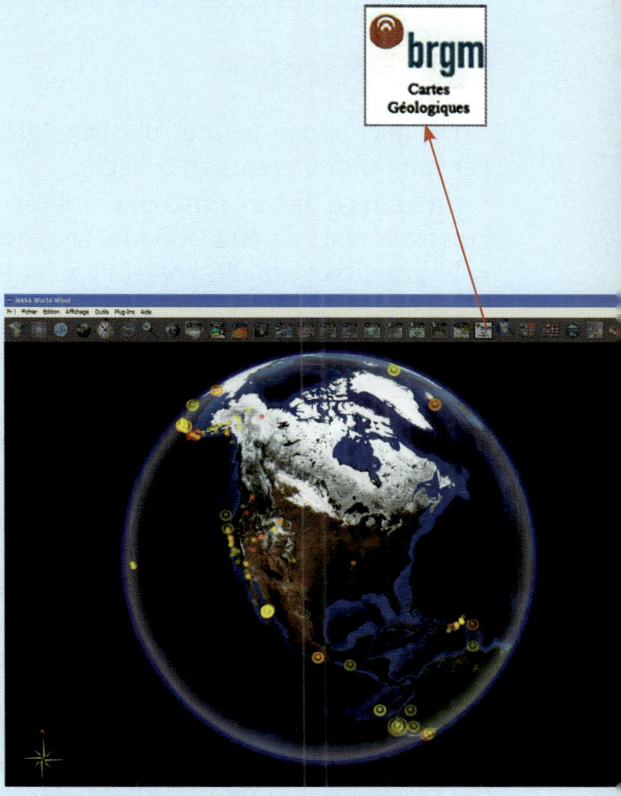

Les séismes récents (Nasa World Wind).

Un exemple de résultat

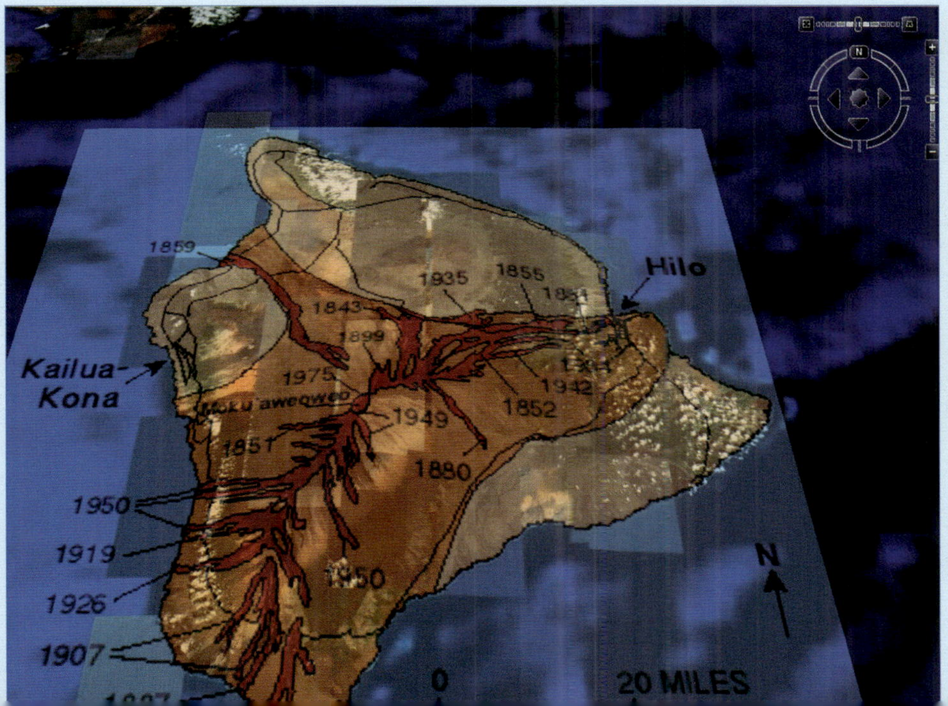

Vue 3D du Mauna Loa avec superposition des coulées (Google Earth).

Résoudre des problèmes

Les S.I.G ne fonctionnent pas

- Ces logiciels sont exigeants en ressources de la part des ordinateurs : votre matériel est peut-être trop ancien.
- Le pare-feu (firewall) de votre ordinateur peut empêcher le fonctionnement de ces S.I.G : il faut le paramétrer pour autoriser leur accès à Internet.

Fiche méthode 2

Utiliser un microscope

Principe

Un microscope est équipé de lentilles grossissantes permettant l'observation d'objets de petite taille, à condition qu'elles puissent être traversées par la lumière.

Matériel utilisé

- Un microscope permet plusieurs grossissements (en général trois différents en collège).
- En collège, les microscopes utilisés permettent des grossissements de 40 à 400 fois. Le grossissement utilisé = le grossissement de l'objectif x le grossissement de l'oculaire.

Mise en œuvre

- Placer le microscope correctement sur la table et le brancher.
- Abaisser la platine au maximum et choisir le plus petit objectif en vérifiant qu'il est bien fixé.
- Placer la préparation sur la platine, lamelle sur le dessus, en centrant l'objet à observer.
- Faire la mise au point en utilisant la grosse vis (macrométrique) et régler l'ouverture du diaphragme pour obtenir une bonne qualité d'éclairement.
- Utiliser la vis micrométrique pour une observation plus fine, et rechercher une zone intéressante à observer en déplaçant la lame.
- Pour changer d'objectif, tourner le barillet et faire la mise au point en utilisant la vis micrométrique.

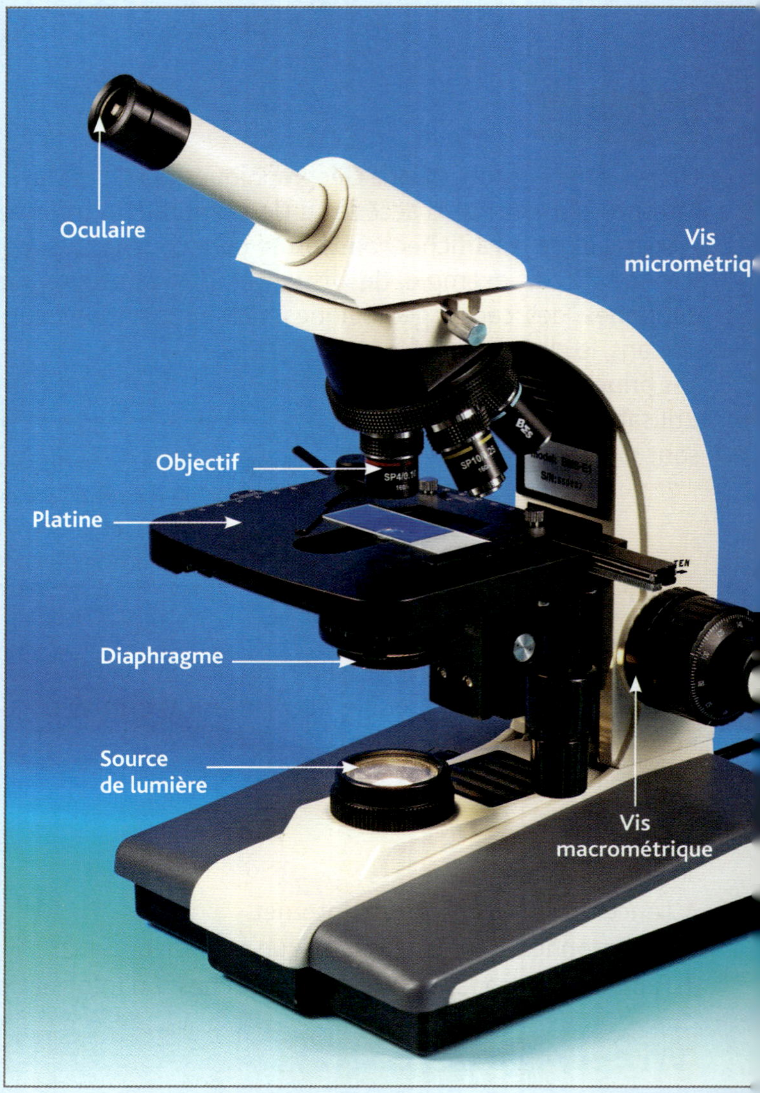

Un exemple de résultat

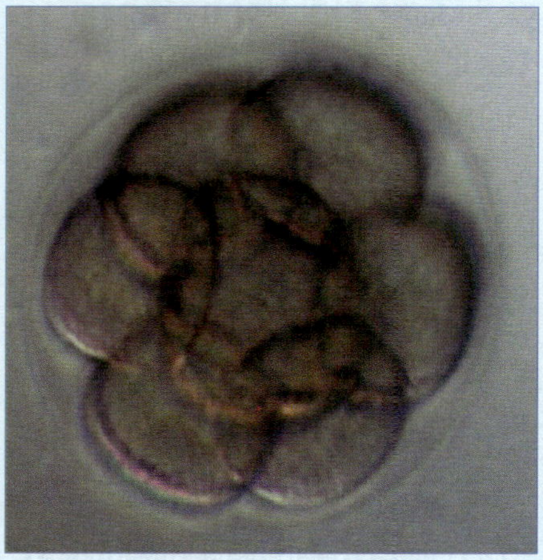
Stade huit cellules d'oursin.

Résoudre des problèmes

Il n'y a pas de lumière

- Vérifier que la lumière est allumée.
- Vérifier que le diaphragme est ouvert.
- Vérifier l'enclenchement de l'objectif.

L'objet observé est flou

- Vérifier que la lamelle est sur le dessus.
- Vérifier qu'il n'y a pas d'eau sur la lamelle.
- Vérifier la propreté des lentilles et de la préparation (lame et lamelle).
- Vérifier que les vis fonctionnent correctement.

Fiche méthode 3

Utiliser un vidéomicroscope

Principe

Un microscope équipé d'une caméra reliée à un ordinateur permet de visualiser une préparation microscopique et de capturer des images. Il est ensuite possible d'insérer ces images dans un document ou de les exploiter, par exemple en indiquant la légende ou en réalisant un schéma.

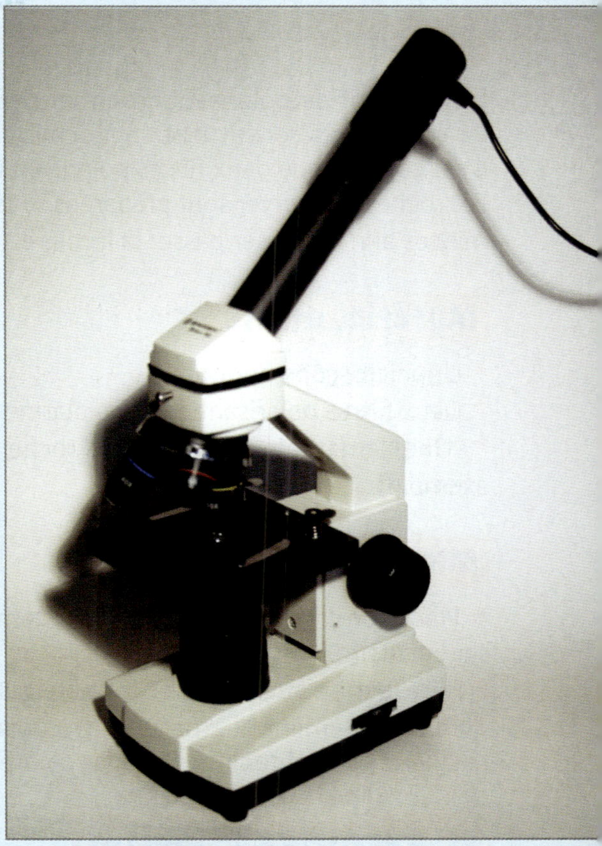

Caméra numérique.

Matériel utilisé

- Microscope optique équipé d'une caméra numérique.
- Micro-ordinateur.
- Logiciel de capture d'image (par exemple Mon dessin, téléchargement gratuit).

Mise en œuvre

- Placer la caméra sur l'oculaire du microscope.
- Brancher la caméra sur le port USB de l'ordinateur.
- Allumer la source lumineuse du microscope.
- Ouvrir le logiciel de capture d'image.
- Faire la mise au point sur le microscope.
- Capturer l'image souhaitée.

Un exemple de résultat

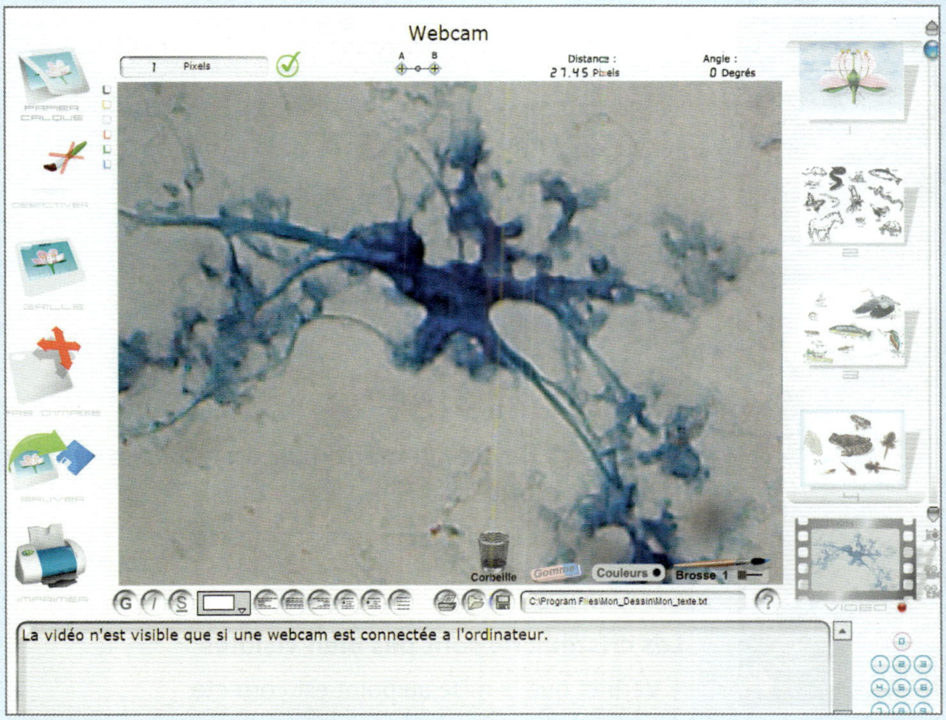

Neurones.

Résoudre des problèmes

Je n'arrive pas à obtenir d'image

- Vérifier le branchement de la caméra.
- Vérifier l'éclairage du microscope.
- Vérifier que la caméra est bien sélectionnée dans le logiciel.
- Enlever la caméra pour voir si l'image précédente est visible à l'aide du microscope seul.

L'image n'est pas nette

- Vérifier la propreté des lentilles.
- Vérifier la propreté de la préparation.
- Régler la mise au point.

Fiche méthode 4

Observer des roches au microscope polarisant

Principe

Le dispositif de polarisation permet de mieux discerner les cristaux qui constituent une roche.
Il est composé de deux filtres polarisants.
Les roches à observer sont préparées sous forme de lames minces afin de laisser passer la lumière.

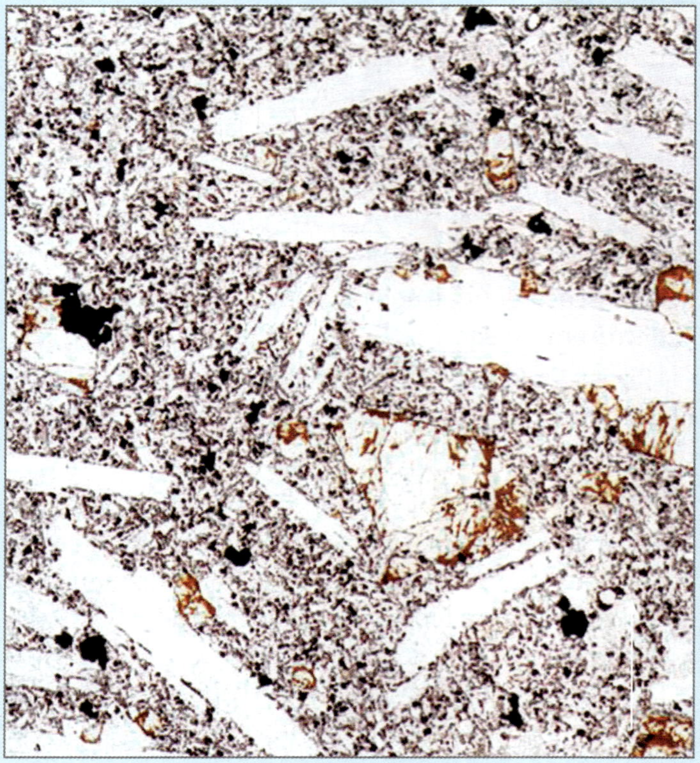

Lame mince de basalte vue au microscope optique classique.

Matériel utilisé

- Un microscope optique.
- Deux filtres polarisants ou une platine polarisante.
- Une lame mince de roche (roche volcanique par exemple).

Mise en œuvre

- Placer un filtre polarisant sous la lame mince, l'autre sur l'oculaire.
- Faire la mise au point avec le faible grossissement.
- Faire lentement tourner le filtre polarisant placé sur l'oculaire pour obtenir des images colorées.

Un exemple de résultat

La même lame mince observée avec un dispositif polarisant.

Résoudre des problèmes

Il n'y a pas de changement quand on tourne le filtre polarisant

- Vérifier que les deux filtres sont correctement positionnés.

Les cristaux ne sont pas bien visibles

- Vérifier que la mise au point est correcte.

Fiche méthode 5

Identifier une roche d'origine volcanique

Principe

L'observation d'une roche à l'œil nu (ou avec une loupe à main) et au microscope permet de déterminer s'il s'agit d'une roche volcanique.

Matériel utilisé

- Un échantillon de roche à déterminer.
- Une loupe à main (ou sur pied).
- Un microscope.
- Une platine polarisante ou deux filtres.

Mise en œuvre

Observation de la roche à l'œil nu

- Repérer si elle présente des trous formés par les anciennes bulles de gaz.
- Rechercher la présence de cristaux : s'il s'agit d'une roche volcanique, seuls quelques cristaux sont en général visibles.

Observation d'une lame mince au microscope

- Observées au microscope, les roches volcaniques se caractérisent par la présence de gros cristaux bien visibles au milieu de nombreux petits cristaux (microlites) et d'une partie non cristallisée : le verre, qui apparaît noir en lumière polarisée.

Un exemple de résultat

Cette roche est constituée uniquement de cristaux de tailles semblables : ce n'est pas une roche volcanique.

Cette roche est constituée de gros cristaux, de microlites et de verre : c'est une roche volcanique.

Résoudre des problèmes

L'échantillon est sale, altéré

- Le gratter légèrement ou essayer de le casser afin d'avoir une partie plus visible.

On ne voit pas de cristaux

- Ils existent mais ne sont pas visibles sur l'échantillon ; vérifier leur présence au microscope.

Fiche méthode 6

Rechercher une information scientifique avec Internet

Principe

Plusieurs moteurs de recherche permettent, à partir de mots-clés, de trouver des informations (textes, images, vidéos) sur un sujet précis.
Par exemple, pour rechercher des informations sur l'éruption du Mont Saint Helens, les mots-clés seront : « éruption » et « Saint Helens ».
Attention, toutes les données trouvées sur Internet ne sont pas forcément exactes. Pour être certain de leur validité scientifique, il est nécessaire de les comparer entre elles et avec d'autres sources (encyclopédies, etc.).

Matériel utilisé

- Un ordinateur connecté à Internet.

Mise en œuvre

- Se connecter à un moteur de recherche (exemple : www.google.fr).
- Taper les mots-clés dans le cadre prévu à cet effet, puis cliquer sur « Rechercher ».
- Le résultat obtenu est une liste de liens vers des sites, avec un bref descriptif de chacun.
- Il est possible de choisir uniquement les sites en français en sélectionnant la case « Pages francophones » ou « Pages : France ».
- Pour rechercher des images, cliquer sur « Images » (attention, la plupart de ces images ne sont pas libres de droit : il faut demander l'autorisation à leur auteur si on souhaite les publier).
- À partir de la page d'accueil du moteur de recherche, il est possible d'accéder à la « Recherche avancée » permettant d'être plus précis dans sa recherche, et d'éviter ainsi un trop grand nombre de réponses. Par exemple, la sélection des articles parus ces derniers mois en français comportant les mots « éruption Saint Helens » dans leur titre ne donne que 2 sites, au lieu de plus de 700 000 sites pour la première recherche.

Un exemple de résultat

Résoudre des problèmes

Je ne trouve pas de site

- Les mots-clés ne sont pas valides (pas assez précis ou mal orthographiés) ; il faut en changer.

Il y a de trop nombreuses réponses

- Utiliser « recherche avancée », ou être plus précis dans les mots-clés.

Fiche méthode 7

Utiliser une maquette pour modéliser un phénomène

Principe

Une maquette est un dispositif destiné à modéliser des éléments du réel afin de comprendre un phénomène.

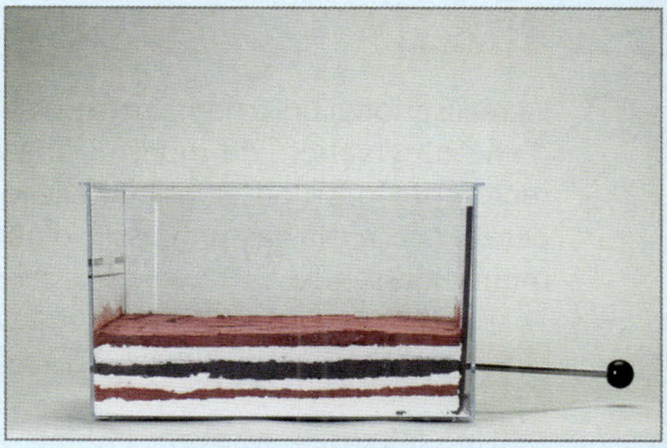

Matériel utilisé

Le matériel varie suivant le phénomène que l'on veut reproduire ; cependant, il nécessite le plus souvent un montage, un assemblage de différents éléments et une manipulation.

Mise en œuvre

Avant l'utilisation

- Lire attentivement le guide afin d'identifier les différents éléments et d'effectuer un montage correct.

Pendant l'utilisation

- Procéder avec ordre en respectant les consignes.
- Observer ce qui se passe ; renouveler éventuellement la manipulation.

Après utilisation

- Rechercher comment la maquette confirme ou non la réalité.
- Rechercher des différences entre le modèle et la réalité.
- Modifier certains paramètres pour observer leurs effets.

Les plis du « Chapeau de gendarme » dans le Jura.

Un exemple de résultat

La maquette en fin d'expérience.

Résoudre des problèmes

Je n'arrive pas à monter la maquette correctement

- Vérifier avec le guide si tous les éléments sont utilisés et si le montage est correct.

Je n'obtiens pas le résultat attendu

- Vérifier que le protocole a été correctement mis en œuvre, puis recommencer la manipulation.

Fiche méthode 8

Réaliser un schéma à partir d'une observation microscopique

Principe

La réalisation d'un schéma permet de représenter les principaux composants d'une observation, de montrer une disposition particulière. Le schéma ne représente pas l'observation telle qu'on la voit au microscope, avec ses détails : ce n'est pas un dessin d'observation mais une vue simplifiée, qui montre l'essentiel.

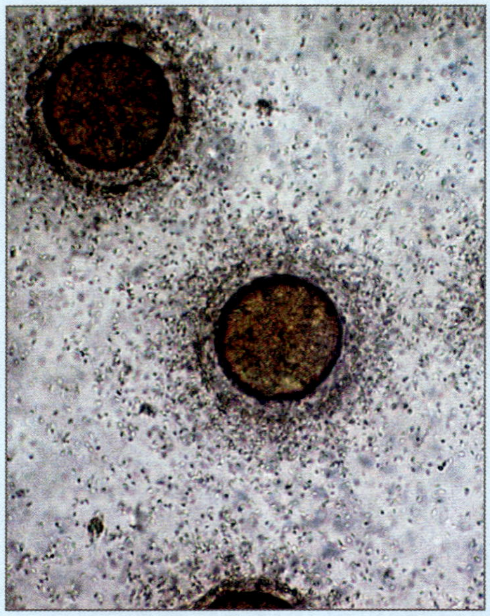

Fécondation d'oursin.

Matériel utilisé

- Un microscope avec l'objet à représenter bien visible au bon grossissement.
- Une feuille de dessin.
- Un crayon bien taillé, une gomme.
- Une photographie ou des données permettant l'identification des éléments de l'observation.

Mise en œuvre

- Observer attentivement la préparation (en déplaçant la lame) afin de repérer les différents éléments à représenter, leur disposition.
- Choisir quelques éléments représentatifs, et les dessiner sans représenter tous les détails et en veillant à respecter leur disposition, leur proportion.
- Indiquer la légende par des flèches parallèles pour une bonne lisibilité.
- Mettre éventuellement des couleurs si elles sont importantes pour la représentation de l'observation.
- Ne pas oublier d'indiquer le titre et le grossissement utilisé pour l'observation au microscope.

Résoudre des problèmes

Je n'arrive pas à bien représenter un élément

- En rechercher d'autres afin de dégager les points communs, les caractéristiques principales.

Les proportions ne sont pas bien respectées

- Reprendre l'observation et repérer deux éléments différents proches l'un de l'autre pour déterminer leur taille relative.

Un exemple de résultat

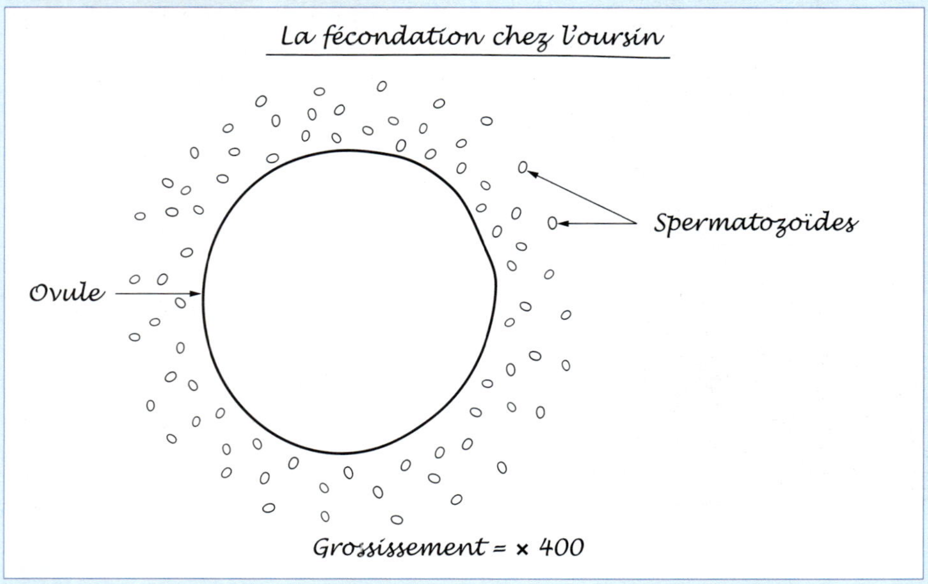

Schéma d'observation de la fécondation d'oursin.

Fiche méthode 9

Réaliser une dissection du système nerveux du poisson

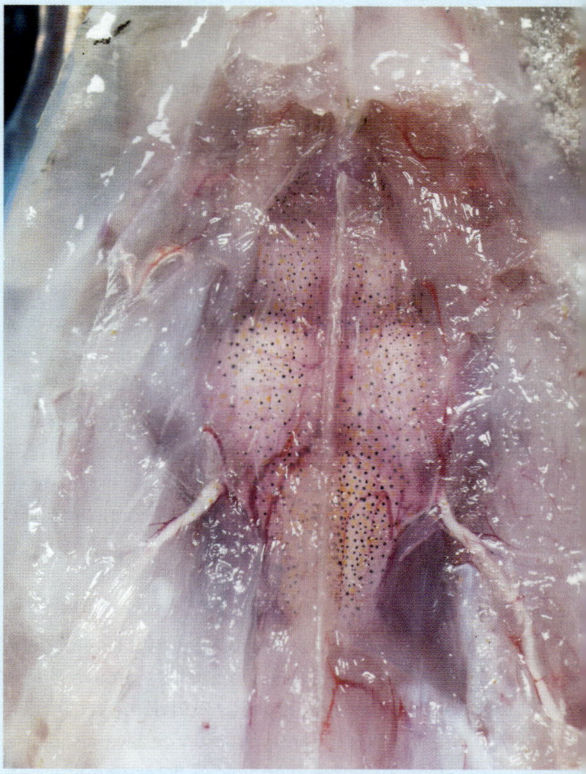
Boîte cranienne avec encéphale vu par transparence.

Principe

Cette dissection permet de découvrir l'organisation du système nerveux d'un vertébré, en particulier les relations entre les organes (yeux) et les centres nerveux.

Matériel utilisé

- Poisson (merlan, maquereau...).
- Cuvette à dissection.
- Outils à dissection : pinces, ciseaux fins, scalpel, aiguilles.

Mise en œuvre

- Enlever la peau sur le dessus de la tête après l'avoir entaillée en arrière des ouïes.
- Gratter la boîte crânienne avec un scalpel jusqu'à ce que l'encéphale apparaisse par transparence.
- Découper la boîte crânienne depuis les narines jusqu'à la colonne vertébrale afin de dégager l'encéphale.
- Dégager la moelle épinière sur 2 cm environ.
- Faire apparaître les nerfs optiques en écartant les yeux et les dégager.

Un exemple de résultat

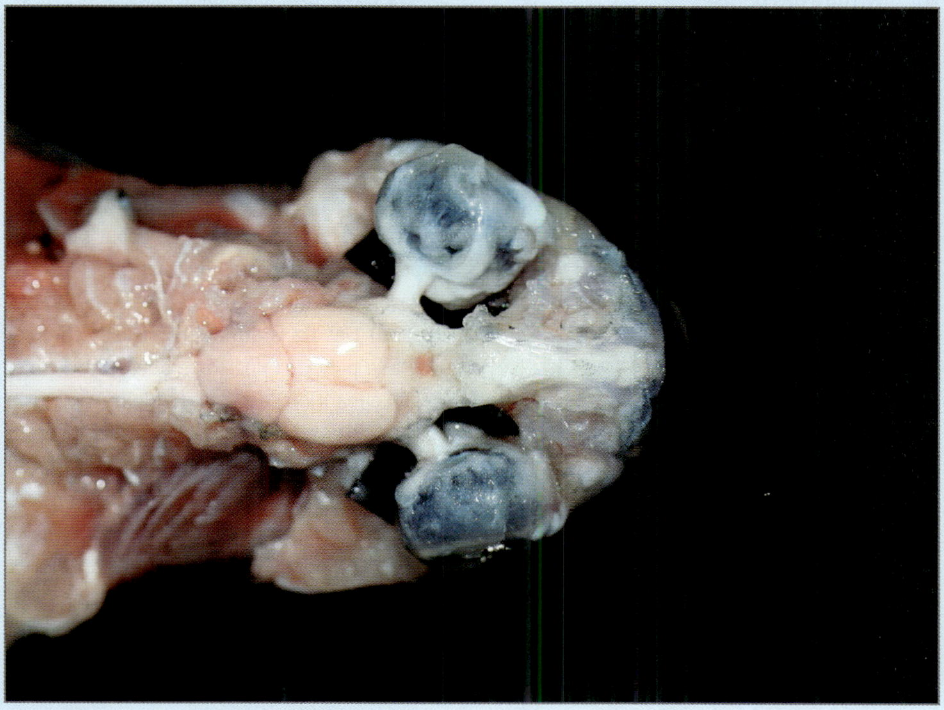
Dissection du système nerveux.

Résoudre des problèmes

Je n'arrive pas bien à enlever la boite crânienne

- Faire un petit trou avec une pince forte sur le côté de la boîte et y passer la pince, puis tirer délicatement sur la boite crânienne.

Je ne vois pas bien le nerf optique

- Bien découper la peau tout autour de l'œil.
- Tirer délicatement les yeux vers l'avant .
- Passer une aiguille sous le nerf de l'œil jusqu'au cerveau pour le dégager des autres tissus.

Corrigés des exercices « Je teste mes acquis 1 et 2 »

Chapitre 1 (p. 26)

■ Rechercher des informations

a) Les séismes peuvent causer des dégâts matériels et modifier les paysages. **b)** Les séismes se déclenchent au niveau des failles actives. **c)** Plus une station sismique est éloignée du foyer d'un séisme, plus l'enregistrement des ondes est retardé. **d)** Les effets des séismes se répartissent en zones concentriques. **e)** Le lieu de déclenchement d'un séisme est le foyer. **f)** Dans les océans, les séismes se produisent au niveau des fosses océaniques et des dorsales.

■ Construire des phrases

Phrase 1 : Les séismes se manifestent par une série de secousses. **Phrase 2** : Lors d'un séisme, la rupture de faille provoque une libération d'énergie. **Phrase 3** : Les intensités délimitent des courbes isoséïstes autour de l'épicentre. **Phrase 4** : Un séisme engendre des ondes sismiques enregistrables. **Phrase 5** : Les principales zones sismiques se situent dans les océans et sur les continents.

Chapitre 2 (p. 46)

■ Rechercher des informations

a) Les laves fluides se trouvent dans les éruptions effusives. **b)** Les laves visqueuses se trouvent dans les éruptions explosives. **c)** Un dôme volcanique se forme par l'accumulation de lave visqueuse dans le cratère d'un volcan après une éruption explosive. **d)** Avant une éruption, le magma s'accumule dans un réservoir magmatique à quelques kilomètres de profondeur. **e)** Les volcans sont surtout localisés autour de l'océan Pacifique et dans les océans le long des dorsales.

■ Construire des phrases

Phrase 1 : Le Piton de La Fournaise est un volcan effusif, qui se caractérise par de grandes coulées de lave fluide et des édifices en forme de cône. **Phrase 2** : Le mont Saint Helens est un volcan explosif qui se caractérise par un magma visqueux qui provoque la formation d'un panache de cendres, d'une nuée ardente et la formation d'un dôme. **Phrase 3** : Le magma s'accumule dans des réservoirs magmatiques avant de remonter vers la surface pour former de la lave : c'est l'éruption. **Phrase 4** : Les cristaux et le verre se forment par refroidissement de la lave. **Phrase 5** : Les volcans sont surtout localisés autour de l'océan Pacifique et dans les océans le long des dorsales.

Chapitre 3 (p. 66)

■ Rechercher des informations

a) Leur vitesse diminue. **b)** Au niveau d'une dorsale, les plaques s'éloignent. **c)** Les plaques s'enfouissent au niveau des fosses océaniques. **d)** Deux continents étaient réunis en un seul. **e)** Les déformations résultent de la compression des roches résultant du rapprochement de deux continents.

■ Construire des phrases

Phrase 1 : La répartition des séismes et des volcans délimite des plaques. **Phrase 2** : La lithosphère est plus rigide que l'asthénosphère. **Phrase 3** : Les plaques se forment et s'écartent au niveau des dorsales. **Phrase 4** : Les plaques s'enfouissent au niveau des fosses océaniques. **Phrase 5** : Les mouvements des plaques provoquent le déplacement des continents, l'ouverture et la fermeture des océans. **Phrase 6** : L'affrontement de deux continents est à l'origine de la formation de montagnes.

Chapitre 4 (p. 82)

■ Rechercher des informations

a) Le risque géologique se définit par la présence de phénomènes géologiques (volcans, séismes) et par la présence humaine (constructions). **b)** Grâce à des appareils qui surveillent l'activité volcanique (sismomètres, extensomètres, inclinomètres...). **c)** L'étude historique des séismes permet de localiser des zones sensibles au risque sismique. **d)** La surveillance accrue des failles, la mise en œuvre de moyens protégeant la population comme les Plans de Prévention des Risques, les normes parasismiques, des exercices d'évacuation des populations...

■ Construire des phrases

Phrase 1 : Le risque géologique est défini par l'éventualité qu'un phénomène géologique dangereux survienne dans une zone où se concentre une population. **Phrase 2** : Une prévention volcanique efficace passe par une surveillance accrue des volcans explosifs. **Phrase 3** : Pour les zones sismiques, une prévention efficace passe par la réalisation de constructions parasismiques. **Phrase 4** : La prévention permet de limiter les risques liés aux éruptions volcaniques et aux séismes.

Chapitre 5 (p. 104)

■ Rechercher des informations

a) La fécondation donne naissance à une cellule-œuf, première cellule d'un nouvel être vivant. **b)** Elle a lieu dans le milieu. **c)** Elles sont très petites et les cellules reproductrices mâles sont souvent mobiles. **d)** Le chant et les signaux lumineux.

■ Construire des phrases

Phrase 1 : La reproduction sexuée se caractérise par une fécondation donnant un nouvel individu. **Phrase 2** : Lorsque la rencontre des cellules reproductrices se fait dans l'organisme, on parle de fécondation interne. **Phrase 3** : Lorsque l'union des cellules reproductrices se fait dans le milieu, on parle de fécondation externe. **Phrase 4** : Le rapprochement des individus favorise la rencontre des cellules reproductrices et la fécondation.

Chapitre 6 (p. 120)

■ Rechercher des informations

a) Les hirondelles se reproduisent en milieu terrestre, elles produisent peu d'œufs, s'occupent beaucoup de leurs petits qui survivent presque tous. Les truites se reproduisent dans l'eau, elles produisent un très grand nombre d'œufs qu'elles abandonnent. Seuls quelques-uns survivront jusqu'à l'âge adulte. **b)** Quand il n'y a pas assez de lemmings, les harfangs ne peuvent pas se reproduire. **c)** Les barrages empêchent le passage des saumons vers leurs zones de reproduction. **d)** La lutte biologique ne détruit que l'espèce visée, elle protège la biodiversité des milieux traités.

■ Construire des phrases

Phrase 1 : Les hirondelles apportent beaucoup de soins à leurs œufs et à leurs petits qui survivent presque tous. **Phrase 2** : Les ressources alimentaires disponibles dans un milieu ont une influence sur la reproduction des animaux qui le peuplent. **Phrase 3** : Le nombre de nids d'Harfang dépend de l'abondance des lemmings. **Phrase 4** : L'Homme peut agir sur la reproduction des espèces. **Phrase 5** : La lutte biologique permet de préserver la biodiversité.

Chapitre 7 (p. 142)

■ Rechercher des informations

a) Des transformations visibles chez les garçons à la puberté : une forte poussée de croissance, le développement des muscles, le début du développement des organes génitaux (pénis et testicules), l'apparition de poils à divers endroits du corps. **b)** Des transformations visibles chez les filles à la puberté : une forte poussée de croissance, l'apparition de formes féminines (le bassin s'élargit et la taille s'affine), le développement des seins, l'apparition de poils à divers endroits du corps et le début des règles. **c)** Les cellules reproductrices mâles sont les spermatozoïdes et les cellules reproductrices femelles sont les ovules. **d)** Les règles ont pour origine la destruction cyclique de la couche superficielle de la paroi de l'utérus. **e)** Les règles marquent le début d'un cycle qui dure environ un peu moins d'un mois.

Construire des phrases

Phrase 1 : Durant la puberté, les organes reproducteurs deviennent fonctionnels et les caractères sexuels secondaires apparaissent. **Phrase 2** : Les testicules produisent les spermatozoïdes contenus dans du sperme. **Phrase 3** : Lorsque l'ovaire libère un ovule, on parle d'ovulation. **Phrase 4** : Le fonctionnement des organes reproducteurs est continu chez l'homme et cyclique chez la femme. **Phrase 5** : Les règles correspondent à l'élimination de la couche superficielle de la paroi de l'utérus.

Chapitre 8 (p.160)

Rechercher des informations

a) La fécondation humaine a lieu à l'extrémité d'une des deux trompes, non loin de l'ovaire. **b)** 48 heures après la fécondation, la cellule-œuf s'est divisée au moins à deux reprises et compte désormais quatre cellules. Grâce à un courant dans la trompe, la cellule-œuf s'est également déplacée en direction de l'utérus. **c)** L'implantation (ou nidation) correspond à la fixation de l'embryon dans la couche superficielle de la paroi de l'utérus. Elle a lieu autour du 9e jour après fécondation et provoque l'arrêt des règles. **d)** Le placenta est un organe d'échanges entre la mère et son enfant durant toute la grossesse. Il assure sa nutrition ainsi que l'évacuation de ses déchets. **e)** Les signes d'un début de l'accouchement peuvent être : la perte du bouchon muqueux, la rupture de la poche des eaux et des douleurs dans l'abdomen liées aux contractions plus fréquentes et plus intenses du muscle utérin.

Construire des phrases

Phrase 1 : La cellule-œuf résulte de la rencontre entre l'ovule et le spermatozoïde au moment de la fécondation. **Phrase 2** : L'arrêt des règles peut être le signe d'un début de grossesse. **Phrase 3** : L'embryon résulte de divisions de la cellule-œuf. **Phrase 4** : Le placenta est un organe d'échanges qui filtre le sang maternel et le sang fœtal.

Chapitre 9 (p. 176)

Rechercher des informations

a) Le préservatif est le seul contraceptif permettant de se protéger des IST. **b)** La pilule contient des hormones empêchant la fabrication d'ovule par l'ovaire. Elle agit aussi sur le passage des spermatozoïdes au niveau du col de l'utérus. **c)** Le stérilet empêche l'implantation de l'embryon dans la paroi de l'utérus. **d)** On peut se procurer la pilule du lendemain en pharmacie, auprès des infirmières scolaires, des centres de planning familial ou dans les services d'urgence des hopitaux. **e)** La « pilule du lendemain » ne peut être considérée comme un contraceptif régulier car son action ne se limite qu'au seul rapport ayant nécessité sa prise. De plus, elle contient des doses massives d'hormones, qu'il n'est pas souhaitable d'utiliser régulièrement.

Construire des phrases

Phrase 1 : Le préservatif empêche le passage des spermatozoïdes vers l'utérus. **Phrase 2** : En cas d'urgence, lors d'un rapport sexuel mal ou non protégé, il est recommandé d'utiliser la pilule du lendemain. **Phrase 3** : Le stérilet empêche l'implantation de l'embryon au niveau de l'utérus. **Phrase 4** : Les préservatifs sont les seuls contraceptifs qui protègent des IST. **Phrase 5** : Le choix d'un contraceptif dépend en partie de sa situation personnelle.

Chapitre 10 (p. 196)

Rechercher des informations

a) Les organes qui reçoivent les stimulations de l'environnement sont les organes des sens (yeux, oreilles, nez, bouche, peau). **b)** Les effecteurs du mouvement sont les muscles. **c)** Le message nerveux sensitif et le message nerveux moteur sont les deux types de messages nerveux. **d)** Les cellules nerveuses s'appellent les neurones. **e)** Deux cellules nerveuses se transmettent un message nerveux au niveau d'une synapse par l'intermédiaire de messagers chimiques.

Construire des phrases

Phrase 1 : Les stimulations de l'environnement sont perçues par les organes des sens et déclenchent un mouvement. **Phrase 2** : Le message nerveux sensitif est transmis du récepteur aux centres nerveux par un nerf sensitif. **Phrase 3** : Le message nerveux moteur est transmis des centres nerveux au muscle par un nerf moteur. **Phrase 4** : Les neurones transmettent le message nerveux au niveau d'une synapse grâce à des messagers chimiques.

Chapitre 11 (p. 214)

Rechercher des informations

a) Le bruit, la fatigue ou la consommation de cannabis ou d'alcool sont des facteurs qui perturbent le fonctionnement du système nerveux. **b)** Les sons trop forts détruisent les récepteurs sensoriels des oreilles qui ne peuvent alors plus produire de message nerveux sensitif : l'individu devient sourd. **c)** L'alcool augmente le risque d'accidents de la route car il rétrécit le champ visuel et trouble la vision du conducteur. L'automobiliste évalue mal les distances et perd ses automatismes de conduite. Son temps de réaction est allongé face à une stimulation visuelle. **d)** En modifiant les messagers chimiques des synapses, l'alcool perturbe les messages nerveux et modifie les perceptions et le comportement de l'individu, qui ne se contrôle plus et peut devenir agressif et violent. **e)** Le THC, substance active du cannabis, se fixe sur certaines zones du cerveau et modifie les messagers chimiques au niveau des synapses. Les messages nerveux et les réactions de l'individu sont perturbés. Le cannabis déclenche également la production d'un nouveau messager chimique à l'origine de la sensation de plaisir, et entraîne la dépendance de l'individu à cette drogue. **f)** Les drogues perturbent les messages nerveux en se fixant sur certaines zones du cerveau où elles modifient l'action des messages chimiques. Elles activent également la zone de plaisir du cerveau, créant ainsi un état de dépendance.

Construire des phrases

Phrase 1 : La fatigue augmente le temps de réaction de l'individu. **Phrase 2** : L'alcool modifie les perceptions de l'environnement et le comportement de l'individu. **Phrase 3** : Des décibels trop forts entraînent la destruction des récepteurs sensoriels de l'oreille. **Phrase 4** : Le cannabis provoque des perturbations des messagers chimiques au niveau des synapses.

Chapitre 12 (p. 232)

Rechercher des informations

a) Les organes reproducteurs reçoivent, en provenance du cerveau, un message hormonal qui active leur fonctionnement. **b)** Chez les filles : les ovaires, et chez les garçons : les testicules. **c)** Les règles surviennent lorsque les sécrétions des hormones ovariennes diminuent fortement. **d)** Cet organe libère dans le sang une hormone qui agit sur un organe cible.

Construire des phrases

Phrase 1 : À la puberté, les hormones libérées par le cerveau provoquent la croissance des ovaires. **Phrase 2** : Chez les garçons, les caractères sexuels secondaires apparaissent grâce à la libération de testostérone dans le sang par les testicules. **Phrase 3** : Les ovaires, par l'intermédiaire d'hormones, agissent sur l'évolution de l'utérus. **Phrase 4** : L'hormone de croissance, fabriquée par l'hypophyse, agit sur des organes cibles : les os. **Phrase 5** : Un organe producteur peut agir sur un organe cible, grâce à des hormones libérées dans le sang.

Lexique

A

Ablation : opération au cours de laquelle on enlève un organe.

Accouplement : rapprochement de deux individus de sexe opposé et de la même espèce.

Alcool : substance agissant sur le système nerveux et modifiant les réactions de l'individu.

Alcoolémie : quantité d'alcool dans un litre de sang.

Asthénosphère : zone située sous la lithosphère, moins rigide.

B

Biodiversité : diversité biologique, elle se mesure notamment par le nombre d'espèces présentes dans un milieu.

C

Cannabis : drogue, interdite en France, qui agit sur le système nerveux et modifie les réactions de l'individu.

Caractères sexuels secondaires : ensemble des caractères visibles qui permettent de différencier l'homme de la femme.

Castration : acte chirurgical consistant à enlever les organes reproducteurs.

Cellule-œuf : cellule unique issue de la fusion d'un ovule et d'un spermatozoïde.

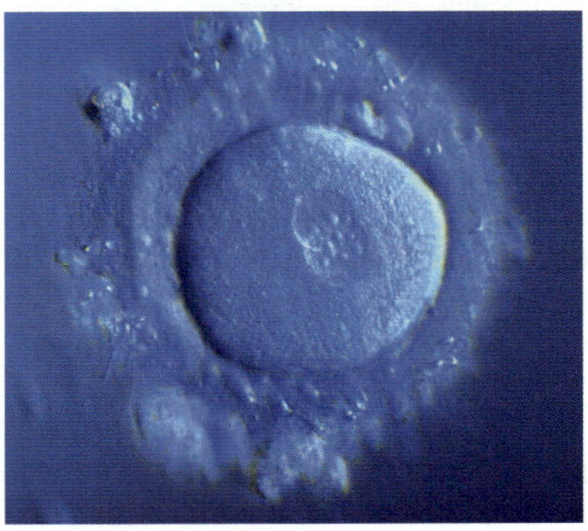

Cellules reproductrices : cellules mâles ou femelles dont l'union donne une cellule-œuf.

Centres nerveux : ensemble du cerveau et de la moelle épinière.

Cerveau : organe du système nerveux élaborant un message nerveux moteur en réponse au message nerveux sensitif.

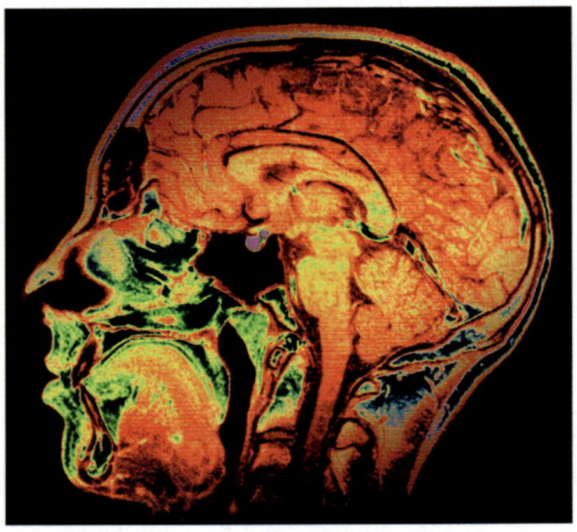

Concentration sanguine : quantité d'une substance présente dans le sang par unité de volume.

Contraception : ensemble des méthodes ayant pour but d'éviter une grossesse.

Cycle : suite d'évènements se répétant dans le même ordre.

Cyclique : qualifie un ensemble d'évènements qui se reproduisent dans le même ordre et se répètent dans le temps.

D

Décibels : unité de mesure de la puissance sonore.

Déformations : modification de la disposition du sol, des roches le composant.

Dépendance : envie irrépressible, impossible à contrôler.

Dérive des continents : théorie scientifique datant du début du XXe siècle ; formulée par Wegener, elle démontre le déplacement des continents au cours de l'histoire de la Terre.

Diabète : maladie qui se caractérise par un dérèglement de la glycémie.

Dorsale océanique : relief sous-marin présent dans les océans atteignant plusieurs milliers de kilomètres ; située à la frontière de plaques qui s'écartent, la dorsale constitue une zone active (séismes, volcans).

Drogue : substance qui, en agissant sur le système nerveux, modifie les réactions de l'individu.

Dumas Jean Baptiste André (1800-1884) : chimiste français, membre de l'Académie française, de l'Académie des sciences et de l'Académie de médecine. Il a formulé les principes fondamentaux de la chimie générale.

Dynamomètre : appareil permettant de mesurer les forces.

E

Échelle de Richter : échelle permettant d'évaluer l'énergie mise en jeu lors d'un séisme.

Effecteur : organe effectuant le mouvement.

Embryon : nom donné au futur enfant pendant les 60 premiers jours de sa vie dans l'organisme maternel.

F

Fabre Jean-Henri (1823-1915) : naturaliste et entomologiste français, connu pour son ouvrage « Souvenirs entomologiques ». Homme de sciences mais également homme de lettres, Fabre s'est entre autres consacré à l'étude de la vie et des mœurs des insectes.

Failles : cassure dans des roches permettant de part et d'autre des mouvements de terrain.

Fatigue : état de l'organisme entraînant un ralentissement des réactions et des perceptions de l'individu.

Fécondation externe : union des cellules reproductrices dans le milieu.

Fécondation interne : union des cellules reproductrices dans l'organisme.

Fécondation : union d'une cellule reproductrice femelle avec une cellule reproductrice mâle.

Flagelle : fin prolongement de la cellule lui permettant de se déplacer.

Fœtus : nom donné à l'enfant à partir de la neuvième semaine après fécondation et jusqu'à l'accouchement.

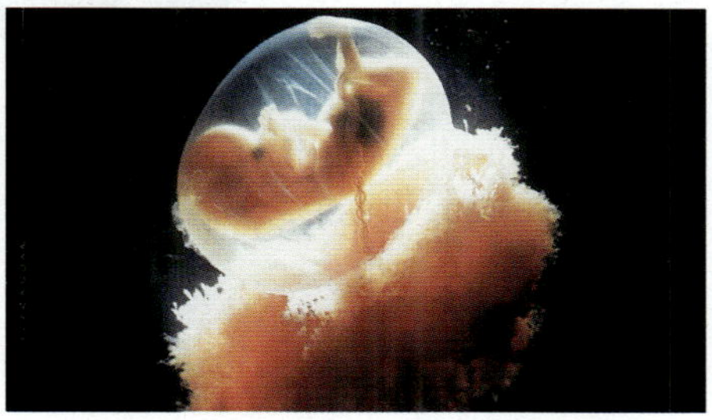

Fosse océanique : dépression sous-marine généralement située en bordure d'océan et pouvant atteindre une grande profondeur (plusieurs milliers de mètres). La fosse résulte de l'enfouissement d'une plaque sous une autre.

Foyer : lieu situé en profondeur où se produit la rupture à l'origine d'un séisme.

G

Glucose : nutriment indispensable aux cellules de l'organisme.

Glycémie : quantité de glucose présent par litre de sang.

Golgi Camillo (1843-1926) : médecin italien le premier à observer le chemin des cellules nerveuses dans le cerveau. Il reçoit le prix Nobel de médecine en 1906 avec Santiago Ramon y Cajal, pour leurs travaux sur la structure du système nerveux.

Greffe : opération au cours de laquelle on implante un organe.

Gynécologue : médecin spécialiste de l'appareil reproducteur de la femme.

H

Haller Albrecht (von) (1708-1777) : poète, médecin et naturaliste suisse. Il s'intéresse à la fécondation chez les êtres vivants, et considère que le poulet préexiste dans l'œuf, théorie qu'il défend dans son ouvrage « Sur la formation du cœur dans le poulet » publié en 1758.

Hess Harry (1906-1969) : officier de marine et géologue américain. En 1962, à la suite de nombreuses plongées, il affirme que les fonds s'écartent de part et d'autres des dorsales. Cette théorie, d'abord très controversée, a déclenché une véritable révolution dans le monde des sciences de la Terre.

Hormone : substance libérée dans le sang par certains organes et qui agit sur d'autres organes en modifiant leur fonctionnement.

Hounsfield Godfrey Newbold (1919-2004) : ingénieur britannique. Il est l'inventeur du scanner à rayons X présenté en 1972 et pour lequel il reçoit le prix Nobel de médecine en 1979.

Hypophyse : organe relié au cerveau et situé à sa base.

I

IST : infection sexuellement transmissible.

IVG : interruption volontaire de grossesse.

L

Laitance ou **sperme** : liquide contenant des spermatozoïdes.

Lave fluide : lave qui coule facilement et qui forme de grandes coulées.

Lave visqueuse : lave qui s'écoule très difficilement et qui, en général, s'accumule en formant un dôme.

Lave : magma arrivé à la surface du globe.

Le Pichon Xavier (1937-) : géodynamicien français et professeur de géodynamique au Collège de France. Dans les années 60, ses recherches le conduisent à distinguer un modèle de tectonique des plaques basé sur l'existence de six grandes plaques.

Liquide amniotique : liquide dans lequel baigne le fœtus.

Lithosphère : zone supérieure rigide du globe terrestre découpée en plaques et pouvant se déplacer.

M

Magendie François (1783-1855) : médecin français qui a mis en évidence l'existence des nerfs moteurs et des nerfs sensitifs. Il a ainsi démontré l'existence de messages nerveux moteurs et de messages nerveux sensitifs.

Magma : mélange de roches fondues, de gaz et de quelques éléments solides remontant vers la surface du globe.

Magnitude : évaluée avec l'échelle de Richter, elle rend compte de l'énergie dégagée par un séisme. Les effets d'un séisme représentent son intensité mesurée par diverses échelles dont l'échelle EMS-98, Échelle Macrosismique Européenne.

Manifestations d'un séisme : ensemble des phénomènes déclenchés par un séisme.

Ménopause : âge marqué par l'arrêt des cycles des règles.

Message nerveux moteur : message nerveux conduit par les nerfs moteurs des centres nerveux jusqu'aux effecteurs.

Message nerveux sensitif : message nerveux conduit par les nerfs sensitifs des récepteurs jusqu'aux centres nerveux.

Milieu de vie : territoire sur lequel des êtres vivants vivent, se nourrissent, se reproduisent.

Molisch Hans (1856-1937) : chimiste et botaniste autrichien, professeur d'université à Prague et à Vienne, puis au Japon et en Inde. En 1889, ses travaux ont mis en évidence le processus de la fécondation chez les fleurs.

Montagne : relief généralement très élevé, présent sur les continents et résultant de l'affrontement de deux plaques.

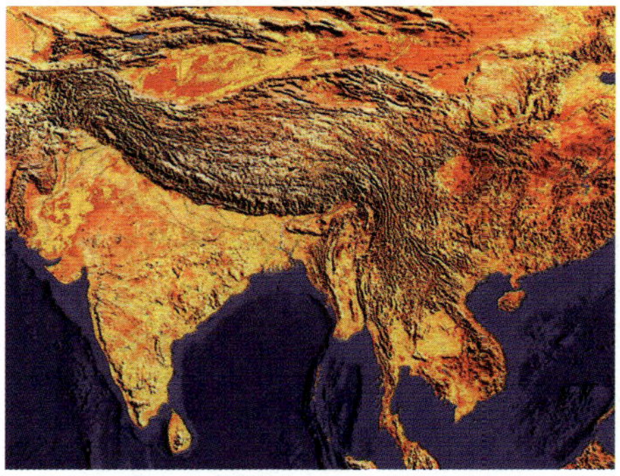

N

Nerf moteur : nerf conduisant le message nerveux des centres nerveux aux muscles.

Nerf sensitif : nerf conduisant le message nerveux des récepteurs aux centres nerveux.

Nerf : structure conduisant les messages nerveux.

Neurone : cellule nerveuse pouvant créer et conduire des messages nerveux.

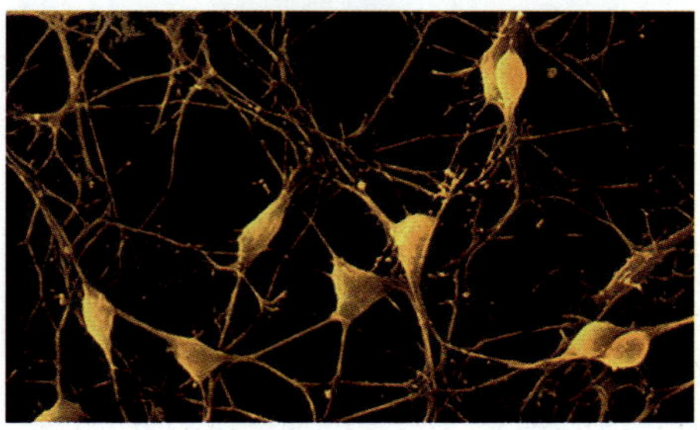

Normes parasismiques : ensemble des mesures qui permettent de rendre les constructions plus résistantes en cas de séisme.

Nuées ardentes : « mousse » de lave visqueuse et de bulles de gaz transportant à vive allure des fragments solides incandescents.

Nuisances sonores : sons d'intensité variable qui perturbent le fonctionnement du système nerveux, pouvant entraîner la surdité de l'individu.

O

Ondes sismiques : série de mouvements provoqués par un séisme et se déplaçant en surface et en profondeur ; les ondes peuvent être enregistrées dans des stations sismiques.

Organe cible : organe dont le fonctionnement est modifié par une ou plusieurs hormone(s).

Ovaire : organe reproducteur de la femme.

Ovulation : libération d'un ovule par un ovaire.

Ovule : cellule reproductrice femelle.

P

Pincus Gregory Goodwin (1903-1967) : médecin et biologiste américain. En 1956, il est le premier à mettre au point la pilule contraceptive.

Placenta : organe d'échanges reliant la mère et l'enfant durant toute la grossesse.

Plaque : en géologie, portion de la partie externe de la terre limitée par des activités d'origine interne (séismes et éruptions volcaniques).

Plasma : partie liquide du sang.

Prédiction : possibilité d'annoncer par avance ce qui va arriver.

Prévention : ensemble des mesures prises pour éviter une catastrophe.

Prévision : action d'imaginer par avance ce qui peut arriver, d'envisager une situation future et de se donner les moyens d'y faire face.

Prévost Jean-Louis (1790-1850) : d'origine suisse, il vient étudier la médecine à Paris. Il s'associe avec un jeune chimiste, Jean Baptiste André Dumas, avec lequel il reprend les études de Spallanzani en 1824 pour mettre en évidence le rôle fécondant des spermatozoïdes.

Puberté : période à partir de laquelle l'individu acquiert la capacité de se reproduire.

R

Ramón y Cajal Santiago (1852-1934) : médecin et biologiste espagnol. Il obtient le prix Nobel de médecine en 1906 avec Camillo Golgi, pour leurs études sur la structure des neurones dans le système nerveux.

Récepteur : organe captant des stimulations de l'environnement.

Redi Francesco (1626-1697) : médecin, biologiste, naturaliste et poète italien. Il s'intéresse tout particulièrement aux insectes et aux parasites. Dans son étude « Expérience sur la génération des insectes » parue en 1668, il montre qu'il n'existe pas de génération spontanée chez les insectes.

Règles : écoulement de sang marquant le début de chaque cycle.

Répliques : secousses secondaires, arrivant après la secousse principale d'un séisme.

Reproduction sexuée : phénomène biologique qui a recours à la fécondation pour créer de nouveaux êtres vivants.

Réservoir magmatique : zone d'accumulation du magma située sous un volcan.

Ressources alimentaires : quantité de nourriture disponible.

Risque géologique : phénomène géologique susceptible d'avoir lieu dans une zone où se trouvent des humains ou des biens.

Rupture de faille : cassure des roches située en profondeur due à une accumulation d'énergie au niveau d'une faille.

S

Sécrétion : production et libération d'une substance par un organe.

Séisme : série de secousses provoquées par la rupture de roches en profondeur au niveau d'une faille, pouvant causer des dégâts matériels et des déformations de terrains et faire des victimes.

Signoret Jean-Pierre (1929-) : ingénieur agronome et chercheur français. Ses études portent notamment sur le comportement sexuel de la truie.

Sismogramme : enregistrement d'ondes sismiques obtenu avec un sismomètre.

Sismomètre : appareil permettant d'enregistrer des ondes sismiques.

Spallanzani Lazzaro (1729-1799) : Spallanzani étudie d'abord à l'université de Bologne avant de devenir professeur de sciences naturelles à l'université de Modène, puis à celle de Pavie. Il réalise des expériences pour observer le développement de micro-organismes et étudie la fécondation, la circulation sanguine et la digestion.

Spermatozoïde : cellule reproductrice mâle.

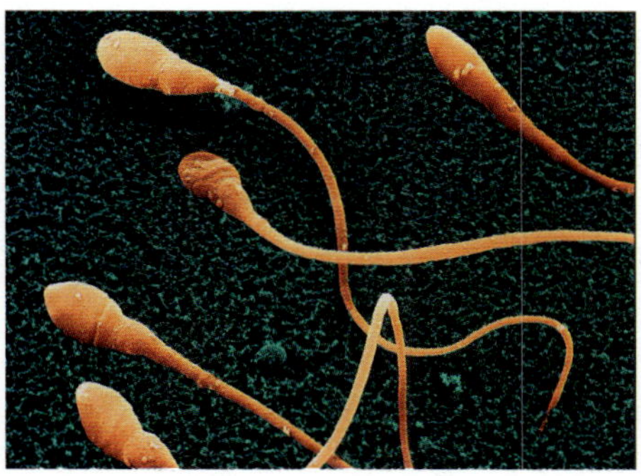

Sperme : liquide blanchâtre contenant les cellules reproductrices masculines.

Spermicide : substance détruisant les spermatozoïdes.

Stimulation : modification de l'environnement permettant de déclencher une réponse de l'organisme.

Structure de la terre : organisation de la terre en profondeur. La partie supérieure (constituant les plaques) s'appelle la lithosphère et repose sur une zone moins rigide : l'asthénosphère.

Substance psycho-active : substance qui agit sur le cerveau et modifie les perceptions de l'individu.

Synapse : zone de communication entre deux neurones.

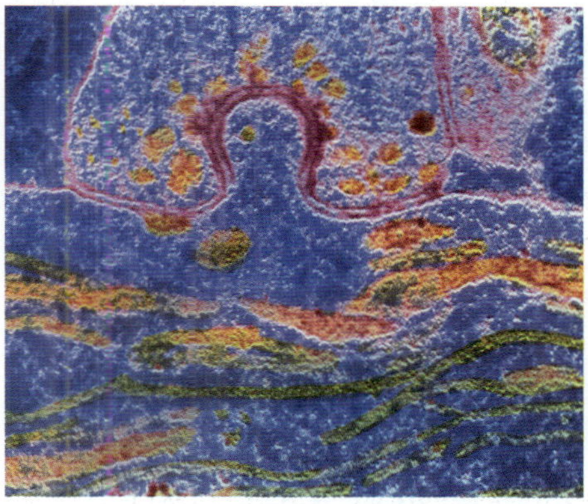

Système GPS : d'origine militaire, ce système (Global Positioning System) utilise des satellites afin de déterminer la position exacte d'un point comportant un récepteur. En géologie, il permet notamment de connaître le sens et l'importance du déplacement des plaques.

Système nerveux : ensemble des organes intervenant dans la communication nerveuse.

T

Tectonique des plaques : ensemble des mouvements des plaques (écartement, rapprochement et enfouissement, affrontement) entraînant des modifications du visage de la Terre (déplacement des continents, ouverture et fermeture des océans, formation des montagnes).

Temps de réaction : délai entre la stimulation de l'individu et sa réponse.

Testicules : organes reproducteurs de l'homme.

Têtard : un des stades de développement de la grenouille.

Tinbergen Nikolaas (1907-1988) : éthologiste britannique d'origine néerlandaise, il mène de nombreuses recherches sur le comportement instinctif des animaux dans leur milieu naturel, et obtient le prix Nobel de médecine en 1973.

V

Van Helmont Jan Baptist (1579-1644) : médecin, biologiste et chimiste flamand. Il a découvert le gaz carbonique et l'acide chlorhydrique, et s'est particulièrement intéressé à la transformation des aliments durant la digestion.

Van Leeuwenhoek Antonie (1632-1723) : naturaliste hollandais. Fasciné par les structures microscopiques, il fabrique son propre microscope pour mieux les étudier. Il pense alors que les spermatozoïdes sont de petits être humains préformés. Ses travaux ont largement contribué à la découverte du monde du vivant.

W

Wegener Alfred (1880-1930) : géophysicien, astronome et météorologue allemand. Il est l'auteur de la théorie de la dérive des continents, publiée en 1915.

Index

Crédits photographiques

Couverture : Minden Pictures/Frans Lanting

Garde avant : THARP Marie 1977/2003. Reproduced by permission of Marie Tharp Oceanographic Cartographer, one Washington avenue, South Nyack, New York 10960

Garde arrière : paca.gouv.fr COSMOS/SPL

11 : Hoa-Qui/CRI Nancy Lorraine/Krafft ; **12** : bas GAMMA/Hires Chip ; ht Hoa-Qui/CRI Nancy Lorraine/Krafft ; m ALTITUDE/Philippe Bourseiller ; **13** : Daniel RAYMOND ; **14** : bas Daniel RAYMOND ; ht CORBIS/Warrick Page ; **15** : bas d Jean-Claude RINGENBACH ; bas g SIPA PRESS/AP/Morgunbladid, Sverrir Vilhelmsson ; ht AFP ; **16** : ht Droits Réservés ; **17** : ht Frédéric HANOTEAU ; bas Rolando ARMILO ; **18** : BCSF/www.franceseisme.fr ; **19** : ht d RENASS ; ht g GAMMA/Francis Demange ; m Frédéric HANOTEAU ; **23** : Prof James JACKSON ; **24** : bas IPGP. INSU. CNRS ; DDE Préfecture de Guadeloupe ; ht BCSF/www.franceseisme.fr ; **25** : bas Scopimag/Jacques Luiggi ; ht BCSF/www.franceseisme.fr ; **26** : Yannick BEUNARD ; **27** : RUE DES ARCHIVES ; **28** : g Frédéric HANOTEAU ; d COSMOS/SPL/David Parker ; **29** : bas d BIS/Ph. © Archives Larbor ; bas g RMN/Richard Lambert ; ht BCSF/www.franceseisme.fr ; **30** : bas CGM ; ht Pompiers de l'Urgence Internationale ; **31** : SIPA PRESS/Sintesi ; **32** : bas MOZAIK IMAGES ; ht Hoa-Qui/Planet Observer ; **33** : bas IPREUNION ; ht MOZAIK IMAGES ; m Paul-Edouard BERNARD DE LAJARTRE ; **34** : bas CORBIS/Roger Ressmeyer ; ht USGS NATIONAL EARTHQUAKE ; **35** : bas d USGS NATIONAL EARTHQUAKE ; bas g Hoa-Qui/CRI Nancy Lorraine/Krafft ; ht BSIP/Photo Researchers/David Weintraub ; m Droits réservés ; **36-37** : Frédéric HANOTEAU ; **38** : ht Hoa-Qui/Philippe Bourseiller ; m J. M. BARDINTZEFF ; bas Frédéric HANOTEAU ; **39** : bas d ISM/Hervé Conge ; bas g Frédéric HANOTEAU ; ht GETTY IMAGES France/Harvey Lloyd ; m d J. M. BARDINTZEFF ; m g Frédéric HANOTEAU ; **44** : bas Google Earth ; ht CORBIS/Jacques Langevin ; **45** : bas ONASIA IMAGES Pte Ltd ; ht CORBIS/Hans Strand ; m EDF/Marc Morceau ; **46** : ROGER-VIOLLET ; **47** : J. M. BARDINTZEFF ; **48** : ALTITUDE/Yann Arthus Bertrand ; **49** : d BRIDGEMAN - GIRAUDON ; g AKG Images ; **50** : bas BIOS/Valerie Koch ; ht Bernard DICHAMP ; **51** : CIEL ET ESPACE ; **58** : m d COSMOS/SPL ; m g Hoa-Qui/AGE Fotostock/John Cancalosi ; ht CORBIS/Bettmann ; **59** : ht d COSMOS/SPL/Copyright Geospace ; bas Biju Das ; **60** : ht COSMOS/SPL ; bas Frédéric HANOTEAU ; **61** : bas FRANCEDIAS/Anne et Éric Lapied ; ht d, ht g & m ISM/Hervé Conge ; **64** : bas Collection Océanique du MNHN ; bas droit Ifremer/Pico ; ht d IFREMER/A. Fifis ; ht g Kevin RASKOFF ; **65** : bas COSMOS/SPL/OAR/National Undersea research program ; ht Jean-Paul BERGER ; DR ; **67** : ht CORBIS/J.D. Griggs ; **68** : bas & m ISM/Hervé Conge ; d Michel PETZOLD ; ht IGN ; **69** : KHARBINE-TAPABOR ; **70** : bas REA/Pascal Sittler ; ht MAX PPP/BEP/Jean Marc LOOS ; **71** : GAMMA/ABC Agency ; **73** : bas BCSF ; ht SUNSET/World Pictures ; m bas SUNSET/Picturesque ; m ht IPGP/J.C. Komorowski ; **74** : SIPA PRESS/WEDA/EPA ; **75** : bas SIPA PRESS/Olympia/Scardino ; ht & m g IPREUNION ; m d CORBIS/Googlook pictures/Philippe Giraud ; **76** : bas Dessin d'après Pierre DERVIN/IRSN ; ht ESA/Division de la Communication ; **77** : ht d Dessin d'après paca.gouv.fr ; bas g Droits Réservés ; bas d www.ac-nice.fr ; **80** : AFP/HO ; **81** : NOAA Photo. Library ; **82** : AFP ; **83** : bas Hoa-Qui/CRI Nancy Lorraine/Krafft ; ht Vanair/Ph. Leloup ; **84** : bas BIS ; ht d Droits Réservés ; ht g REUTERS/Yuriko Nakao ; **85** : SIPA PRESS/AP/Wally Santana ; **86** : bas AFP/Paula Bronstein ; ht REA/Palladium-Laif ; m Inge KANAKARIS-WIRTL ; **88** : d COSMOS/SPL/David Parker ; g Frédéric HANOTEAU ; **89** : Nature Picture Library/Anup Shah ; **90** : Frédéric HANOTEAU ; **91** : FRANK LANE PICTURE Agency Ltd/Foto Natura/Jan Vermeer ; **92** : bas & m ISM/Hervé Conge ; ht Hoa-Qui/Claudius Thiriet ; **93** : bas Hoa-Qui/NPL/Jane Burton ; ht d INRA/Catherine Labbe ; ht g SUNSET/Ant Photo Library ; ht m Maison-monsieur/J.C. Wenk ; **94** : bas d COSMOS/SPL/Dr T.E. Thompson ; bas g INRA/Chalah/Brillard ; m & ht François Coutarel/L'E.C.O.L.E de la mer/Aquarium de la Rochelle ; **95** : bas d Droits Réservés ; bas & m ISM/Hervé Conge ; ht Hoa-Qui/NPL/Jane Burton ; **96** : bas COSMOS/SPL/Sheila Terry ; m COSMOS/SPL ; **97** : bas ISM/Hervé Conge ; m d SUNSET/Horizon Vision ; m g Minden Pictures/Shin Yoshino ; ht François Coutarel/L'E.C.O.L.E de la mer/Aquarium de la Rochelle ; **98** : Anne et Jacques SIX ; **99** : ISM/Hervé Conge ; **102** : bas SUNSET/Denis Bringard ; ht MAX PPP/Laurent Combet ; **103** : bas IMAGINE CHINA/Abacapress.com/Li Wei ; ht INRA ; **104** : Anne et Jacques SIX ; **105** : bas Hoa-Qui/NPL/PremaPhotos ; ht d Anne et Jacques SIX ; ht g Hoa-Qui/NPL/Bernard Castelein ; m bg & md Anne et Jacques SIX ; m hg ISM/Hervé Conge ; **106** : ht ANDIA PRESSE ; m TOP/Jarry-Tripelon ; b D'après Th. CRAANEN, 1689, cliché L. BELLONI ; **107** : bas d CORBIS/The Art Archive/Dagli-Orti ; bas g CORBIS/Historical Picture Archive ; ht BIOS/Jean-Christophe Vincent ; **108** : bas AFP/Getty Images ; ht Denis HUOT ; **109** : Minden Pictures/Frans Lanting ; **110** : bas Philippe VAN DORSSELAER ; ht Daniel DUPONT ; m d BIOS ; m g SUNSET ; **111** : bas INRA ; ht Minden Pictures/Norbert Wu ; m d INRA/Georges Choubert ; m g Hoa-Qui/NPL/Jane Burton ; **112** : bas d FRANK LANE PICTURE Agency Ltd/Mike Lane ; bas g JACANA/NPL/John Cancalosi ; ht SUNSET/Denis Bringard ; **113** : bas BIOS/J.L. Klein & M.L. Hubert ; ht d Minden Pictures/Foto Natura/Winfried Wisniewski ; ht g BIOS/PHONE/J.F. Hellio & N. van Ingen ; **114** : ht CORBIS/Philip Wallick ; m Minden Pictures/Frans Lanting ; **115** : bas d REA/Pierre Bessard ; bas g OPIE/R. Coutin ; ht SUNSET/Joe Mc Donald ; **118** : bas d BIOS/Still Pictures/Kelvin Aitken ; ht & md Tony CROCETTA ; m g BIOS/Pierre Huguet ; **119** : bas SUNSET/Albert Visage ; ht IFREMER/PHOTOTHEQUE/J. Bourjea ; m Tony CROCETTA ; **120** : d SIPA PRESS/Pouzet ; g TOP/Hervé Champollion ; **121** : d NATURAL AGRICULTURAL LIBRARY ; g SUNSET ; **122** : bas SUNSET/Weiss ; ht d Anne et Jacques SIX ; ht g SUNSET/Philip Moulu ; m d GAMMA/Camera Press/Simon Barber ; **123** : bas MUSEUM IMAGES/Louise Borgeois/© ADAGP, Paris 2007 ; ht SUNSET/FLPA ; m g Droits Réservés ; **124** : bas REA/Ian Hanning ; ht CORBIS/Jeffrey L. Rotman ; **125** : ht g : NORBERT WU/Minden Pictures ; ht m Jane Burton/Nature Picture Library ht d BIOS/Denis Bringard ; m g Isabelle PREVOT/SUNSET ; m d Hervé CONGE/ISM ; bas BIOS/Roger Thomas ; **127** : OREDIA/Boutet ; **129** : REA-Avec/Herve Vincent ; **130** : bas OREDIA/Masi/Greer ; ht HEMISPHERES IMAGES/Bertrand Gardel ; **131** : OREDIA ; **133** : bas COSMOS/SPL ; ht LENNART NILSSON ;

m COSMOS/SPL ; **135** : bas g BSIP/Cortier ; ht d COSMOS/SPL ; ht g BSIP/Biophoto Associates ; m Photo Researchers ; **136** : BSIP/Biophoto Associates ; **140** : bas PHANIE/Voisin ; ht CHRISTOPHE L ; **141** : bas d COSMOS/SPL/Du Cane Medical Imaging LTD ; bas g ISM/Sovereign ; ht COSMOS/SPL/Eye of Science ; **142** : g NATIONAL LIB OF MEDIC/SPL/COSMOS ; **143** : Frédéric HANOTEAU ; **144** : g COSMOS/Walsh/SPL ; d BSIP/Cortier ; **145** : d AKG Images ; g BIS/Ph. Henri Manuel © Archives Larbor ; **146** : bas BSIP/Laurent/Emilie ; ht GETTY IMAGES France/Yellow Dog Productions ; **147** : ISM/Sovoreign ; **148** : bas COSMOS/SPL/Dept. Of Anatomy/University La Sapienza, Rome/Prof. P. Motta ; ht INSERM/D. Escalier ; **149** : bas d & ht d ISM/Pascal Goetgheluck ; bas g COSMOS/SPL/Mona Lisa Production ; ht BSIP/Photo Researchers ; **150** : ISM/Pascal Goetgheluck ; **151** : m d & g LENNART NILSSON ; ht ISM/Pascal Goetgheluck ; **152** : ht Hoa-Qui/Claude Edelmann ; **153** : bas BSIP/Photo Researchers ; ht d COSMOS/SPL/Dr Najeeb Layyous ; ht g LENNART NILSSON ; **154** : REA/Sylva Villerot ; **155** : bas PHANIE/Burger ; ht COSMOS/SPL/Midirs/Ruth Jenkinson ; m BSIP/Laurent/Nadege ; **158** : bas BNF ; ht ISM/Sovereign ; **159** : bas COSMOS/SPL/Saturn Stills ; ht & m COSMOS/International St/Chad Ehlers ; **160** : BNF ; **161** : bas d Hoa-Qui/Claude Edelmann ; bas g Hoa-Qui/Petit Format/Claude Edelmann ; ht d COSMOS/SPL/Biocosmos, Francis Leroy ; ht g BSIP/Photo Researches ; m d ISM/Pascal Goetgheluck ; m g Hoa-Qui/Petit Format/Claude Edelmann ; **162** : ht Hoa-Qui/Claude Edelmann ; m LENNART NILSSON ; bas COSMOS/SPL/Dr Najeeb Layyous ; **163** : LEEMAGE/Farabola ; **164** : bas REA-Reporters/Brookaert ; ht SUNSET/Gerard Houin ; **165** : PHOTONONSTOP/AGE ; **166** : bas Frédéric HANOTEAU ; ht BSIP/Sandagosti ; **167** : ht Frédéric HANOTEAU ; m d PHANIE/Garo ; m g & bas Frédéric HANOTEAU ; **169** : bas BSIP/Beranger ; ht OREDIA/Be&w ; m PHOTONONSTOP/Benelux Press ; **170** : BSIP/May ; **171** : bas REA/Patrick Allard ; ht d REA/Michel Gaillard ; ht g "Une contraception d'urgence, la pilule du lendemain" ; **173** : Frédéric HANOTEAU ; **174** : bas Frédéric HANOTEAU ; ht BSIP/Lemoine ; **175** : bas REA/Cyril Delettre ; ht Frédéric HANOTEAU ; **177** : Frédéric HANOTEAU ; **178** : bas HVA Conseil ; ht & m François CHRETIEN ; **179** : AFP/Frederic J. Brown ; **180** : bas REA/Patrick Allard ; ht AFP/Pornchai Kittiwongsakul ; **182** : ht d ISM/Sovereign ; ht m COSMOS/SPL ; ht g COSMOS/SPL/Dr Najeeb Layyous ; bas d BSIP/May ; bas g Frédéric HANOTEAU ; **183** : AFP/Stanley Chou ; **185** : UMA/ATP/Arthur Thill ; **186** à **187** : Frédéric HANOTEAU ; **188** : Marc Jubault-Bregler ; **189** : d SIPA PRESS/Fritz ; g L'imagerie en ophtalmologie, éd. Masson, 1996 ; **190** : bas INSTITUT PASTEUR ; ht BSIP/Phototake/Kunkel ; **191** : bas g BSIP/Phototake/Kunkel ; ht M. E. Raichle/Washington University School of Medecine, St Louis ; **194** : Laurent Hindryckx/SCIENCE ET VIE JUNIOR ; **195** : bas OREDIA ; ht d SIPA PRESS/Catuffe ; ht g Droits Réservés ; **196** : COSMOS/NHPA/Stephen Dalton ; **197** : ht GAMMA/Hoch Zwei/Tap Juergen ; **198** : bas The postnatal development of the human cerebral cortex/J. LeRoy Conel/Harvard Univ. Press ; ht g laboratoire de Neurobiologie, Université d'Orléans ; ht d P. Derer ; **199** : BIS/© Archives Nathan ; **200** : bas REA/Ian Hanning ; ht Prof. Sankai, Univ. Of Tsukuba/CYBERDINE Inc. ; **201** : REA/Report-Digital/Paul Box ; **202** : bas INSERM/M. Lenoir ; **203** : Frédéric HANOTEAU ; **204** : bas SECURITE ROUTIERE ; ht KR IMAGES ; **205** : Frédéric HANOTEAU ; **206** : INPES/Inst. nat. de prév. et édu. pour la santé ; **207** : SECURITE ROUTIERE ; m Pascal GOETGHELUCK ; **208** : INPES/Inst. nat. de prév. et édu. pour la santé ; **209** : d Pascal GOETGHELUCK ; g Frédéric HANOTEAU ; **212** : bas Howard BARLOW ; ht ISM/Dr Dennis Kunkel ; **213** : bas SIPA PRESS/AP/Harvard medical School ; ht Frédéric HANOTEAU ; **214** : INPES/Inst. nat. de prév. et édu. pour la santé ; **216** : bas INPES/Inst. nat. de prév. et édu. pour la santé ; ht d SNEG/2004-campagne de prévention à destination des lieux festifs ; ht g GAMMA/Camera Press/TSPL/Jon Savage ; **217** : ht g CORBIS/Hulton-Deutsch Collection ; ht m, ht d & bas AKG ; **218** : bas MAX PPP/Max Rosereau ; ht CORBIS/Envision ; **219** : REA/Sylvia Villerot ; **220** : ISM/Sovereign ; **221** : PHANIE/Burger ; **223** : bas ROGER-VIOLLET/Topfoto ; ht SIPA PRESS/DPPI/Faugere ; **225** : REA/Pascal Sittler ; **226** : PHANIE/GARO ; **227** : bas SIPA PRESS/Philippe Leroux ; ht COSMOS/SPL ; **230** : bas BSIP/LA/Le grand Mezeret ; ht SIPA PRESS/AP/Ben Margot ; **231** : bas ; Droits Réservés ; ht REA/Patrick Allard ; **233** : bas SUNSET/Philippe Durand ; **234** : bas AKG Images ; ht Frédéric HANOTEAU ; **235** : d KHARBINE-TAPABOR ; g LEEMAGE ; **236** : bas OREDIA/AJ Photo/Hop americain ; ht BSIP/Astier ; **239** : Google Earth ; **240** : ht Frédéric HANOTEAU ; bas François Coutarel/L'E.C.O.L.E de la mer/Aquarium de la Rochelle ; **241** : ht François Coutarel ; **242** : ISM/Hervé Conge ; **243** : J. M. BARDINTZEFF ; **245** : ht & bas Frédéric HANOTEAU ; m ISM/Hervé Conge ; **246** : François Coutarel/L'E.C.O.L.E de la mer/Aquarium de la Rochelle ; **247** : ht Frédéric HANOTEAU ; bas Marc Jubault-Bregler ; **250** : g : ISM/Pascal Goetgheluck ; ht ISM/Sovereign ; **251** : ht LENNART NILSSON ; bas g BSIP/Laurent/Emilie ; bas m Hoa-Qui/Philippe Bourseiller ; bas d Daniel RAYMOND ; **252** : ht COSMOS/SPL ; bas g BSIP/Phototake/Kunkel ; ht d COSMOS/SPL/Sheila Terry ; **253** : ht g GAMMA/Francis Demange ; m g COSMOS/SPL ; ht m COSMOS/SPL ; m bas BSIP/Phototake/Kunkel ; d Anne et Jacques SIX

Édition : Élisabeth Pinard assistée d'Alison Gille
Couverture et conception graphique : Killiwatch
Mise en page : Véronique Chabert d'Hières
Iconographie : Juliette Barjon
Illustration : Coredoc/Laurent Blondel ; Paul Cresp ; Françoise Monestier ; Léonie Schlosser

Numéro d'éditeur : 10184307 - Dépôt légal : novembre 2011 - Imprimé en France par l'imprimerie Clerc.
Relié chez Reliures Brun à Malesherbes - Photogravure : Dupont Photogravure

Les reliefs des continents

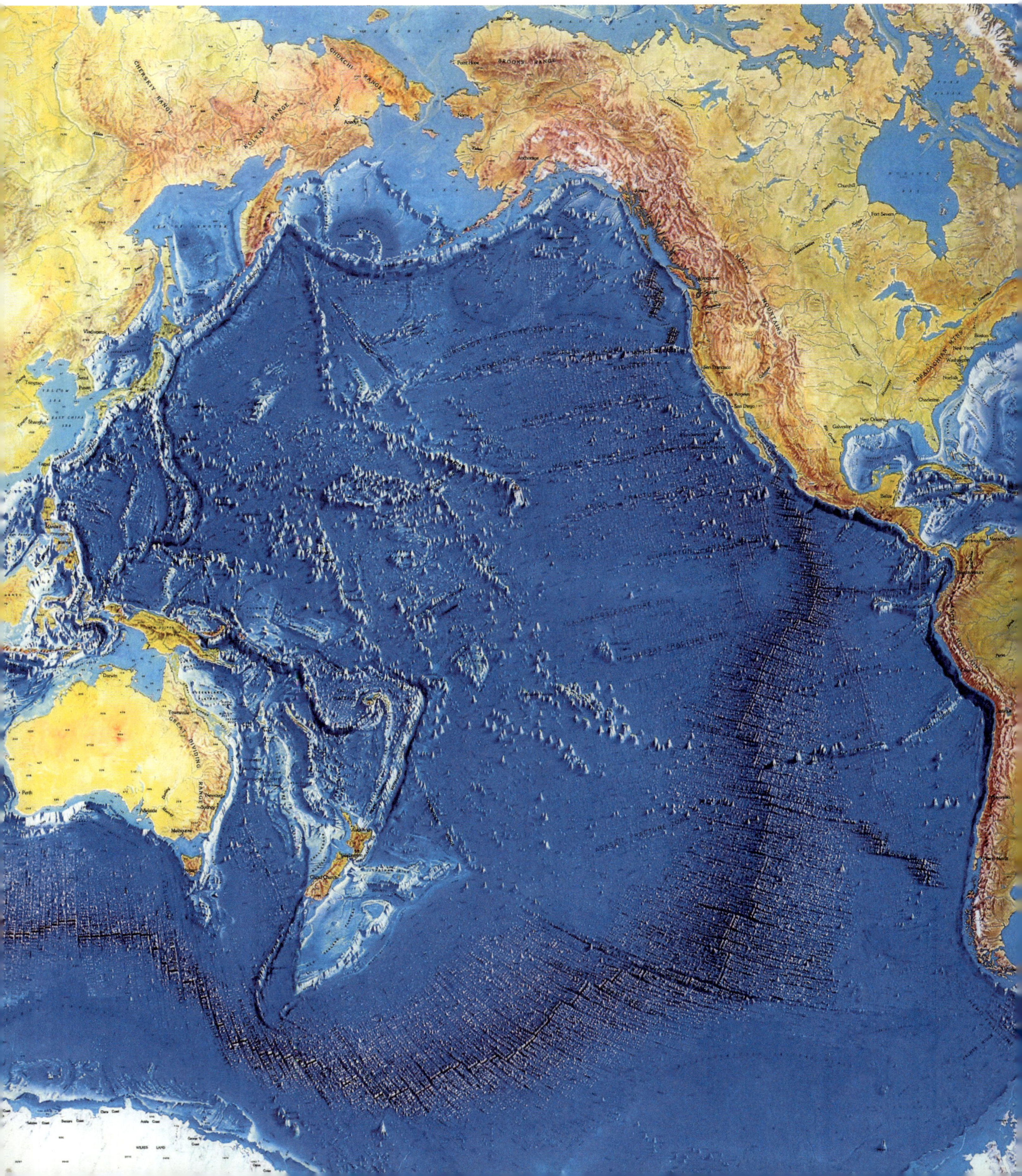